Genanalyse als Verfassungsproblem

STUDIEN ZUM INTERNATIONALEN, EUROPÄISCHEN UND ÖFFENTLICHEN RECHT

Herausgegeben von Eibe Riedel

Band 8

PETER LANG
Frankfurt am Main · Berlin · Bern · Bruxelles · New York · Oxford · Wien

Markus Tjaden

Genanalyse als Verfassungsproblem

Zulässigkeit genanalytischer Anwendungen im Lichte von Menschenwürde und genetischem Selbstbestimmungsrecht

PETER LANG
Europäischer Verlag der Wissenschaften

Die Deutsche Bibliothek - CIP-Einheitsaufnahme

Tjaden, Markus:

Genanalyse als Verfassungsproblem : Zulässigkeit genanalytischer Anwendungen im Lichte von Menschenwürde und genetischem Selbstbestimmungsrecht / Markus Tjaden. - Frankfurt am Main ; Berlin ; Bern ; Bruxelles ; New York ; Oxford ; Wien : Lang, 2001

(Studien zum Internationalen, Europäischen und Öffentlichen Recht ; Bd. 8)

Zugl.: Mannheim, Univ., Diss., 2000

ISBN 3-631-37579-4

D 180

ISSN 1430-5380

ISBN 3-631-37579-4

Meinen Eltern

Vorwort

Die vorliegende Arbeit wurde im Wintersemester 2000/2001 von der Juristischen Fakultät der Universität Mannheim als Dissertation angenommen.

Zuvörderst gebührt mein tief empfundener Dank meinem hoch verehrten Doktorvater, Herrn Professor Dr. *Eibe Riedel*, der sich meiner bereits in frühen Studientagen annahm und mich an seinem Lehrstuhl als Mentor förderte und in höchstem Maße inspirierte. In jeder Phase der Entstehung dieser Arbeit stand Professor Riedel mir in unvergleichlichem doktorväterlichen Engagement zur Seite.

Herrn Professor Dr. *Jochen Taupitz* bin ich für die Übernahme und Erstellung des Zweitgutachtens sehr verbunden.

Für die Zulassung zur Benutzung der Bibliothek danke ich dem Max-Planck-Institut für ausländisches öffentliches Recht und Völkerrecht in Heidelberg.

Meinen tiefen Dank möchte ich auch Herrn Dr. Dr. *Johannes Köhler* aussprechen, der mich im Austausch für meine atavistische sapientia mit einem Wissensvorsprung in elementaren Fragen versah.

Meinem Freund Dr. iur. *Gerrit Rüdiger* danke ich für seine unbezahlbare Präsenz in Diskussion, Kritik und praktischer Hilfe.

Meinem Freund *York Lüthje* danke ich für die stetige Inspiration in fundamentalen philosophischen und staatstheoretischen Fragen sowie für die konstruktive Durchsicht des Textes.

Dank sei auch meinem Freund Dr. iur. *Ulrich Palm* ausgesprochen, dessen grundlegende Ansichten die Richtung meiner Erwägungen entschieden mitbestimmten.

Meinen Freunden *Frank Schmeisser*, *Lüder Meyer* und *Thomas Sittel* schulde ich ebenfalls tiefen Dank für ihre vielfältige Mitwirkung.

In medizinischen und molekularbiologischen Fragen standen mir meine Schwester Dr. med. *Christin Tjaden* und mein Schwager Dr. med. *Christian Kuntz* stets hilfreich zur Seite; dafür sei ihnen herzlichster Dank ausgesprochen.

Meinem Bruder *Michael Tjaden* bin ich überaus dankbar zum einen für seine höchst konstruktiven Anregungen beim Redigieren der Arbeit, zum anderen für die unschätzbare informations-technologische Betreuung des gesamten Projekts.

Mein tiefster Dank aber gilt meinen Eltern, Dr. med. *Ursel Tjaden* und Dr. med. *Peter Tjaden*, deren uneingeschränkte liebende Unterstützung Alles erst möglich machte. Ihnen widme ich diese Arbeit.

Facultas distinguendi fundamentum facit iustitiae

Markus Tjaden

Heidelberg und Bremen

im Herbst 2000

Inhaltsverzeichnis

Abkürzungsverzeichnis

a.F.	alte Fassung
Abs.	Absatz
AcP	Archiv für die civilistische Praxis
AiB	Arbeitsrecht im Betrieb
AK	Alternativkommentar
AöR	Archiv des öffentlichen Rechts
ArbG	Arbeitsgericht
Art.	Artikel
ASiG	Gesetz über Betriebsärzte, Sicherheitsingenieure und andere Fachkräfte für Arbeitssicherheit
AtomG	Gesetz über die friedliche Verwendung der Kernenergie und den Schutz gegen ihre Gefahren (Atomgesetz)
Aufl.	Auflage
AuR	Arbeit und Recht
BAG	Bundesarbeitsgericht
BAT	Bundesangestelltentarifvertrag
BB	Der Betriebs-Berater
BGB	Bürgerliches Gesetzbuch
BGBl.	Bundesgesetzblatt
BGH	Bundesgerichtshof
BGHSt	Entscheidungen des BGH in Strafsachen
BGHZ	Entscheidungen des BGH in Zivilsachen
Bl.	Blatt
BSeuchG	Gesetz zur Verhütung und Bekämpfung übertragbarer Krankheiten (Bundesseuchengesetz)
BVerfG	Bundesverfassungsgericht
BVerfGE	Entscheidung des Bundesverfassungsgerichts

BVerwG	Bundesverwaltungsgericht
BVerwGE	Entscheidung des Bundesverwaltungsgerichts
bzw.	beziehungsweise
ca.	circa
CoE	Council of Europe
CR	Computer und Recht
d.h.	das heißt
DÄBl	Deutsches Ärzteblatt
DB	Der Betrieb
ders.	derselbe
DÖV	Die öffentliche Verwaltung
DuD	Datenschutz und Datensicherung
DVBl	Deutsches Verwaltungsblatt
Ebd.	Ebenda
Einf.	Einführung
Einl.	Einleitung
ESchG	Gesetz zum Schutz von Embryonen
etc.	et cetera
EuGRZ	Europäische Grundrechtezeitschrift
f.	folgende
FamRZ	Zeitschrift für das gesamte Familienrecht
FAZ	Frankfurter Allgemeine Zeitung
ff.	fortfolgende
FN	Fußnote
GG	Grundgesetz für die Bundesrepublik Deutschland
GK	Gemeinschaftskommentar
GS	Großer Senat
HRLJ	Human Rights Law Journal
Hrsg.	Herausgeber

i.S.	im Sinne
i.V.m.	in Verbindung mit
JA	Juristische Arbeitsblätter
JuS	Juristische Schulung
JZ	Juristenzeitung
KJ	Kritische Justiz
KSchG	Kündigungsschutzgesetz
LAG	Landesarbeitsgericht
lat.	lateinisch
LG	Landgericht
m.w.N.	mit weiteren Nachweisen
MDR	Monatsschrift für Deutsches Recht
MedR	Zeitschrift für Medizinrecht
MK	Münchener Kommentar
MuSchG	Gesetz zum Schutze der erwerbstätigen Mutter (Mutterschutzgesetz)
NJW	Neue Juristische Wochenschrift
NStZ	Neue Zeitschrift für Strafrecht
NVwZ	Neue Zeitschrift für Verwaltungsrecht
NZA	Neue Zeitschrift für Arbeitsrecht
OLG	Oberlandesgericht
OWiG	Gesetz über Ordnungswidrigkeiten
RdA	Recht der Arbeit
RN	Randnummer
Rspr.	Rechtsprechung
S.	Seite
s.	siehe
SGB	Sozialgesetzbuch
StGB	Strafgesetzbuch

StPO	Strafprozessordnung
u.a.	unter anderem
v.	von
VersR	Versicherungsrecht
Vgl.	Vergleiche
VVDStRL	Veröffentlichungen der Vereinigung der Deutschen Staatsrechtslehrer
VVG	Versicherungsvertragsgesetz
z.B.	zum Beispiel
z.T.	zum Teil
ZfA	Zentralblatt für Arbeitsmedizin und Arbeitsschutz
ZfV	Zeitschrift für Versicherungswesen
ZPO	Zivilprozessordnung
ZRP	Zeitschrift für Rechtspolitik

Hier nicht aufgeführte Abkürzungen sind aus sich heraus verständlich oder gesondert erläutert. Darüber hinaus wird verwiesen auf die Notation von: Kirchner, Hildebert, Abkürzungsverzeichnis der Rechtssprache, 4. Auflage, Berlin 1993

Einleitung

„Chancen und Risiken neuer Technologien begleiten den wissenschaftlichen Fortschritt janusköpfig von Anbeginn“[1]: Wie jeder Bereich des aufstrebenden Wissenschaftszweiges, der mit dem Begriff der „Gentechnologie“ in Verbindung gebracht wird, so ist auch die Genanalyse hierzulande vor allem dem prüfenden Blick der Kritik ausgesetzt. Die neuartige medizintechnische Möglichkeit, die sich im größeren Rahmen der sogenannten „Bioethik“-Debatte als Gegenstand fundamentaler Differenzen darstellt[2], kann als anschauliches Paradebeispiel für das tiefgreifende Veränderungspotential der rasch expandierenden biomedizinischen Technik und infolgedessen für eine verfassungsrechtliche Herausforderung dienen. Die gegenüber verschiedenen genanalytischen Anwendungsmöglichkeiten ablehnende Haltung, die das öffentliche Meinungsbild und die juristische Literatur dominiert, wird selten mit lediglich ethischen Erwägungen begründet, sondern mit rechtlichen, zum überwiegenden Teil verfassungsrechtlichen Einwänden[3].

Diesen Einwänden detailliert und kritisch auf den Grund zu gehen und die einfachgesetzlichen und verfassungsrechtlichen Grenzen zulässiger Anwendungen der Genanalyse abzustecken, ist in erster Linie das Ziel der vorliegenden Arbeit.

Dazu bedarf es zuvörderst des Verständnisses der Vorgänge, auf denen die Genanalyse beruht. Eine kurze Einführung in die naturwissenschaftlichen Grundbegriffe von Genetik und genanalytischer Methode soll die Basis für dieses Verständnis legen (**1. Teil**).

Zweitens müssen die verfassungsrechtlichen Parameter für die Zulässigkeitsprüfung genanalytischer Anwendungen isoliert werden. Dabei zeigt sich, dass die gesuchten Vorgaben nicht ohne weiteres aus der Verfassung entnommen

---

[1] *Riedel*, Gentechnik im Spannungsfeld von Recht und Ethik, Alma mater Philippina 1991, 12.

[2] Vgl. dazu *Riedel*, Global Responsibilities and Bioethics, Indiana Journal of Global Legal Studies 1997, 179 ff.; *Gaidt/Ach*, Bioethik als angewandte Ethik, S. 9 ff.; *Gruter/Masters*, Balancing Altruism and Selfishness: Evolutionary Theory and the Foundation of Morality, S. 561 ff.; *Siep*, Ethische Probleme der Gentechnologie, S. 137 ff.; *Broekmann*, Bioethics and Law, Rechtstheorie 1997, 1 ff.; *Honnefelder*, Die Krise der sittlichen Lebensform als Problem der philosophischen Ethik, S. 9 ff.; *ders.*, Bioethik im Streit. Zum Problem der Konsensfindung in der biomedizinischen Ethik, S. 73 ff..

[3] Dazu im Einzelnen im 3. Teil unter den jeweiligen Anwendungsfeldern der Genanalyse.

werden können, sondern erst ein weites Ausholen in Verfassungsexegese und – theorie die neue Entwicklung fassen kann. Sowohl die Menschenwürde wie auch das allgemeine Persönlichkeitsrecht sind als verfassungsrechtliche Maßstäbe aufgrund ihres hohen Abstraktionsgrades auf eine zweckentsprechende Konkretisierung angewiesen, um die Grenzlinien zulässiger Genanalysen aufzeigen zu können. Weitere Dimensionen gewinnt das Vorhaben in Hinblick auf die konkrete genanalytische Praxis, weil die am heftigsten umstrittenen genanalytischen Anwendungen im Bereich des Privatrechts zum Einsatz kommen sollen. Hier werden zwei grundlegenden Fragen berührt: die Natur der Grundrechtswirkungen im Privatrechtsraum und der Grundrechtverzicht. Die grundrechtstheoretische Einordnung dieser Brennpunkte erhellt auch den verfassungsrechtlichen Begriff der Privatautonomie (**2. Teil**).

Die eigentliche Prüfung der Reichweite genanalytischer Untersuchungen erfolgt geordnet nach den wichtigsten Anwendungsgebieten in der Rechtspraxis. Nach einer Bestandsaufnahme der erlaubten genanalytischen Einsatzmöglichkeiten im jeweiligen Rechtsraum anhand der Gesetzeslage sowie ihrer Konkretisierungen durch Rechtssprechung und Lehrmeinung werden die so bestimmten Grenzen des De-lege-lata-Status anhand der im 2. Teil aufbereiteten verfassungsrechtlichen Parameter eingeordnet. Das Ergebnis dieser Untersuchung zeigt die verfassungsrechtlichen Zulässigkeitsgrenzen genetischer Analysen (**3.Teil**).

Im Anschluss daran wird die Frage erhoben, welche Schritte von staatlicher Seite eingeschlagen werden müssen, können und sollten, um solchen Anwendungen zu begegnen, die gegen die grundrechtlichen Positionen der Analysierten verstoßen. Im Rahmen dieser Überlegungen spielen erneut Kriterien eine Rolle, die im Rahmen des 2. Teils der Untersuchung erörtert wurden (**4. Teil**).

1. Teil: Genetik, Genom und Genanalyse

Eine rechtliche Bewertung der modernen Humangenetik setzt das Verständnis seiner naturwissenschaftlichen Grundlagen voraus. Viele der Ängste, Vorbehalte und Vorverurteilungen, die der Genanalyse nicht nur in der Laiensphäre, sondern auch in der juristischen Literatur entgegengebracht werden, rühren aus Unverständnis der tatsächlichen Abläufe, fehlender Unterscheidung einzelner humangenetischer Anwendungsmethoden oder Überschätzung der gegenwärtigen Möglichkeiten und zukünftigen Gefahren her. Angesichts dieser Situation bedarf es einer präzisen wissenschaftlichen Einführung, die zur Grundlage eines differenzierenden juristischen Problemzuganges werden kann.

Übermaß von Kritik zeugt von Unverständnis (G. Flaubert)

Nach einem kurzen Blick auf die geistesgeschichtliche Dimension der Problematik sowie einer Einführung in die grundlegenden Begriffe und Funktionen der Genetik soll im Folgenden der Wirkungszusammenhang zwischen Gendefekt und pathologischem Befund beleuchtet werden, bevor die Techniken der praktischen Genanalyse in ihren verschiedenen Ausprägungen vorgestellt werden.

A. Historischer Abriss der Problematik

Jede Theorie über die Wirkungsmechanismen der Vererbung und den Umfang ererbter Eigenschaften ist mit tiefgreifenden und hoch kontroversen Konsequenzen für das Selbst- und Sozialverständnis der Menschen verknüpft. Dies zeigt sich an der Heftigkeit der Diskussion, deren Flammen bereits an den ältesten Überlegungen zum Thema Vererbung züngeln und sich bis in die Gegenwart an neuen Erkenntnissen und Handlungsmöglichkeiten einer mittlerweile spezialisierten Humangenetik entfachen.

I. Das antike Griechenland

Vorstellungen und Theorien über die Erbvorgänge und ererbte Ähnlichkeiten oder Unterschiede zwischen Individuen sind so alt wie die denkende Menschheit. Erste Zeugnisse der menschlichen Beschäftigung mit diesem Thema sind aus der Hochkultur des antiken Griechenlandes überliefert. In diesem Zeitraum kann noch nicht von Naturwissenschaft als systematischer Erforschung der Beziehungen zwischen Phänomenen die Rede sein. Die präwissenschaftliche Methode war vielmehr die der Philosophie, die ausgehend von einem bestehenden, axiomatischen, Weltbild die Phänomene darin konsistent einzuordnen suchte. Die entscheidenden Kernfragen und -probleme, die der Vererbungswissenschaft und ihrer Nutzbarmachung zugrunde liegen, traten aber schon damals in einer Klarheit zutage, die gegenwärtig auftretenden ethischen Problemen im Bereich der Genomanalyse entschieden die Originalität streitig macht.

Die antiken Philosophen versuchen eine Antwort auf die Frage zu formulieren, wie die Weitergabe der Erbanlagen sich vollziehe, und wie in diesem Zusammenhang die Repräsentation eines Menschen in seinen Zeugungsstoffen vorzustellen sei. Daran anschließend wird die immer noch hochaktuelle Antagonie zwischen Ererbtem und Erworbenem thematisiert. Selbst die Problematik der eugenischen Nutzbarmachung von Kenntnissen über Vorgänge der Vererbung taucht in dieser frühen Zeit auf. Bereits seit Platon bewegt der planende Gedanke, das Wissen über die Vorgänge der Vererbung weltverbessernd einsetzen zu können, die Phantasie und streitbaren Gemüter.

Eine der ersten überlieferten Vererbungstheorien stellt der Athener Philosoph **Anaxagoras** (500-428 v.Chr.) auf. Seiner noch nicht sehr differenzierten Vorstellung zufolge sind sämtliche Bestandteile eines werdenden Menschen in der Samenflüssigkeit des Mannes vorhanden[1]. Der Beitrag der Frau besteht darin, diese Bestandteile zu einem vollständigen Menschen auszubrüten, ohne einen eigenen Beitrag am Erscheinungsbild der Nachkömmlinge zu leisten. Diese Theorie steht in offensichtlichem Widerspruch zum täglich beobachtbaren Phänomen der Ähnlichkeit von Müttern und ihren Kindern und bedurfte daher der Differenzierung.

Umfassende schriftliche Zeugnisse einer Theorie der Vererbung finden sich im Werk des durch seinen Standeseid berühmt gewordenen Arztes **Hippokrates** von Kos (460-380 v.Chr.): Seiner Auffassung zufolge tragen beide Eltern zur Ausprägung der Nachkommenschaft durch Vereinigung des männlichen und des weibliche Zeugungsstoffes – gleichermaßen „Samen" genannt – bei. Der

---

[1] Dies entspricht seinem naturphilosophischen Grundprinzip eines qualitativen Atomismus, vgl. *Vorländer*, Geschichte der Philosophie, Band 1 Altertum, S. 42 f..

Samen besteht aus winzigen stofflichen Repräsentationen aller Organe und Gewebe der Eltern, so dass die Nachkommen hinsichtlich der Summe ihrer Qualitäten determiniert sind. Diese Determination ist gleichwohl keine strenge, da auch noch andere Faktoren – genannt werden die Einflüsse von „Luft, Wasser und Land" – zur Geltung kommen. Hippokrates referiert nicht nur Beobachtungsdaten über die Erblichkeit normaler und pathologischer Merkmale, sondern stellt darüber hinaus eine Theorie der Vererbung auf, nach der der Samen als Informationsträger von allen Teilen des Körpers produziert wird – sogenannte „Panspermienlehre"[2].

Eine komplexere und im Rahmen seines philosophischen Systems schlüssige Anschauung vermittelt **Aristoteles** (384-322 v.Chr.), der das Weibliche und das Männliche zu metaphysischen Prinzipien der Zeugung erhebt[3]. Der männliche und der weibliche Beitrag an der Vererbung sind von qualitativem Unterschied. Während die Frau als das empfangende Prinzip (Prinzip der Materie) das stoffliche Rohmaterial für die Nachkommenschaft bereitstellt, gibt der Mann, also das wirkende und bewegende Prinzip (Prinzip der Form), die Form sowie den Anstoß zur Entwicklung. Der Grund für den unterschiedlichen Beitrag der Eltern findet sich in der Funktion, die Aristoteles den von ihm als solche identifizierten geschlechtsspezifischen Körperflüssigkeiten unterstellt. Mit der Zeugungsfähigkeit einher geht und vergeht das Auftreten der weiblichen Monatsblutung und das Vorhandensein von männlichem Samen. Da nach Aristoteles' Auffassung das Blut den Grundstoff für die Entstehung des Körpers bildet, ist die stoffliche Voraussetzung für den Nachkommen ersichtlich schon überschüssig im weiblichen Körper vorhanden. Obwohl also das Rohmaterial bereits vorhanden ist, bedarf es notwendig – Jungfernmutterschaft war auch im antiken Griechenland religiösen Ausnahmen vorbehalten[4] – eines männlichen Beitrages zum Beginn der Schwangerschaft. Dieser Beitrag liegt somit zum einen im Anstoß zur Schwangerschaft. Darüber hinaus kann der Mann durch

---

[2] Vgl. *Barthelmess*, Vererbungswissenschaft, S. 11.

[3] Die Vererbungslehre fügt sich somit kongruent – insofern ist sie vorbildlich im Sinne der präwissenschaftlichen Methode – in das System der aristotelischen Metaphysik ein, nach der bei jedem Ding zwischen der gestaltlosen Grundgegebenheit, dem Stoff – υλη (hýle), lat.: materia – und dem gestaltenden Prinzip der Form – μορφη (morphé), lat.: forma – zu unterscheiden ist, vgl. *Aristoteles*, Metaphysik, Schriften zur ersten Philosophie; *Vorländer*, Geschichte der Philosophie Band 1, S. 101 ff..

[4] Vgl. *Drewermann*, Tiefenpsychologie und Exegese, Band 1, S. 503, mit umfangreichen Verweisen; vgl. auch insbesondere zum Dogma der jungfräulichen Geburt im Dionysoskult: *Ranke-Graves*, Griechische Mythologie, S. 97.

diesen Anstoß aber auch die Ausformung der Nachkommen bestimmen. Denn im Samen befindet sich gewissermaßen der formgestaltende Bauplan für die körperliche Realisierung des gezeugten Kindes. Das Verhältnis von Ausformung und vorhandenem Material bestimmt sich nach der Stärke des männlichen Anstoßes: bei einem starken Anstoß setzt der männliche Samen seinen Bauplan durch und es wird ein Junge gezeugt, der seinem Vater ähnlich sein muss. Bei einem eher schwachen Anstoß hingegen kann der männliche Samen nur den Anstoß zur Entwicklung geben, die Ausformung richtet sich nach dem weiblichen Ausformungsbeitrag, so dass ein Mädchen mit Ähnlichkeit zur Mutter erwartet werden kann.

Schon früh wurde ein weiterer Problemkreis zum Gegenstand konkurrierender Theorien: Die Frage nach dem Umfang der Vererbung. Diese Frage verdichtet sich in den Problembereichen, inwieweit Menschen für ihre Handlungen verantwortlich gemacht werden können, wieweit bestehende Strukturen gerechtfertigt werden können und ob man bessere Menschen züchten kann[5].

Platon (427-347 v.Chr.) ist überzeugt davon, dass Charaktereigenschaften weitgehend erblich sind. Diese Überzeugung bildet eine Voraussetzung für seine Vorstellung von Eugenik[6]. In einem idealen Staatswesen ist es die Aufgabe des Staatsoberhauptes, Elternteile anhand ihres Charakters zu Zuchtzwecken auszuwählen. Ziel der Züchtung ist eine gute Mischung der Charakterzüge eines idealen Staatsbürgers. Konsequenz dieser Staatsbürger-Eugenik soll sogar die Vernichtung der Kinder sein, die diesen Anforderungen nicht entsprechen. Diese Auffassung von der Vererblichkeit charakterlicher Eigenschaften war schon von **Theognis** und **Euripides** vertreten worden, die damit den Adelsstand rechtfertigten[7].

Platons Lehre von der Vererbung der Charaktereigenschaften stellte die Antithese zur sophistisch-sokratischen Auffassung dar, deren Methode auf den Erfolg von Belehrung und Gewöhnung zielte[8]. Schon **Demokrit** (ca. 460-370 v.

---

[5] Vgl. *Barthelmess*, Vererbungswissenschaft, S. 9 f..

[6] Vgl. *Platon*, Politeia / Der Staat, Fünftes Buch, Berliner Ausgabe Band II, S. 161 ff., insbes. 174 ff..

[7] Vgl. *Barthelmess*, Vererbungswissenschaft, S. 9, mit Hinweis auf Theognis, Elegien, 435-438, sowie Euripides, Phönix, Frg. 810.

[8] Vgl. *Barthelmess*, Vererbungswissenschaft, S. 9.

Chr.) hatte in bezug auf menschliche Fähigkeiten das Primat der Übung vor erblichen Prädisposition betont[9].

Dieser Streit über die Herkunft von Charaktereigenschaften ist gegenwärtig ebenso wenig entschieden wie die daran anschließende Frage nach Erwünschtheit und Methoden einer Verbesserung menschlicher Qualitäten. Den damals noch unerklärlichen Geheimnissen von Vererbungsvorgängen hingegen ist man dank der Entwicklung und Fortschritte der Naturwissenschaft mittlerweile deutlich näher gekommen.

II. Die Dämmerung der Neuzeit

Die spärlichen Zeugnisse der Römerzeit zum Thema Vererbung lassen einen Fortschritt ebenso wenig erkennen wie die Quellen des Mittelalters. Der Glaube an die Autoritäten der Alten lässt diese Epochen an den Lehren des Aristoteles und der Hippokratiker ihr Genügen finden[10]. Erst im ersten Jahrzehnt des 17. Jahrhunderts begann der spanische Arzt **Mercado** sich in seinem Werk „De Morbis Heriditariis“ im Zuge vorsichtig sich emanzipierender Wissenschaftlichkeit gegen den – im Verlauf der Renaissance zum Dogma erhobenen – herrschenden Einfluss des Aristoteles zu wenden. Seiner Auffassung zufolge sind beide Eltern mit jeweils einem „Samen“ gleichberechtigt am künftigen Kind beteiligt[11].

Der italienische Anatom und Professor in Bologna Marcello **Malpighi** (1628-1694) formulierte eine Präformationshypothese, nach der in der weiblichen Eizelle der ganze Organismus des zukünftigen Kindes bereits en miniature leiblich vorhanden ist, während die Samenflüssigkeit nur das Wachstum auslöst (**Eizellenpräformismus**).

Nach Erfindung des Mikroskops entdeckte Antonie **van Leeuwenhoek** (1632-1723) im Jahre 1677 im Alter von 45 Jahren die Spermien und legte damit den Grundstein für eine Reformulierung der Präformationshypothese, nach der nicht die Eizelle, sondern das – Animacula genannte – Spermium den vollstän-

---

[9] Vgl. *Vogel/Motulsky*, Human Genetics. Problems and Approaches, S. 10.

[10] Vgl. die Ausführungen bei *Barthelmess*, Vererbungswissenschaft, S. 19 f..

[11] Vgl. *Henke/Hoffmann/Henke*, Kurze Einführung in die gentechnologischen Voraussetzungen des DNA-Fingerprints in der forensischen Genetik, S. 13.

digen Organismus enthält (**Samenzellenpräformismus**). Im menschlichen Sperma glaubte man winzige Menschen (sog. „Homunculi"[12]) zu erkennen, die dann im geeigneten Nährmedium im weiblichen Körper wachsen könnten[13].

Erst im 18. Jahrhundert konnten Beobachtungen über die Weitergabe von Erbkrankheiten den Streit zwischen Anhängern der beiden konkurrierenden Präformationstheorien (den Ovisten und den Spermatisten[14]) beenden: Nach gründlichen Beobachtungen veröffentlichte **Maupertius** 1752 eine Studie über eine Familie mit Polydaktylie, die über vier Generationen sowohl von weiblichen als auch von männlichen Familienangehörigen weitergegeben wurde, und wies insofern nach, dass beide Eltern für erbliche Krankheiten verantwortlich sein können[15].

Ärgerliche Konsequenz der Präformationslehren war es immer gewesen, dass die Miniaturkörper bereits im männlichen bzw. weiblichen Körper geformt werden müssen, was die eigentlichen Probleme der Merkmalsvererbung nur einen Schritt zurücksetzt, ohne einen Ansatzpunkt zu ihrer Erklärung anbieten zu können. Infolge dieser Bedenken setzte sich die keineswegs neue, äußerst mystische Idee der **Epigenese** durch, nach der neue körperliche Faktoren, sogar Gewebe und Organe, während der Entwicklung eines Organismus unabhängig von ihrer ursprünglichen Form auftreten können. Die Entstehung der Organe erklärte **Wolff** mit geheimnisvollen Lebenskräften, **von Baer** (1792-1876) durch schrittweise Umbildung von zunehmend spezialisiertem Gewebe.

Einer neuen Variante der **Pangenese**-Theorie zufolge liefern alle Teile und Organe des Körpers kleine Kopien ihres Aufbaus an die Keimzellen, die dann diesen Informationen entsprechend die Teile der werdenden Nachkommen ausformen[16]. Neben Charles **Darwin** (1809-1882), dem Begründer der modernen Evolutionstheorie, war Jean-Baptiste **Lamarck** (1744-1829) der bedeutendste Vertreter dieser Theorie, die einen willkommenen Beitrag zu seinem – bedau-

---

[12] Vgl. *Vogel/Motulsky*, Human Genetics. Problems and Approaches, S. 10; *Henke/Hoffmann/Henke*, Kurze Einführung in die gentechnologischen Voraussetzungen des DNA-Fingerprints in der forensischen Genetik, S. 13 (14) mit Bildmaterial; *Strickberger*, Genetik, S. 4.

[13] Vgl. *Strickberger*, Genetik, S. 4. Wie oben bei Anaxagoras gezeigt wurde, ist diese These weder neu noch einleuchtend.

[14] Vgl. *Vogel/Motulsky*, Human Genetics. Problems and Approaches, S. 10.

[15] Vgl. *Vogel/Motulsky*, Human Genetics. Problems and Approaches, S. 10.

[16] Geistiger Urvater der Pangenese-Theorie ist Anaxagoras, vgl. oben unter A. I..

erlicherweise im genetischen Bereich falsifizierten[17] – Evolutionsmodell lieferte: Eigenschaften, die ein Lebewesen im Verlauf seines Lebens erworben hat und die sich in körperlicher Veränderung manifestieren (Evolution innerhalb eines individuellen Lebens), können auf diese Weise an die Nachkommen weitergegeben werden[18].

Eindrucksvolle Forschritte für die Kenntnis der Vererbungsvorgänge brachten die Erkenntnisse des britischen Arztes Josef **Adams** (1756-1818), die er in seinem 1814 erschienenen Werk „A Treatise on the Supposed Hereditary Properties of Diseases" veröffentlichte. Adams erkannte die unterschiedliche Ausprägung rezessiver und dominanter Erbanlagen, die damit zusammenhängenden Gefahren intrafamiliärer Eheschließung und stellte sogar Vermutungen über spontane Veränderungen des Erbgutes (Mutationen) an. Beinahe zeitgleich erkannte der deutsche Medizinprofessor C. F. **Nasse** die geschlechtsspezifische Vererblichkeit der Bluterkrankheit[19].

III. Genetik und Gentechnik seit Mendel

Die Grundsteine der wissenschaftlichen Genetik wurden mit den Kreuzungsversuchen Mendels gelegt, die zeigten, dass Erbeigenschaften durch elementare Einheiten bestimmt werden, die zwischen den Generationen in nachvollziehbarer, teilweise sogar vorhersagbarer Weise weitergegeben werden. Jede solche Einheit, die man als genetische Einheit oder Gen bezeichnet, stellt eine Substanz dar, die mindestens zwei wesentliche Forderungen erfüllen muss: Erstens muss sie zwischen den Generationen in der Weise vererbt werden, dass jeder

---

[17] Hingegen im Bereich der menschlichen, ethologisch-kulturellen Evolution der vergangenen 40.000 Jahre ist Lamarcks Evolutionsmodell noch hochaktuell. Seit dem ersten Auftreten der gegenwärtigen menschlichen Entwicklungsstufe – meist im Zuge euphemistisch überdehnter Begriffsinflation homo sapiens sapiens genannt – haben sich ohne weitere erkennbare Veränderung der anatomischen Eigenschaften oder der Leistungsfähigkeit des Gehirns explosionsartig weitreichende Verhaltensentwicklungen vollzogen, die eher Lamarcks als Darwins Theorie entsprechen.

[18] Vgl. *Strickberger*, Genetik, S. 5.

[19] Vgl. en detail zu Adams und Nasse die Ausführungen in: *Vogel/Motulsky*, Human Genetics. Problems and Approaches, S. 10 f..

Nachkomme eine physische Kopie dieses Materials trägt, und zweitens muss sie ihren Trägern Informationen über Struktur, Funktion und andere biologische Eigenschaften vermitteln. 1865 veröffentlichte der Mönch Johann Gregor **Mendel** (1822-1884) seine in langjährigen Pflanzenversuchen erarbeitete Vererbungslehre mit den beiden berühmt gewordenen Lehrsätzen, den Mendelschen Regeln[20]. Die Tragweite seiner in exakter wissenschaftlichen Detailarbeit[21] gewonnenen Erkenntnisse blieb jedoch weitere 35 Jahre lang unbeachtet, bevor sein Werk im Jahre 1900 unabhängig voneinander von **Correns**, **Tschermak** und **de Vries** wiederentdeckt wurde[22].

Erst die Synthese der durch Mendels Vererbungsregeln weit fortgeschrittenen Kreuzungs- und Vererbungsforschung mit den Ergebnissen der zunächst unabhängig sich entwickelnden Zellforschung brachte die wissenschaftliche Disziplin hervor, die sich in Form der modernen Genetik stetig weiterentwickelt[23]. Bereits 1860 hatte der Forscher Theodor **Schwann** mit einem – seit Leeuwenhoek stark verbesserten – Mikroskop entdeckt, dass sowohl menschliche als auch tierische Organismen gänzlich aus Zellen aufgebaut sind. Auch die Zellstruktur einschließlich der Chromosomen und ihr Verhalten bei der Zellteilung waren mikroskopisch untersucht, als im Jahre 1903 der deutsche Zellforscher **Boveri** und der amerikanische Vererbungsforscher **Sutton** unabhängig von einander die Chromosomentheorie der Vererbung begründen[24].

In der Folge setzte eine wahre Explosion von Entdeckungen ein, die heute noch andauert. Da die wesentlichen Forschritte eine unmittelbare Nähe zur Entwicklung der Genanalyse aufweisen und sie insofern zum Gegenstand der naturwissenschaftlichen Grundlegung der folgenden Abschnitte dieses Kapitels

[20] Die am 8.2. und 8.3.1865 vor dem „Naturforschenden Verein“ in Brünn vorgetragenen Erkenntnisse veröffentlichte Mendel im selben Jahr unter dem Titel „Versuche über Pflanzenhybriden“.

[21] Die Besonderheit und wissenschaftliche Vorbildlichkeit in Mendels Arbeit lag in der simplen und klar auf zwei Alternativen begrenzten Versuchsanordnung, in exakter statistischer Erhebung und in streng logischem Schließen.

[22] Vgl. *Vogel/Motulsky*, Human Genetics. Problems and Approaches, S. 12.

[23] Die modernen Genetik umfasst die Vorgänge der Vererbung, schließt darüber hinaus aber auch molekularbiologische Ereignisse ein, die nicht an folgende Generationen weitergegeben werden.

[24] Correns hatte bereits 1900 in den Chromosomen die Träger der Erbinformationen vermutet.

gemacht werden, soll im übrigen auf die Darstellung **Riedels**[25] verwiesen werden, der die wichtigsten Stationen der Gentechnologieentwicklung dieses Jahrhunderts stichpunktartig auflistet.

B. Die Erbsubstanz des Menschen: DNA

I. Aufbau der DNA

Als Genom bezeichnet man die Gesamtheit der Erbsubstanz jeder pflanzlichen und tierischen Zelle[26], also alle Informationen, die den vollständigen Aufbau des jeweiligen Organismus' determinieren sowie die Funktionen der Einzelzellen steuern[27].

Träger der Erbinformationen ist die Desoxyribonukleinsäure[28] (DNS, nach der englischen Benennung „**d**esoxyribo**n**ucleic **a**cid" meist als **DNA** bezeichnet).

Bei Organismen ohne Zellkern (**Prokaryonten**, vornehmlich Bakterien) befindet sich die DNA als unstrukturiertes Makromolekül im Zellinneren (Cytoplasma)[29]. Höherentwickelte Zellorganismen (**Eukaryonten**: die meisten Einzeller und alle mehrzelligen pflanzlichen und tierischen Organismen) verfügen über einen Zellkern (nucleus), das heißt einen von einer Membran umschlossenen Raum im Cytoplasma, der den ganz überwiegenden Teil der

---

[25] *Riedel*, Gentechnologie und Embryonenschutz als Verfassungs- und Regelungsproblem, EuGRZ 1986, 469, FN 1.

[26] Beim Menschen: etwa 10^{12} bis 10^{13} Zellen, deren jede einzelne über die komplette Erbinformation des gesamten Organismus verfügt, vgl. *Vosberg*, Verändert Gentechnik die Medizin?, S. 105.

[27] Vgl. *Vogel*, Lexikon Gentechnik, unter „Genom", S. 66, und „Gen", S. 62.

[28] Mit Ausnahme einiger Viren, bei denen die Erbsubstanz aus Ribonucleinsäure (RNA) besteht, vgl. *Gottschalk*, Allgemeine Genetik, S. 44.

[29] Vgl. *Kahl*, Dictionary of Gene Technology, unter „Prokaryotes", S. 370; *Lewin*, Gene. Lehrbuch der molekularen Genetik, S. 20 f.; *Eckert*, Morphologie und Funktion von Zellen, S. 1.

vorhandenen DNA beherbergt[30]. Auch bei Eukaryonten gibt es informationstragende DNA außerhalb des Zellkernes, deren Gesamtheit als cytoplasmatische Gene (oder: Plasmon[31] im Gegensatz zu einem eingeschränkten Genombegriff, der nur die Kern-DNA umfasst) bezeichnet wird[32]. Diese cytoplasmatische DNA findet sich in Chloroplasten (nur bei Pflanzen vorkommend, als sogenanntes Plastom) und in Mitochondrien[33] (als sogenanntes Chondriom)[34].

Die DNA in den Zellkernen kommt in Form von einem oder mehreren Chromatinsträngen vor, langen fadenförmigen Makromolekülen (etwa 2 m gestreckte Länge), die neben der DNA noch Proteine (vor allem 5 basische Proteine, die sog. Histone[35]) enthalten[36]. Struktur erhält das Chaos von ineinander ver-

---

[30] Vgl. *Lewin*, Gene. Lehrbuch der molekularen Genetik, S. 20, 503; *Kahl*, Dictionary of Gene Technology, unter „Eukaryotes", S. 162 f.; *Vogel*, Lexikon Gentechnik, unter „Eukaryonten", S. 54.

[31] Vgl. *Gottschalk*, Allgemeine Genetik, S. 333; *Strickberger*, Genetik, S. 226 f..

[32] Vgl. *Griffiths/Miller/Suzuki/Lewontin/Gelbart*, An Introduction to Genetic Analysis, S. 606; *Kahl*, Dictionary of Gene Technology, unter „Eukaryotes", S. 162 f.; *Gottschalk*, Allgemeine Genetik, S. 333.

[33] Menschliche Mitochondrien-DNA ist völlig sequenziert worden. Sie besteht aus 16569 Basenpaaren ohne Spacer und enthält folgende Gene: Gene für 22 tRNA-Moleküle, 2 rRNA-Moleküle, 13 Proteine, 8 unbekannte Sequenzen, Die Krankheit Myoklonus-Epilepsie ist auf eine Genmutation mitochondrialer DNA zurückzuführen, wobei anstelle eines Adenins ein Guanin vorhanden ist, siehe *Gottschalk*, Allgemeine Genetik, S. 336.

[34] Im Unterschied dazu: Plasmon, die Summe aller außerhalb der Chromosomen liegenden Gene der Zelle, auch: cytoplasmatische Gene. Unterteilung in Plastom – Summe aller in den Plastiden liegenden Gene – und Chondriom – Summe aller in den Mitochondrien liegenden Gene, vgl. *Gottschalk*, S. 333. Für die extrachromosomale (außerkaryontische) Vererbung gilt der Mendelismus nicht, sie ist eine nichtmendelnde Vererbung – männliche Keimzellen übertragen keine cytoplasmatischen Gene: mütterlicher Erbgang (Matroklinie, *Gottschalk*, Allgemeine Genetik, S. 338), *Theile*, Checkliste Genetische Beratung, S. 15. Im übrigen sind Extrachromosomale Gene den gleichen mutativen Veränderungen unterworfen wie die chromosomalen Gene.

[35] Die Proteine im Chromatin, die ihrer Masse nach den überwiegenden Anteil des eukaryotischen Chromatins ausmachen, sind in der Lage, die bereits in Form der Doppelhelix gewundenen DNA-Moleküle (Sekundärstruktur) ihrerseits zu einer weiteren helikalen Supra-Windung (Tertiärstruktur) zu bewegen, womit die räumliche Informationsdichte bei voller Zugänglichkeit für die Ablesung noch gesteigert wird, vgl. *Knippers*, Molekulare Genetik, S. 142 f..

schlungenen Chromatinfäden in der Metaphase der mitotischen Zellteilung, also dem Stadium der Zellteilung durch Verdopplung. Dann ziehen sich die Chromatinstränge auf das zehntausendste ihrer Länge zusammen (Kontraktion)[37]. Die so entstehende stäbchenförmige Verdichtung eines Chromatinfadens heißt wegen ihrer lichtmikroskopischen Erkennbarkeit nach kontrastierender Einfärbung **Chromosom**[38].

Die Erbinformationen sind festgelegt durch den spezifischen Aufbau der DNA-Bestandteile. Ein DNA-Strang setzt sich zusammen aus einer (polymeren) Kette von Einzelbausteinen, den **Desoxyribonucleotiden (Nucleotiden)**, die eine einfache Struktur aufweisen: Sie bestehen aus je einem Fünf-Kohlenstoff-Zuckermolekül (Desoxyribose), einem Phosphatrest, der mit dem C_5-Atom des Zuckers verbunden ist, und einer organischen Base[39]. In der DNA kommen vier verschiedene Nucleotide vor, deren Spezifität in ihren organischen Basen liegt. Die vier auftretenden Basen sind **Adenin** (A), **Guanin** (G)[40], **Cytosin** (C) und **Thymin** (T)[41]. Die Nucleotide sind in der Weise miteinander verkettet, dass sich jeweils die Phosphatgruppe eines Nucleotids mit der Desoxyribosegruppe des nächsten Nucleotids verbindet, was zu einer Aufeinanderfolge alternierender Phosphat- und Zuckermoleküle führt, an denen die Basen seitlich und nebeneinander angeordnet liegen. Jeweils zwei solcher Nucleotidketten lagern sich aneinander an, indem die gegenüberliegenden Basen durch Wasserstoffbrücken eine Verbindung miteinander eingehen. Diese Brückenbindung erfolgt jedoch nur zwischen zwei bestimmten Basenkombinationen, nämlich zwischen Adenin und Thymin sowie zwischen Cytosin und Guanin, den sogenannten Komplementärbasenpaaren. Diese gehen jeweils eine spezifische Bindung miteinander ein (drei Wasserstoffbrücken zwischen G und C, zwei Wasserstoff-

---

[36] Vgl. *Kahl*, Dictionary of Gene Technology, unter „Chromatin", S. 76; *Strickberger*, Genetik, S. 50.

[37] Vgl. *Traut*, Chromosomen, S. 142; *Hagemann*, Allgemeine Genetik, S. 29 f.; *Vosberg*, Verändert Gentechnik die Medizin?, S. 105.

[38] Vgl. *Vogel*, Lexikon Gentechnik, unter „Chromosom", S. 35.

[39] Vgl. *Hagemann*, Allgemeine Genetik, S. 45 f.; *Kaudewitz*, Genetik, S. 20 f.; eine Abbildung der chemischen Struktur eines Nucleotids findet sich bei *Gottschalk*, Allgemeine Genetik, S. 51.

[40] Adenin und Guanin sind zwei Derivate des Purins.

[41] Cytosin und Thymin sind zwei Pyrimidinderivate. (Abbildungen der chemischen Struktur der Basen bei *Gottschalk*, Allgemeine Genetik, S. 52).

brücken zwischen A und T[42]). Die doppelten Nucleotidketten der DNA sind also so aufgebaut, dass zwingend einem A-Nucleotid immer ein T-Nucleotid und einem C-Nucleotid immer ein G-Nucleotid gegenüberliegt. Auf diese Weise entsteht eine Struktur, die einer Leiter ähnelt, wobei die parallel zueinander liegenden Phosphat-Zucker-Ketten (die „Holme") durch die Komplementärbasenpaare als „Sprossen" verbunden werden. Diese Leiter ist aufgrund hydrophober Wechselwirkungen zwischen den Basenpaaren (sog. stacking forces) spiralförmig (plektronemisch) gewunden, so dass eine Schraubenstruktur (auch: Wendeltreppe, gedrehte Strickleiter), die sogenannte **Doppelhelix**, entsteht[43].

Das chromosomale Genom ist bei den einzelnen Tier- und Pflanzenarten sehr unterschiedlich groß. Während beispielsweise einzelne Viren nur über einen einzigen Chromatinfaden von wenigen Tausend Basenpaaren verfügen, finden sich im Kern einer menschlichen Körperzelle etwa drei Milliarden Basenpaare auf 46 Chromosomen[44].

Die menschlichen Chromosomen treten paarweise auf: von den 46 Chromosomen sind jeweils 2 gleichartig an Größe und Funktion, nicht aber bezüglich ihres Informationsgehaltes. Man unterscheidet nach ihrer Größe 23 Chromosomentypen, von denen 22 nicht geschlechtsspezifisch sind (Autosomenpaare), während das Geschlechtschromosomenpaar Nr. 23 (Gonosomen) nur bei weiblichen Menschen gleichartig (zwei sog. X-Chromosomen) ist, bei männlichen Menschen hingegen ungleichartig (ein X-Chromosom und ein Y-Chromosom)[45].

Das paarweise Auftreten der Chromosomen ist dadurch bedingt, dass bei der geschlechtlichen Fortpflanzung je ein kompletter Satz von 23 Chromosomen von jedem Elternteil zu einem neuen doppelten Chromosomensatz kombiniert wird. Damit verfügt jede Zelle über zwei Kopien des menschlichen Genoms,

---

[42] Vgl. *Hagemann*, Allgemeine Genetik, S. 52 f..

[43] Vgl. Watson/Crick: A structure of desoxyriose nucleic acid, Nature 171 (1953), S. 737 ff.; dieselben, Genetic implications of the structure of desoxyribonucleic acid, Nature 171 (1953), S. 962 ff.; zur Entdeckungsgeschichte vgl. *Watson*, The double helix: a personal account of the discovery of the structure of DNA.

[44] Vgl. *Gottschalk*, Allgemeine Genetik, S. 59; *Knippers*, Molekulare Genetik, S. 30.

[45] Vgl. *Traut*, Chromosomen, S. 24 f.; *Gottschalk*, Allgemeine Genetik, S. 327 f..

also zwei komplette Sätze von je 23 Chromosomen jeweils väterlicher und mütterlicher Herkunft mit untereinander divergierendem Informationsgehalt[46].

Der doppelte (diploide) Chromosomensatz kommt in allen Körperzellen (Somazellen) mit Ausnahme der Keimzellen (Gameten), also den männlichen Samenzellen (Spermatocyten) und den weiblichen Eizellen (Ovozyten) vor. Die Gameten verfügen nur über einen einfachen (haploiden) Chromosomensatz, der bei der geschlechtlichen Fortpflanzung durch Kernverschmelzung zweier Gameten wieder verdoppelt wird. Die bei der Produktion von Gameten erforderliche Aufteilung des diploiden Chromosomensatzes in haploide Sätze bei beliebiger Verteilung der jeweils zwei zur Verfügung stehenden gleichartigen, aber jeweils bezüglich der Erbinformation unterschiedlichen Chromosomen eines Types (1 bis 23), ermöglicht eine breite Variation bei der Rekombination durch Befruchtung[47].

Die oben beschriebene einfache Struktur der Erbsubstanz gilt für jeden (pflanzlichen und tierischen) Organismus, so dass sich die Frage erhebt, wie es möglich ist, mit Hilfe einer so einfach zusammengesetzten Substanz eine fast unbegrenzte Wirkungsmannigfaltigkeit zu erzielen. Der entscheidende Faktor besteht aber nicht in der Verschiedenheit der organischen Basen, sondern in der Möglichkeit, ihre Reihenfolge innerhalb des DNA-Stranges zu variieren.

II. Funktionen der DNA

Die DNA erfüllt zwei wesentliche Funktionen:

Die eine besteht in der Steuerung der Zellteilung in Form von Zellverdoppelung (mitotische Reduplikation) und Gametenbildung (meiotische Reduktionsteilung).

Die andere besteht in der Produktion von Proteinen, die zur Steuerung von Zell- und Körperfunktionen dienen (Protein-Biosynthese durch Transkription und Translation).

Durch die Zellteilung wird ein Organismus gebildet und vermehrt, durch die Proteinsynthese werden seine Funktionen eingeleitet und aufrechterhalten. Die

---

[46] Vgl. *Vogel*, Lexikon Gentechnik, unter „Chromosom", S. 35; *Linder*, Biologie, S. 232 f..

[47] Vgl. *Linder*, Biologie, S. 232.

Funktionen der DNA lassen sich bezüglich ihrer Zielrichtung nicht eindeutig voneinander trennen. So hat auch die Proteinsynthese einen wesentlichen Anteil an der Bildung und Vermehrung eines Organismus. Eine eindeutige Trennung der Funktionen ist allein in Form einer Beschreibung der unterschiedlichen Abläufe im Zellkern möglich.

1. Gen und Genom

Ein **Gen** ist ein physikalisch und funktionell definierter Abschnitt auf einem DNA-Strang, der die Information zur Herstellung eines Proteins[48] oder eines zur Proteinproduktion erforderlichen Moleküls[49] trägt[50].

Die Gesamtzahl der Gene eines Organismus wird als **Genom**[51] bezeichnet[52]. In hochentwickelten Lebensformen (z.B. Maus und Mensch) gibt es etwa 70.000 bis 100.000 Gene[53], die jedoch nur etwa 5 bis 10 % der in deren Zelle vorhandenen Gesamtmenge an DNA ausmachen. Viele Gene kommen als Einzelkopie im Genom vor, andere sind in mehrfacher Ausführung auf einem oder mehreren Chromosomen vertreten[54].

---

[48] Die mittlerweile unbestrittene „Ein-Gen-ein-Polypeptid-Theorie" zeigt, dass die Produktion von Enzym-Proteinen (Polypeptiden) in der Zelle ausschließlich durch die DNA gesteuert wird, vgl. *Gottschalk*, Allgemeine Genetik, S. 351. Diese Gene, die die Aminosäuresequenz eines Polypeptids determinieren, werden **Strukturgene** genannt, vgl. *Kahl*, Dictionary of Gene Technology, unter „Gene", S. 190.

[49] Die DNA determiniert auch die Nucleotidsequenz der bei der Protein-Biosynthes erforderlichen tRNA-, und mRNA-Moleküle, vgl. *Kahl*, Dictionary of Gene Technology, unter „Gene", S. 190.

[50] Vgl. *Vogel*, Lexikon Gentechnik, S. 62; *Knippers*, Molekulare Genetik, S. 29; *Kahl*, Dictionary of Gene Technology, unter „Gene", S. 190.

[51] Vgl. *Knippers*, Molekulare Genetik, S. 29.

[52] Diese Definition entspricht dem „weiten" Genombegriff, wohingegen der enge Genombegriff nur die Gesamtmenge an vorhandenen Erbinformationen im Zellkern umfasst und die Gene des Plastoms und Chondrioms ausschließt.

[53] Vgl. *Knippers*, Molekulare Genetik, S. 420.

[54] Die Anzahl an Kopien eines Gens pro Genom wird als „Gendosis" oder „Gene dosage" bezeichnet, *Lewin*, Gene. Lehrbuch der molekularen Genetik, S. 886; *Kahl*, Dictionary of Gene Technology, unter „Gene dosage", S. 191.

Die zwischen den Genen, also außerhalb der sinnvoll codierten Bereichen liegenden DNA-Abschnitte lassen sich funktionell oder sequentiell beschreiben. Diese nichtcodierenden Abschnitte erfüllen nach gegenwärtigem Wissensstand keine Funktion bei der Protein-Biosynthese, sondern dienen teilweise als sogenannte Satelliten-DNA aufgrund ihrer Zusammensetzung ausschließlich der Aufrechterhaltung der Chromosomenstruktur. Ein Großteil der nichtcodierenden Abschnitte besteht aus repetitiven Nucleotidfolgen, die in kurzen (SINE[55]) oder längeren (LINE[56]) Sequenzen vorkommen.

2. Zellteilung und Fortpflanzung

a. Mitotische Replikation: Zellvermehrung

Zellen vermehren sich durch die sogenannte mitotische Zellteilung (Mitose), das heißt die Halbierung der Zelle und nachfolgende Trennung beider Hälften, die dann jeweils wieder auf ihre ursprüngliche Größe heranwachsen. Bei dieser Zellteilung erhält jede der entstehenden Zellen (Tochterzellen) eine vollständige Kopie des Chromosomensatzes der Mutterzelle. Zu diesem Zweck muss zuvor die DNA verdoppelt werden. Dieser Vorgang wird als identische Duplikation oder Replikation der DNA bezeichnet[57]. Jeder der beiden Einzelstränge einer DNA-Doppelhelix wird als Matrize für den Aufbau einer neuen komplementären Kette verwendet[58]. Dazu ist eine Auflösung der Suprastruktur der DNA (durch ein Topisomerase-Enzym), die Aufdrillung der Doppelhelix (durch ein Helicase-Enzym) und eine partielle Trennung in die beiden Einzelstänge erforderlich[59]. Sogenannte „unwinding proteins“ (Bindeproteine), die

---

[55] SINE: short interspersed repetitive elements, 100-500 Basenpaare, machen etwa 20 % des Säugetiergenoms aus, vgl. *Knippers*, Molekulare Genetik, S. 31 f..

[56] LINE: long interspersed repetitive elements, 6000-7000 Basenpaare, machen etwa 10 % des Säugetiergenoms aus, *Knippers*, Molekulare Genetik, S. 32.

[57] Vgl. *Bertram*, Der genetische Apparat, S. 65.

[58] Sogenannte semikonservative Replikation, weil jeder der beiden Koplementärstränge einer Kopie einen alten und einen neu synthetisierten Strang enhält, vgl. *Kahl*, Dictionary of Gene Technology, unter „Semiconservative replication“, S. 440; *Bertram*, Der genetische Apparat, S. 65.

[59] Vgl. *Knippers*, Molekulare Genetik, S. 172 ff..

nur an einzelsträngige DNA binden und durch Abdeckung von jeweils etwa 10 Nucleotide die Einzelstränge stabilisieren und linearisieren, verhindern, dass die nach einer Verbindung strebenden Komplementärbasen den Reißverschluss wieder zuziehen[60]. Zu jedem der beiden Einzelstränge wird eine neue komplette Kette synthetisiert. Dabei lagern sich an die nunmehr ungepaarten Basen des jeweiligen Stranges mit Hilfe eines Enzyms (der DNA-Polymerase) komplementäre Nucleotide an[61].

b. Meiose und Genvariation: Geschlechtliche Fortpflanzung

Bei der geschlechtlichen Fortpflanzung verschmelzen zwei verschieden gestaltete Geschlechtszellen (Keimzellen, Gameten) im Vorgang der Befruchtung zur befruchteten Eizelle (Zygote). Keimzellen unterscheiden sich von Körperzellen (Somazellen) dadurch, dass sie von jedem homologen Chromosomenpaar nur einen Partner besitzen. Der Chromosomensatz besteht daher nur aus der Hälfte der Chromosomen einer Somazelle (haploider Chromosomensatz). Die Herstellung von haploiden Keimzellen erfolgt durch den Vorgang der Reduktionsteilung (Meiose)[62]. Bei der Meiose teilt sich eine bestimmte Somazelle (die Keimmutterzelle) in der Weise, dass die jeweils doppelt vorhandenen Chromosomensätze nicht wie bei der Mitose vor der Teilung erneut verdoppelt und dann jeweils als identisches Erbgut an die Tochterzellen weitergegeben wird, sondern dass von den zwei mal 23 Chromosomen je ein Chromosomensatz an die eine und ein Chromosomensatz an die andere Keimzelle weitergegeben wird[63]. Jeweils zwei Tochterzellen einer Keimmutterzelle enthalten dann einen unterschiedlichen Chromosomensatz. Diese Tochterzellen teilen sich dann noch einmal (Chromatidenteilung), so dass aus einer Keimmutterzelle zuletzt vier Keimzellen entstanden sind. Keimzellen des Menschen sind nun zum einen die weibliche Eizelle (Ovozyte) und die männliche Spermazelle

---

60 Vgl. *Kahl*, Dictionary of Gene Technology, unter „DNA helicase, unwinding protein“, S. 138.

61 Vgl. *Knippers*, Molekulare Genetik, S. 177 ff..

62 Ausführlich zur meiotischen Reduktionsteilung vgl. *Linder*, Biologie, S. 231 ff.; *Knippers*, Molekulare Genetik, S. 195 ff..

63 Dabei wird bei jedem der doppelt vorhandenen, aber bezüglich der Erbinformation unterschiedlichen Chromosomentypen (1 bis 23) per Zufall das eine Chromosom auf die eine Zelle, das andere auf die andere Zelle verteilt.

(Spermatozyte). Bei der Verschmelzung beider Keimzellen (Befruchtung, Konjugation) werden die beiden haploiden Chromosomensätze zu einem neuen diploiden Chromosomensatz der Zygote kombiniert. Aus dieser Kombination folgt die große individuelle Vielfalt verschiedener Nachkommen solcher Pflanzen- und Tierarten, die sich geschlechtlich vermehren. Je größer der Chromosomensatz ist, desto vielfältiger sind die Teilungsmöglichkeiten bei der Keimzellenbildung und desto vielfältiger ist die Neukombination bei der Befruchtung[64].

3. Protein-Biosynthese

Die Hauptaufgabe der DNA besteht in der Steuerung der Proteinsynthese, also der gerichteten Produktion von Eiweißstoffen, die für jede Funktion der Zelle und des Gesamtorganismus notwendig sind. Zu diesen Funktionen gehört neben dem Zellstoffwechsel und dem Stoffwechsel des Gesamtorganismus auch die Bildung von Zellsystemen – wie Organen und anderen körperlichen Merkmalen[65]. Aber auch die für die Produktion von Proteinen erforderlichen Produktionsfaktoren werden per Protein-Biosynthese produziert[66].

Es gibt eine unübersehbar große Anzahl unterschiedlicher Proteine, die aber ihrerseits aus wenigen Subeinheiten zusammengesetzt sind, den **Aminosäuren**.

Zur Produktion der Proteine wird die Information eines Gens abgelesen (Transkription) und in eine Aminosäuresequenz übertragen (Translation).

---

[64] Bei 23 verschiedenen Chromosomen, die jeweils doppelt (als ungleichartiges Paar: ein Chromosomensatz von der väterlichen und ein Chromsomensatz von der mütterlichen Keimzelle) vorhanden sind, gibt es 23^2, also 529 Möglichkeiten verschiedener Keimzellen, die sich mit ebenfalls 529 Keimzellen des anderen Geschlechtspartners neukombinieren können.

[65] Insoweit ist die Protein-Biosynthese auch für auch die Steuerung der dafür erforderlichen mitotischen Zellteilungen verantwortlich. Auch die Meiose wird durch Proteine gesteuert.

[66] So sind neben den für die Transkription und Translation benötigten Enzymen auch die tRNA- und die rRNA-Moleküle ihrerseits Genprodukte.

a. Aminosäuren und Proteine

aa. Aminosäuren

Im menschlichen Körper kommen 20 verschiedene Aminosäuren vor, die überwiegend nach dem genetischen DNA-Bauplan im Zuge der Translation zu Proteinen verarbeitet werden[67]. Aminosäuren werden teilweise von den menschlichen Zellen selbst produziert (nicht-essentielle Aminosäuren), teilweise müssen sie durch Nahrung aufgenommen werden (essentielle Aminosäuren[68]). Ein omnipräsenter Vorrat an Aminosäuren findet sich als konstante Konzentration in Blut und Körpersäften[69]. Durch chemische Verknüpfungen zwischen einzelnen Aminosäuremolekülen entstehen Peptidketten[70] (sogenannte Polypeptide), die ab einer bestimmten Länge und damit verbundener Struktur und Funktion Proteine genannt werden[71].

bb. Proteine

Proteine sind bei nahezu allen Funktionen eines Organismus maßgeblich beteiligt. Sie erfüllen u.a. als Enzyme[72], Hormone, Rezeptoren, Transport- und

---

[67] In der Natur gibt es über 200 verschiedene Aminosäuren, vgl. *Buddecke*, Grundrisse der Biochemie, S. 49. Zur Molekularstruktur der 20 proteinogenen Aminosäuren vgl. *Friemert*, Nucleinsäuren und Proteine als molekulare Komponenten der Zelle, S. 54.

[68] Acht der proteinogenen Aminosäuren sind essentiell, vgl. im einzelnen *Buddecke*, Grundrisse der Biochemie, S. 54. Bei Unterversorgung drohen als Folge schwere Mangelkrankheiten.

[69] *Buddecke*, Grundrisse der Biochemie, S. 52 f. gibt die Menge der im menschlichen Körper befindlichen freien Aminosäuren mit etwa 50 g an. In gebundener Form – größtenteils als Proteine – sind noch einmal ca. 12 kg vorhanden.

[70] Aminosäuren weisen neben einem je nach Aminosäure unterschiedlichen Aminosäure-Rest jeweils eine Aminogruppe (NH_2) und eine Carboxylgruppe (COOH) auf. Mehrere Aminosäuren verbinden sich durch sog. Peptidbindungen, indem sich unter Abspaltung eines H_2O-Moleküls die Aminogruppe der einen mit der Carboxylgruppe der anderen Aminosäure verbindet (C=O–NH).

[71] Vgl. *Vogel*, Lexikon Gentechnik, unter „Protein", S. 148.

[72] Enzyme sind Katalysatoren, die biologische Prozesse in Richtung und Geschwindigkeit beeinflussen, sie steuern damit den Stoffwechsel der Zelle und ermöglichen koordinierte Zelleistungen, vgl. *Günther*, Lehrbuch der Genetik, S. 130.

Strukturproteine[73] im Zellstoffwechsel und im Organismus beinahe jede Aufgabe, die zur Aufrechterhaltung des Systems erforderlich ist. Von der Replikation der DNA (z.B. DNA-Polymerase), der Energiespeicherung (Casein), über die (teilweise hormonelle) Steuerung des Stoffwechsels (z.B. Serumalbumin, Insulin), der Sauerstoffversorgung (Hämoglobin), des Immunsystems (weiße Blutkörperchen) und des Wachstums (Wachstumshormon) bis zu den Sinnesorganen (z.B. Rhodopsin) sind über 50.000 verschiedene Proteine im menschlichen Körper im Einsatz. Sie kommen als bewegliche Teilchen in den Zellen ebenso vor wie intrazellulär in den Körperflüssigkeiten; als unbewegliche, strukturbildende Teilchen bilden sie einen großen Teil des festen Bestandteiles jeder Zelle[74].

b. Transkription

Nur einer der beiden komplementären DNA-Stränge, der sogenannte codogene Strang, codiert mit seinen Basen sinnvolle Informationen, also ablesbare Gene. Der gegenüberliegende Strang mit der komplementären Sequenz spielt keine Rolle bei der Ausprägung von Proteinen. Trotzdem erfüllt er zwei bedeutende Funktionen: Zum einen dient er dem Schutz und der Störfreiheit der Erbinformation. Indem er die zu chemischer Reaktion fähigen Basen der Nucleotide des codogenen Stranges bindet, verhindert er ungewollte chemische Reaktionen[75] und bewahrt gleichermaßen das Molekül vor Veränderung (Stabilisierungsfunktion). Außerdem ermöglicht er die schnelle mitotische Replikation durch gleichzeitige Anlagerung von Komplementärnucleotiden an beiden Strängen (Duplikationsfunktion).

Durch bestimmte Start-Sequenzen auf dem codogenen DNA-Strang (Start-Codogen, **Promotor**) und die damit verbundene Molekularstruktur können Ableseenzyme (RNA-Polymerasen - Holoenzyme) sowohl den codogenen

---

[73] Strukturproteine sind wesentlicher Bestandteil der Membranen, des Zellkerns mit den Chromosomen, der Mitochondrien, Plastiden, Ribosomen, im Grundzytoplasma und anderen proteinhaltigen Zellstrukturen.

[74] Vgl. *Vogel*, Lexikon Gentechnik, unter „Protein“, S. 148.

[75] So würde es beispielsweise zu Bindungen zwischen komplementären Nucleotiden innerhalb desselben codogenen Stranges kommen, der eine Verdrillung und Verknotung zur Folge hätte. Ein einfacher DNA-Strang ist aufgrund seiner Affinität mit einem Stück Klebeband vergleichbar.

Strang als auch die Startposition erkennen. Sie gehen eine Bindung mit dem Promotor ein und beginnen mit der Aufspaltung der DNA-Stränge und darauffolgend mit der Synthese der DNA-Frequenz. Wie einen Reißverschluss öffnen die Ableseenzyme die verknüpften DNA-Stränge, und ermöglichen die Bildung einer Kopie des codogenen Stranges. Anders als bei der mitotischen Replikation entsteht bei der Gen-Ablesung für die Proteinsynthese nicht eine weitere DNA-Kette. Die Komplementärkopie des codogenen Stranges entsteht vielmehr aus Ribonucleinsäure (**ribo**nucleic **a**cid, **RNA**)[76]. Ebenso wie die DNA besteht die RNA aus der Kombination von 4 Nucleotiden (Ribonucleotide), die gegenüber den Desoxyribonucleotiden zwei Besonderheiten aufweisen. Erstens besteht die Zuckergruppe nur aus einem Ribosemolekül, zweitens gibt es zwar die Basen Adenin, Guanin und Cytosin, nicht aber das Thymin. Statt seiner ergänzt aber die Base **Uracil**[77] (U) das Adenin als Komplementär[78]. Im Wesentlichen ist die RNA der DNA in Aufbau und Funktion vergleichbar, kann aber im Gegensatz zu dieser den Zellkern verlassen und zu den Produktionsstätten der Aminosäuresynthese, den Ribosomen, gelangen, die sich im Cytoplasma befinden[79]. Nach ihren Funktionen werden mehrere Arten von RNA unterschieden. Bei der Ablesung eines Gens durch eine RNA-Polymerase wird eine einsträngige und zum abgelesenen Gen komplementäre RNA-Kette gebildet, die als Kurier der Information an die Ribosomen fungiert und als Boten-RNA (engl. Messenger-RNA, kurz: **mRNA**) bezeichnet wird. Das Ende des abzulesenden Gens wird wie sein Anfang durch besondere Basenfolgen markiert (Stop-Codogen, **Terminator**)[80].

Gene höherentwickelter Organismen bestehen oft nicht aus einem durchlaufenden, die Information tragenden DNA-Doppelstrang[81]. Vielmehr sind innerhalb

---

[76] Vgl. *Lenz*, Medizinische Genetik, S. 132.

[77] Eine Pyrimidin-Base wie Cytosin und Thymin, *Kahl*, Dictionary of Gene Technology, unter „U – abbreviation for uracil", S. 515.

[78] Vgl. *Lenz*, Medizinische Genetik, S. 132.

[79] Vgl. *Lenz*, Medizinische Genetik, S. 133.

[80] Die Termination erfolgt entweder mit Hilfe eines weiteren Proteins (Rho-Protein), oder selbsttätig. Im letzteren Fall wird durch eine besondere Sequenz des Terminators eine Verklebung der mRNA mit sich selbst erreicht, die zu einer Art Knoten führt. Die knotenförmigen Sekundärstruktur verändert die Polymerasestruktur, so dass sich das Polymeraseenzym von DNA und mRNA löst.

[81] Vgl. *Klingmüller*, Gentechnik bei Bakterien: Pharmazeutische Entwicklungen und Freisetzungsproblematik, S. 23 (31).

eines längeren DNA-Abschnittes informationstragende (Exons) und informationsleere Abschnitte (Introns[82]) aufgereiht[83]. Erst nach Ablesung der DNA durch die mRNA wird die vollständig zusammenhängende Information eines Gens ohne Lücken gewonnen. Dazu muss die transkribierte mRNA (sog. prä-mRNA) von den Introns gereinigt werden. Introns haben eine spezifische Basenfolge am Anfang und am Ende, so dass sie von speziellen Enzymkomplexen (spliceosomes) identifiziert und herausgeschnitten werden können. Dieser Vorgang wird als **Splicing** (auch RNA-editing, post-transcriptional modification, RNA-processing) bezeichnet[84].

Der Vorgang der Ablesung eines Gens auf der chromosomalen DNA bei gleichzeitiger Anfertigung einer mRNA-Kopie wird wegen der Übersetzung von DNA in RNA als **Transkription** bezeichnet.

Die auf der mRNA gespeicherte Information wird nach Loslösung von den Polymerase-Enzymen aus dem Zellkern, dessen umschließende Membran für RNA durchlässig ist, in das Cytoplasma zu den Ribosomen transportiert.

c. Translation

Im zweiten Schritt der Protein-Biosynthese werden dann die durch die mRNA transportierten Informationen in Aminosäuren umgesetzt, sogenannte **Translation**. Ort der Translation sind die Ribosomen, die Proteinfabriken der Zelle, in denen nach den Bauplänen der mRNA ein Protein generiert wird[85].

Die lineare Folge der Nucleotidketten in der DNA bestimmt die lineare Folge der Aminosäuren im Protein. Proteine bestehen aus Aminosäuren, die in wech-

---

[82] **Intracistronische** Regionen (Cistron: teilw. Bezeichnung für Gen, vgl. *Kahl*, Dictionary of Gene Technology, S. 82) oder intervening sequences.

[83] Vgl. *Günther*, Lehrbuch der Genetik, S. 114; Die Unterscheidung zwischen Exon und Intron relativiert sich im Falle des „variablen Splicing", bei dem ein Gen zwei Genprodukte determinieren kann, vgl. *Lenz*, Medizinische Genetik, S. 135.

[84] Umfassend zum RNA-processing vgl. *Günther*, Lehrbuch der Genetik, S. 114 ff.

[85] Ribosomen sind komplex strukturierte Partikel, die zu zwei Dritteln aus Ribonucleinsäuren (ribosomale RNA, **rRNA**) und zu einem Drittel aus Proteinen aufgebaut sind, vgl. *Knippers*, Molekulare Genetik, S. 64 f.; *Lenz*, Medizinische Genetik, S. 134. Aus einer mechanistischen Betrachtungsweise resultiert die Untergliederung der Translation in drei Phasen: Initiation, Elongation und Termination.

selnder Zahl und Zusammensetzung zu langen Ketten verknüpft sind. In Proteinen kommen insgesamt 20 verschiedene Aminosäuren vor. Die DNA besteht aber nur aus vier verschiedenen Nucleotiden, so dass bei einer Übersetzung 1 Base: 1 Aminosäure nur vier Möglichkeiten bestünden. Eine Kombination jeweils zweier Basen pro Aminosäure reicht allenfalls für 16 verschiedene Möglichkeiten. Erforderlich ist also eine Kombination aus mindestens drei aufeinanderfolgenden Nucleotiden (ein Triplett)[86].

Bei der Translation werden die genetischen Information in die Aminosäuresequenz der Proteine übersetzt. Die mRNA, die die genetische Information von der DNA ins Cytoplasma bringt, wird an die Ribosomen gebunden, und aufgrund der Codonabfolge innerhalb der mRNA werden die entsprechenden Aminosäuren unter Ausbildung von Peptidbindungen miteinander zu einem Protein verknüpft. Die Aminosäuren wiederum werden von Transfer-RNA-Molekülen (**tRNA**) zu den Ribosomen gebracht[87]. An einer Seite der tRNA kann eine Bindung mit einer Aminosäure eingegangen werden, an der gegenüberliegenden Seite befindet sich, jeweils abhängig von der transportierten Aminosäure, ein bestimmtes „offen“ liegendes und zur Reaktion bereites Basentriplett, das sogenannte Anti-Codon. Dieses Anticodon der tRNA verbindet sich in einem Ribosom mit jeweils einem passenden Triplett (Codon) der mRNA. Durch diese Verbindung wird die Aminosäure von der tRNA abgelöst und formt im Ribosom mit den vorangehenden und nachfolgenden Aminosäuren, die durch die nächsten Triplette auf der mRNA bestimmt werden, eine Kette (Polypeptidkette). Diese Kette aus Aminosäuren bildet ein Protein[88].

---

[86] Da für jede der drei Positionen eines Tripletts vier mögliche Basen zur Verfügung stehen, entsteht eine Variation von 4^3, also 64 Möglichkeiten pro Triplett. Den 64 möglichen Tripletts stehen nur 20 Aminosäuren gegenüber, so dass mehrere Tripletts eine Aminosäure codieren (sog. redundante Codogene). Durch gezielten Einsatz von Basenmutationen (Punktmutationen) konnte durch **Nirenberg** und **Matthai** 1961 nachgewiesen werden, dass tatsächlich jeweils drei Nucleotide auf der DNA eine Informationseinheit (Codogen) bilden und jeweils eine spezifische Aminosäure determinieren.

[87] Die tRNA-Makromoleküle bestehen aus einer einfachen (nicht wie die DNA doppelten) Kette von 74 bis 94 Ribonuclein-Bausteinen, die durch die Verbindung komplementärer Nucleotide in mehreren Schlaufen zur Form eines Kleeblattes gewunden sind. Auch hier passt der Vergleich eines einfachen Nucleotidstranges mit einem Klebeband, das sich mit seiner klebrigen Seite mit sich selbst verbindet.

[88] Polypeptide besitzen sehr komplexe Strukturen, die überhaupt erst ihre Funktion gewährleisten. Die durch die Reihenfolge der Aminosäuren bestimmte Primärstruktur faltet sich weiter in Sekundär-, Tertiär- und (unter Beteiligung mehrerer Polypeptide:) Quartärstrukturen. Diese Strukturen höherer Ordnung liegen bereits in der Primärstruktur begründet (sog. self-

Eine zur Translation bereite mRNA-Kette durchläuft eine Reihe mehrerer hintereinander liegende Ribosomen wie ein Fließband. Auf diese Weise kann in kurzer Zeit eine große Anzahl von Proteinen nach nur einer Kopie des Bauplanes gefertigt werden.

4. Genetische Kybernetik: Genregulation und Genexpression

Nicht alle der etwa 70.000 bis 100.000 Gene, die im Genom und damit in jeder Zelle angelegt sind, werden ununterbrochen in die durch sie codierten Proteine umgesetzt[89]. Bereits bei der Betrachtung einer einzelnen Zelle zeigt sich, dass sich verschiedene Gene stark bezüglich der Menge der Genprodukte unterscheiden, die durch sie gebildet werden. Die Produktion unterschiedlicher Proteine in derselben Zelle kann um ein Vielfaches differieren[90]. Hinzu kommt, dass die Genproduktion auch in zeitlicher Hinsicht variiert. Darüber hinaus werden in den verschiedenen Zelltypen eines vielzelligen Organismus jeweils unterschiedliche genetische Programme abgerufen. Diese Zelldifferenzierung kann anschaulich bei einem heranwachsenden Embryo beobachtet werden, bei dem nach Abschluss der totipotenten Phase, also am 8. Tag post coniugationem völlig gleichartige Zellen ihre Differenzierung in Ektoderm und Entoderm vollziehen und damit den ersten Schritt zur Bildung unterschiedlicher Organe vollziehen[91]. Von diesem Entwicklungsstadium an nehmen die Zellen trotz ihres identischen Genoms jeweils bestimmte Funktionen nicht mehr wahr und spezialisieren sich zunehmend.

---

assembly), bedarf aber gleichwohl zur geordneten Faltung und Stabilisierung der Hilfe sogenannter Chaperone (sog. assisted self-assembly), vgl. *Knippers*, Molekulare Genetik, S. 12; *Buddecke*, Grundrisse der Biochemie, S. 134 ff.; *Friemert*, Nucleinsäuren und Proteine als molekulare Komponenten der Zelle, S. 37 (59 ff.).

89 Unablässig produzierende Gene sind u.a. die für die sogenannten konstitutiven Proteine zuständig, also beispielsweise für die zum Energie-Stoffwechsel der Zelle erforderlichen Enzyme, vgl. *Günther*, Lehrbuch der Genetik, S. 139.

90 Vgl. *Günther*, Lehrbuch der Genetik, S. 139.

91 Verantwortlich für die Steuerung der Embryonalentwicklung ist eine als Cluster beieinanderliegende Gruppe von Genen, die als hömöotische Gengruppe bezeichnet wird, vgl. *Gottschalk*, Allgemeine Genetik, S. 382.

Die Differenzierung der Fähigkeiten unterschiedlicher Zellen erstreckt sich nicht nur auf die Produktion neuer Zellen durch Teilung und Wachstum. Auch die Zellprodukte sind von dieser Entwicklung betroffen. Die Zelle muss über ein Steuerungssystem verfügen, das je nach Bedarf an bestimmten Proteinen für die Aktivierung und Inaktivierung der zuständigen Gene sorgt. Dieses Steuerungssystem ermöglicht die sogenannte **Genregulation**, also die selektive Steuerung der **Genexpression**, das heißt der Umsetzung von genetischer Information in Genprodukte[92].

Bei höherentwickelten Lebensformen kann in zeitlicher Hinsicht zwischen **irreversibler** und **reversibler Regulation** unterschieden werden[93]. Auf der Ebene der Entwicklung eines Organismus ist nach Einsetzen der Spezialisierung eine permanente Regulation erforderlich, die verhindert, dass die einem bestimmten Organ angehörige Zelle organfremde Funktionen wahrnimmt[94]. Eine reversible Regulation hingegen ist im Bereich derjenigen Funktionen einer spezialisierten Zelle sinnvoll, die bedarfsorientiert aktiviert und deaktiviert werden müssen[95].

Die Gensteuerung kann sich auf ebenso vielen Ebenen abspielen, wie es Schritte bei der Übertragung der genetischen Information von der DNA bis hin zum biologisch aktiven Protein gibt. In der Reihenfolge des Ablaufes der Protein-Biosynthese können verschiedene **Regulations-Mechanismen** unterschieden werden.

Voraussetzung für die Transkription von genetischer Information ist zunächst, dass die abzulesenden Gene innerhalb eines der Transkription zugänglichen Bereiches des Chromatins liegen. Nicht jeder Bereich der DNA erfüllt auf-

---

[92] Die molekularen Regulationsmechanismen bei Eukaryonten sind bisher weitgehend unverstanden, vgl. *Günther*, Lehrbuch der Genetik, S. 155.

[93] Vgl. *Hagemann*, Allgemeine Genetik, S. 423.

[94] Eine Leberzelle produziert kein Muskelgewebe und baut keine Zähne, obwohl die Anlagen zu diesen Funktionen auch in ihrem Genom angelegt sind.

[95] Nach dem gegenwärtigen Stand der Forschung ist es zwar wahrscheinlich, dass sich die biochemischen Mechanismen der irreversiblen und der reversiblen Regulation unterscheiden, detaillierte Kenntnisse derselben sind aber derzeit noch nicht vorhanden; vgl. *Hagemann*, Allgemeine Genetik, S. 423.

grund der mehrfachen und durch Peptide und Histone unterstützten Verdrillung und Verdichtung diese Voraussetzung. Nur, wenn die DNA in weitgehend unverdrillter, dekondensierter Form vorliegt, kann das Chromatin abgelesen werden (sog. **aktiviertes Chromatin**). Eine Inhibition der Genexpression kann durch Ablesesperrung eines ganzen Chromosoms oder definierter Abschnitte von Chromosomen erfolgen. In solchem Fall findet eine starke Kondensation der DNA wie in der Metaphase der Zellteilung statt, die sich aber auch in der Phase zwischen einzelnen Zellteilungen nicht mehr auflöst (**fakultative Heterochromatisierung**). Auf diese Weise sind sämtliche Gene eines Chromosoms oder Chromosomenabschnittes für die Genexpression gesperrt.

Auf der Ebene der **Transkription** eines Gens wird nach dem von **Monod** und **Jacob** entwickelten Regulationsmodell[96] die Transkription durch ein das Ableseenzym Polymerase blockierendes Protein, den sogenannten Repressor, gehindert. Der Repressor ist seinerseits das Produkt eines sogenannten Regulator-Gens. Der Repressor kann wiederum durch ein Induktor-Protein inaktiviert werden, wodurch die Polymerase ungehindert mit der Genexpression beginnen kann. Diese Gen-Aktivierung eines grundsätzlich inaktiven Gens (**induzierbares Gen**) findet ihre gegenteilige Entsprechung im Vorgang der Gen-Inaktivierung, bei der der Induktor den Repressor erst aktiviert, bevor die Transkription gestoppt wird. Dieser Fall betrifft ein grundsätzlich aktives Gen, das nur in einer bestimmten Situation ruhiggestellt wird (**reprimierbares Gen**).

Auch durch **posttranskriptionale Regulationsprozesse** etwa im Stadium des RNA-Processing, des Transportes der mRNA vom Nucleus ins Cytoplasma , der Translation, der Protein-Raumstrukturierung durch Chaperonine, und einer Palette weiterer post-translationaler Stadien[97] können Quantität und Qualität der Genprodukte gesteuert werden[98].

---

[96] Dieses Modell wurde an Prokaryontenzellen entwickelt. Bei Eurkaryontenzellen ist die Anwendbarkeit noch nicht verifiziert werden. Dennoch gelten auch hier gleichermaßen die Grundsätze der Repression und Aktivierung bestimmter Gene.

[97] Hierzu gehören: irreversible/normale Modifikation der Proteine in Zellmembran durch Zuckerrest-Reaktion, reversible/kurzzeitige durch Phosphatrest, Mittel der Zellkommunikation, Wirkungsweise vieler Hormone, z.B. Insulinrezeptor: Tyrosin-Kinase-haltige Hormonrezeptoren. Vgl. dazu *Bundesminister für Forschung und Technologie* (Hg.), Die Erforschung des menschlichen Genoms, S. 39 f..

[98] Vgl. *Hagemann*, Allgemeine Genetik, S. 438.

Die Genregulation in der Zelle kann auch durch Signale von außerhalb der Zelle aktiviert werden (**exogene Aktivierung**). Derartige Signale werden von Rezeptoren an der Zelloberfläche empfangen und durch eine Kette von Phosphatübertragungen weitergegeben. Der Empfänger der Signale kann ein DNA-gebundener Proteinkomplex oder ein Inhibitor, also ein proteinhemmendes Molekül sein[99]. Im menschlichen Körper wird die Aktivierung und Inaktivierung der Proteinsynthese häufig durch Hormone induziert, also durch Wirkstoffe, die bestimmte Lebensvorgänge steuern und nur außerhalb der sie produzierenden Zellen an bestimmten Zielorten wirksam werden[100]. Aber auch ohne exogene chemische Reizung kann die physikalische Umwelt einer Zelle Einfluss auf die Genexpression der Zelle nehmen. Beispielsweise vermehren sich manche Fibroblasten-Zellen (Bindegewebszellen z.B. im Säugetiergewebe) solange, bis sie an eine äußere Grenze oder gegeneinander stoßen (Kontaktinhibition)[101]. Dieses Phänomen kann auch bei der Wundheilung beobachtet werden, wo eine spontane Zellvermehrung (Proliferation) solange stattfindet, bis eine entstandene Lücke wieder geschlossen ist[102].

Die Genregulation stellt sich somit als Voraussetzung für die Koordination der Stoffwechselabläufe einer Zelle, für den Ablauf der ontogenetischen Entwicklung eines Organismus mit der Herausbildung hochspezialisierter Organe und für die Aufrechterhaltung eines Organismus dar[103].

---

[99] Vgl. *Knippers*, Molekulare Genetik, S. 339.

[100] Vgl. *Hagemann*, Allgemeine Genetik, S. 430.

[101] Vgl. *Knippers*, Molekulare Genetik, S. 329.

[102] Vgl. *Knippers*, Molekulare Genetik, S. 330.

[103] Das Gen steuert nicht nur alle Vitalfunktionen, sondern auch seine eigene Vermehrung, Ernährung, Entwicklung, etc. und hält damit die Kontrolle über das eigene Schicksal in der Hand. Aus dieser Perspektive wird eine Theorie verständlich, die als Alternative zur herrschenden Evolutionstheorie der Arten zum Gegenstand heftiger Diskussionen geworden ist: die **Dawkins'sche Evolutionstheorie der Gene**, vgl. *Dawkins*, Das egoistische Gen, insbes. S. 40 ff.. Dawkins verändert den Ausgangspunkt der populationsgenetischen Evolutionstheorie zugunsten einer Zentrierung auf die Genese jeglichen Lebens und damit die Perspektive der Gene. Evolution ist somit die Entwicklung immer besser zur eigenen Verbreitung fähiger Replikatoren. Derjenige Replikator, der es schafft, einen möglichst robusten, findigen und zu seiner Vermehrung fähigen Hilfsapparat (Organismus) zu diesem Zwecke zu bilden und einzusetzen, hat gute Aussichten, sich gegen die konkurrierenden Replikatoren durchzusetzen und seinen Bestand zu vergrößern. Die Besonderheit des Menschen liegt in der Fähigkeit, der daraus folgenden gen-egoistischen Bestimmung entgegenzutreten, vgl. S. 111 ff..

C. Genetische Krankheitsursachen

I. Gendefekt und Erbkrankheit

Im Verlauf der oben beschriebenen Protein-Biosynthese und ihrer Regulation können Störungen unterschiedlicher Natur auftreten. Denkbar sind zum einen Defekte der genetischen Information, die ein normale Produktion der durch sie codierten Polypeptide unmöglich machen. Zum anderen können Mängel des Produktionsablaufes auftreten, also Fehler bei den Vorgängen der Transkription oder Translation sowie Fehler in der Steuerung dieser Prozesse[104]. Diese Fehler beruhen ihrerseits auf Defekten genetischer Information, soweit nicht externe Einfüsse wie Gifte, störende Mikro- oder Makroorganismen oder Mangelversorgung an Energie oder Rohmaterial (Aminosäuren, Nucleotidbestandteile, Wasser etc.) auf Zelle oder Organismus einwirken oder die Mängel gewissermaßen zufällig und nur im Einzelfall auftreten (Prozessaberration, dazu unten bei II. 4. Rauschen und Entstörung)[105].

Ein **Gendefekt** ist somit ein Fehler der in der DNA gespeicherten genetischen Codierung, der die Genexpression beeinflusst, indem er die Protein-Biosynthese verhindert, auslöst oder zur Entstehung eines nicht funktionstüchtigen Proteins führt. Einem Gendefekt kann auch Krankheitswert zukommen, wenn er phänotypische Auswirkungen zeitigt[106]. Solche Gendefekte können auf einzelne Zellen oder bestimmte Organe begrenzt sein, wenn sie beispielsweise durch virale Infektion oder durch Mutation hervorgerufen werden[107]. Sie kön-

---

[104] Eine Hemmung der Genexpression beispielsweise ist für etliche neurodegenerative Krankheiten verantwortlich, z.B. das Fragile X-Syndrom, Myotone Dystrophie (MD), Chorea Huntington (CH), FRAXA, Spinobulbäre Muskelatrophie (SBMA) sowie der Spinerocerebellöre Ataxie-Typ I (ASC-I), vgl. *Knippers*, Molekulare Genetik, S. 457 ff..

[105] Bei einer sogenannten Splice-Mutation werden beispielsweise die abgelesenen Exons eines Gens inkorrekt zusammengefügt und damit verschiedene Formen der Thalassämie verursacht, vgl. *Theile*, Checkliste Genetische Beratung, S. 13.

[106] In Abgrenzung zum defekten Gen bezeichnet man die „normale“, gesunde Vorkommensweise eines Gens als sogenannten „Wildtyp“.

[107] Soweit sich solche genetisch defekten Zellen im Wege der Zellteilung vermehren, gewinnt der Defekt an Einfluss. Als Beispiel können proliferierende und metastasierende Tumorzellen genannt werden.

nen aber auch in jeder Zelle des Körpers vorhanden sein, wenn sie erblich erworben wurden.

Als **Erbkrankheit** wird entsprechend die Ausprägung eines pathologischen Merkmals aufgrund eines Gendefektes bezeichnet, der an die nächste Generation weitergegeben werden kann. Abhängig davon, ob eine genetisch verursachte Krankheit durch ein einziges defektes Gen, das Zusammenspiel mehrerer Gene oder sogar der Beteiligung von externen, nicht genetischen Einflüssen hervorgerufen wird, spricht man von monogenetisch[108], polygenetisch[109] oder mulitfaktoriell[110] determinierten Störungen.

II. Vom Gendefekt zum Krankheitsbild

1. Primäre Quelle von Gendefekten: Mutation

Jegliche strukturelle oder kompositorische Veränderung der DNA eines Organismus, die nicht durch Zellteilung oder Rekombination erfolgt, wird als Mutation bezeichnet[111]. Mutationen können exogen[112] induziert werden oder

---

[108] Vgl. dazu *Connor/Ferguson-Smith*, Leitfaden der Humangenetik, S. 209ff, die von ca. 4000 bekannten durch ein einziges Gen hervorgerufenen Störungen berichten, die individuell selten auftreten, insgesamt aber mehr als 1% der Bevölkerung betreffen.

[109] Polygenie ist das Zusammenwirken mehrerer Gene zur Ausprägung morphologischer oder funktioneller Eigenschaften, vgl. *Theile*, Checkliste Genetische Beratung, S. 11. Man unterscheidet zwischen **additiver** Polygenie, bei der ein Merkmal beim Zusammenwirken aller Gene maximal ausgeprägt wird, gleichwohl in abgeschwächter Form bereits bei fehlender Beteiligung einzelner Gene, und **komplementärer** Polygenie, bei der ein Merkmal erst beim Zusammenwirken aller Gene überhaupt ausgeprägt wird, vgl. *Günther*, Lehrbuch der Genetik, S. 130.

[110] Multifaktorielle Erkrankungen werden durch den additiven Effekt mehrerer Gene auf verschiedenen Loci **sowie durch Umweltfaktoren** determiniert. Sie bilden die weitaus häufigere genetische Krankheitsursache im Vergleich zu monogenetischen Störungen, vgl. *Connor/Ferguson-Smith*, Leitfaden der Humangenetik, S. 234ff, ebenso *Theile*, Checkliste Genetische Beratung, S. 9, die darauf hinweist, dass multifaktorielle und polygenetische Krankheitsursachen häufig in der Praxis nicht unterscheidbar sind.

[111] Vgl. *Kahl*, Dictionary of Gene Technology, S. 300 unter "Mutation".

[112] Insbesondere durch Chemikalien und Strahlung können Mutationen auftreten.

endogen[113] entstehen. Nach traditionellem Schema unterscheidet man Genom- und Chromosomen-Mutationen von sogenannten intragenetischen Gen- oder Punkt-Mutationen[114].

Genom-Mutationen sind drastische Veränderungen des gesamten Genoms, beispielsweise in Form einer Erhöhung der Chromosomenzahl (Polyploidie)[115].

Chromosomen-Mutationen sind Veränderungen in Form und Struktur einzelner Chromosomen[116]. Dazu gehören die Verlagerung von Chromosomenstücken von ihrem ursprünglichen Ort auf ein anderes Chromosom oder eine andere Stelle desselben Chromosoms (Translokation), der Verlust von Chromosomenabschnitten (Deletion), der Einbau eines DNA-Stücks in ein Chromosom (Insertion) sowie die Verdrehung eines Chromosomenabschnittes um 180°(Inversion)[117].

Die sogenannten intragenetischen Mutationen oder **Gen-Mutationen** entstehen entweder spontan, also ohne äußere Einwirkungen, oder sie werden induziert durch Chemikalien oder Strahlen unserer natürlichen oder zivilisatorischen Umwelt[118]. Wichtigste Typen der intragenetischen Mutationen sind der Nucleotid-Austausch (Surrogation), die Addition von Nucleotiden (Insertion) oder ihr

---

[113] Endogene Mutationen werden auch spontan genannt, weil keine äußere Ursache für ihr Auftreten erforderlich ist. Die Mechanismen der spontanen oder induzierten Mutationsauslösung (Mutagenese) sind verschieden, aber sie haben die gleichen Konsequenzen für die Nucleotidsequenz.

[114] Vgl. *Gottschalk*, Allgemeine Genetik, S. 169 ff.; *Knippers*, Molekulare Genetik, S. 227 ff..

[115] Ein Beispiel für eine Polyploidie in Form einer Aneuploidie (Vermehrung um einzelne Chromosomen) ist die Trisomie 21, das sogenannte Down-Syndrom, bei dem das Chromosom Nr. 21 pro Zellkern dreifach vorhanden ist. Vgl. *Griffiths/Miller/Suzuki/Lewontin/Gelbart*, An Introduction to Genetic Analysis, S. 241 ff.; *Gottschalk*, Allgemeine Genetik, S. 227, 256 ff..

[116] Vgl. *Griffiths/Miller/Suzuki/Lewontin/Gelbart*, An Introduction to Genetic Analysis, S. 205 ff..

[117] Beispiele für Krankheiten als Resultat von Chromosomen-Mutationen (meist Translokations-Mutationen) sind das Burkitt-Lymphom sowie ein chronischer B-Zelltumor, der oft als follikuläres Lymphom bezeichnet wird, weiterhin das verkürzte Chromosom 22, sog. Philadelphia-Chromosom bei chronisch myeloischer Leukämie, vgl. *Knippers*, Molekulare Genetik, S. 464 f..

[118] Vgl. detailliert dazu *Griffiths/Miller/Suzuki/Lewontin/Gelbart*, An Introduction to Genetic Analysis, S. 178 ff.; *Knippers*, Molekulare Genetik, S. 227 ff..

Verlust (Deletion). Die Konsequenzen solcher Gen-Mutationen sind höchst unterschiedlich.

Aufgrund einer Mutation kann eine veränderte Aminosäure im Genprodukt codiert sein (sog. Missense/Falschsinn-Mutation). Abhängig von der Art der ausgetauschten Aminosäure und der Lage der Aminosäure im Protein kann das für das Genprodukt sehr unterschiedliche Folgen haben. Die Funktion des Proteins muss zwar nicht zwangsläufig beeinträchtigt sein, ist dies in der Regel aber, soweit die Mutation im aktiven Zentrum des Enzyms auftritt[119]. Vollständiger Funktionsverlust des Enzyms kann ebenso die Folge sein wie beispielsweise eine Temperaturempfindlichkeit, die eine frühe Denaturierung des Proteins bei höheren Temperaturen nach sich zieht (sog. „konditional-letale" Mutationen). Durch Insertion oder Deletion[120] eines oder zweier Nucleotide wird das Leseraster gestört (sog. frame-shift), so dass alle folgenden Tripletts zulasten eines neuen Codierungs-Taktes aufgelöst werden[121]. Das innovative Genprodukt wird nur noch selten seine ursprüngliche Funktion wahrnehmen können[122].

Durch Nucleotid-Austausch können weiterhin sinnvolle Codons in Stop-Codons umgewandelt werden. Derartige Nonsense/Unsinn-Mutationen sind gekennzeichnet durch die Synthese unvollständiger Proteinfragmente, die den Funktionsverlust eines Proteins zur Folge haben[123].

---

[119] Beispiel ist die Sichelzellenanämie, bei der durch eine Punktmutation im Codon statt eines Thymin ein Adenin in die Polypeptidkette eingebaut wird, vgl. *Theile*, Checkliste Genetische Beratung, S. 13.

[120] Beispiel einer Deletations-Mutation mit Verlust eines oder mehrerer Basenpaare ist die Muskeldystrophie Duchenne, bei der etwa 70% der Patienten eine solche Deletion aufweisen, vgl. *Theile*, Checkliste Genetische Beratung, S. 13.

[121] Die DNA-Basenfrequenz „...GGT.TCA.GGT.GTA.CT..." codiert die Aminosäuresequenz „Prolin, Serin, Prolin, Histidin". Wenn das erste Cytosin aus der Reihe durch Deletion gelöscht wird, entsteht die Sequenz „...GGT.TAG.GTG.TAC.T..." wodurch die Aminosäurefolge „Prolin, Isoleucin, Histidin, Methionin" codiert wird.

[122] Neben der Möglichkeiten der neutralen Nicht-Auswirkung und der Entstehung eines genetischen Defektes ist auch eine Verbesserung durch Mutation denkbar – wenngleich höchst selten. Diese seltenen positiven Mutationen, die eine neue Fähigkeit des betroffenen Organismus mit sich bringen, sind der Motor der Evolution und Grund der Entstehung komplexer Lebensformen. Vgl. dazu *Dawkins*, Der blinde Uhrmacher, Kapitel 7: Konstruktive Evolution, S. 197 ff.. Zu philosophischen Implikationen der Evolution vgl. *Vollmer*, Evolutionäre Erkenntnistheorie, insbesondere zur evolutionären Erkenntnistheorie S. 102 ff..

[123] Vgl. *Knippers*, Molekulare Genetik, S. 229.

Denkbar sind aber auch neutrale Mutation, die entweder im nicht-codierenden Bereich stattfinden oder innerhalb eines Gens bei veränderter Sequenz gleichwohl die gleiche Aminosäure codieren[124].

2. Sekundäre Quelle von Gendefekten: Vererbung

Einmal durch Mutation entstandene genetische Veränderungen können als sogenannte Erbkrankheiten an nachfolgende Generationen weitergegeben werden. Voraussetzung dafür ist aber, dass diese Defekte in der DNA der Keimbahnzellen auftreten und nicht nur in den somatischen Zellen. Weiter ist erforderlich, dass die entscheidende Keimzelle, die bei der Nachwuchsbildung zum Einsatz kommt, in ihrem haploiden Chromosomensatz auch tatsächlich den Defekt enthält.

Eine weitere Quelle für DNA-Veränderungen ist das Crossing-over bei der meiotischen Zellteilung. Dabei werden Segmente der verschiedenen homologen Chromosomen an symmetrischen Stellen durch Überlagerung der Stränge und Anlagerung komplementärer Chromatiden ausgetauscht. Dieser reziproke Austausch ist einer der essentiellen biologischen Mechanismen der genetischen Variation während der geschlechtlichen Reproduktion eukaryontischer Organismen[125]. Bei der Überlappung der Chromatinstränge besteht jedoch die Gefahr einer defizitären DNA-Surrogation mit der Folge genetischer Defekte[126]. Ebenfalls im Zusammenhang mit der meiotischen Zellteilung und der Konjugation solcherart entstandener Gameten steht das Auftreten von Genom- und Chromosomenmutationen[127].

Als Folgen einer unvollkommenen Embryogenese sind weiterhin kongenitale Missbildungen möglich[128]. Aufgrund von vererbten und bei der Entstehung des

---

[124] Letzteres ist möglich wegen der oben beschriebenen Übercodierung angesichts 64 verschiedener Codierungsvarianten der Basentripletts bei nur 20 zu codierenden Aminosäurevarianten, siehe oben unter B. II. 3. a..

[125] Vgl. *Linder*, Biologie, S. 256 ff.; *Gottschalk*, Allgemeine Genetik, S. 30 f., 118 ff..

[126] Vgl. *Watson/Hopkins/Roberts/Steitz/Weiner*, Molecular Biology of the Gene Vol. I, S. 326.

[127] So beispielsweise das Auftreten von Trisomien, vgl. *Propping*, Humangenetik in der Pränataldiagnostik, S. 105 (106); *Gottschalk*, Allgemeine Genetik, S. 255 ff..

[128] Vgl. *Connor/Ferguson-Smith*, Leitfaden der Humangenetik, S. 246.

Organismus auftretenden Gendefekten weisen 14% aller Neugeborenen einzelne unbedeutende, 3% sogar schwere Missbildungen auf. Bei 0,5% der Neugeborenen kommen mehrere unbedeutende, bei 0,7% mehrere schwere Missbildungen zusammen. Die Häufigkeit der schweren Missbildungen ist zum Zeitpunkt der Konzeption höher. Sie liegt bei immerhin 10-15%, wobei die Mehrheit der betroffenen Feten jedoch als Spontanabort endet[129].

3. Vom Gen zum Phän: Merkmalsausprägung

Gene determinieren die Produktion von Polypeptidketten (Proteine im weiteren Sinne). So vielfältig die Funktionen dieser Proteine sind[130], so vielfältig sind auch ihre äußerlich beobachtbaren (phänotypischen) Ausprägungen auf den Gesamtorganismus. Sie steuern die Organbildung, die Reproduktionsvorgänge, die Stoffwechselfunktionen, das Immunsystem, letztlich alle inneren und äußeren Aktivitäten (Handlungen) und Veränderungen eines Organismus. Im Fall von genetisch bedingten Krankheiten treten im oder am Organismus phänotypische Störungen der normalen Körperfunktionen und -aktivitäten auf. Teilweise manifestieren sich solche Störungen erst im Zusammenspiel mit bestimmten Umständen in der Umwelt des Organismus.

Einmal entstandene Veränderungen von Genen müssen nicht zwangsläufig eine phänotypische Ausprägung erfahren. Ausschlaggebend dafür ist die Tatsache, dass in einer Körperzelle jedes Chromosom mit Ausnahme der Geschlechtschromosomen doppelt vorhanden ist und somit auch von jedem Gen zwei verschiedene Ausführungen (Allele[131]) unterschiedlicher Herkunft (jeweils eines vom Vater und eines von der Mutter) vorhanden sind. Grundsätzlich werden beide Allele abgelesen, so dass auch bei einem defekten Gen noch eine Ausgleichsmöglichkeit durch das intakte Gen besteht. Wenn eines der beiden Alle-

---

[129] Damit liegt die Quote durch schwere Missbildungen verursachter Spontanaborte bei etwa 7-10% aller Spontanaborte, vgl. *Connor/Ferguson-Smith*, Leitfaden der Humangenetik, S. 246.

[130] Dazu siehe oben unter B. II. 3. a. bb. Proteine. Zu den Proteinen zählen auch die Hormone, Enzyme, Rezeptoren, Transport- und Strukturproteine.

[131] Allele (allelomorphe Gene) sind verschiedene Zustandsformen (Nucleotidsequenz-Varianten) eines Gens, sie befinden sich in homologen Chromosomen an gleichen Loci (Genorten). Allele sind durch generelle Rekombination austauschbar, vgl. *Günther*, Lehrbuch der Genetik, S. 132.

le (Gene) jedoch die auf ihm gespeicherte Information gegenüber der Information auf dem anderen Allel phänotypisch durchsetzt, spricht man bei dem „starken“ von einem **dominanten**, bei dem „unterlegenen“ von einem **rezessiven** Allel. Ein rezessives Allel kann seine codierte Ausprägung nur dann realisieren, wenn das andere Allel die gleiche rezessive Information enthält. Daneben ist auch eine sogenannte **intermediäre Merkmalsausprägung** möglich, bei der eine Mischung aus beiden Allelen ausgeprägt wird.

Selbst bei monogenetischen Merkmalen ist die klare Zuordnung von Dominanz, Rezessivität oder Intermediarität eines Merkmals jedoch nicht immer bekannt. Hinzu kommt, dass einige dominante Gene sich nicht regelmäßig manifestieren, ohne dass Zweifel an der dominanten Vererbung besteht[132]. Komplizierter wird weiterhin das Zusammenspiel zwischen verschiedenen Allelpaaren bei einer polygenetischen Merkmalsausprägung. Aus diesem Grund beschränkt man sich bei der Ausprägung genetischer Defekte auf den Begriff der Expressivität (Penetranz), das heißt die prozentual bezeichnete Wahrscheinlichkeit der Ausprägung eines vorhandenen Gendefekts[133].

Im Zusammenhang mit der Proliferation von Tumorzellen steht fast immer eine Addition von unabhängig erfolgenden Mutationen verschiedener Gene[134]. Da sich solche Schädigungen mit zunehmendem Alter ansammeln, wird verständlich, dass Krebs gewöhnlich eine Erkrankung des höheren Alters ist. Ausnahmen von dieser Regel kommen vor, wenn eines der an der normalen Zellproliferation beteiligten Gene bereits in der Keimbahn beschädigt ist und damit schon ein erster Schritt in Richtung Krebsentstehung getan ist[135].

---

[132] Vgl. *Lenz*, Medizinische Genetik, S. 67.

[133] Penetranz: wenn ein Gen eine bestimmte phänische Eigenschaft bedingt, hat es eine Penetranz von 100%. Während sich Penetranz auf das Vorhandensein eines Merkmals oder einer Krankheit bei den Genträgern bezieht, versteht man unter Expressivität quantitative Unterschiede in der Ausprägung des einem Gen zugeordneten Phäns (Expressivität ist variabel), vgl. *Lenz*, Medizinische Genetik, S. 68.

[134] Vgl. *Knippers*, Molekulare Genetik, S. 459 ff..

[135] Viel beachtete Beispiele sind der Schaden im p53-Gen (sog. Li-Fraumeni-Syndrom) und die Schädigungen der Gene BRCA1 und BRCA2, deren Störung mit einem erhöhten Risiko für Brustkrebs einhergeht, vgl. *Knippers*, Molekulare Genetik, S. 459.

4. Rauschen und Entstörung: Reparaturmechanismen

Mutationen sind selten. Ihre Häufigkeit liegt in der Größenordnung von 1 : 1 Million[136]. Andernfalls wäre eine Weitergabe der genetischen Information von Generation zu Generation nicht möglich. Selbst eine künstliche Erhöhung der Mutationsrate in Form gezielter Strahlungsexposition oder chemischer Mutagene kann diese Quote lediglich auf 1 : 1 Tausend erhöhen[137]. Spontane Mutationen sind vorwiegend das Ergebnis einer fehlerhaften DNA-Replikation. Da die DNA-Replikation im wesentlichen fehlerfrei abläuft, sind die spontanen Mutationsraten klein, was eine wesentliche Voraussetzung für die Konstanterhaltung der Arten ist. Angesichts laufend stattfindender Replikationen und der Größe des Genoms treten trotz des hohen Stabilitätsgrades gleichwohl vereinzelt Mutationen in den Körperzellen auf. Ein großer Teil dieser Prozessaberrationen kann durch **körpereigene Reparaturmechanismen** ausgeglichen werden, die dafür sorgen, dass ein geschädigter DNA-Abschnitt funktionstüchtig bleibt.

Schon das Vorkommen der Chromatiden als Doppelstrang dient der Stabilisierung der codierten Information: die doppelte Ausführung dient dem Schutz der reaktionsfreudigen Nucleotide und ist Ansatzpunkt für Korrektur der Fehler eines Stranges anhand der Blaupause des korrekten Komplementärstranges.

Ein weiterer Korrekturmechanismus ist mit der Tatsache verbunden, dass jedes Chromosom in doppelter Ausführung vorhanden ist, alle autosomalen Gene somit als diploide Allele vorhanden sind. Aufgrund der Unwahrscheinlichkeit, dass beide Allele gleichzeitig durch eine Mutation getroffen werden, kann das intakte Allel in den meisten Fällen den Organismus mit einem notwendigen Genprodukt versorgen[138]. Ausnahmen sind dominante Mutationen, die auch im

---

[136] Die Mutationsrate wird als Anteil der in einer Generation im haploiden Genom erfolgten Mutationen bestimmt und bezieht sich auf ein Gen pro Generation, vgl. *Günther*, Lehrbuch der Genetik, S. 189.

[137] Vgl. *Gottschalk*, Allgemeine Genetik, S. 267.

[138] Hier erhellen sich die Nachteile inzestuöser Nachkommenbildung: Ein bei einem gemeinsamen Vorfahren vorhandener Gendefekt wird mit berechenbar hoher Wahrscheinlichkeit gleich beide Allele außer Gefecht setzen.

heterozygoten Zustand einen Phänotyp verursachen sowie Gendefekte auf den nur einfach vorhandenen Gonosomen bei Männern[139].

Auch das Crossing-over erfüllt eine Funktion bei der Reparatur von DNA-Schäden. Bei der Anlagerung homologer Abschnitte des überkreuzenden Parallelchromosoms können entstehende Lücken durch Anlagerungen von Komplementärnucleotiden geschlossen werden[140].

Zwei Reparatur-Mechanismen garantieren die hohe Genauigkeit bei der Genom-Replikation: Die Auswahl des passenden Nucleotids durch die replikative DNA-Polymerase und die eingebaute Korrekturlese-Funktion der 3'-5'-Exonuclease[141]. Diese Korrektur beruht darauf, dass Standard-Basenpaarungen stabiler sind als unkorrekte Paarungen. Passende Nucleotide fördern eher als unpassende Nucleotide eine Änderung der Polymerase-Konformation, die Voraussetzung für die Herstellung der Phosphordiester-Bindung zwischen dem hereinkommenden Nucleotid und dem 3'-OH-Primer-Ende ist. Die Rolle der 3'-5'-Exonuclease besteht darin, dass sie ein falsch eingebautes Nucleotid an einer Veränderung der DNA-Geometrie erkennt und darüber hinaus viel häufiger als ein korrektes Nucleotid seine Wasserstoffbrücken zum Nucleotid im Matrizenstrang wieder löst[142]. Messungen zeigen überdies, dass die Kettenverlängerung an ein falsch gepaartes Nucleotid verzögert ist, wodurch der Exonuclease mehr Zeit für ihre Aufgabe bleibt, die Entfernung des falschen Nucleotids vorzunehmen.

Für den Fall einer gleichwohl durchgeschlüpften Mutation während der Replikation gibt es die sogenannten postreplikativen Mismatch-Reparatursysteme[143]. Das sogenannte Mut-S Protein erkennt und bindet die Mismatch-Stelle (das falsch gepaarte Nucleotid) in der DNA, Das Protein Mut-L erkennt und erweitert den Komplex und bildet eine Plattform für das Mut-H-Protein, das einen Schnitt im nichtmethylierten DNA-Strang setzt. Das Enzym DNA-Helikase II entwindet den geschnittenen DNA-Strang und die einzelstrangspezifische Exo-

---

139 Zu diesen dominanten Defekten gehört die Chorea Huntington, außerdem sind über 100 X-chromosomal vererbte Krankheiten bekannt.

140 Vgl. *Watson/Hopkins/Roberts/Steitz/Weiner* Molecular Biology of the Gene Vol. I, S. 327 f..

141 Vgl. *Knippers*, Molekulare Genetik, S. 166, 237.

142 Vgl. *Knippers*, Molekulare Genetik, S. 236.

143 Vgl. dazu *Gottschalk*, Allgemeine Genetik, S. 268; detailliert: *Günther*, Lehrbuch der Genetik, S. 205 ff..

nuclease I baut den überhängenden Strang ab. Die entstehende, großzügig ausgeschnittene Lücke wird durch Neusynthese geschlossen und mit einem Ligase-Enzym verschweißt. Dieser Reparaturmechanismus ist nicht nur für die Korrektur von falsch eingebauten Nucleotiden verantwortlich, sondern bewirkt auch die Entfernung von Mismatches in Heteroduplex-Bereichen, die im Verlauf der homologen Rekombination entstehen können. In diesem Fall ist die Korrektur gleichwohl ungerichtet und kann falsch gepaarte Nucleotide auf dem einen oder auf dem anderen Komplementärstrang entfernen, was für den Erfolg der Reparatur eine Quote von 1 : 1 bedeutet[144].

Sobald diese Reparatur-Systeme selbst durch Mutationen außer Gefecht gesetzt werden, erhöht sich die Mutationsrate um den Faktor 100 bis 1000, was eine stark erhöhte Krankheitsgefahr zur Folge hat.

D. Untersuchungsmethoden der Genom- und Genanalyse

I. Begriffsbestimmung: Genomanalyse und Genanalyse

Der Begriff **Genomanalyse** wird gelegentlich auf alle Situationen angewendet, in denen Untersuchungen der menschlichen Erbsubstanz, ihrer Produkte und der daraus hervorgehenden phänotypischen Erscheinungen zur Anwendung kommen. Die planmäßig und weltweit voranschreitende Entschlüsselung der menschlichen Erbanlagen wird ebenso unter diesen Begriff gefasst wie die individuelle und meist ärztlich vorgenommene Untersuchung von einzelnen oder einer Vielzahl von genetischen Merkmalen.

Weil jedoch der Begriff der Genomanalyse begrifflich das gesamte Erbgut (das Genom) zum Gegenstand der Untersuchung macht, erfasst nach präzisem Wortverständnis dieser Begriff lediglich das weltweite Forschungsprojekt, das sich die Sequenzierung, Kartierung (genetic mapping) und Entschlüsselung des gesamten menschlichen Erbanlage zum Ziel gesetzt hat. Bei diesem Projekt gilt es, im ersten Arbeitsgang sämtliche Gene (ca. 70.000 bis 100.000 Gene auf

---

[144] Vgl. *Knippers*, Molekulare Genetik, S. 208, 237.

$3*10^9$ Baasenpaaren) und sämtliche codierende und nicht-codierende Chromosomenabschnitte zu identifizieren, lokalisieren und sequenzieren. Der Lokalisation und Kartierung folgt aber ein nächster Schritt in Richtung auf ein weiterführendes Ziel: Der eigentlichen Entschlüsselung des genetischen Bauplans durch Zuordnung von lokalisierten Genen und sonstigen Basensequenzen zu ihren Funktionen. Letztlich soll ermittelt werden, wie die Genexpression en detail funktioniert, welches Gen für welche Zell- und Körperfunktion verantwortlich bzw. mitverantwortlich ist, auf welche Weise verschiedene Gene zusammenwirken und inwieweit sich Gene verschiedener Menschen voneinander unterscheiden.

Bei der individuellen und zielgerichteten Untersuchung einzelner oder mehrerer genetischer Merkmale hingegen spricht man zunehmend von **„genetischer Analyse"** , **„Genanalyse"** oder **„DNA-Analyse"**[145]. Diese genetische Analyse dient gegenwärtig dem gezielten Nachweis einzelner oder einer zahlenmäßig noch begrenzten Gruppe von Genmutationen zur Diagnose von Gendefekten – meist monogener Erbkrankheiten, aber auch genetisch bedingter Überempfindlichkeiten – und als Grundlage für die genetische Beratung.

In einem extensiven Gebrauch wird auch der mittlerweile in der Forensik als gängige Identifikationsmethode eingeführte genetische (oder DNA-) Fingerabdruck oder auch Fingerprint als genetische Analyse bezeichnet. Allerdings besteht der Erkenntnisgegenstand der forensischen DNA-Analyse nicht in der Erkennung von genetischen Informationen oder Defekten, sondern in der Identifikation unverwechselbarer Sequenzen der DNA. Entscheidend ist hier lediglich der individuelle Code bestimmter DNA-Abschnitte, nicht hingegen der Informationswert dieser, meist ohnehin nicht codierenden Sequenz.

Die genetische Analyse als praktische Anwendung ist Hauptgegenstand der im Verlauf der vorliegenden Arbeit zu erörternden rechtlichen Problemfelder. Rechtliche Aspekte der Genomanalyse (als reines Forschungsprojekt) bewegen

---

145 Diese begriffliche Unterscheidung zwischen Genomanalyse und genetischer Analyse erfolgt in Übereinstimmung zur Stellungenahme des Wissenschaftlichen Beirates der Bundesärztekammer, vgl. *BÄK*, DÄBl 1992, A-2561. Sie ist mittlerweile weit verbreitet, wobei vor allem auf die negativ beladene Konnotation des Begriffs Genomanalyse durch Assoziation mit der Schreckensvision des „gläsernen Menschen" hingewiesen wird; vgl. statt vieler *Wiese*, Genetische Analysen und Rechtsordnung, S. 11.

sich auf einer anderen Ebene – in diesem Zusammenhang erlangen insbesondere rechtliche Probleme der Bereiche Patentrecht[146] und der Forschungsfreiheit[147] vorrangige Bedeutung – und werden nur am Rande zu behandeln sein[148]. Das Projekt und Verfahren der Genomanalyse wird erörtert, weil diese erheblichen Einfluss auf die Reichweite der genetischen Analytik hat. Letztlich wird die zur Zeit noch als erkenntnisorientiertes Forschungsprojekt verlaufende Genomanalyse mittelfristig der genanalytischen Anwendung neue Impulse verleihen und schließlich im Bereich der praktischen Anwendung langfristig mit dieser verschmelzen. Hinzu kommt, dass die Untersuchungsmethoden der Genomanalyse und der Genanalyse auf den gleichen Techniken basieren.

II. Genomanalyse

Das ehrgeizige Ziel einer weltweit konzertierten Forschungsanstrengung ist die vollständige Entschlüsselung der mehr als drei Milliarden Basenpaare umfassenden menschlichen DNA. 1985 wurde das von mehreren Staaten geförderte „human genome project" (HGP) mit der Vorgabe gegründet, bis zum Jahr 2005 die vollständige Kartierung und Sequenzierung des menschlichen Genoms abgeschlossen zu haben[149]. Nicht zuletzt angesichts der privaten Konkurrenz

---

[146] Vgl. hierzu statt vieler *Taupitz*, Privatrechtliche Rechtspositionen um die Genomanalyse: Eigentum, Persönlichkeit, Leistung, JZ 1992, 1089 (1096 ff.).

[147] Instruktiv dazu *Riedel*, Gentechnologie und Embryonenschutz als Verfassungs- und Regelungsproblem, EuGRZ 1986, 469 (471 f.); vgl. i.ü. *Fröhlich*, Forschung wider Willen? Rechtsprobleme biomedizinischer Forschung mit nicht einwilligungsfähigen Patienten; *Turner*, Grenzen der Forschungsfreiheit, ZRP 1986, 172 ff.; *v. Bülow*, Fragen der Gentechnologie aus juristischer Sicht, S. 111 ff.; *Flämig*, Die genetische Manipulation des Menschen: ein Beitrag zu den Grenzen der Forschungsfreiheit, Aus Politik und Zeitgeschichte B 3 / 1985, S. 3 ff.; zu den ethischen Hintergründen vgl. *Leist*, Herausforderungen der Bioethik, S. 19 ff..

[148] Eine Prüfung der Vereinbarkeit von Menschenwürde und Genomprojekt unternimmt *Cramer*, Genom- und Genanalyse: Rechtliche Implikationen einer "Prädiktiven Medizin", S. 29 ff., unter der Prämisse, die Genomanalyse könne als Vorstufe der genetischen Therapie nicht von dieser getrennt beurteilt werden (S. 31 f.), so dass das Forschungsprojekt Genomanalyse schon dann gegen das Gebot der Achtung der Menschenwürde verstößt, wenn es mit der (inneren!) Zielsetzung negativer oder positiver Eugenik erfolgt (S. 305, These 2).

[149] Vgl. *Ropers*, Die Erforschung des menschlichen Genoms, DÄBl. 1998, B-547; Zur Genomforschung in verschiedenen Staaten vgl. *Bundesminister für Forschung und Technologie*, Die

durch die Celera Genomics Corp. konnte allerdings schon Mitte des Jahres 2000 die provisorische Vollendung dieses Vorhabens verkündet werden[150]. Damit hat auch die Jahrtausende alte wissenschaftliche Disziplin der Anatomie die molekularen Grenzen ihres Horizonts abgesteckt.

Zur Koordination dieser Aufgabe muss das menschliche Genom zunächst in Untereinheiten aufgeteilt werden. Die erste Einteilung ergibt sich aus der natürlichen Organisation des Genoms, der Verteilung auf 23 Chromosomen. Im nächsten Schritt müssen die Chromosomen kartiert, das heißt aufgrund von Rekombinationsereignissen oder mit Hilfe von Markern[151] in definierte Fragmente unterteilt werden. Solche Fragmente von chromosomaler DNA werden daraufhin isoliert und in Form von DNA-Genbibliotheken (Genbanken) angelegt und verbreitet[152]. Da die Fragmente der Genbibliothek zu groß sind, um direkt sequenziert werden zu können, müssen sie subkloniert, das heißt mittels Hydrolyse mit verschiedenen Restriktionsenzymen in kleinere Fragmente aufgespalten und ihrerseits in geeigneten Vektoren kloniert werden. Aus den so hergestellten Subklonen lassen sich geeignete DNA-Abschnitte für die Sequenzierreaktion bestimmen, die schließlich die Reihenfolge der einzelnen Basenpaare in der DNA erschließen.

Zu den Stadien der Genomanalyse im einzelnen:

Erforschung des menschlichen Genoms, S. 53 ff.; Zur Geschichte der Idee und den organisatorischen Entwicklungen vgl. *Bangsow/König*, das „human genome project", S. 372 f..

[150] Trotz des Verbleibes von kleineren Lücken und inkonsistenten Abschnitten wurde am 26.06.00 der Erfolg des Projekts bekannt gegeben.

[151] Ein bekannter und charakteristischer DNA-Abschnitt, der sich mit DNA-Sonden aufspüren lässt, vgl. *Vogel*, Lexikon Gentechnik, S. 66.

[152] Eine Genbibliothek/Genbank bezeichnet die in Bakterien oder Bakteriophagen (die in ihrer Funktion als Vektoren in einem Plasmid bzw. in ihrem Genom cDNA-Insertionen besitzen) klonierte Repräsentation der Gesamtheit aller DNA-Fragmenten eines Genoms, siehe *Appelhans/Minol*, Anlage von Genbibliotheken, S. 192 ff., insbesondere 192 (203 ff.) zur cDNA-Genbank, die in ihrer Gesamtheit alle Gen-Sequenzen repräsentiert, die im Spendergewebe exprimiert worden sind – mithin nur Gene. Vgl. auch *Winnacker*, Gene und Klone, S. 313ff.

1. Kartierung der Chromosomen

Die Beschreibung der Chromosomen im Ganzen erfolgt anhand des im Format lichtmikroskopischer Erkennbarkeit abgebildeten Karyotyps. Karyotypen werden üblicherweise schematisiert und in Form von graphischen Darstellungen eines Chromosomensatzes und seiner Einzelchromosomen im sogenannten **Karyogramm** formalisiert[153]. Karyogramme bilden die Grundlage für die Bezeichnung von Chromosomenabschnitten und damit für eine grobe Kartierung des Genoms. Insbesondere die bereits lichtmikroskopisch unterscheidbaren Endstücke der Chromosomen, die Telomere[154], sowie die bei Einfärbung deutlich werdenden Unterschiede in Breite und Farbtiefe bilden den Ansatzpunkt für eine erste Differenzierung von Chromosomenabschnitten[155].

Die konventionelle Methode zur Vermessung von Chromosomen ist die Kopplungsanalyse über eine Bestimmung der Rekombinationsfequenz von Genmarkern. Wenn zwei Gene nahe genug beieinander auf demselben Chromosom liegen, werden sie gekoppelt vererbt (sog. Haplotyp), so dass die Wahrscheinlichkeit einer separaten meiotischen Rekombination sehr gering ist. Dieses Prinzip hilft bei der Identifikation benachbarter Gene und DNA-Senquenzen, die sich zu gemeinsamen **Kopplungsgruppen** ordnen lassen[156]. Diese Kopplungsgruppen werden dann bestimmten Chromosomenabschnitten (Loci) auf dem Karyogramm zugeordnet[157]. Zur Erstellung von Kopplungsanalysen sind zwei Methoden von herausragender Bedeutung.

Mit Hilfe von **RFLP-Marken** (**R**estriktions**f**ragment**l**ängen-**P**olymorphismen) können Kopplungsverhältnisse identifiziert werden. Indem die Orte der Schnittstellen der Restriktionsenzyme von Eltern an ihre Kinder vererbt wer-

---

[153] Vgl. *Lewin*, Gene. Lehrbuch der molekularen Genetik, S. 889; *Kahl*, Dictionary of Gene Technology, unter „Karyotype", S. 246; *Traut*, Chromosomen, S. 254.

[154] Die Länge der Telomere wird nach dem Centromer-Index beschrieben, der ihre Länge vom „Knotenpunkt" des Chromosoms aus definiert, vgl. *Knippers*, Molekulare Genetik, S. 154.

[155] Vgl. *Traut*, Chromosomen, S. 254.

[156] Einheit solcher Kopplungskarten ist das Centi-Morgan, das einer Rekombination von 1% als Ergebnis eines Crossing-overs zwischen zwei Genen auf homologen Chromosomen entspricht. Näher zu Rekombinations-Genkarten siehe *Knippers*, Molekulare Genetik, S. 200 ff..

[157] Vgl. *Traut*, Chromosomen, S. 256; Diese indirekte Genomanalyse durch Kreuzungsversuche ist mit der Arbeit eines Archäologen vergleichbar, der aus dem Material eines Scherbenhaufens eine Vase rekonstruieren will.

den und die so entstehenden DNA-Fragmente sich unterscheiden[158], kann auf eine Korrelation zwischen auftretenden Anomalien und Fragmentpolymorphismen geschlossen werden. Durch Sondieren der Fragmente mit unterschiedlichen Gen-Sonden, kann die relative Lage von Genen zueinander ermittelt werden[159].

Eine feinere Kartierung ermöglicht der sogenannte **Mikrosatelliten-Polymorphismus**. Mikrosatelliten-DNA besteht aus 10-50 repetitiven Folgen aus 2 bis 6 Basenpaaren, die direkt hintereinander vorkommen[160]. Mikrosatelliten mit einer AC-Dinucleotid-Folge kommen im Genom durchschnittlich einmal pro 30 Tausend Basenpaaren (30 kb) vor, auch direkt vor oder hinter Genen oder in Intron-Bereichen. Tri- oder Tetranucleotid-Wiederholungen sind seltener: einmal unter einigen Hundert kb. Aber auch diese Mikrosatelliten sind mehr oder weniger statistisch verteilt. Diese Eigenschaften, aber auch die Tatsache, dass die Mikrosatelliten hoch polymorph sind[161], macht sie als DNA-Marker sehr geeignet.

Eine weitere Möglichkeit der konventionellen Genomkartierung ist die **physikalische Genkarte**. Im Gegensatz zu Genkopplungskarten liefert sie über die relative Lage der Gene zueinander hinaus die lineare Abfolge der Gene oder anderer Marker auf einem Chromosom[162].

Zur Ermittlung physikalischer Genkarten stehen verschiedene Verfahren zur Verfügung: Eine grobe Auflösung wird durch zytogenetische Verfahren erzielt.

---

158 Durchschnittlich unterscheiden sich die Nucleotid-Sequenzen einzelner Human-Genome außerhalb der codierenden Bereiche im Durchschnitt an jeder 300. bis 1000. Position, vgl. *Knippers*, Molekulare Genetik, S. 429.

159 Vgl. *Traut*, Chromosomen, S. 262 f. Mit Hilfe von RFLP-Markern gelang es in einem 1987 veröffentlichten Großprojekt, eine Kopplungskarte des menschlichen Genoms mit einer durchschnittlichen Auflösung von 10 cM zu erstellen, was etwa einem Abstand von ca. 10 Million Nucleotidpaaren (10 Mb) entspricht. Für diese Analyse wurden etwa 400 RFLP-Marker in 21 Familien mit je drei Generationen eingesetzt. Näheres bei *Knippers*, Molekulare Genetik, S. 432 ff..

160 Beispiele für solche Folgen sind A, AC, AG, AAAN (N: irgendein Nucleotid), vgl. *Knippers*, Molekulare Genetik, S. 432.

161 D.h. zwei Allele unterscheiden sich mit hoher Wahrscheinlichkeit in der Zahl der Dinucleotide eines gegebenen Mikrosatelliten.

162 Vgl. *Vosberg*, Verändert Gentechnik die Medizin?, S.107, *Traut*, Chromosomen, S. 256.

Dabei werden DNA-Fragmente, deren Positionen auf einzelnen Chromosomen zugeordnet werden sollen, durch fluoreszierende Substanzen markiert und mit isolierten Chromosomen in Kontakt gebracht, wobei sich das markierte Fragment an den homologen DNA-Strang anfügt. Die Anlagerung ist aufgrund der Markierung lichtmikroskopisch nachvollziehbar. Mit dieser Methode lässt sich eine Genkarte mit einer Auflösung von etwa 10 Mio. Basenpaaren (10 Mb) erzielen. Eine feinere Auflösung erlaubt die **Heteroduplex-Analyse**, bei der mit Hilfe eines Elektronenmikroskops nicht-komplementäre Intron-Regionen in eukaryontischen Genen physikalisch kartiert werden können.

2. Sequenzierung des Genoms

Zur Sequenzierung von DNA existieren drei unterschiedliche Verfahren. Die Methode nach Maxam und Gilbert bedient sich einer chemischen Reaktion, die klassische Methode nach Sanger sowie die „Taq-cycle“-Sequenzierung als deren Weiterentwicklung bedienen sich einer enzymatischen Reaktion[163].

Bei allen Verfahren wird eine große Menge von identischen zu analysierenden DNA-Abschnitten[164] (Contigs) in ein Gemisch aus vielen kürzeren DNA-Fragmenten unterschiedlicher Menge umgewandelt. Diese bilden eine bestimmte Anzahl untereinander identischer Gruppen, die sich untereinander in ihrer Länge jeweils um ein Basenpaar unterscheiden. Die Summe aller am Ende der (chemischen oder enzymatischen) Reaktion möglichen Fragmente – und damit die Anzahl der verschiedenen Gruppen – entspricht der Anzahl der Ba-

---

[163] Die Sanger-Sequenzierung erfolgt mittels einer T7-Polymerase, die Taq-Sequenzierung mittels einer Taq-Polymerase in Verbindung mit der Polymerase-Kettenreaktion, vgl. *Bangsow/Schäfer*, Sequenzbestimmung von Nucleinsäuren und Proteinen, S. 242 ff..

[164] Um die DNA sequenzieren zu können, muss man sie in viele kleine und lückenlose Abschnitte unterteilen. Solche DNA-Fragmente (Contigs) dürfen, um für die Sequenzierung optimal geeignet zu sein, nicht mehr als 100 Tausend Basenpaare (100 kb) umfassen. Ihre Position wird mit eigens entwickelten Markern, den sog. STS-Markern definiert und durch Klonierung, beispielsweise mittels der Polymerase-Kettenreaktion (PCR), vervielfältigt, vgl. *Ropers*, Die Erforschung des menschlichen Genoms, DÄBl. 1998, B-547; *Winnacker*, Gene und Klone, S. 315 ff..

senpaare des sequenzierten DNA-Segments[165]. Zur Ermittlung der DNA-Sequenz werden die DNA-Fragmente mittels Elektrophorese[166] getrennt[167].

Bei der Maxam-Gilbert-Methode wird ein zu sequenzierendes DNA-Fragment radioaktiv markiert, in seine Einzelstränge getrennt und mittels einer chemischen Methode basenspezifisch gespalten, bevor die Fragmente durch Gel-Elektrophorese getrennt werden. Nach Elution der DNA-Bande aus dem Gel wird die markierte DNA in vier Aliquots unterteilt und den basenspezifischen Spaltreaktionen unterworfen, so dass diese statistisch nur einmal pro DNA-Kette ablaufen können. Die so abgespaltenen DNA-Stücke werden durch erneute Gel-Elektrophorese getrennt und können aufgrund ihrer radioaktiven Markierung in einem Röntgenbild (Autoradiogramm) abgebildet werden. Aus dem Vergleich der vier nucleotidspezifischen Untersuchungen kann man dann die Sequenz des untersuchten Fragments ablesen.

Die Methode nach Sanger beruht auf dem basenspezifischen Abbruch der vom Polymerase-Enzym katalysierten Polymerasereaktion aufgrund des Einbaus von Bruchstellen. In vier Parallelreaktionen wird jeweils eine nucleotidspezifische und radioaktiv markierte Sollbruchstelle[168] verwendet, die entsprechend

---

[165] Wenn ein (in großer Menge vorhandener) DNA-Abschnitt mit der Länge von 5 Basenpaaren sequenziert wird (Bspl. ACGGT), entstehen am Ende 5 Gruppen (nämlich die Gruppe mit dem Fragment A, die Gruppe mit dem Fragment AC, die Gruppe ACG, die Gruppe ACGG und die Gruppe ACGGT). Anhand der letzten Base im Fragment der jeweiligen Gruppe kann dann die Zusammensetzung des anfänglichen DNA-Abschnitts bestimmt werden.

[166] Die Elektrophorese ist ein Verfahren zur Trennung unterschiedlich großer DNA-Moleküle, das auf einem Siebeffekt beruht und insoweit einem Chromatographieverfahren ähnlich. Als Trennungsmedium wird ein Gel, meist Agarose-Gel oder Polyacrylamid-Gel verwendet, auf das die DNA-Fragmente aufgetragen werden. Durch Stromimpulse wandern die negativ geladenen DNA-Moleküle auf den positiven Pol zu. Dabei wird ihre Bewegung durch das Gel gebremst, so dass die kleinsten Fragmente den weitesten Weg zurücklegen und schließlich die Fragmente ihrer Größe nach sortiert sind. Bei der Variante der Pulsfeld-Elekrophorese (PAGE) erfolgen die Stromimpulse abwechselnd aus zwei Richtungen, wodurch die Trennung noch effektiver erfolgt und größere Fragmente verwendet werden können. Vgl. dazu *Knippers*, Molekulare Genetik, S. 38 f., 438.

[167] Als Ergebnis zum obigen Sequenzier-Beispiel würden die 5 genannten Gruppen wegen ihrer unterschiedlichen Länge auf dem Gel voneinander getrennt, wobei die kürzeste Fragmentgruppe A am weitesten, die längste Fragmentgruppe ACGGT am kürzesten auf dem Gel gewandert wäre.

[168] Als solche fungieren vier verschiedene Didesoxynucleosidtriphosphate, die für das Polymerase-Enzym jeweils wie das normale einzubauende Nucleotid A bzw. T, C oder G erscheinen

der Matrizen-DNA (des zu sequenzierenden DNA-Abschnitts) in einen durch die Polymerase synthetisierten neuen Strang eingebaut wird und einen sequenzspezifischen Kettenabbruch bewirkt. An der Länge der entstehenden Bruchstücke im Vergleich der vier Reaktionen zueinander lässt sich die Reihenfolge der einzelnen Nucleotide im untersuchten DNA-Strang erkennen.

Bei der Taq-Sequenzierung wird ein hitzebeständiges Polymerase-Enzym[169] eingesetzt, das in Verbindung mit den auch bei der Sanger-Methode eingesetzten Reaktionselementen in einem Zyklus unterschiedlicher Temperaturen von 55, 72 und 95° C katalytisch die Anlagerung von Nucleotiden an den einmal durch Hitze denaturierten zu analysierenden DNA-Abschnitt ermöglicht, der durch erneute Hitzedenaturierung wieder vom neuen und markierten Synthesestrang abgespalten wird und den Zyklus erneut durchlaufen kann. Die entstehenden Synthesestränge verkürzen sich wegen der eingebauten Sollbruchstellen (Didesoxynucleosidtriphosphate) im statistischen Mittel gleichmäßig auf alle denkbaren Fragmentlängen, deren letztes Nucleotid aufgrund der vierfach getrennten Reaktionen identifiziert werden kann.

Diese Methoden können noch durch den Einsatz von fluoreszierenden statt radioaktiven Markierungen variiert werden. Auch eine automatisierte Sequenzierung mit Laserabtastung und Photomultiplier zur automatischen Informationsverarbeitung ist möglich[170].

Ein neuartiges Verfahren bedient sich eines Biochips, der alle möglichen Kombinationen eines aus acht Nucleotiden bestehenden DNA-Abschnittes identifizieren kann. Bei diesem Verfahren werden aus dem zu analysierenden und vervielfältigten DNA-Abschnitt beliebig viele Fragmente von je acht Nucleotiden ermittelt, wobei für jedes Fragment zwei weitere Fragmente vorhanden sind mit denen es sich im Bereich von sieben Nucleotiden überschneidet.

---

und statt dessen in den neu synthetisierten Strang eingebaut werden vgl. *Bangsow/Schäfer*, Sequenzbestimmung von Nucleinsäuren und Proteinen, S. 242 (248).

[169] Die Taq-Polymerase wird aus dem Bakterium Thermus aquaticus, das in heißen Quellen gedeiht, gewonnen, vgl. *Bangsow/Schäfer*, Sequenzbestimmung von Nucleinsäuren und Proteinen, S. 242 (250).

[170] Vgl. *Bangsow/Schäfer*, Sequenzbestimmung von Nucleinsäuren und Proteinen, S. 242 (253 f.).

Aufgrund dieser Überschneidungen kann der Computer die Reihenfolge der Fragment-Gruppen und somit die Sequenz des DNA-Abschnittes bestimmen[171].

3. Post-sequenzielle Perspektive

Mit der vollständigen Kenntnis der DNA-Sequenz ist nicht gleichzeitig das vollständige Verständnis für die Funktion des Genoms verbunden. Vielmehr ist die Sequenzierung lediglich die erste Voraussetzung für eine funktionale Entschlüsselung der DNA, also die Aufdeckung der Funktion einzelner Gene und ihrem Zusammenwirken bei der Ausprägung von Merkmalen. Durch die vollständige Sequenzierung der Gene kann vorerst nur in begrenztem Umfang auf die durch die DNA codierten Genprodukte (Aminosäure- und RNA-Sequenzen) geschlossen werden, also auf die zu produzierenden Polypeptide (Enzyme, Proteine) und die für die Zellfunktionen erforderlichen RNA-Hilfsmittel (mRNA, tRNA, rRNA). Die komplizierten Mechanismen der Genregulation, die Funktion und Wirkungsweise der Genprodukte und ihr Zusammenwirken bleiben gleichwohl noch im Dunkeln.

Zu beachten ist weiterhin, dass das Großprojekt Genomanalyse unmöglich alle Merkmale der verschiedenen menschlichen Genome entschlüsseln kann (keine zwei Genome auf der Welt sind gleich, Ausnahme: eineiige Zwillinge). Nicht einmal eine genetische Norm lässt sich feststellen, weil über ein intaktes, ein ideales und ein normales Gen erst Informationen vorliegen können, wenn nicht nur eine kontingente Sequenz, sondern auch alle Varianten von Ausprägung und Funktion sowie die statistische Verteilung der einzelnen Varianten erforscht sind.

Der Abschluss der Totalsequenzierung, der für das Jahr 2005 in Aussicht genommen wird, ist somit erst der Anfang für die Auswertung der erhobenen Daten und hat lediglich das Rohmaterial für weitergehende Forschung zutage gefördert.

---

[171] Probleme können sich allerdings bei hoch repetitiven Sequenzen ergeben, was die Einsetzbarkeit des Verfahrens für nicht-codierende DNA problematisch erscheinen lässt, vgl. *Bangsow/Schäfer*, Sequenzbestimmung von Nucleinsäuren und Proteinen, S. 242 (257).

III. Genanalyse

Genetische Defekte treten entweder als Erbkrankheiten in Erscheinung oder als erworbene genetische Störungen. Mit der Verbesserung gendiagnostischer Methoden auf Molekularebene sind zum einen die Möglichkeiten zur Früherkennung von Gendefekten deutlich erweitert worden. Die Genanalyse dient in diesem Bereich der Identifikation bestimmter Gendefekte beziehungsweise der Überprüfung spezifischer DNA-Sequenzen auf ihre Fehlerfreiheit. Zum anderen lassen sich die dabei entwickelten Verfahren auch zur Identifikation von Personen und zur Klärung von Verwandtschaftsverhältnissen einsetzten.

Neben den konventionellen diagnostischen Mitteln zur Feststellung von Erbkrankheiten soll im folgenden das Verfahren der molekularen Genanalyse dargestellt werden.

1. Phänotyp-Diagnostik

Das äußere Erscheinungsbild einer Person oder ein Krankheitsbild kann auf ererbte genetische Defekte hinweisen[172]. Die phänotypische Analyse, die keinen Eingriff in den Körper erfordert, ist aber auch auf makroskopisch erkennbare Merkmale beschränkt, die entweder durch Umwelteinflüsse oder durch eine bestimmte genetische Anlage bedingt sein kann. Durch Hilfsmittel wie Röntgen- oder Ultraschalluntersuchungen lässt sich die konservative phänotypische Analyse verbessern.

2. Chromosomenanalyse

Die Chromosomenanalyse wird lichtmikroskopisch bei etwa 1000facher Vergrößerung von verschiedenen Karyogrammen vorgenommen. Gegenstand der Untersuchung sind hierbei Abweichungen von der normalen Größe, Form und Anzahl der Chromosomen. Bestimmte Chromosomenanomalien korrelieren erfahrungsgemäß mit bestimmten Krankheitsbildern[173]. Wegen der unterschied-

---

[172] Beispiel für einen phänotypisch erkennbaren Gendefekt ist die Bluterkrankheit.

[173] Als Beispiel kann die Trisomie 21, das Down-Syndrom, dienen.

lichen Gestalt der Gonosomen kann zudem das Geschlecht des Trägers der Erbanlagen ermittelt werden.

Während das für die chromosomale Analyse erforderliche Zellmaterial bei der pränatalen Diagnostik mittels Entnahme fetaler Zellen durch die Verfahren der Biopsie und der Amniozentese gewonnen werden, greift man bei geborenen Personen zumeist auf weiße Blutzellen zurück[174]. Mit der Chromosomenanalyse verwandt ist die Bildzytometrie, mit der an zytologischen Präparaten, insbesondere den Zellkernen, maligne Transformationen erkannt werden können[175]

3. Proteinchemische Genprodukt-Analyse

Bei der proteinchemischen Analyse wird die Zusammensetzung und Qualität von Genprodukten, vorwiegend Proteinen, analysiert. Dabei werden angeborene Stoffwechselvariationen, die zum Teil auch Krankheitswert haben können, festgestellt[176]. Festgestellte Proteindefekte können in einer fehlerhaften genetischen Anlage begründet sein, so dass von der Wirkung auf die Ursache geschlossen werden kann, ohne dass detaillierte Kenntnisse über die Ursache-Wirkungs-Vorgänge – insbesondere Eigenschaften und Lage der fehlerhaften Gene – erforderlich sind (Black-Box-Theorien). Das Anwendungsfeld dieser Methode ist jedoch sehr begrenzt, weil bislang nur sehr wenige der im menschlichen Körper auftretenden Proteine bekannt sind.

---

[174] Vgl. *Minol*, Gendiagnose, S. 320 (322).

[175] Diese diagnostische Methode wird insbesondere zur Krebsfrüherkennung eingesetzt, vgl. *Böcking*, Abklärung plattenepithelialer Dysplasien mittels DNA-Bildzytometrie, DÄBl. 1998, B-542 ff. zum Gebärmutterhalskrebs; *Schlotter/Kropp/Bosse/Vogt/Bosse/Wassmann*, Cytometric Results of DNA Imaging and Established Prognostic Factors in Primary Breast Cancer, S. 132 ff. zum Brustkrebs.

[176] Anhand biochemischer Marker (wie Enzyme) können beispielsweise die Phenylketonurie, das Tay-Sachs-Syndrom, das Hunter-Syndrom, das Lesch-Nyhan-Syndrom und die Gaucher-Krankheit festgestellt werden.

4. DNA-Analyse

Mit der voranschreitenden Entwicklung der DNA-Analyse-Methoden entfallen die Beschränkungen, die der proteinchemischen Analyse anhaften. So wird für die DNA-Analyse weder spezifisches Zellmaterial noch eine Genexpression benötigt, da das gesamte genetische Material in allen Körperzellen enthalten ist. Mit der DNA-Analyse lassen sich die Veränderungen im genetischen Material und nicht erst deren Auswirkungen erkennen[177].

a. Indirekte Analyse

Erbkrankheiten, bei denen die chromosomale Lokation des mutanten Gens ungefähr bekannt ist, nicht jedoch dessen molekulare Struktur (Sequenz), lassen sich durch die Verfahren der **Kopplungsanalyse** identifizieren, die das Phänomen des DNA-Polymorphismus ausnutzen.

Als DNA-Polymorphismus werden die zahlreichen Variationen bzw. Mutationen von Nukleinsäuresequenzen im Genom jedes Individuums bezeichnet[178]. Diese Variationen sind ungleichmäßig über das gesamte Genom verteilt. Die indirekte Analyse macht sich die Erfahrung zunutze, dass ein Gendefekt oft mit einer anderen Mutation bzw. einem bestimmten DNA-Polymorphismus zufällig gemeinsam auftritt und dann weiter vererbt/verbreitet wird. Je geringer die Entfernung eines feststellbaren Markers (Genlocus) zum defekten Gen ist, desto seltener werden in der Meiose Rekombinationsereignisse zwischen ihnen stattfinden, so dass sie folglich gemeinsam vererbt werden. Ein solcher zumeist neutraler DNA-Polymorphismus wird als genetischer Marker für den gesuchten Gendefekt genutzt, wenn sich dieser genetische Marker, der innerhalb oder außerhalb eines Gens liegen kann, seinerseits mit Hilfe von Restriktionsenzymen und DNA-Sonden nachweisen lässt. Das Fehlen oder Vorhandensein des

---

[177] Bekannte Beispiele für durch DNA-Analyse diagnostizierbare Krankheiten sind: Duchenne Muskeldystrophie (DMD), cystische Fibrose (Mucoviscidose) – die häufigste Erbkrankheit – ,Chorea Huntington, Hämophilie A und B, Hypercholesterinämie, Phenylketunurie, Sichelzellenanämie sowie eine Vielzahl von Tumorkrankheiten und deren Vorstufen, siehe zu letzterem *BÄK*, DÄBl. 1998, B-1120 ff., insbes. B-1124.

[178] Die Nucleotid-Sequenzen einzelner Humangenome unterscheiden sich außerhalb des codierenden Bereichs im Durchschnitt an jeder 300.-1000. Position, vgl. *Knippers*, Molekulare Genetik, S. 429.

genetischen Markers zeigt dann das Fehlen oder Vorhandensein des gesuchten Gendefektes an. Kennt man einen solchen, mit einem Gendefekt gekoppelten Marker[179], so kann man bei dessen Auftreten auf das Vorhandensein des Gendefekts schließen.

Geeignete Marker sind Erkennungsstellen für Restriktionsendonucleasen. Bei der Zerschneidung des DNA-Stranges mit Hilfe bestimmter Restriktionsenzyme entstehen dann DNA-Fragmente von charakteristischer Länge (sie sind polymorph), wobei diese Restriktionsfragmente sich unterscheiden, je nachdem ob sie dem gesunden oder einem defekten Chromosom angehören. Treten solche unterschiedlich großen Fragmente auf, so wird dies als **Restriktionsfragmentpolymorphismus (RFLP)** bezeichnet[180]. Die Vererbung eines RFLP wird mit Hilfe der sogenannten **Southern-Blot-Analyse**[181] verfolgt. Dabei werden die homologen Chromosomenstränge mit dem spezifischen Restriktionsenzym zerschnitten und mit dem Verfahren der Gelelektrophorese getrennt, bevor sie mit einer radioaktiven Sonde markiert werden. Im Autoradiogramm lässt sich anhand ihrer Position die Länge der markierten Fragmente erkennen.

b. Direkte Analyse

Für die direkte Untersuchung genetischer Defekte werden zwei gentechnische Methoden zum Einsatz gebracht: die Hybridisierung mit geeigneten Gensonden und die Polymerase-Kettenreaktion (engl. polymerase chain reaction: **PCR**)[182].

Voraussetzung für die Hybridisierung eines Gens ist die Kenntnis seiner Sequenz. Das Komplementärkodon dieses Gens oder eines Teils davon wird klo-

---

[179] Die Identifizierung solcher polymorphen Marker erfolgt vorher durch Vergleich verschiedener erkrankter und gesunder Familienmitglieder.

[180] In jüngerer Zeit wird der RFLP zunehmend von Varianten des Mikrosatelliten-Polymorphismus verdrängt, vgl. *Knippers*, Molekulare Genetik, S. 431. Dazu siehe unten unter 5. Der DNA-Fingerabdruck.

[181] Vgl. detailliert zur Southern-Blot-Methode: *Gassen*, die Suche nach dem richtigen Klon, S. 209 (213 ff.).

[182] Die PCR-Methode ist etwa um den Faktor 1000 sensitiver und kann damit auch bei geringer Menge an Ausgangsmaterial sichere Analysen gewährleisten, vgl. *Minol*, Gendiagnose, S. 320 (328).

niert und dann als radioaktiv markierte Sonde verwendet, die durch Hybridisierung am entsprechenden Locus den Gendefekt aufzeigen.

Bei der Hybridisierung mit Gensonden oder verschiedenen PCR-Methoden[183] können in der Regel nur bekannte Mutationen nachgewiesen werden, da die verwendeten DNA-Sonden entsprechend der nachzuweisenden mutierten DNA-Sequenz entworfen sein müssen.

Verschiedene Methoden erlauben auch die Erkennung von noch unbekannten Mutationen in bekannten Genen[184]. Eine dieser Methoden ist die RNaseA-Spaltung. Die zu untersuchende DNA-Sequenz wird mit einer radioaktiv markierten RNA-Sonde hybridisiert, welche die normale Sequenz des Wildtyps besitzt. Wenn die DNA Mutationen enthält, einstehen Fehlpaarungen mit der Sonde, an denen das Enzym Ribunuclease den RNA-Strang spaltet. Die entstehenden Fragmente unterscheiden sich vom Reaktionsverlauf am Wildtyp, was nach Elektrophorese im Autoradiogramm sichtbar gemacht werden kann. Die genaue Mutationssequenz lässt sich dann aus den RNA-Fragmenten bestimmen. Eine weitere Methode, der Einzelstrang-Konformationspolymorphismus (SSCP), nutzt den durch die Mutation entstehenden Sequenz-Unterschied in der elektrophoretischen Mobilität zwischen dem mutierten und dem normalen Fragment.

5. Der DNA-Fingerabdruck in der forensischen Hämogenetik

So wie ein Fingerabdruck als unverkennbares individuelles Merkmal nur einer einzigen Person zugeordnet werden kann, sind bestimmte Teile der menschlichen DNA-Struktur unverwechselbar und einmalig[185]. Aus diesem Grund spricht man beim Ergebnis der genetischen Analyse im Strafverfahren auch vom sogenannten **„genetischen Fingerabdruck"** oder vom „DNA-Fingerprint" einer Person. Vom genetischen Fingerabdruck im engeren Sinne

---

[183] Vgl. zur PCR en detail *Minol*, Die Polymerase-Kettenreaktion (PCR), S. 292 ff.

[184] Vgl. dazu *Minol*, Gendiagnose, S. 320 (330 ff.).

[185] Im Unterschied zum Hautleistenmuster (Fingerabdruck im eigentlichen Sinn), durch den sogar eineiige Zwillinge unterschieden werden können, sind der biochemische (blutgruppenanalytische) und der DNA-Fingerabdruck allerdings nicht in der Lage, eineiige Zwillinge zu unterscheiden, vgl. *Henke/Schmitter*, DNA-Polymorphismen in forensischer Fragestellung, S. 32.

ist zu trennen der sogenannte **„biochemische Fingerabdruck"**, der ein seit Jahrzehnten angewandtes Identifikationsverfahren anhand der Bestimmung von Blutgruppensystemen – dargestellt in einem Daktylogramm – bezeichnet[186]. Dieses Verfahren ist gewissermaßen eine – indirekte – genetische Analyse (Genprodukt-Analyse), weil die Blutgruppen genetisch determiniert sind. Der genetische Fingerabdruck im engeren Sinne ist hingegen eine direkte Untersuchung des menschlichen Erbgutes.

Es werden verschiedene Formen des DNA-Fingerprinting unterschieden.

Die Grundform ist die RFLP-Methode, bei der, wie oben näher ausgeführt die aus den Kernen der Zellproben isolierte DNA mittels Restriktionsenzymen in unterschiedlich lange Abschnitte gespalten, durch Gel-Elektrophorese der Größe nach angeordnet und anschließend mit markierten Sonden hybridisiert wird (Southern-Blot-Analyse)[187].

In der Regel werden Sonden gewählt, die sich mit repetitiven Sequenzen (sogenannte Minisatelliten) des nicht-codierenden Bereiches der DNA verbinden. Solche Minisatelliten bestehen aus kurzen, vererbbaren DNA-Abschnitten, die sich häufig wiederholend in leicht abgewandelter Form auftreten und daher als VNTR (**v**ariable **n**umber of **t**andem **r**epeats) bezeichnet werden[188]. Der entscheidende Vorteil von nicht-codierender DNA gegenüber codierender ist die viel höhere individuelle Variabilität der nicht-codierenden Abschnitte, die keinem Selektionsdruck unterliegen, der die Weitergabe der Varianten verhindert[189]. Je nachdem, ob diese Sonden an eine Vielzahl von Genloci oder an nur einen Ort anbinden, unterscheidet man Multi-Locus-Sonden (MLS)[190] und Sin-

---

[186] Vgl. *Henke/Schmitter*, DNA-Polymorphismen in forensischer Fragestellung, S. 32.

[187] Restriktionsenzyme schneiden die DNA an bestimmten Sequenzen, die sich von Genom zu Genom unterscheiden, also bei keinen zwei Menschen (mit Ausnahme eineiiger Zwillinge) an der selben Stelle liegen. Dabei entstehen Millionen verschieden großer Fragmente, vgl. *Ritter*, Genomanalyse und Strafverfolgung, S. 33.

[188] Vgl. *Henke/Hoffmann/Henke*, Kurze Einführung in die gentechnologischen Voraussetzungen des DNA-Fingerprints in der forensischen Genetik, S. 13 (24 f.).

[189] Vgl. *Schmitter/Herrmann/Pflug*, Untersuchung von Blut- und Sekretspuren mit Hilfe der DNA-Analyse, S. 44; *Ritter*, Genomanalyse und Strafverfolgung, S. 36.

[190] Gegenwärtig werden zumeist Multi-Locus-Sonden verwendet, die sich an DNA-Loci auf in der Regel etwa 10 Bereiche im menschlichen Genom ansetzen und die mit der entsprechenden Sequenz versehenen Fragmente markieren, *Schmitter/Herrmann/Pflug*, Untersuchung von Blut- und Sekretspuren mit Hilfe der DNA-Analyse, S. 44; *Henke/Hoffmann/Henke*,

gle-Locus-Sonden (SLS)[191]. Die Visualisierung der so markierten individuellen DNA-Fragmente erfolgt mittels Autoradiographie, also durch Abbildung auf einem Röntgenbild[192].

Die Auswertung der visualisierten Verfahrensergebnisse erfolgt durch optischen Vergleich beider auf diese Weise bearbeiteten DNA-Asservate. Beim Vergleich zwischen einer Tatortspur mit der DNA-Probe eines Verdächtigen werden beide genetischen Fingerabdrücke auf ihre Identität untersucht. Analog geschieht es im Fall der Blutprobenidentifikation. Beim Vergleich der genetischen Fingerabdrücke von Verwandten müssen diese gemeinsame Merkmale aufzeigen, die durch das Abstammungsverhältnis und die deswegen teilweise übereinstimmende genetische Struktur begründet sind. Dabei gilt, dass mit zunehmender verwandtschaftlicher Nähe die Fingerabdrücke immer ähnlicher werden und sich nur in wenigen Punkten unterscheiden.

Ein neues und sensibleres Verfahren bedient sich des Einsatzes der Polymerase-Ketten-Reaktion. Aufgrund der hohen Empfindlichkeit und der geringeren Ansprüche an die Qualität der zu analysierenden DNA wird die **PCR-Technik** vermutlich in Zukunft die RFLP-Technik verdrängen[193]. Insbesondere, wenn

---

Kurze Einführung in die gentechnologischen Voraussetzungen des DNA-Fingerprints in der forensischen Genetik, S. 13 (30).

[191] SL-Sonden binden nur an einer Stelle im Genom, markieren also nur zwei Fragmente (soweit von Vater und Mutter diesbezüglich unterschiedliche DNA-Sequenzen ererbt werden. Zur Erhöhung der Aussagekraft des Fingerabdrucks können auch mehrere verschiedene SLS verwendet werden. SLS-Systeme haben bei gleicher Präzision wie die MLS-Systeme einige Vorteile und stellen die zweite Generation des DNA-Fingerprint-Verfahrens dar. Vgl hierzu *Schmitter/Herrmann/Pflug*, Untersuchung von Blut- und Sekretspuren mit Hilfe der DNA-Analyse, S. 45; *Ritter*, Die humangenetische Abstammungsbegutachtung, FamRZ 1991, 646 (548), der der SLS entschieden den Vorzug vor der MLS bei Abstammungsgutachten einräumt.

[192] Vgl. *Henke/Hoffmann/Henke*, Kurze Einführung in die gentechnologischen Voraussetzungen des DNA-Fingerprints in der forensischen Genetik, S. 13 (28 f.); *Kimmich/Spyra/Steinke*, Das DNA-Profiling in der Kriminaltechnik und der juristischen Diskussion, S. 87 (91); *Ritter*, Genomanalyse und Strafverfolgung, S. 38.

[193] Vgl. *Kimmich/Spyra/Steinke*, DNA-Amplifizierung in der forensischen Anwendung und der juristischen Diskussion, S. 104 (107 ff.); *Henke/Schmitter*, DNA-Polymorphismen in forensischer Fragestellung, S. 32 (40); zur PCR vgl. *Minol*, Die Polymerase-Kettenreaktion (PCR), S. 292 ff..

nur kleinere Mengen an DNA zur Verfügung stehen[194], eignet sich die Aufbereitungsmethode der Polymerase-Kettenreaktion zur synthetisierten Klonierung vorhandener DNA-Reste[195].

6. Zuverlässigkeit genetischer Analysen

Ein als risikoerheblich angesehener genetischer Befund mündet nicht zwangsläufig in einen akuten pathologischen Zustand[196]. Ebenso wenig besagt nach Eintritt eines bestimmten Gesundheitsschadens die Diagnose eines diesen Schaden prädisponierenden genetischen Befundes, dass der Schaden tatsächlich genetisch verursacht worden ist. Auf genetischen Analysen beruhende Prognosen und Aussagen über Kausalitätsbeziehungen sind aufgrund von Messungenauigkeiten einerseits und der Beteiligung vielfacher endogener und exogener Faktoren andererseits mit im Einzelfall mehr oder weniger großen Unsicherheitsfaktoren belastet. Insbesondere bei polygenetischen und multifaktoriellen Krankheiten sind die Wirkungsmechanismen schwer nachvollziehbar. Darin unterscheiden sich die Ergebnisse genetischer Analysen allerdings in nichts von konventionellen, nicht-genanalytischen diagnostischen Erkenntnisquellen, zum Beispiel der Radiologie oder der Serologie. Zahllose medizinische Befunde können – wie genetische – unabhängig und vor dem Auftreten akuter gesundheitlicher Störungen erhoben werden. Dazu gehören physiologische Werte wie Blutzucker, Cholesterin, physikalische Werte wie Blutdruck, organische Befunde wie bakterielle oder virale Infektionen sowie die im menschlichen Handeln und seiner Unvernunft begründeten sogenannten „Risikofaktoren"[197].

Ungeachtet des rasch zunehmenden Wissens über die Wirkungs-Zusammenhänge in der molekular-genetischen Pathologie sowie der stetigen

---

[194] Dies ist der Fall, wenn die Spur bereits älter und die DNA aus diesem Grund stärker denaturiert ist oder wenn nur wenige Zellen zur Untersuchung zur Verfügung stehen.

[195] Vgl. *Henke/Hoffmann/Henke*, Kurze Einführung in die gentechnologischen Voraussetzungen des DNA-Fingerprints in der forensischen Genetik, S. 13 (25 ff).

[196] Vgl. dazu oben unter C. Genetische Krankheitsursachen.

[197] Vgl. *Schulz-Weidner*, Der versicherungsrechtliche Rahmen für eine Verwertung von Genomanalysen, S. 39 ff., 496 f., der genetische Befunde unter die Obergruppe der „präklinischen Befunde" einordnet.

Präzisierung der Untersuchungstechniken steht die genetische Analyse in Hinblick auf ihre Zuverlässigkeit und Aussagekraft bereits jetzt hinter keiner herkömmlichen diagnostischen Methode zurück.

E. DNA-Analytik als Handlungsgrundlage

Ärztliche Diagnostik ist ihrer Natur nach der Möglichkeit einer Therapie immer einen Schritt voraus. Das Mikroskop wurde erfunden, bevor es die Bakteriologie gab; beides geschah vor der Entdeckung des Antibiotikums. Je tiefgreifender die Ursachen von pathologischen Befunden aufgeklärt werden können, desto größer werden die Möglichkeiten eines Heileingriffes an früheren Gliedern der Ursachen-Wirkungs-Kette. Die Gen- und die Genomanalyse, die die ersten Ursachen eines Befundes transparent machen, sind nur die Grundlegung für therapeutische Maßnahmen, die nicht auf die Beseitigung von Symptomen genetischer Störungen beschränkt bleiben, sondern mit biochemischen Mitteln in die elementarsten Bestandteile und Prozesse der Krankheitsentstehung eingreifen und an ihrer molekularen Wurzel packen.

1. Prätherapeutische Möglichkeiten

Auch vor der Entwicklung einer wirksamen Therapie für eine genanalytisch erkennbare Krankheit kann die Kenntnis eines genetischen Defektes zur Grundlage der Handlungen des Betroffenen gemacht werden.

Im Falle schwerer Erbkrankheiten kann, solange ein therapeutischer Eingriff in das betroffene Gen noch nicht möglich ist, die einzige Prävention des Krankheitsausbruchs in der nächsten Generation in einer **selektiven Familienplanung** bestehen[198].

Daneben kann die Kenntnis eines nicht therapierbaren genetischen Defektes und seiner Konsequenzen auch als Entscheidungsgrundlage für eine individuelle **Lebensplanung** dienen, die sich an den Gestaltungsspielräumen der zu er-

[198] So konnte die bis dato auf Zypern vorkommende Blutkrankheit Thalassämie fast vollständig eliminiert werden.

wartenden Lebensspanne und eventueller Handlungseinschränkungen orientiert.

2. Konventionelle Therapie

Auch ohne die ultimative Auslöschung eines Gendefektes kann seinen Auswirkungen durch die Mittel der **Prophylaxe und konventionellen Therapie** die Stirn geboten werden.

Individuelle Prophylaxe ist möglich, wenn Risiken für den Ausbruch von Krankheiten durch Vermeidung bestimmter Situationen und Stoffe verringert werden können. Bei Vorliegen der autosomal rezessiv vererbten Stoffwechselstörung Phenylketonurie[199] besteht beispielsweise ein Enzymmangel, der bei normaler Ernährung u.a. zu schweren geistigen Behinderungen führt. Bei Einhaltung spezieller Diät und künstlicher Aminosäuresubstitution hingegen lassen sich diese Folgen vermeiden.

Eine begrenzte Anzahl von Krankheiten spricht auf eine bereits in utero begonnene Therapie besser an, als wenn diese erst zum Zeitpunkt der Geburt einsetzt. Im Falle schwerer Erythroblastose kann beispielsweise eine fetoskopische Bluttransfusion vorgenommen werden[200]. Im übrigen kann je nach Krankheitsbild zur Behandlung der Symptome die therapeutische Bandbreite der herkömmlichen Medizin ausgeschöpft werden, als Beispiele mögen die Behandlung von Krebs, Herz- und Kreislauferkrankungen sowie von AIDS dienen.

---

[199] Häufigkeit in der Bundesrepublik Deutschland etwa 1:10.000, vgl. *Pschyrembel* Klinisches Wörterbuch, zum Eintrag „Phenylketonurie", S. 1235 f.

[200] Weitere Beispiele für fetale Therapieformen sind die Bluttransfusion bei Rhesusisoimmunisation, die Bypassoperation (fetoskopische Kanülierung) bei obstruktiver Uropathie und Hydrozephalus sowie der medikamentöse Eingriff (Diät der Mutter, Kofaktoren für Enzyme) bei Methylmalonylacidurie und kongenitaler adrenaler Hyperplasie.

3. In-vitro-Arzneimittel: Genprodukt-Therapie

Eine Verwendung der medizinischen Gentechnik liegt in der Produktion von eigentlich intrazellulär biosynthetisierten Genprodukten. Dabei werden DNA-Sequenzen, die für die Produktion eines bestimmten Proteins verantwortlich sind, mit Hilfe von Restriktionsenzymen aus der menschlichen DNA isoliert und in die DNA von Mikroorganismen implantiert. Diese Mikroorganismen sind dann in der Lage, das entsprechende Protein in großen Mengen zu produzieren. Solche künstlich synthetisierten Hormone, Enzyme und andere Proteine können dann einen Mangel der körpereigenen Produktion kompensieren.

Prominentes Beispiel dieser Nutzung gentechnischer Möglichkeit sind die künstliche Biosynthese des menschlichen Hormons Insulin zur Behandlung der Diabetes mellitus, sowie des Proteins Erythropoietin zur Behandlung chronischer Niereninsuffizienz[201]. Aber auch weitere Enzyme, Hormone, Interferone und Impfstoffe sind als pharmazeutische Präparate für die Therapie genetischer Defekte bereits im Einsatz[202].

4. Gentherapie

Die tiefstgreifende Form der Behandlung einer genetisch verursachten Krankheit ist die Korrektur defekter DNA-Abschnitte, die sogenannte „Gentherapie". Man unterscheidet nach der personellen Zielrichtung und Reichweite des Eingriffs zwischen der Gentherapie an den Körperzellen (**somatische Gentherapie**)[203] und der Gentherapie an Keimzellen (**Keimbahntherapie**)[204]. Bei der

---

[201] Wie groß der Markt und die Marktchancen für die pharmazeutische Verwertung genanalytischer Kenntnisse ist, zeigt sich gerade an der Produktion von Erythropoietin, das der Produktionsfirma Amgen im Jahr 1992 einen Umsatz von 1,2 Milliarden Dollar einbrachte.

[202] Vgl. *Klingmüller*, Gentechnik bei Bakterien: Pharmazeutische Entwicklungen und Freisetzungsproblematik, S. 25 (32 f.); *Vosberg*, Verändert Gentechnik die Medizin?, S. 103 (113).

[203] Frühestmöglicher Zeitpunkt der somatischen Gentherapie ist der Beginn der Organbildung am menschlichen Embryo, da im vorangehenden Stadium der totipotenten Zellteilung auch die später auszubildenden Keimzellen des Nasciturus von der Veränderung der genetischen Information betroffen wären, vgl. *Löw*, Genmanipulation, S. 181 f.; *Vesting*, Somatische Gentherapie – Regelung und Regulierungsbedarf in Deutschland, ZRP 1997, 21 ff..

ersten Alternative können die genetischen Veränderungen nicht an die nächste Generation weitergegeben werden, bei der zweiten ist dies gerade der Zweck des Eingriffs. Verschiedene Methoden der Gentherapie werden langfristig in Betracht gezogen[205].

Eine Form der Gentherapie ist die **Inhibition** eines erworbenen, durch einen Virus in das menschliche Genom eingedrungenen Fremdgens. Dabei soll das virale Gen gezielt funktionsuntüchtig gemacht werden, um seine Vermehrung dauerhaft zu unterbinden[206].

Eine weitere gentherapeutische Möglichkeit, die insbesondere auch zur Behandlung polygen bedingter Krankheiten führen soll, kann darin bestehen, Gene zur **lokalen Expression** therapeutisch wirksamer Proteine in das Genom einzubauen. Dadurch wird die genetische Eigenproduktion von Medikamenten am Krankheitsort ermöglicht, ohne dass die einzelnen Ursachen des Zusammenspiels mehrerer Gene und eventuell externer Faktoren aufgeklärt sein müssen.

Zur Behandlung monogenetischer Erbkrankheiten ist die **Substitution** eines defekten Gens geeignet. Ziel dieser Art von Gentherapie ist entweder der Austausch eines defekten durch ein funktionstüchtiges Gen oder die Ergänzung des Genoms um zusätzliche Exemplare des funktionstüchtigen Gens, so dass eine ausreichende Menge des normalen Expressionsproduktes in der Zelle hergestellt und der gesunde Phänotyp ausgebildet wird.

Zur Durchführung der lokalen Genexpression oder der substituierenden Gentherapie ist die Einschleusung von chromosomaler DNA in die zu verändernden Zellen erforderlich (**Gentransfer**). Dazu können entweder die entsprechenden Zellen vor ihrer Veränderung entnommen und danach wieder in den Körper implementiert werden (**Ex-vivo-Verfahren**), oder es wird ein Eingriff am Gesamtorganismus vorgenommen, indem die therapeutisch verwendete DNA in den Körper eingebracht wird (**In-vivo-Verfahren**). Der Transfer von genetischer Information in die Zellen kann mittels modifizierter Viren erfolgen. Diese fungieren als **Genvektoren**, indem sie einen vorher synthetisierten oder klonierten DNA- Abschnitt per Injektion in eine Zelle einfüh-

---

[204] Vgl. zu Techniken der Keimbahntherapie *Watson/Hopkins/Roberts/Steitz/Weiner*, Molecular Biology of the Gene, Vol. II, S. 809 ff.; *Sippel*, Gene Therapy – A New Medical Technique and Points to Consider, S. 35.

[205] Vgl. dazu ausführlich *Minol*, Gentherapie, S. 341 (343 ff.).

[206] Vgl. dazu *Minol*, Gentherapie, S. 341 (360 ff.).

ren und gleichzeitig dessen Einbau in das Genom dieser Zelle veranlassen[207]. Nicht-virale Transfermethoden sind die **Mikroinjektion**, bei der ein DNA-Strang in gelöster Form durch eine Glaskapillare in eine Zelle eingeführt wird, der **rezeptorvermittelte Transfer**, bei dem sich in die Blutbahn gebrachtes DNA durch spezifische Rezeptoren in bestimmte Zellen implementiert wird sowie der **membranvermittelte Transfer** durch Transport-Liposomen, die mit der Zellmembran fusionieren und ihre Ladung in das Cytoplasma einschleusen[208].

Nach dem gegenwärtigen Stand der medizintechnischen Möglichkeiten sind dauerhafte kurative Eingriffe jedenfalls in vivo noch nicht gezielt zu verwirklichen[209]. Eine bislang erfolgreiche gentherapeutische Anwendung ex vivo konnte erstmals 1990 zur Behandlung der Immunschwächekrankheit Adenosindesaminase(ADA)-Defekt zum Einsatz gebracht werden. Dabei wurde ein vierjähriges Mädchen mit körpereigenen Lymphozyten behandelt, denen zuvor in vitro mit Hilfe eines viralen Vektors gesunde ADA-Gene implantiert worden waren[210]. Weitere Versuche mit Ex-vivo-Therapien finden zur Behandlung der Mucoviscidose und im Bereich der Krebsforschung statt[211].

---

[207] Vgl. dazu *Minol*, Gentherapie, S. 341 (346 ff.).

[208] Vgl. dazu *Minol*, Gentherapie, S. 341 (352 ff.).

[209] Vgl. *Vosberg*, Verändert Gentechnik die Medizin?, S. 103 (118).

[210] Diese Behandlung musste einige Male wiederholt werden, bevor eine ausreichende Anzahl gentransplantierter Lymphozyten im Blutkreislauf vorhanden war, vgl. *Minol*, Gentherapie, S. 341 (358). Eine dauerhafte Heilung wäre möglich, wenn eine entsprechende Gentherapie mit den Knochenmarkstammzellen durchgeführt werden könnte.

[211] Vgl. dazu *Minol*, Gentherapie, S. 341 (358 ff., 365 ff.); insbesondere zur Gentherapierung von Krebs vgl. *Watson/Hopkins/Roberts/Steitz/Weiner*, Molecular Biology of the Gene, Vol. II, S. 961 ff., 1002.

2. Teil: Verfassungsnormative Erfassung der Genanalyse

Das Grundgesetz, insbesondere der Grundrechtskatalog, hält keinen Artikel bereit, der sich mit der erlaubten Reichweite der modernen Humangenetik befasst. Diese auf den ersten Blick unspektakuläre Feststellung zeigt gleichwohl auf die Grenzen einer guten und verlässlichen Gewohnheit: Wenn der gesellschaftliche Diskurs in einer aktuellen Frage hochkocht, soll der Siedestab des Grundgesetzes, nötigenfalls mit Hilfe seiner Karlsruher Hüter, für Beruhigung, besser gar für Klärung sorgen. In Ermangelung eines konkreten Austragungsortes für die Beurteilung der strittigen Materie bleibt indes nur der Rückzug auf hoch abstraktes Terrain. Verfassungsrechtliche Ansatzpunkte für die Bestimmung der Zulässigkeitsgrenzen genanalytischer Anwendungen werden daher die Garantie der Menschenwürde sowie das allgemeine Persönlichkeitsrecht in einer neuen Erscheinungsform. Ohne eine problemorientierte Aufbereitung dieser in hohem Maße offenen und auf den ersten Blick nebulösen Rechtsfiguren kann eine konkrete Untersuchung indes nicht geleistet werden. Im Umfeld der solchermaßen erforderlichen Darlegung erhebt sich die Frage nach der praktischen Anwendbarkeit der verfassungsrechtlichen Grundsätze in den unterschiedlichen durch die Genanalyse berührten Rechtsbereichen. Dabei treten die keineswegs neuen, im vorliegenden Problembereich aber beispielhaft relevanten Figuren der grundrechtlichen Drittwirkung und des Grundrechtsverzichts auf den Plan. Bei der Bestimmung ihres Verhältnisses zueinander kristallisiert sich ein verfassungsrechtlicher Begriff der Privatautonomie heraus, dessen Bedeutung auch die im 4. Teil der Arbeit gestellten Frage nach dem gegenwärtigen staatlichen Handlungsbedarf berührt.

A. Die Menschenwürdegarantie

Genanalytische Anwendungen stellen eine neue Dimension diagnostischer Möglichkeiten dar, die Einblick in die gesundheitliche Konstitution einer Person weit in deren Zukunft hinein gestatten. Sie sind insoweit geeignet, in grundlegender Weise auf die Lebensführung eines Menschen Einfluss zu nehmen. Wie alle Bereiche des gentechnologischen Fortschritts, die den Menschen unmittelbar betreffen und als Humangenetik bezeichnet werden, stehen sie unter argwöhnischer Observierung in bezug auf ihr Verhältnis zur Menschen-

> *Würde des Menschen: Nichts mehr davon, ich bitt euch. Zu essen gebt ihm, zu wohnen. Habt ihr die Blöße erst bedeckt, gibt sich die Würde von selbst (F. Schiller)*

würde. Dominierender Antrieb dieser vorwiegend kritischen Haltung ist die ehrliche Besorgnis um das dem Grundgesetz zugrundeliegende Menschenbild[1], den „Fortbestand des Wesentlich-Menschlichen"[2], den „Kern des Humanen"[3] sowie die Furcht vor einer „drohenden Instrumentalisierung des Menschen"[4] durch die Humangenetik angesichts der unlängst noch ungeahnten gentechnischen Möglichkeiten.

Um verifizieren zu können, inwieweit solche fundamentalen Sorgen tatsächlich rechtliche Relevanz besitzen, muss zunächst ein **Maßstab** gefunden werden, der eine solche Prüfung ermöglicht.

Ideal wäre eine Definition des grundgesetzlichen Menschenwürdebegriffes, unter die ein Sachverhalt in Hinblick auf eine mögliche Verletzung subsumiert werden könnte. An der zu untersuchenden Fragestellung – der verfassungsrechtlichen Erfassung genanalytischer Anwendungen – treten jedoch die grundsätzlichen Schwierigkeiten beispielhaft zu Tage, die eine Bestimmung des Menschenwürdegehalts und ihres Verletzungstatbestandes mit sich bringt.

Angesichts dieser Hindernisse bei der materiellen Erschließung der Menschenwürde sucht ein zweiter Ansatz aus externer Perspektive nach der faktischen Erscheinung der Menschenwürde. Dieser Ansatz erschließt aus den Wirkungen der Würdegarantie und den darin zutage tretenden Kontroversen ihre funktionale Kontur und liefert damit die Leitfäden zur Bewertung der neuen Fundamentalfragen.

---

[1] Vgl. *Benda*, Humangenetik und Recht – eine Zwischenbilanz, NJW 1985, 1730 (1732).

[2] Vgl. *Enders*, Die Menschenwürde und ihr Schutz vor gentechnologischer Gefährdung, EuGRZ 1986, 241. Unter besonderer Akzentuierung des Merkmals der „Unvollkommenheit" bestimmt Enders das Wesentlich-Menschliche als dasjenige, was den Menschen in seinem Personsein ausmacht, vgl. S. 242 f.; vgl. dazu auch *Honnefelder*, Der Streit um die Person in der Ethik, Philosophisches Jahrbuch 100 (1993), 246 ff..

[3] Vgl. *Graf Vitzthum*, Die Menschenwürde als Verfassungsbegriff, JZ 1985, 202; *ders.*, Gentechnologie und Menschenwürdeargument, ZRP 1987, 33.

[4] Vgl. *Enders*, Die Menschenwürde und ihr Schutz vor gentechnologischer Gefährdung, EuGRZ 1986, 241 (252); *Neumann*, Die „Würde des Menschen" in der Diskussion um Gentechnologie und Befruchtungstechnologien, S. 139.

I. Definition der Menschenwürde

Der positivrechtliche Maßstab, den das Grundgesetz vorgibt, erweist sich bereits als ebenso apodiktisch wie opak. Art. 1 Abs. 1 GG lautet:

> „Die Würde des Menschen ist unantastbar. Sie zu achten und zu schützen ist Verpflichtung aller staatlichen Gewalt."

Für den schematisch arbeitenden, in Interpretations- und Subsumtionsmethodik geschulten Rechtsuchenden bleibt die Prüfung eines Sachverhaltes auf mögliche Verstöße gegen die Menschenwürde auch nach einem gründlichen Blick in die hinter dieser Formulierung liegende Dogmatik noch eine Herausforderung: Statt klarer Merkmale einer Definition oder eines Verletzungstatbestandes finden sich im Kanon kundiger Erörterungen, die die verfassungsrechtliche Literatur in den letzten Jahrzehnten zu diesem Thema aufgetürmt hat, nicht selten umsichtig formulierte, gleichwohl wenig konkrete Begriffswolken, häufig Anleitungen zur Sinnsuche vermittels geistesgeschichtlicher Interpretation, allenthalben Streit um Elementares sowie unfertige Versuche, aus der einschlägigen Jurisdiktion induktiv eine schlüssige Dogmatik zu schmieden.

Erstaunlich ist weiterhin, dass trotz begrifflicher Unschärfe und fehlender Entwicklung konkreter Subsumtionskriterien in den meisten Untersuchungen gleichwohl kein Mangel an entschlossenen Verdikten über die Frage herrscht, ob im jeweils zu beurteilenden Fall eine Menschenwürdeverletzung gegeben sei.

1. Positive Definitionsansätze

Lediglich vereinzelt finden sich Versuche, den Schutzbereich der Menschenwürde positiv zu bestimmen.

Als äußerst vage und abstrakt können Definitionsversuche bezeichnet werden, die die Menschenwürde als „Eigenwert und die Eigenständigkeit, die Wesenheit, die Natur des Menschen schlechthin"[5] oder „Kern der menschlichen Persönlichkeit"[6] zu bestimmen suchen.

---

[5] Vgl. *Nipperdey*, Die Würde des Menschen, S. 1.

[6] BayVerfGH, BayVBl. 1975, 646.

Der **systemtheoretische Ansatz**[7] definiert Würde als „Bedingung gelingender Selbstdarstellung eines Menschen als individuelle Persönlichkeit“[8], die durch den Kontakt mit anderen Menschen in Frage gestellt werden kann[9]. Würde ist insoweit nicht in der Natur des Menschen zu finden oder ein diesem per se anhaftender Wert, sondern vielmehr Resultat erfolgreicher Identitätsbildung, die der Einzelne als Leistung erbringen, aber auch verfehlen kann[10]. Die Bedingungen zur Wahrung von Menschenwürde können positiv formuliert werden als

- Sicherung des individuellen und sozialen Lebens,
- rechtliche Gleichheit der Menschen,
- Wahrung menschlicher Identität und Integrität,
- Begrenzung staatlicher Gewalt,
- Achtung der körperlichen Kontingenz des Menschen[11].

Diese empirischen Bedingungen zur Erhaltung der Menschenwürde ergeben sich aus dem Charakter der Würdegarantie als Staatslegitimationsnorm.

Trotz der positiven Definition der Bedingungen bleibt auch dieser Ansatz defizitär, wenn es um die Feststellung einer Verletzung des Schutzbereiches der Menschenwürde geht[12]. Gerade in Fällen, in denen ein gesellschaftlicher Konsens nicht zu finden ist, kann auch ein Würdeverstoß mit Hilfe des grundsätz-

---

[7] Der zugrundeliegende kommunikationstheoretische Entwurf *Luhmanns* (Grundrechte als Institution, Berlin 1965) wurde in der Verfassungslehre durch Podlech rezipiert und konkretisiert, siehe *Podlech*, Alternativkommentar zum Grundgesetz, Art. 1 Abs. 1; vgl. darüber hinaus *Graf Vitzthum*, Menschenwürde als Verfassungsbegriff, JZ 1985, 201 (206 f.); *Riedel*, Gentechnologie und Embryonenschutz als Verfassungs- und Regelungsproblem, EuGRZ 1986, 469 (473 ff.); *Krawietz*, Gewährt Art. 1 Abs. 1 GG dem Menschen ein Grundrecht auf Achtung und Schutz seiner Würde?, S. 245 ff..

[8] Vgl. *Luhmann*, Grundrechte als Institution, S. 61.

[9] „Mit jeder Kommunikation riskiert der Mensch seine Würde“: *Luhmann*, Grundrechte als Institution, S. 67.

[10] Vgl. *Graf Vitzthum*, Die Menschenwürde als Verfassungsbegriff, JZ 1985, 201 (207).

[11] Vgl. *Podlech*, Alternativkommentar zum Grundgesetz, Art. 1 Abs. 1, RN 15 ff..

[12] Vgl. *Graf Vitzthum*, 201 (207); *Geddert-Steinacher*, Menschenwürde als Verfassungsbegriff, S. 117; *Starck*, in: v. Mangoldt/Klein/Starck, Das Bonner Grundgesetz, Art. 1, RN 6, weist insbesondere auf die Möglichkeit der Aushöhlung des Würdeschutzes hin, soweit dieser von der eigenen Würdeleistung abhängig gemacht wird.

lich empirisch orientierten Würdebegriffs der Systemtheorie nicht bestimmt werden[13]. Hinzu kommt, dass der hohe Abstraktionsgrad der fünf formulierten Bedingungen keine weiteren Anhaltspunkte für eine randscharfe Subsumtion liefert.

Auch die **Rechtsprechung** des Bundesverfassungsgerichts zur Menschenwürde liefert kein griffiges Definitionsschema zur Aufdeckung von Verletzungen der garantierten Menschenwürde[14]. Aus den bisherigen Entscheidungen, in denen die Menschenwürde als verletzt angesehen wurde, kristallisiert sich noch keine Kontur eines Schutzbereiches oder Verletzungstatbestandes heraus[15]. Vielmehr findet sich sogar eine ausdrückliche Absage an eine schematische Prüfung zugunsten einer einzelfallgerechten Beurteilung[16]. Nach diesem Selbstverständnis nimmt es nicht wunder, dass die verfassungsgerichtliche Kasuistik unübersichtlich wirkt und in ihren Ergebnissen gänzlich unvorhersehbar ist[17].

2. Negative Definition und Objektformel

Als Alternative zur positiven Begriffsbestimmung steht die sogenannte negative, umschreibende Definition hoch in der Gunst sowohl der gegenwärtigen Rechtstheorie als auch –anwendung. Diese Methode zur Ermittlung der Menschenwürde versucht nicht zu bestimmen, was die Menschenwürde ist, sondern

---

[13] Vgl. *Geddert-Steinacher*, Menschenwürde als Verfassungsbegriff, S. 117.

[14] Vgl. auch *Riedel*, Gentechnologie und Embryonenschutz als Verfassungs- und Regelungsproblem, EuGRZ 1986, 469 (474).

[15] Einen detailreichen Überblick der menschenrechtsbezüglichen Entscheidungen gibt *v. Münch*, Grundgesetz-Kommentar, Art. 1, RN 32 ff.; vgl. auch *Geddert-Steinacher*, Menschenwürde als Verfassungsbegriff, S. 136 ff..

[16] Vgl. BVerfGE 30, 1 (25): „[Alles hängt] von der Festlegung ab, unter welchen Umständen die Menschenwürde verletzt sein kann. Offenbar lässt sich das nicht generell sagen, sondern immer nur in Ansehung des konkreten Falles.".

[17] Vgl. *Riedel*, Gentechnologie und Embryonenschutz als Verfassungs- und Regelungsproblem, EuGRZ 1986, 469 (474).

wann die Würde des Menschen verletzt ist[18]. Ihr Vorzug soll in der Vermeidung der Gefahren liegen, die mit einer statischen, die wechselnden Bedrohungen der Menschenwürde verfehlenden Definition verbunden sind[19]. Geistiger Vater dieses Ansatzes ist Günter Dürig, der seinerseits in der Tradition der Kant'schen Menschenwürdekonzeption zu sehen ist[20]. Von ihm stammt die sogenannte **Objektformel**, seit 1956 meistverwendeter definitorischer Maßstab des Grundrechtssatzes von der Menschenwürde[21]. Dieser „Klassikertext und Verfassungstext im weiteren Sinne“[22] lautet:

> „Die Menschenwürde ist getroffen, wenn der konkrete Mensch zum Objekt, zu einem bloßen Mittel, zur vertretbaren Größe herabgewürdigt wird.“[23]

Dürig zufolge ist die Verbindlichkeit der Menschenwürde, wie der gesamten Verfassung, letztlich ausschließlich in objektiven Werten begründet[24]. Dies folgt aus den Prämissen der Existenz solcher objektiven Werte und der Notwendigkeit einer Fundierung der normativen Kraft einer Verfassung in denselben[25].

Auch das Bundesverfassungsgericht orientiert sich in ständiger Rechtssprechung an der Dürig'schen Objektformel[26], allerdings nicht durchgehend auf der

---

[18] Vgl. *Riedel*, Gentechnologie und Embryonenschutz als Verfassungs- und Regelungsproblem, EuGRZ 1986, 469 (473 f.); *v. Münch*, Grundgesetz-Kommentar, Art. 1, RN 14.

[19] Vgl. *Graf Vitzthum*, Die Menschenwürde als Verfassungsbegriff, JZ 1985, 201 (202).

[20] Vgl. *Riedel*, Gentechnologie und Embryonenschutz als Verfassungs- und Regelungsproblem, EuGRZ 1986, 469 (474).

[21] Vgl. *Dürig*, Der Grundrechtssatz von der Menschenwürde. Entwurf eines praktikablen Wertsystems der Grundrechte und Art. 1 Abs. I in Verbindung mit Art. 19 Abs. II des Grundgesetzes, AöR 81 (1956), 117 ff..

[22] *Häberle*, Die Menschenwürde als Grundlage der staatlichen Gemeinschaft, S. 815 (836).

[23] Vgl. *Dürig*, in: Maunz/Dürig, Grundgesetz Kommentar, Art. 1, RN 1 ff..

[24] Vgl. *Dürig*, in: Maunz/Dürig, Grundgesetz Kommentar, Art. 1, RN 1, 2.

[25] Vgl. *Dürig*, Der Grundrechtssatz von der Menschenwürde. Entwurf eines praktikablen Wertsystems der Grundrechte und Art. 1 Abs. I in Verbindung mit Art. 19 Abs. II des Grundgesetzes, AöR 81 (1956), 117 (140); *ders.*, in: Maunz/Dürig, Grundgesetz Kommentar, Art. 1, RN 1.

[26] Vgl. BVerfGE 27, 1 (6): „Es widerspricht der menschlichen Würde, den Menschen zum bloßen Objekt im Staat zu machen“; vgl. ferner BVerfGE 30, 1 (26); 50, 166 (175); 64, 274.

kantianischen Basis einer grundsätzlichen sittlichen Freiheit des Menschen[27], sondern auf einer pragmatischen, vom wertphilosophischen Hintergrund gelösten Grundlage[28].

Gleichwohl kann auch der negative Definitionsansatz nur einen begrenzten Beitrag zu einer klaren Beurteilung neuer – hier humangenetischer – Herausforderungen an die Menschenwürde beitragen[29]. Auch diesem Maßstab fehlt es entschieden an der nötigen begrifflichen Griffigkeit, insoweit hat er Anteil an den Mängeln der positiven Definitionsansätze.

Festzuhalten ist daher vorerst, dass weder positiv noch negativ gefasste Bestimmungen der Menschenwürde und ihres Schutzbereiches für sich genommen einen wirklich brauchbaren Maßstab für die Untersuchung liefern, die Gegenstand der vorliegenden Ausführungen sein soll. An dieser Schnittstelle von Letztbegründung, Konsens und Staatsfundament versagt die altgediente jurisdogmatische Subsumtion, die juristische Arbeitsweise nähert sich ihren methodisch-systematischen Grenzen[30].

II. Funktional-analytische Bestimmung der Menschenwürde

Um dem Wesen der Menschenwürde näher zu kommen, bedarf es einer besonderen Vorgehensweise, einer interpretatio sui generis: Aus wechselnden Perspektiven sollen Schlaglichter auf den Erkenntnisgegenstand geworfen und aus den gewonnenen Gesichtspunkten zweckentsprechende Kriterien geschlossen werden. Die hinter dieser Verfahrensweise stehende Teleologie ist gerichtet auf

---

27 Vgl. *Dürig*, in: Maunz/Dürig, Grundgesetz Kommentar, Art. 1, RN 28.

28 Vgl. *Riedel*, Gentechnologie und Embryonenschutz als Verfassungs- und Regelungsproblem, EuGRZ 1986, 469 (474); *Häberle*, Die Menschenwürde als Grundlage der staatlichen Gemeinschaft, S. 815 (836).

29 Zu Leistung und Grenzen der negativen Definition vgl. *Riedel*, The Constitution and Scientific and Technical Progress, S. 61 (76 ff.)

30 Zur allgemeinen Tendenz der Relativierung des Rechtsnormbegriffes sowie der damit einhergehenden Perspektivierung auf Rationalitäts- und Plausibilitätsstrategien vgl. *Riedel*, Theorie der Menschenrechtsstandards, Siebtes Kapitel, S. 260 ff..

die Fruchtbarmachung des Menschenwürdebegriffs für die neuen Herausforderungen.

Als Arbeitsmittel sollen analytische Raster dienen, anhand deren die Menschenwürde an Kontur gewinnt. Parameter dieses Rasters sind neben der obligaten genetisch-historischen Betrachtung vor allem funktionelle Kategorisierungen. Dieser methodische modus operandi, der auf einen Aufsatz von **Riedel** aus dem Jahre 1986 zurückgeht[31], ermittelt den Menschenwürdebegriff aus seinen vielfältigen verfassungsimmanenten Funktionen[32]. Ziel des funktionalen Ansatzes soll es sein, die der Menschenwürdegarantie zugeordneten Begründungsmuster dogmatisch zu systematisieren und sie so transparenter werden zu lassen[33]. Dabei sollen ausschließlich solche Aspekte betrachtet werden, die für die vorliegende Untersuchung von Bedeutung sind.

1. Geistesgeschichtliche Quellen der Menschenwürde

Der juristische Menschenwürdebegriff als rechtlich verbindlicher Gegenstand des Grundgesetzes findet seine vorkonstitutionellen Wurzeln vor allem im philosophischen und theologischen Diskurs[34]. Bereits seit der Antike Gegenstand philosophischer Reflexion[35], wurde die Würde des Menschen später im christ-

---

[31] *Riedel*, Gentechnologie und Embryonenschutz als Verfassungs- und Regelungsproblem, EuGRZ 1986, 469 (474 ff.); vgl. auch *Riedel*, The Constitution and Scientific and Technical Progress, S. 61 (78 ff.) .

[32] Diese Vorgehensweise findet ihre (rechts)wissenschafts-theoretische Fundierung in: *Riedel*, Methoden der Verfassungsinterpretation im Wandel, S. 382 ff., insbesondere 401 f.. Sie wird später aufgegriffen von *Graf Vitzthum*, Gentechnologie und Menschenwürdeargument, ZRP 1987, 33 (35); vgl. auch *Lorz*, Modernes Grund- und Menschenrechtsverständnis und die Philosophie der Freiheit Kants, S. 283 ff.; auch *Geddert-Steinacher*, Menschenwürde als Verfassungsbegriff, S. 130 ff., bedient sich dieser Methode, die sie als dogmatisch-funktional bezeichnet.

[33] Vgl. *Geddert-Steinacher*, Menschenwürde als Verfassungsbegriff, S. 131.

[34] Von einem „Ballast" der zweieinhalb Jahrtausenden Philosophiegeschichte sprechen in diesem Zusammenhang *Riedel*, The Constitution and Scientific and Technical Progress, S. 61 (75), und *Pieroth/Schlink*, Grundrechte, Staatsrecht II, RN 400.

[35] Bereits bei den Stoikern, bei Cicero und bei Plotin findet sich der Begriff der Menschenwürde in Ansätzen. Eine kompakte Einführung in die Ideengeschichte der Menschenwürde seit der klassischen Antike gibt *Geddert-Steinacher*, Menschenwürde als Verfassungsbegriff, S.

lichen Raum als Ausdruck der Gottesebenbildlichkeit des Menschen aufgefasst[36]. Während diese religiöse Begründung zunehmend auf ihre geschichtliche Relevanz verwiesen bleibt[37], findet sie ihre säkularisierte Entsprechung in einer naturwissenschaftlich-anthropozentristischen Betonung menschlichen Adels durch die Vernunft als Krönung der Evolution[38].

Die gegenwärtig im Verfassungsgefüge bedeutsame Konzeption wird allerdings erst mit der Aufklärung, insbesondere aber mit der Kant'schen Fassung der Menschenwürde vollendet[39]. In Kants praktischer Philosophie folgt diese aus der Zugehörigkeit des Menschen zu einer sich im Sittlichen offenbarenden intelligiblen Welt[40]. Kant betont den „absoluten innern Wert", den nur die mit moralischer Identität, praktisch-vernünftiger Selbstverantwortung und der Fähigkeit zur rationalen Selbstbestimmung ausgestattete Person besitzt[41]. Der auf der Basis einer von jeglicher praktischen Anthropologie gereinigten reinen

---

38 ff.; vgl. überdies *Starck*, Menschenwürde als Verfassungsgarantie im modernen Staat, JZ 1981, 457 (459 ff.); *Häberle*, Die Menschenwürde als Grundlage der staatlichen Gemeinschaft, S. 815 (833 ff.).

[36] Vgl. zur Gottesebenbildlichkeit des Menschen im Alten Testament *1. Mose* (Genesis) 1, 27; im Neuen Testament *Epheser* 4, 24.

[37] Vgl. *Fechner*, Menschenwürde und generative Forschung und Technik, JZ 1986, 653 f.; anders die Einschätzung von *Starck*, Menschenwürde als Verfassungsgarantie im modernen Staat, JZ 1981, 457 ff.; *ders.* in: v. Mangoldt/Klein/Starck, Art. 1, RN 3 f., der die fortwirkende Bedeutung der christlich-religiösen Wurzeln auch unter Hinweis auf die invocatio dei in der Präambel des Grundgesetzes betont.

[38] Vgl. *Fechner*, Menschenwürde und generative Forschung und Technik, JZ 1986, 653 (654), der zutreffend auf die Schwäche solcher Begründung in dem keineswegs zwingenden Schluss von Vernunft auf Würde hinweist. Anzumerken ist überdies, dass die Begründung der Menschenwürde in der menschlichen Vernunft ein Kriterium aufgreift, das nicht jeder Person – Beispiele: Geisteskranker, Kleinkind, Demenzkranker – gegeben ist, die in den Genuss der Menschenwürde kommen soll.

[39] Vgl. auch *Häberle*, Die Menschenwürde als Grundlage der staatlichen Gemeinschaft, S. 815 (834); *Graf Vitzthum*, Die Menschenwürde als Verfassungsbegriff, JZ 1985, 201 (205). Zum Vergleich zwischen grundgesetzlicher und kantischer Würdebegriffe vgl. *Lorz*, Modernes Grund- und Menschenrechtsverständnis und die Philosophie der Freiheit Kants, S. 281 ff..

[40] Geistiger Vorläufer dieses Gedankens einer sittlichen Vernunft als Grundlegung der Würde des Menschen ist Thomas von Aquin, dessen Autonomiegedanke allerdings noch stark mit dem Postulat der Gottesebenbildlichkeit verknüpft ist, vgl. *Thomas von Aquin*, De Regimine Principum, 1, 15; *ders.*, Summa Theologica, 1, q. 29, a. 3 ad 2.

[41] *Kant*, Metaphysik der Sitten, Tugendlehre § 11 (A 93), S. 569.

Metaphysik gewonnene Begriff bezeichnet die Erkenntnis, dass kein Mensch nur als Mittel zu einem außer ihm liegenden Zweck missbraucht werden darf:

> „(...) vernünftige Wesen stehen alle unter dem Gesetz, dass jedes derselben sich selbst und alle andere niemals bloß als Mittel, sondern jederzeit zugleich als Zweck an sich selbst behandeln sollte.“[42]

Die geistesverwandtschaftliche Verknüpfung mit der Dürig'schen Objektformel und ihrer verfassungsgerichtlichen Rezeption[43] liegen in dieser Formulierung offen zutage.

Der atavistische Rückfall hinter die in Jahrhunderten errungenen zivilisatorischen Regeln der Menschlichkeit während des „Dritten Reiches“ war der Anlass für die Väter des Grundgesetzes, dem Katalog der Grundrechte einen Satz über die Würde des Menschen voranzustellen. Die Schändung des Menschenbildes, gleich ob dieses Bild beim jeweiligen Betrachter naturalistisch-biologisch, spiritualistisch-religiös oder schlicht positivistisch-pragmatisch geprägt ist[44], wurde zum Erlebnis des Unerträglichen schlechthin und erzeugte den Willen, an kapitaler Stelle in der Verfassung die Abwendung von der Vergangenheit und die Unmöglichkeit ihrer Wiederholung im neu zu schaffenden Staate zu manifestieren. Insoweit ist die Betonung menschlicher Würde bewusst als Gegenpol gesetzt zu Terror, Willkür und Menschenverachtung des totalitären Nazi-Regimes[45]. In dieser Funktion ist keineswegs die konsentierte Fixierung eines einzigen geistesgeschichtlichen Begründungsweges zu erkennen, sondern lediglich eine Einigung über einen teleologischen Kerngehalt der Menschenwürde unter Inkaufnahme eines weitgehend offenen Begriffscharak-

---

[42] *Kant*, Grundlegung zur Metaphysik der Sitten, S. 433; siehe auch *Fichte*, Die Bestimmung des Menschen, Ausgabe Felix Meiner, S. 204.

[43] Nach der Rechtsprechung des BVerfG liegt der Würde des Menschen „die Vorstellung vom Menschen als einem geistig-sittlichen Wesen zugrunde, das darauf angelegt ist, in Freiheit sich selbst zu bestimmen und sich zu entfalten.“, BVerfGE 45, 187 (227).

[44] Vgl. *Riedel*, Menschenrechte der dritten Dimension, EuGRZ 1989, 9 (10 f.), zu den unterschiedlichen religiösen und sittlichen Letztbegründungen und dem ihnen übergeordneten Konsens.

[45] Zu Art. 1 Abs. 1 GG als Reaktion auf die NS-Zeit allgemein vgl. *Badura*, Generalprävention und Würde des Menschen, JZ 1964, 337 (341); *Fechner*, Menschenwürde und generative Forschung und Technik, JZ 1986, 653 (656 f.); *Starck*, in: v. Mangoldt/Klein/Starck, Art. 1, RN 7.

ters[46]. Gleichwohl ergibt dieser begrenzte Konsens einer ethischen Grundentscheidung ein festeres Fundament der Menschenwürde als alle rationalen Begründungsversuche für sich genommen[47].

2. Die systematische Stellung der Menschenwürde im Grundgesetz

Der Rang der Menschenwürde im Grundgesetz erschließt sich primär aus der Verknüpfung der Art. 1, 20 und 79 Abs. 3 GG: Die „Grundsätze" der Würdegarantie sind änderungsfest, was einer „dramatischen Beschränkung der verfassungsändernden Gewalt"[48] und der staatlichen Gewalten gleichkommt, die nur im Charakter des Art. 1 als „Fundamentalnorm" eine adäquate Erklärung findet. Über diese grundlegende Bedeutung der Menschenwürde des Art. 1 Abs. 1 besteht uneingeschränkte Einigkeit: Sie wird als „höchster Rechtswert innerhalb der verfassungsmäßigen Ordnung" [49], als „Grundnorm"[50], als „oberstes Konstitutionsprinzip"[51] der Verfassung angesehen, an dem sich alle Vorgänge messen lassen müssen, die den Menschen in seiner physischen und psychi-

---

[46] *Riedel*, Vom Grund des Grundgesetzes: Zu den Möglichkeiten normativer Begründung durch Menschenrechte, Grundrechte und Grundwerte, S. 111, spricht treffend von aus dem Wertehimmel geschlagenen „breiten Schneisen in die positive Rechtsordnung". Zur theoretischen Unmöglichkeit eines Konsenses bei der Begründung von Menschenrechten vgl. *Riedel*, Theorie der Menschenrechtsstandards, Achtes Kapitel, S. 344 ff.. Zur gleichermaßen drückenden praktischen Notwendigkeit der Begründung, ebd., S. 349 ff..

[47] Ähnlich auch *Fechner*, Menschenwürde und generative Forschung und Technik, JZ 1986, 653 (656). Eine Kategorisierung nach „Mitgifttheorie", „Leistungstheorie" und „Solidartheorie" der Menschenwürde unternimmt *Frühwald*, Wissenschaft – Ethik – Menschenwürde, S. 5 (7).

[48] *Graf Vitzthum*, Gentechnologie und Menschenwürdeargument, ZRP 1987, 33 (34).

[49] BVerfGE 45, 187 (227); vgl. auch BVerfGE 30, 173 (193); 48, 127 (163); 35, 202 (221); 33, 23 (29): „oberster Verfassungswert"; ähnlich auch BVerfGE 32, 98 (108); 52, 223, (246); zur Menschenwürde als Grundwert vgl. *Riedel*, Vom Grund des Grundgesetzes, S. 111 (114 ff.).

[50] *Stern*, Idee der Menschenrechte und Positivität der Grundrechte, S. 6.

[51] *Dürig*, in: Maunz/Dürig, Grundgesetz Kommentar, Art. 1, RN 14; vgl. BVerfGE 6, 32 (36): „tragendes Konstitutionsprinzip".

schen Existenz betreffen[52]. Art. 1 Abs. 1 GG konstituiert eine „grundrechtsbestimmte“[53] Verfassung nach dem Verständnis „Der Staat ist um des Menschen willen da, nicht der Mensch um des Staates willen“[54].

Als höchster Rechtswert ist die Menschenwürde Ausgangspunkt für die Grundrechte und wird gleichzeitig durch sie verwirklicht[55]. Dies muss jedoch nicht heißen, dass die Menschenwürde zur Verwirklichung zwingend der Grundrechte bedarf und sie allein durch diese verwirklicht werden kann. Das Verhältnis zwischen Art. 1 Abs. 1 GG und den Grundrechten ist in hohem Maße streitig. Bereits in der Frage, ob die Menschenwürdegarantie ein Grundrecht konstituiert, das als subjektives öffentliches Recht vom Einzelnen geltend gemacht werden kann, besteht Uneinigkeit.

a. Grundrechtscharakter und Klagbarkeit

Nach der wertsystematischen Theorie Dürigs wird der Menschenwürdebegriff des Art. 1 Abs. 1 GG durch Art. 1 Abs. 2 GG in einzelne Menschenrechte positiv aufgelöst, so dass für subjektiv-rechtliche Ansprüche aus Art. 1 Abs. 1 ebenso wenig Platz bleibt, wie für die Verwendung der Menschenwürdegarantie als Auffangtatbestand[56]. Dieser Meinung folgt ein Teil der Literatur[57]. Auch Geddert-Steinacher zufolge ist das Verhältnis des Art. 1 Abs. 1 GG zu anderen

---

[52] Statt vieler vgl. *Riedel*, Gentechnologie und Embryonenschutz als Verfassungs- und Regelungsproblem, EuGRZ 1986, 469 (472), mit umfangreichen Nachweisen.

[53] Im Kontrast zur nur „grundrechtsfreundlichen“ Verfassung: *v. Münch*, Grundgesetz-Kommentar, Art. 1, RN 2.

[54] So lautet die ursprüngliche Formulierung des Art. 1 Abs. 1 im Chiemseeer Entwurf, vgl. *Matz* (Bearb.), Entstehungsgeschichte der Artikel des Grundgesetzes, JöR 1 (1951), S. 48 ff..

[55] Vgl. BVerfGE 36, 174 (188): „Als Träger der aus der Menschenwürde folgenden und ihren Schutz gewährleistenden Grundrechte [...]“; auch BVerfGE 21, 362 (369); 48, 127 (164).

[56] Vgl. *Dürig*, in: Maunz/Dürig, Grundgesetz Kommentar, Art. 1, RN 2 ff., 13.

[57] Vgl. *Taupitz*, Privatrechtliche Rechtspositionen um die Genomanalyse: Eigentum, Persönlichkeit, Leistung, JZ 1992, S. 1089 (1090); Maunz/Zippelius, Deutsches Staatsrecht, § 14 II, S. 120; *Münch*, Die Menschenwürde als Grundforderung unserer Verfassung, S. 3; *Nawiasky*, Die Grundgedanken des Grundgesetzes für die Bundesrepublik Deutschland, S. 26.

Grundrechten nicht im Rahmen einer Konkurrenzlehre zu erfassen[58]. Vielmehr sei die Menschenwürde den speziellen Grundrechten teleologisch vorgeordnet und konkretisiere sich ausschließlich in ihnen[59]. Für eine separate Klagbarkeit aus Art. 1 Abs. 1 GG verbleibe insoweit kein Raum, so dass die Menschenwürde nicht als selbständiges Grundrecht begriffen werden könne[60].

Das Bundesverfassungsgericht hingegen sieht in Art. 1 Abs. 1 ein **echtes Grundrecht** im Sinne eines gerichtlich durchsetzbaren subjektiv-öffentlichen Rechts[61]. Diese Ansicht wird zudem von einer starken Strömung in der Literatur getragen[62]. Die Würde des Menschen solle nach ihrem Wortlaut[63], ihrer systematischen Stellung und ihrer Teleologie[64] gerade die Subjektqualität schützen. Aus der fundamentalen Funktion der Menschenwürdegarantie für das Grundgesetz folgt auch für die Verfassungswirklichkeit der Imperativ, Menschenwürdeverletzungen nicht zu tolerieren. Damit ein diesbezüglicher Schutz effektiv durchgesetzt werden kann, bedarf es der Qualifizierung der Würdega-

---

[58] Vgl. *Geddert-Steinacher*, Menschenwürde als Verfassungsbegriff, S. 172.

[59] Vgl. *Geddert-Steinacher*, Menschenwürde als Verfassungsbegriff, S. 171.

[60] Vgl. *Geddert-Steinacher*, Menschenwürde als Verfassungsbegriff, S. 164, 172.

[61] Vgl. u.a. BVerfGE 1, 332 (343, 348); 12, 113 (123); 15, 283 (286); 28, 151 (163); 28, 243 (263); 61, 128 (137); 62, 128 (137); 71, 183 (190, 201); 75, 369 (380).

[62] Vgl. *Riedel*, The Constitution and Scientific and Technical Progress, S. 61 (78); *Benda*, Gefährdungen der Menschenwürde, S. 12; *Badura*, Generalprävention und Würde des Menschen, JZ 1964, 337 (342); *v. Münch*, Grundgesetz-Kommentar, Art. 1, RN 27 ff.; *Nipperdey*, Die Würde des Menschen, S. 11 f.; *Löw*, Ist die Würde des Menschen im Grundgesetz eine Anspruchsgrundlage?, DÖV 1958, 516 ff.; *Podlech*, Alternativkommentar zum Grundgesetz, Art. 1 Abs. 1, RN 61; *Krawietz*, Gewährt Art. 1 Abs. 1 GG dem Menschen ein Grundrecht auf Achtung und Schutz seiner Würde?, S. 245 (286); *Häberle*, Die Menschenwürde als Grundlage der staatlichen Gemeinschaft, S. 815 (850); *Zippelius*, Bonner Kommentar, Art. 1, RN 32 f.; *Blankenagel*, Gentechnologie und Menschenwürde, Kritische Justiz 1987, S. 379 (386 f.); *Stern*, Menschenwürde als Wurzel der Menschen- und Grundrechte, 627 (634).

[63] Die Formulierung des Art. 1 Abs. 3 GG, wonach der Gesetzgeber an die „nachfolgenden" Grundrechte gebunden sei, spreche nicht gegen die Annahme der Grundrechtsqualität des Art. 1 Abs. 1 GG. Vielmehr ist Art. 1 Abs. 3 GG zu lesen als: „AUCH die nachfolgenden Grundrechte...", vgl. *Löw*, Ist die Würde des Menschen im Grundgesetz eine Anspruchsgrundlage?, DÖV 1958, 516 (517 f.); *v. Münch*, Grundgesetz-Kommentar, Art. 1, RN 46.

[64] Nur wenn man die Klagbarkeit des Art. 1 Abs. 1 GG anerkenne, könne der Einzelne die dort normierte Schutzpflicht des Staates auch durch Verfassungsbeschwerde erstreiten, vgl. *Starck*, in: v. Mangoldt/Klein/Starck, Art. 1, RN 18.

rantie als subjektives Recht[65]. Darüber hinaus kann die Ewigkeitsgarantie des Art. 79 Abs. 3 GG ihre legitimierende Funktion nicht in vollem Umfang entfalten, solange nicht Art. 1 Abs. 1 GG die individuelle Klagbarkeit eines Würdeverstoßes sicherstellt.

b. Verhältnis zu den benannten Grundrechten

In Frage steht dann das Verhältnis der Menschenwürdegarantie zu den benannten Grundrechten[66]. Für eine grundsätzliche **Subsidiarität der Menschenwürde** in dem Sinne, dass die nachfolgenden Grundrechte vorrangig zu prüfen seien, spricht sich ein Teil des Schrifttums[67] unter Berufung auf einige frühe Entscheidungen des Bundesverfassungsgerichts[68] aus. Teilweise wird auch eine partielle Eigenständigkeit der grundrechtlichen Gewährleistung des Art. 1 Abs. 1 GG postuliert, die aus der Unantastbarkeit der Menschenwürde resultiere[69]. Für einen grundsätzlichen Vorrang der nachfolgenden Grundrechte spricht allerdings lediglich die praktische Schwierigkeit einer Definition des Menschenwürdetatbestandes im Vergleich zur detailliert entwickelten Dogmatik anderer Grundrechte.

Gegen eine Subsidiarität des Grundrechts aus Art. 1 Abs. 1 GG spricht aber, dass im Vergleich zu den weiteren Grundrechte nichts strukturell Gleichartiges geschützt wird. Der Schutz der Würde bezieht sich nicht so sehr auf eine Handlung wie auf den Modus einer Handlung, auf eine Bewertung des Verhältnisses einer Handlung zu der Persönlichkeit des Handelnden oder Erduldenden. Dieses Schutzgut unterscheidet sich von denen der speziellen Grundrechte und steht zu diesen insofern nicht in einem Unterordnungsverhältnis.

---

[65] Ausführlich dazu *Höfling*, Die Unantastbarkeit der Menschenwürde – Annäherungen an einen schwierigen Verfassungsrechtssatz, JuS 1995, 857 (858).

[66] Art. 1 Abs. 1 GG bestimmt als Auslegungsprinzip auch mittelbar den Schutzbereich der speziellen Grundrechte.

[67] Vgl. *Jarass*, in: Jarass/Pieroth, Grundgesetz Kommentar, Art. 2, RN 26; *v. Münch*, Grundgesetz-Kommentar, Art. 1, RN 60 f.; *Blankenagel*, Gentechnologie und Menschenwürde, Kritische Justiz 1987, S. 379 (387).

[68] Vgl. BVerfGE 51, 97 (105); 53, 257 (300); 56, 363 (393).

[69] Vgl. *Höfling*, Die Unantastbarkeit der Menschenwürde – Annäherungen an einen schwierigen Verfassungsrechtssatz, JuS 1995, 857 (862).

Auch im Verhältnis zum allgemeinen Persönlichkeitsrecht, das zur auslegenden Verstärkung des Art. 2 Abs. 1 GG den Menschenwürdegehalt aus Art. 1 Abs. 1 GG heranzieht, besteht nur insoweit ein Vorrang des allgemeinen Persönlichkeitsrechts, als dessen benannte Fallgruppen reichen. Eine Verletzung des allgemeinen Persönlichkeitsrechts schließt nicht aus, dass daneben noch eine Menschenwürdeverletzung möglich ist.

3. Perpetuierungsfunktion und Konsenssicherung

Eine gewichtige Wirkung der Würdegarantie liegt in ihrer Eignung begründet, an ihr gemessene Fragen auf breiter Ebene **außer Streit stellen** zu können und ein bestimmtes Ergebnis damit zu perpetuieren[70]. Dieses Charakteristikum beruht nicht zuletzt auf der konsensualen Gültigkeit der Menschenwürde ungeachtet ihrer vielfältigen geistes- und ideengeschichtlichen Wurzeln. Zwar ist diese Konsens- und Perpetuierungsfunktion kein Spezifikum allein der Menschenwürdegarantie[71]; aufgrund des besonderen Gewichtes einer festgestellten Menschenwürdeverletzung auch im Bewusstsein breiter Bevölkerungsschichten kommt indes ein solches Verdikt einem absoluten Unwerturteil im Sinne eines strafrechtlichen Verbotes gleich. Formal folgt die Perpetuierungsfunktion aus dem Fundamentalnormcharakter und der Unantastbarkeits-Affirmation des Art. 1 Abs. 1 GG.

Mit dieser Wirkung einher geht eine nicht zu unterschätzende Gefahr. Diese liegt in der Transposition gesellschaftspolitisch streitiger Fragen auf die höchste Ebene des Verfassungsrechts zur einseitigen Entscheidung über Richtig und

---

[70] Vgl. *Riedel*, Gentechnologie und Embryonenschutz als Verfassungs- und Regelungsproblem, EuGRZ 1986, 469 (475). Diesen Gedanken hat auch *Neumann*, Die „Würde des Menschen" in der Diskussion um Gentechnologie und Befruchtungstechnologien, S. 139, im Blick, wenn er davon spricht, dass die Berufung auf die Menschenwürde ein „Gewinnerargument" par excellence sei.

[71] Dieser Aspekt ist allen Menschenrechten eigen, wie *Riedel*, Menschenrechte der dritten Dimension, EuGRZ 1989, 9 (10 f.), in einer Analyse der Menschenrechte und ihres Wesens u.a. am Beispiel der Menschenwürde und seiner Quellen darlegt. Vgl. dazu auch *Riedel*, Die Meinungsfreiheit als Menschenrecht und ihre Verbürgung durch die Europäische Menschenrechtskonvention, S. 275 (297 ff.). Auch die positivierten Grundrechte des Bonner Grundgesetzes können als Beispiele für die Konsens- und vor allem: Perpetuierungsfunktion gelten.

Falsch. Es steht in der Macht der berufenen Interpreten der Verfassung, insbesondere des Bundesverfassungsgerichts, eine umstrittene Verhaltensform als „Verstoß gegen die Menschenwürde", und insoweit als „verfassungswidrig" zu stigmatisieren. Liegt einem vor dem Bundesverfassungsgericht ausgetragenen Konflikt eine gesellschaftlich tief und unvereinbar streitige Frage im Sinne eines ethischen Dissenses zugrunde, so wird die Verfassung für die Vertreter der unterlegenen Meinung zur Quelle von Unterdrückung ihrer ethischen Grundüberzeugungen und infolge dessen zum Gegenstand ihrer Ablehnung. Eine solche **Entfremdung** vom Grundgesetz und seinen Repräsentanten stellt eine nicht zu unterschätzende Gefahr für den gedeihlichen Fortbestand des unter dem Dach des Grundgesetzes vereinten Gemeinwesens dar, das der Einigungswirkung der – in Deutschland seit 50 Jahren beinahe ohne Ausnahme anerkannten – grundgesetzlichen Verfassungswirklichkeit bedarf. Das Grundgesetz genießt in seiner Funktion als „entscheidender Legitimationsquell" und „säkularisierte Bibel"[72] eine einzigartige Popularität, die ihm in jahrzehntelanger Geltung in allen Gesellschaftskreisen zugewachsen ist[73]. Diese Bedeutung steht und fällt mit der Fähigkeit der Verfassungshüter, das sensible Kontinuum von Identifikation und Integration in Gang zu halten.

Unter diesem Gesichtspunkt soll ein Rekurs auf Art. 1 Abs. 1 GG nur dann zulässig und erforderlich sein, wenn ein verfassungsrechtlicher Fundamentalkonsens in Frage steht, als letzte Schranke, die ein Abstürzen in die prinzipielle Verfügbarkeit des Menschen verhindert[74]. Art. 1 Abs. 1 GG ist diese Notbremse im System des verfassungsgeschichtlichen Rechtsgüterschutzes, die nur in äußersten Notfällen, nicht bereits bei jeder Unebenheit der Strecke gezogen werden darf[75].

Diese Erwägungen wirken sich auf den Gewährleistungsbereich von Art. 1 Abs. 1 GG aus: Dieser darf in erster Linie nur einen „absoluten Kernbereich

---

[72] *Starck*, Menschenwürde als Verfassungsgarantie im modernen Staat, JZ 1981, 457 (463), wendet sich gegen eine solche Bezeichnung des Grundgesetzes, allerdings unter der Prämisse des gänzlichen Verlustes der metaphysischen Wurzeln von Menschenwürde und Grundgesetz.

[73] Vgl. *Graf Vitzthum*, Gentechnologie und Menschenwürdeargument, ZRP 1987, 33 (34).

[74] Vgl. *Graf Vitzthum*, Gentechnologie und Menschenwürdeargument, ZRP 1987, 33 (36).

[75] Jeder Missbrauch der Menschenwürde gefährdet Rechtsstaat und Demokratie und bedeutet eine rechtspolititsche Instrumentalisierung der Verfassung, *Graf Vitzthum*, Gentechnologie und Menschenwürdeargument, S. 119 (120 f.).

menschlicher Existenz“ schützen[76], sich nur auf Unbezweifelbares, Unbestrittenes und Evidentes beziehen[77]. Die Würdegarantie ist mithin primär zu verstehen als „Minimalgarantie“[78]. Darüber hinaus hat ein Gebot der sensiblen Zurückhaltung zu gelten; Entscheidungen über die Verletzung der Menschenwürde sind über den Kernbereich hinaus nur in Einklang mit einem breiten gesellschaftlichen Konsens angezeigt[79].

Aus diesen Ausführungen sollte jedoch keinesfalls gefolgert werden, dass bereits jeder Diskussion über eine mögliche Verletzung der Menschenwürde eine Gefährdung des Verfassungssatzes innewohne. Die häufig mit mahnendem Zeigefinger beschworene „inflationäre Verwendung“ des Würdearguments, sein Vernutzen als „kleine Münze“ oder als „§ 242 des Verfassungsrechts“[80] droht keineswegs durch einen breit angelegten – und infolgedessen bisweilen ausufernden und über die Stränge schlagenden– Diskurs. Die Diskussion um das Würdeargument bringt vielmehr dankenswerterweise grundsätzliche Fragen in den Fokus der öffentlichen Diskussion, statt sie als delikat-geheime Formeln allein dem Gemurmel eines kleinen Kreises Eingeweihter zu überlassen. Neben der Ausleuchtung der Tatsache, dass sich die speziellen Grundrechte nicht für neue Herausforderungen fruchtbar machen lassen und sich insoweit eine rechtliche Lücke klaffend aufzutun scheint, regt ein breit geführter Diskurs über mögliche Verletzung der unantastbaren Menschenwürde zur Klärung ihres Gegenwartbezuges an. Im konkreten Fall dient die Diskussion dazu, die besondere Position der neuen Humangenetik im Bild der Verfassung zu betonen. Eine Grundfrage der Verfassung offen und nicht ausschließlich durch berufenen Munde zu diskutieren, kann wohl kaum geeignet sein, den

---

[76] Vgl. *Höfling*, Die Unantastbarkeit der Menschenwürde – Annäherungen an einen schwierigen Verfassungsrechtssatz, JuS 1995, 857 (860); *Jarass*, in Jarass/Pieroth, Art. 1, RN 10; *Zippelius*, in: Bonner Kommentar, Art. 1, RN 16.

[77] Vgl. *Graf Vitzthum*, Gentechnologie und Menschenwürdeargument, S. 119 (120).

[78] *Starck*, in: v. Mangoldt/Klein/Starck, Art. 1 Abs. 1, RN 13.

[79] Zum Konsensaspekt im Verfassungsgefüge vgl. *Riedel*, Vom Grund des Grundgesetzes: Zu den Möglichkeiten normativer Begründung durch Menschenrechte, Grundrechte und Grundwerte, S. 111 (116 ff.), zum Verhältnis von Konsens und Dissens bezüglich ethischer Grundwerte, ebd., S. 120 ff..

[80] *Graf Vitzthum*, Gentechnologie und Menschenwürdeargument, ZRP 1987, 33.

Verfassungssatz von der Menschenwürde zu entwerten, sondern bietet vielmehr alle Vorteile eines facettenreichen Meinungsaustausches[81].

Gefährlich wird der Verlauf des Diskurses im Kontext der ethischen Probleme der modernen Medizin erst, wenn unter der Wort- und Argumentationsführerschaft polemischer Hexenjäger unter Berufung auf die Menschenwürde der Versuch unternommen wird, ein modernes Tabu zu etablieren – ein vorverurteilender Versuch, welcher der Form demokratischer Willensbildung diametral entgegenläuft[82].

4. Menschenwürde zwischen Autonomie und Fürsorge

Eine zentrale Betrachtung soll dem Verhältnis zwischen zwei Ausprägungen der Würdegarantie gewidmet sein, die als gegenläufige Gewährleistungen das Spannungsfeld zwischen den Begriffen der Autonomie und der Fürsorge bestimmen. Die so gewonnenen Erkenntnisse lassen sich bei der Analyse einer Reihe hoch umstrittener und praxisrelevanter Fragen fruchtbringend umsetzen[83].

Auf der einen Seite verbürgt die Menschenwürde individuelle Autonomie in Form von Selbstbestimmungsrecht, Selbstverantwortung, Subjektqualität der Persönlichkeit und freie Entfaltung der Lebensgestaltung jedes Individuums[84].

---

[81] Vgl. nur *Riedel*, Vom Grund des Grundgesetzes: Zu den Möglichkeiten normativer Begründung durch Menschenrechte, Grundrechte und Grundwerte, S. 111 (125): „Gestritten werden muss aber immer wieder neu über den Inhalt, die Konkretisierung und Aktualisierung von Grundrechten, Menschenrechten und Grundwerten bei ihrer Umsetzung auf der Verfassungsebene.".

[82] Vgl. dazu auch *Struck*, Die „Würde des Menschen" als Argument und Tabu in der Debatte zur Fertilisations- und Gentechnologie, S. 110 ff.; sowie *Koppernock*, Das Grundrecht auf bioethische Selbstbestimmung: zur Rekonstruktion des allgemeinen Persönlichkeitsrechts, S. 27. Eine meta-ethische Analyse der bioethischen Diskussion mit Kritik an einem so geschaffenen „knock-down-Argument" liefert *Birnbacher*, Welche Ethik ist als Bioethik tauglich?, S. 45 ff..

[83] Überdies bilden sie die Grundlage für die Beurteilung von Zusammenspiel und Verhältnis unterschiedlicher grundrechtlicher Funktionen, wie später unter „C. Verfassungsrechtliche Grenzen und Privatautonomie" zu zeigen sein wird.

[84] Vgl. *Stern*, Idee der Menschenrechte und Positivität der Grundrechte, S. 7; *ders.*, Menschenwürde als Wurzel der Menschen- und Grundrechte, 627 (628, 632); *Nipperdey*, Die

Auf der anderen Seite wird die Würdegarantie zur Begründung einer objektivierten Interessenwahrnehmung durch den Staat herangezogen. In Umsetzung des Fürsorgeauftrages kommt rechtlicher Schutz auch Embryonen, Neugeborenen und solchen Personen zugute, die zu selbstbestimmtem Handeln nicht oder nicht mehr fähig sind. Darüber hinaus kann das Fürsorgeprinzip – teilweise unter dem dogmatischen Konstrukt der staatlichen Schutzpflichten[85] – auch eingreifen, soweit dies zur Schaffung und Erhaltung der Bedingungen von Menschenwürde erforderlich ist.

Im Idealfall ist das Verhältnis zwischen Autonomie und Fürsorge ein komplementäres, indem bei fehlender Fähigkeit des Individuums zur Autonomie das staatliche Fürsorgeprinzip zum Besten des Betroffenen einspringt[86]. Im Sinne eines Ergänzungsverhältnisses ist auch die doppelte Schutzrichtung der Menschenwürde als „status negativus“[87] und „status positivus“ zu begreifen: als Grundrecht des Einzelnen gegen den Staat und zugleich als an den Staat gerichteten Verfassungsauftrag, den Einzelnen in seiner Menschenwürde vor der Gesellschaft (oder ihren Gruppen) zu schützen und die Würde insoweit zu ermöglichen[88].

Würde des Menschen, S. 1; *Fechner*, Menschenwürde und generative Forschung und Technik, JZ 1986, 653 (655, 658); *Benda*, Menschenwürde und Persönlichkeitsrecht, S. 161 (186); *v. Olshausen*, Menschenwürde im Grundgesetz: Wertabsolutismus oder Selbstbestimmung, NJW 1982, 2221 (2222 ff.); *Höfling*, Menschenwürde und gute Sitten, NJW 1983, 1582 (1583 f.); auch nach dem systemtheoretischen Würdebegriff ist für die Ausprägung des Menschen als selbstverantwortliche Persönlichkeit ein staatlich gewährleisteter Verhaltensspielraum notwendig, vgl. *Podlech*, Alternativkommentar zum Grundgesetz, Art. 1 Abs. 1, RN 20.

85 Zur Dogmatik der staatlichen Schutzpflichten, die i.ü. nicht nur durch die Würdegarantie, sondern auch durch die benannten Grundrechte begründet werden, vgl. die Ausführungen im 4. Teil dieser Arbeit.

86 So bedeutet der grundlegende Anspruch auf Sicherung des Existenzminimums weniger eine paternalistische Fürsorge als die Ermöglichung weiterer Autonomie, vgl. BVerwGE 52, 339 (246).

87 Diese Kategorisierung geht zurück auf *Jellinek*, System der subjektiven öffentlichen Rechte, S. 114 ff.. In Abgrenzung zum status positivus entfaltet der sogenannte status negativus eines Grundrechtes seine Funktion als Abwehrrecht des Bürgers gegen Staat, der jedwedes grundrechtsverletzende Handeln zu unterlassen hat.

88 Vgl. *Häberle*, Die Menschenwürde als Grundlage der staatlichen Gemeinschaft, S. 815 (850).

Soweit jedoch die Fähigkeit zur Autonomie reicht, tritt der Fürsorgegedanke zurück – im Verkehr unter Privaten wie im Subordinationsverhältnis[89]. Das Recht auf Würde ist nicht das Recht eines Bevormundeten, dessen Reichweite zu seinem Besten ausgelegt wird. Die individuelle Würde bedeutet das Recht und die ethische Pflicht der Menschen, sich den fundamentalsten Fragen über Sinn und Wert ihres eigenen Lebens selbständig zu stellen, allein ihrem Gewissen und ihren Überzeugungen verpflichtet[90]. Im Rahmen dieser sittlich-ethischen Entfaltung ist kein Platz für Interessenwahrnehmung oder Einmischung durch den Staat. Insoweit muss das Autonomieprinzip als vorrangiger Gehalt des Art. 1 Abs. 1 GG verstanden werden[91].

Diese Auffassung leitet wohl auch das Bundesverfassungsgericht, wenn es ausführt: In der freiheitlichen Demokratie ist die Würde des Menschen in dem Sinne geschützt, dass der Mensch „eine mit der Fähigkeit zu eigenverantwortlicher Lebensgestaltung begabte Persönlichkeit [ist]. Er wird als fähig angesehen, und es wird ihm demgemäß abgefordert, seine Interessen und Ideen mit denen der anderen auszugleichen. Um seiner Würde willen muss ihm eine möglichst weitgehende Entfaltung seiner Persönlichkeit gesichert werden."[92] Folgerichtig hat das Bundesverfassungsgerichts auch für den Fall einer Kollision zwischen subjektivem und objektivem Gehalt der Würdegarantie das objek-

---

[89] Dieser Grundsatz hat sich beispielhaft in der Betreuungsgesetzgebung der §§ 1896-1908 i BGB verwirklicht, vgl. dazu *Taupitz*, Von der entrechtenden Bevormundung zur helfenden Betreuung: Das neue Betreuungsgesetz, JuS 1992, 9 ff.; Palandt-*Diederichsen*, Einf. v. § 1896, RN 5; *Weiss*, Betreuungsrecht zwischen Hilfe und Zwang, ZRP 1991, 227; Dworkin unterscheidet in diesem Sinne das „right to be treated with dignity" von dem „right to beneficence", vgl. *Dworkin*, Life's Dominion. An Argument about Abortion and Euthanasia, S. 236; dt.: Die Grenzen des Lebens, Abtreibung, Euthanasie und persönliche Freiheit, S. 318 ff..

[90] Vgl. *Dworkin*, Die Grenzen des Lebens, Abtreibung, Euthanasie und persönliche Freiheit, S. 230.

[91] Der Grundgedanke der Grundrechte war die Gewährung von Rechten auf Freiheit und Gleichheit gegen den Staat. Der Gedanke des Anspruchs auf positive Fürsorge dient dieser primären Gewährleistung, vgl. *Koppernock*, Das Recht auf bioethische Selbstbestimmung: zur Rekonstruktion des allgemeinen Persönlichkeitsrechts, S. 20.

[92] BVerfGE 5, 85 (204). BVerfGE 7, 198 (205) sieht den Mittelpunkt des Grundgesetzes in der innerhalb der sozialen Gemeinschaft sich frei entfaltende Persönlichkeit samt ihrer Würde.

tive Interesse – die Wahrnehmung der staatlichen Schutzpflicht – zurücktreten lassen[93].

Wird dem Menschen seine Autonomie – auch nur in einem bestimmten Lebensbereich oder auch nur zu seinen Gunsten – entzogen, so vernachlässigt dieser Entzug sein Recht auf eigenverantwortliche Lebensgestaltung und stellt daher eine Verletzung seiner Würde dar[94]. Solche Verletzungen können auch nicht grundsätzlich durch eine das Verhältnis von Autonomie und Fürsorge pervertierende paternalistische Politik staatlichen Schützens gerechtfertigt werden. Die im politischen und öffentlichen Diskurs nicht selten gestellte – und sogar aus der Menschenwürde begründete – Forderung nach immer stärkerer „glückbringender" Bevormundung und Bewirtschaftung des Menschen durch einen protektiven Wohlfahrtsstaat ist aus dieser Sicht als Konsequenz eines fehlgeleiteten Verständnisses des Menschenwürdegehaltes decouvriert[95]. Vielmehr folgt aus dem Primat des Autonomieprinzips als dominante Gewährleistung des Art. 1 Abs. 1 GG das Gebot einer sozialstaatlichen und paternalistischen Minimalgarantie[96].

a. Subjektive oder objektive Perspektive

Aus dieser Perspektive löst sich die Streitfrage, ob eine Verletzung der Menschenwürde vom Individuum aus (subjektiv) zu beurteilen ist, oder ob auch gegen den Willen der betroffenen Person aus externer Perspektive (objektiv) eine Verletzung der Menschenwürde angenommen werden kann[97]. Die Würde

---

[93] Vgl. dazu die Entscheidung des Bundesverfassungsgerichts zur Erzwingungshaft zur Abgabe einer eidesstattlichen Versicherung, BVerfGE 61, 126 (138): „Unbeschadet der einfachrechtlichen Hinweis- und Aufklärungspflicht des Gerichts kann die staatliche Schutzpflicht des Art. 1 Abs. 1 GG, jedenfalls in Fällen dieser Art, nicht soweit reichen, dass sie gegen den Willen des Schuldners wahrgenommen werden müsste.".

[94] Vgl. *Fechner*, Menschenwürde und generative Forschung und Technik, JZ 1986, 653 (655, 658); ebenso *Benda*, Menschenwürde und Persönlichkeitsrecht, S. 161 (186), der den Menschen in diesem Fall zum Objekt staatlichen Handelns herabgewürdigt sieht.

[95] So auch *Starck*, Menschenwürde als Verfassungsgarantie im modernen Staat, JZ 1981, 457 (463).

[96] Vgl. zur sozialstaatlichen Minimalgarantie *Starck*, Staatliche Organisation und staatliche Finanzierung als Hilfen zu Grundrechtsverwirklichungen, S. 480 (522).

[97] Vgl. dazu statt vieler: v. *Münch*, Grundgesetz-Kommentar, Art. 1, RN 17 ff. m.w.N..

ist untrennbar auf den einzelnen Menschen bezogen, zu ihr gehört wesentlich, dass ihm nicht Dritte ihre Vorstellung von Menschenwürde aufdrängen dürfen[98]. Der Betrunkene in der Öffentlichkeit, der Transsexuelle in seinem Wunsch nach Geschlechtsumwandlung, der „Penner", der im Abfalleimer wühlt und – in Ablehnung der Ansicht des Bundesverwaltungsgerichts[99] – das Peepshow-Girl[100] sind auch dann nicht in ihrer Menschenwürde verletzt, wenn ihr Verhalten von Dritten als „menschenunwürdig" angesehen wird[101]. Es liegt nicht einmal eine Berührung des Schutzbereiches der Würdegarantie vor. In seiner Entscheidung zum Transsexuellengesetz äußert sich das Bundesverfassungsgericht in diesem Sinne: Art. 1 Abs. 1 GG schützt die Würde des Menschen „wie er sich in seiner Individualität selbst begreift und seiner selbst bewußt wird"[102].

Die Reichweite des Schutzbereiches der Würdegarantie ist grundsätzlich in die Gestaltungsfreiheit des Würdeträgers gestellt, dieser besitzt kraft seiner Autonomie die Definitionsbefugnis über ihren konkreten Inhalt. Eine Handlung, die, würde sie von einem Dritten vorgenommen, in den Schutzbereich des Grundrechtes eingriffe, tut dies gerade nicht, soweit der Rechtsinhaber aus eigenem Antrieb handelt. Anders gedreht: zur Verletzung der Menschenwürde bedarf es eines Dritten, eines Verletzers; die Ausübung der in der Würdegarantie statuierten Autonomie kann unmöglich gegen die Menschenwürde verstoßen;.

---

[98] Vgl. *v. Münch*, Grundgesetz-Kommentar, Art. 1, RN 17; ähnlich *Dürig*, in: Maunz/Dürig, Grundgesetz Kommentar, Art. 1, RN 28; BVerfGE 49, 286 (298): Art 1 Abs. 1 GG schützt die Würde des Menschen, „wie er sich in seiner Individualität selbst begreift und seiner selbst bewusst wird".

[99] Vgl. BVerwGE 64, 274 (278 f.); darüber hinaus VG Düsseldorf, NJW 1983, 176; VG Karlsruhe, GewArch 1982, 230; zustimmend *Gern*, Menschenwürde und die guten Sitten, NJW 1983, S. 1585 ff..

[100] Beispiele nach *v. Münch*, Grundgesetz-Kommentar, Art. 1, RN 17.

[101] Vgl. ablehnend zur Peepshow-Entscheidung: *v. Olshausen*, Menschenwürde im Grundgesetz: Wertabsolutismus oder Selbstbestimmung, NJW 1982, 2221 (2222 ff.); *Gusy*, Sittenwidrigkeit im Gewerberecht, DVBl 1982, 984 (988 f.); *Höfling*, Menschenwürde und die guten Sitten, NJW 1983, 1582 (1583 ff.); *Hoerster*, Zur Bedeutung des Prinzips der Menschenwürde, JuS 1983, 93 ff.; *Kirchberg*, Zur Sittenwidrigkeit von Verwaltungsakten, NVwZ 1983, S. 141 ff.. Zum Recht auf Personenstandsänderung Transsexueller vgl. BVerfGE 60, 123 (135); 49, 286 (298).

[102] BVerfGE 49, 286 (298).

Das bedeutet im Gegenzug indes nicht, dass jedes subjektive Verletzungsempfinden bereits in den Schutzbereich des Art. 1 Abs. 1 GG eingreift. Die Würdegarantie schützt nicht eine übersteigerte Empfindlichkeit, sondern greift erst dann ein, wenn auch aus externer (objektiver) Perspektive – in Ansehung der Situation – eine Würdeverletzung erkannt werden kann[103]. Damit sind durch objektive Kriterien die äußersten Grenzen des – abstrakten – Gewährleistungsbereiches vorgegeben, innerhalb derer der konkrete Umfang des Schutzbereiches der subjektiven Beurteilung des Betroffenen obliegt.

b. Absoluter oder relativer Schutz, statischer oder dynamischer Schutzbereich

Im Vergleich zu den Grundrechten, die nach allgemeiner Auffassung grundsätzlich nur einen relativen, nämlich mit Ausnahme eines Kerngehaltes unter bestimmten Umständen einschränkbaren, Schutz ihres Gewährleistungsbereiches bieten, deutet die grundgesetzlich gefasste „Unantastbarkeit" der Menschenwürde des Art. 1 Abs. 1 GG auf einen **absoluten Schutz der Menschenwürde** hin[104]. Ein solcher wäre zu verstehen als Gleichsetzung eines Eingriffes in den Schutzbereich der „unantastbaren" menschlichen Würde mit ihrer Verletzung[105]. Eine Rechtfertigung für einen Eingriff wäre dann nicht möglich, die Menschenwürdegarantie wäre dem grundrechtlichen Abwägungsprozeß entzogen. Einen derartigen absoluten Schutzbereich scheinen auf

---

[103] Vgl. *v. Münch*, Grundgesetz-Kommentar, Art. 1, RN 18.

[104] Art. 1 Abs. 1 Satz 1 GG wird insoweit verstanden als „wenn schon nicht unantastbar im Sinne von unberührbar [was dem sprachlichen Gemeingebrauch entspräche], dann wenigstens unantastbar im Sinne von nicht-ungestraft-antastbar". Die Würdenorm wird insoweit „normativ" begriffen, das heißt nicht als Feststellung im Sinne einer Seinstatsache, sondern als „Sollensnorm", der normative Bedeutung im Sinne der Begründung von Rechten zukommt. Ähnlich affirmative Sollensnormen finden sich auch im Grundrechtskatalog, vgl. Art. 4 Abs.1 GG: „Die Freiheit des Glaubens, des Gewissens und die Freiheit des weltanschaulichen Bekenntnisses sind unverletzlich."; vgl. auch Art. 5 Abs. 3 GG: „Kunst und Wissenschaft, Forschung und Lehre sind frei.".

[105] Vgl. *Blankenagel*, Gentechnologie und Menschenwürde. Über die Strapazierung von juristischem Sachverstand und gesundem Menschenverstand anlässlich eines ernsten Themas, Kritische Justiz 1987, 379 (388).

den ersten Blick sowohl die Judikatur des Bundesverfassungsgerichts[106] als auch große Teile des Schrifttums[107] im Auge zu haben.

Nach differenzierender Auffassung ist der Sinn des Art. 1 Abs. 1 S. 1 GG auch nach wörtlicher und systematischer Auslegung im Zusammenhang mit den Art. 1 Abs. 2 („unverletzlichen"), Art. 79 Abs. 3 („berührt") und Art. 19 Abs. 2 GG („angetastet") vor allem auf dem Hintergrund historischer Brandmarkung in eher deklaratorischem Sinne zu sehen: „Auch der Gedemütigte, Gequälte, Geschundene verliert seine Würde nicht – sie bleibt unangetastet, auch wenn sie verletzt wird"[108]. Für diese Ansicht spricht entschieden, dass im Vergleich zu Art. 1 Abs. 1 Satz 2 GG der Satz 1 neben der Betonung des Verfassungs-Leitmotives vor allem das Schutzgut für die Achtungs- und Schutzpflicht des Art. 1 Abs. 1 Satz 2 GG benennt. Art. 1 Abs. 1 Satz 2 GG wäre ohne eigenständige Funktion, wenn bereits in Satz 1 ein absoluter Schutz statuiert würde. Ordnet man nach diesem Verständnis der Unantastbarkeit eine nur deklaratorische Bedeutung zu, kann im Rahmen des insoweit **relativen Würdeschutzes** trotz Berührung des Schutzbereiches – wie bei anderen Grundrechten auch – eine Abwägung verschiedener Rechtspositionen stattfinden[109].

---

[106] Vgl. nur BVerfGE 75, 369 (380).

[107] Vgl. *Höfling*, Die Unantastbarkeit der Menschenwürde – Annäherungen an einen schwierigen Verfassungsrechtssatz, JuS 1995, 857 (859); Maihofer, Rechtsstaat und menschliche Würde, S. 17 ff., 25; *Starck*, in: v. Mangoldt/Klein/Starck, Art. 1, RN 26; *Geddert-Steinacher*, Menschenwürde als Verfassungsbegriff, S. 80; *Podlech*, Alternativkommentar Grundgesetz, Art. 1 Abs. 1, RN 73; *Jarass*, in: Jarass/Pieroth, Art. 1, RN 10; *Schulte*, Das Dogma Baufreiheit, DVBl 1979, 133 (139); *Püttner/Brühl*, Verfassungsrechtliche Probleme von Fortpflanzungsmedizin und Gentechnologie, JA 1987, S. 289 (293 f.); *Graf Vitzthum*, Gentechnologie und Menschenwürde, MedR 1985, 249 (253); *Koppernock*, Das Grundrecht auf bioethische Selbstbestimmung: zur Rekonstruktion des allgemeinen Persönlichkeitsrechts, S. 24, 27.

[108] *V. Münch*, Grundgesetz-Kommentar, Art. 1, RN 26, mit dem Hinweis darauf, dass ein kategorisches Verbot durch Art. 1 Abs. 1 S. 1 ohnehin nicht gemeint sein kann, da ein Antasten (= Berühren) der Menschenwürde nicht absolut auszuschließen ist.

[109] Vgl. *Benda*, Menschenwürde und Persönlichkeitsrecht , S. 161 (173), der das Verhältnismäßigkeitsprinzip als Regulativ anwendet. Auch *Fechner*, Menschenwürde und generative Forschung und Technik, JZ 1986, 653 (657) prätendiert eine Abwägung aller miteinander kollidierenden und konkurrierenden Werte. *Kloepfer*, Grundrechtstatbestand und Grundrechtsschranken in der Rechtsprechung des Bundesverfassungsgerichts – dargestellt am Beispiel der Menschenwürde –, S. 405 (411 ff.), ordnet die Menschenwürde dogmatisch in die Schutzbereichs-, Eingriffs- und Schranken-Systematik der allgemeinen Grundrechtslehren ein.

Für diese Auffassung kann weiterhin ins Feld geführt werden, dass der Begriff der Menschenwürde bereits in zeitlicher Hinsicht keineswegs die Statik aufweist, die einem absoluten Schutzbereich denklogisch zu eigen sein müsste. Die Würdegarantie teilt ein Charakteristikum jedes Rechtsprinzips: die Auslegungsbedürftigkeit, das Einfallstor für wertende Erwägungen und somit Variabilität. Der Gehalt der Menschenwürde unterliegt einer gewissen **zeitlichen Dynamik**. Mit einer strukturell im Fluss befindlichen Gesellschaft ist auch das Verständnis geltender Werte einer Wandlung unterworfen. So wären beispielsweise Wohnverhältnisse einer Familie, die gegenwärtig in der Bundesrepublik Deutschland als menschenunwürdig verurteilt werden, im Jahre 1945 von Flüchtlingen und Ausgebombten als Glücksfall angesehen worden[110]. In diesem Sinne ist auch die Feststellung des OVG Berlin zu verstehen, der in Art. 1 Abs. 1 GG gebrauchte Begriff der Menschenwürde sei „wandlungsfähig", und zwar „nicht nur in dem Sinne einer steten Aufwärtsentwicklung materieller Bedürfnisse"[111].

Dass neben einer solchen zeitlichen Variabilität die Verletzung der Menschenwürde nur in Abhängigkeit der jeweiligen konkreten Umstände festgestellt werden kann, erkennen auch Vertreter des absoluten Würdeschutzbereiches. Nicht nur in der ständigen Rechtsprechung des Bundesverfassungsgerichts[112], auch in der Literatur wird eine gewisse, „nicht zu vermeidende Relativität der Würdegarantie", also eine **situative Dynamik** konzediert, indem „die Situation, in der sich der Mensch befindet, nicht ohne Einfluss darauf ist, was die Menschenwürdegarantie verbietet oder gebietet."[113].

Diese Betrachtungsweise legt eine Verschiebung der Abwägung widerstreitender Interessen und Güter auf die Ebene des Schutzbereiches nahe: Der absolute

---

110 Beispiel nach *v. Münch*, Grundgesetz-Kommentar, Art. 1, RN 12.

111 OVG Berlin, NJW 1980, 2484 (2485).

112 Vgl. BVerfGE 30, 1 (25): „... so hängt alles von der Feststellung ab, wann die Menschenwürde verletzt sein kann. Offenbar lässt sich das nicht generell sagen, sondern nur in Ansehung des konkreten Falles.".

113 *Starck*, in: v. Mangoldt/Klein/Starck, Art. 1, RN 20 f.. Gleichwohl sei diese Relativität nicht ohne Gefahren für die Effektivität der Würdegarantie. Vgl. auch *Fechner*, Menschenwürde und generative Forschung und Technik, JZ 1986, 653 (663); nach *Enders*, Das Recht auf Kenntnis der eigenen genetischen Abstammung, NJW 1989, 881 (882), gewährt Art. 1 Abs. 1 GG absoluten Schutz nach der „Soweit"-Formel, nämlich soweit nach den konkreten Umständen des Einzelfalles für den Einzelnen elementare, würdekonstituierende Belange auf dem Spiel stehen.

Schutz wird einem dynamischen Schutzbereich zuteil[114]. Das so korrigierte Würdeverständnis sieht in dem Verfassungssatz von der Menschenwürde kein starres Gebilde, sondern findet sich in die erkannte Notwendigkeit eines flexiblen Herangehens in Ermangelung verallgemeinerbarer, randscharfer Kriterien[115]. Die gewünschte zeitliche und situative Statik, die für einen absoluten Schutzbereich erforderlich wäre, ist unzweifelhaft nicht gegeben. Der Schutzbereich der Menschenwürde ist insofern relativ, er ist Differenzierungen und Abwägungen grundsätzlich zugänglich[116]. Diese Feststellung impliziert gleichwohl keine Entwertung der menschlichen Würde und ihrer grundrechtlichen Garantie. Ist nämlich eine Berührung des Würdegehalts subjektiv und objektiv gegeben, liegt zwingend auch eine Verletzung der Menschenwürde vor. Die privilegierte Stellung in der Verfassung, der prägende Charakter der Menschenwürde, der in die weiteren Grundrechte ausstrahlt, lassen sich im Abwägungsfall mit ihrem fundamentalen Gewicht ganz ohne die dogmatischen Winkelzüge berücksichtigen, deren die Theorie eines absoluten Schutzbereiches unvermeidlich bedarf.

c. Erforderlichkeit eines Verletzungsvorsatzes?

In diesem Zusammenhang erhellt sich auch der Streit, ob für eine Menschenwürdeverletzung ein Vorsatz erforderlich ist oder nicht. Im vieldiskutierten Abhör-Urteil fordert das Bundesverfassungsgericht für die Annahme einer Würdeverletzung ein subjektives Moment des Verletzenden, das sich manifestiert als „Ausdruck der Verachtung des Wertes, der dem Menschen kraft seines

---

[114] Problematisch ist dann allerdings, dass mit der Entscheidung, die Menschenwürde sei in einem konkreten Fall nicht verletzt, immer gleichzeitig entschieden ist, dass der Normbereich des Art. 1 Abs. 1 GG gar nicht berührt ist.

[115] Diese Überlegungen werfen ein neues Licht auf das Ringen um eine Definition der Menschenwürde. Die Möglichkeit einer begrifflichen Definition setzt stets voraus, dass vermittels notwendiger konditionaler Bedingungen gegebene Sachverhalte hinreichend unter die Definitionselemente subsumiert werden können. Angesichts der zeitlichen und kontextuellen Relativität des Menschenwürdebegriffes erscheint eine starre Definition nicht einmal wünschenswert. Insoweit kann von der Würde des Menschen als (extensional) offenem Verfassungsbegriff gesprochen werden.

[116] *Häberle*, Die Menschenwürde als Grundlage der staatlichen Gemeinschaft, S. 815 (855), verweist beispielhaft auf die Fallgruppen des § 218 a.F. – Indikationen.

Personseins zukommt“[117]. Der dahinter stehende Gedanke ist wohl die Einsicht, dass in bestimmten Situationen das hinter einer würdetangierenden Handlung stehende Motiv den Ausschlag für die Beurteilung einer Würdeverletzung gibt[118]. Dies gilt in der Regel für Handlungen, die primär in Ausübung des Fürsorgeprinzips erfolgen; als Beispiel kann die der Lebensrettung dienende Zwangsernährung von verhungernden Strafgefangenen dienen[119]. Wegen der überwiegenden Fürsorge-Gewährleistung in diesem Fall ist die Menschenwürde nicht berührt[120]. Bei einer Beurteilung der überwachenden Abhörung persönlicher Konversation im Rahmen eines „Lauschangriffes“ zur Verbrechensbekämpfung ist hingegen nicht der Vorsatz der Abhörenden für die Beurteilung einer Menschenwürdeverletzung relevant[121], sondern allein die Frage, ob ein Eingriff in die Würde im konkreten Fall angesichts der Interessen des Gemeinwohls überhaupt vorliegt[122].

---

[117] BVerfGE 30, 1 (26). Auch *Schwabe*, Anmerkung zum Beschluss des ersten Senats des BVerfG v. 11.10.1978, DVBl 1979, S. 667 f., stellt für die Verletzung der Menschenwürde entscheidend auf den Vorsatz des Handelnden ab. Gegen das subjektive Erfordernis argumentieren die Verfassungsrichter *Geller*, *v. Schlabrendorff* und *Rupp*, abw. Meinung, BVerfGE 30, 33 (40); sowie *Schmidt-Bleibtreu/Klein*, Art. 1, RN 2.

[118] Die Frage des Vorsatzes kann auch ein entscheidendes Kriterium im Rahmen des „Wie“ einer Reaktion auf eine Menschenwürdeverletzung werden: insbesondere können für den vorsätzlich Verletzenden strafrechtliche Folgen an seine Verletzungshandlung geknüpft sein.

[119] Beispiel nach *v. Münch*, Grundgesetz-Kommentar, Art. 1, RN 21.

[120] Soweit man der Ansicht ist, bei hungerstreikenden Strafgefangenen sei ein Fall gegeben, in dem deren Autonomie gegenüber einem objektiven Schutzbedürfnis zurücktritt.

[121] Gegen das subjektive Erfordernis argumentieren im Rahmen der Abhör-Entscheidung bereits erbittert die Verfassungsrichter *Geller*, *v. Schlabrendorff* und *Rupp*, abw. Meinung, BVerfGE 30, 33 (40); sowie *Schmidt-Bleibtreu/Klein*, Art. 1, RN 2; *v. Münch*, Grundgesetz-Kommentar, Art. 1, RN 21. Soweit eine menschenrechtsrelevante Handlung so tief in die Autonomie des Betroffenen eingreift, dass auch eine „gute Absicht“ eine Verletzung nicht mehr verhindert, kann das Erfordernis des subjektiven Verletzungstatbestandes keinen Bestand haben.

[122] Diese Lösung ist allerdings schwer gangbar, soweit man einen absoluten Schutz der Menschenwürde ohne Abwägungspotential favorisiert und damit jeder Eingriff auch eine Verletzung bedingt. Um den Abwägungsgedanken in Form einer „Situationsabhängigkeit“ im Rahmen des Schutzbereichs einbringen zu können, bedarf es der Begründung, warum die gegen eine Person gerichtete Abhörmaßnahme zu zwei verschiedenen Zeitpunkten – nach Feststellung eines dringenden Verdachts i.S.d. §§ 100a, 100c StPO und vorher – einmal in den Gewährleistungsbereich des Art. 1 Abs. 1 GG fällt und einmal nicht.

5. Kollektive Menschenwürde?

> *Der Menschheit Würde ist in Eure Hand gegeben - Bewahret sie (F. Schiller)*

Der Menschenwürdebegriff wird, wie dargestellt wurde, mehrdeutig verwendet als Recht des Betroffenen, aber auch als ein von subjektiven Rechten und Interessen unabhängiger Gesichtspunkt. In der jüngsten Diskussion um das würdeverletzende Potential des gentechnischen Fortschrittes wird zudem ein kollektiver, gänzlich vom Individuum gelöster und auf das Menschliche, das Menschheitliche bezogener Aspekt diskutiert[123]. Ausgangspunkt dieser Erwägungen ist die Prämisse, dass die Konsequenzen gentechnischer Anwendungen nicht auf spezifische Personen der Gegenwart begrenzt bleiben, sondern darüber hinaus die Belange künftiger Generationen tangieren können[124].

Als Rechtsträger der Menschenwürde genießen nicht nur alle lebenden Menschen – und bisweilen auch Personengruppen[125] – den Schutz des Art. 1 Abs. 1 GG. In gewissem Umfang werden auch das noch ungeborene Leben[126] und über den Tod hinaus die personale Würde[127] in den Schutzbereich der Würdegarantie einbezogen. Im Falle des postmortalen Persönlichkeitsschutzes handelt es sich aber nicht um den Schutz der Belange eines Toten, sondern um eine Nachwirkung[128] von Würde und Persönlichkeitsrecht des lebenden Menschen[129]. Letztlich gilt insoweit das Prinzip, dass Rechtssubjekt der Würdega-

---

[123] Auch im Bereich des Umweltschutzes erlangt die Frage der Geltung dieses Aspektes Bedeutung; vgl. dazu *Riedel*, International Environmental Law – A Law to Serve the Public Interest? – An Analysis of the Scope of the Binding Effect of Basic Principles, S. 61 ff.; *ders.*, Paradigmenwechsel im internationalen Umweltrecht, S. 245 ff.; *ders.*, Grundlagen und Hauptprobleme des internationalen Umweltrechts, S. 146 ff., der die Brücke zum völkerrechtlich heiß diskutierten Phänomen der Public Interest Norms schlägt.

[124] Vgl. schon *Benda*, Humangenetik und Recht, NJW 1985, 1730 (1733)

[125] So z.B. die Menschenwürde der in der Bundesrepublik lebenden Juden, vgl. OLG Köln NJW 1981, 1280 (1281) – Bestreiten der Judenvernichtungen (§§ 130, 131 StGB).

[126] Vgl. zum Schutz des Nasciturus die Abtreibungs-Entscheidung: BVerfGE 39, 1 (49 f.).

[127] Vgl. die Mephisto-Entscheidung: BVerfGE 30, 173 (194).

[128] Auch: Reflex- oder Ausstrahlungswirkung.

[129] Vgl. *Geddert-Steinacher*, Menschenwürde als Verfassungsbegriff, S. 71: „Nicht der verstorbene Mensch, sondern der lebende Mensch hat ein schützenswertes Interesse daran, dass sein Persönlichkeitsbild auch nach seinem Tod nicht verfälscht wird.“ ; vgl. auch *v. Münch*, Grundgesetz-Kommentar, Art. 1, RN 7.

rantie nur konkrete, physisch existente Personen sein können[130]. Künftige, gegenwärtig in keiner Weise existente, ausschließlich potentielle Menschen können nach bisherigem Verständnis nicht zum Opfer einer Menschenwürdeverletzung werden[131].

Damit auch künftige Generationen vor den Nachteilen gentechnischen Fortschritts geschützt wären, müsste der Schutzbereich des Art. 1 Abs. 1 GG sich direkt auf „den Mensch schlechthin“[132], das „Menschenbild im ganzen“[133], die „Wesenhaftigkeit des Menschen“[134], mithin auf die „Würde der Menschheit“[135] erstrecken. Die Möglichkeit einer derartigen Form von Menschenwürdeschutz und somit -verletzung wird von einer breiten Strömung im Schrifttum vertreten[136]. Die Belange künftiger Generationen könnten danach unmittelbar aus

---

[130] Sogar *Jonas*, Das Prinzip Verantwortung, S. 84, statuiert: „Das Nichtexistierende stellt keine Ansprüche, kann daher auch nicht in seinen Rechte verletzt werden. Es mag sie haben, wenn es ist, aber hat sie nicht schon auf die Möglichkeit hin, dass es einmal sein werde.“

[131] Anders wohl noch *Benda*, Humangenetik und Recht, NJW 1985, 1730 (1733), der ohne Erwähnung der damit verbundenen Expansion der Würdegarantie lapidar konstatiert: „Es würde aber das Selbstbestimmungsrecht des [künftigen] Menschen und damit seine Würde in schwerster Weise verletzen, wenn andere für ihn [...] entscheiden dürften, was krankhafte Abweichung von einer Norm ist, die besagt, wie Menschen beschaffen sein sollten.“.

[132] *Schmidt-Bleibtreu/Klein*, Kommentar zum Grundgesetz, Art. 1, RN 3.

[133] *Benda*, Menschenwürde und Humangenetik, S. 69 (80).

[134] *Benda*, Erprobung der Menschenwürde am Beispiel der Humangenetik, Aus Politik und Zeitgeschichte B3 / 1985, S. 18 (36); *Enders*, Die Menschenwürde und ihr Schutz vor gentechnologischer Gefährdung, EuGRZ 1986, 241 (249).

[135] *Münch*, Die Menschenwürde als Grundforderung unserer Verfassung, S. 8.

[136] Vgl. *Graf Vitzthum*, Die Menschenwürde als Verfassungsbegriff, JZ 1985, 201 (208); *ders.*, ZRP 1987, 33 (37); Münch, Die Menschenwürde als Grundforderung unserer Verfassung, S. 8; *Cramer*, Genom und Genanalyse: Rechtliche Implikationen einer "Prädiktiven Medizin", S. 33 ff.; *Vollmer*, Genomanalyse und Gentherapie. Die verfassungsmäßig Zulässigkeit der Verwendung und Erforschung gentherapeutischer Verfahren am noch nicht erzeugten und ungeborenen menschlichen Leben, S. 51 ff.; *Benda*, Erprobung der Menschenwürde am Beispiel der Humangenetik, Aus Politik und Zeitgeschichte B3 / 1985, S. 18 (21 f.); vgl. *Rupp*, Ergänzung des Grundgesetzes um eine Vorschrift über den Umweltschutz?, DVBl 1985, S. 990 ff., zum Umweltrecht; ablehnend: Nipperdey, Grundrechte II, S. 3; *v. Münch*, Grundgesetz-Kommentar, Art. 1, RN 8; *Fechner*, Menschenwürde und Gentechnologie, EuGRZ 1986, 241 (250); *Schmidt*, Rechtliche Aspekte der Genomanalyse, S. 144 f.; *Lerche*, Verfassungsrechtliche Aspekte der Gentechnologie, S. 88 (105 ff.); wohl auch v. Mangoldt/Klein, Anm. III 3 c „zweifelhaft“.

Art. 1 Abs. 1 GG abgeleitet werden[137], ohne dass ein konkretes Rechtssubjekt erforderlich sei[138]. Die objektive Dimension der Würdegarantie reichte insoweit über die subjektiv-rechtliche hinaus[139]. Die früher vom Bayerischen Verfassungsgerichtshof zum Ausdruck gebrachte Auffassung, zum Verletzungstatbestand der Menschenwürde sei grundsätzlich über die individuelle eine auf die menschliche Würde als solche gerichtete Auswirkung erforderlich[140], wird in der Rechtsprechung nicht mehr vertreten. Das Bundesverfassungsgericht hat bislang noch keine Entscheidung darüber getroffen, ob die grundgesetzlich geschützte Menschenwürde auch einen kollektiven Aspekt beinhaltet.

Für die Anerkennung eines Schutzes der Menschheit spricht, dass der an der Ewigkeitsgarantie des Art. 79 Abs. 3 GG teilhaftige Art. 1 Abs. 1 GG die existenzielle Grundlage seines Schutzbereiches sinnvollerweise verteidigen muss: Damit die Menschenwürde geschützt werden kann, muss auch ihr Schutzgegenstand, die gegenwärtige Form menschlicher Existenz, verteidigt werden[141], soweit er unwiederbringlich in Gefahr gerät[142]. Dieser Gedanke darf gleichwohl nicht einer Perpetuierung des Menschenbildes gleichkommen, das die Verfas-

---

[137] Eine denkbare Neufassung des Art. 1 Abs. 1 GG findet sich bei *Rupp*, Ergänzung des Grundgesetzes um eine Vorschrift über den Umweltschutz?, DVBl 1985, 990 (992), der für die Einbeziehung von Umweltbelangen die Würdegarantie wie folgt fasst: „Die Würde des Menschen ist unantastbar. Sie zu achten und zu schützen *und die Grundlagen des menschlichen Lebens zu sichern und zu bewahren*, ist Verpflichtung aller staatlichen Gewalt.“. Diese Formulierung kann auch die Sicherung des der Menschenwürde zugrunde liegenden Menschenbildes umfassen.

[138] Die Anerkennung staatlicher Schutzpflichten aus dem objektiven Gehalt der Grundrechte setzt die Existenz des Rechtssubjektes nicht notwendig voraus, vgl. *Murswiek*, Die staatliche Verantwortung für die Risiken der Technik, S. 207 ff.; *Vollmer*, Genomanalyse und Gentherapie. Die verfassungsmäßige Zulässigkeit der Verwendung und Erforschung gentherapeutischer Verfahren am noch nicht erzeugten und ungeborenen menschlichen Leben, S. 54 f..

[139] Vgl. *Enders*, Die Menschenwürde und ihr Schutz vor gentechnologischer Gefährdung, EuGRZ 1986, 241 (250).

[140] Vgl. BayVerfGHE NF 1, 32 (33); 2, 85 (91).

[141] So befürchtet *Graf Vitzthum*, Die Menschenwürde als Verfassungsbegriff, JZ 1985, 201 (209): „ Bei der Humangenetik wird ein Gebiet betreten, auf dem nicht die Verletzung einzelner Menschen und ihrer Würde die Gefahr darstellt, sondern *die Zerstörung des Verletzbaren.*“.

[142] Zu der Unumkehrbarkeit als Spezifikum gentechnischer Prozesse im Vergleich zur mechanischen Reversibilität vgl. *Jonas*, Technik, Medizin und Ethik, S. 167.

sungsväter im Auge hatten[143]. Der notwendigen Variabilität des menschlichen Selbstverständnisses, der steten Entwicklung des Menschenbildes könnte eine solche Fixierung nicht gerecht werden[144]. Soweit die Würdegarantie eine bestimmte Form menschlicher Existenz gewährleistet, darf damit lediglich der absolute, von Veränderung unberührte Kern gemeint sein, nicht hingegen die Gesamtheit dessen, was gegenwärtig als Seins- oder Sollensnorm menschlicher Existenz begriffen wird.

6. Weitere Funktionen

a. Legitimationsaspekt

Aus dem geschichtlichen Kontext sowie der systematischen Stellung im Grundgesetz ergibt sich die Legitimationsfunktion der Menschenwürdegarantie: Der Schutz und die Achtung der Menschenwürde ist Maxime und Rechtfertigung allen staatlichen Handelns[145].

Das Bundesverfassungsgericht leitet aus Art. 1 Abs. 1 GG auch allgemeine Rechtsprinzipien ab, die nicht explizit in der Verfassung positiviert sind, aber aus ihrer Ratio erschlossen werden können. Es sind dies die Prinzipien der Verantwortlichkeit, der Schuld, der Toleranz, des fairen Verfahrens und der Resozialisierung, die erst über spezielle Grundrechte in subjektive Rechte

---

[143] Für eine Perpetuierung des verfassungsrechtlichen Menschenbildes: *Lerche*, Verfassungsrechtliche Aspekte der Gentechnologie, S. 88 (111), der durch Ausweitung des bisherigen Menschenwürdegehaltes den durch die Würdegarantie gebotenen Grundkonsens in Gefahr sieht.

[144] Eine bloß wertkonservative Perpetuierung des Menschenbildes von 1949 diskriminiert ohne ersichtlichen Grund den Menschen des neuen Jahrtausends, der durch die Fortschritte technischer Möglichkeiten über die Mittel gebietet, genetische Rahmenbedingungen seiner Existenz in gewissem Umfang selbst zu bestimmen.

[145] Vgl. *Riedel*, Vom Grund des Grundgesetzes: Zu den Möglichkeiten normativer Begründung durch Menschenrechte, Grundrechte und Grundwerte, S. 111 (118 f.); *ders.*, Der gemeineuropäische Bestand von Verfassungsprinzipien zur Begründung von Hoheitsgewalt – Legitimität und Souveränität –, S. 84 ff.; *ders.*, Gentechnologie und Embryonenschutz als Verfassungs- und Regelungsproblem, EuGRZ 1986, 469 (474); ausführlich zur Menschenwürde als legitimierende Bindung der Staatsgewalt: *Lorz*, Modernes Grund- und Menschenrechtsverständnis und die Philosophie der Freiheit Kants.

transformiert werden, ohne eigenständig rechtliche Ansprüche zu begründen[146]. Diese Prinzipien sind interpretatorische, teleologisch auf die Würde des Menschen bezogene Leitlinien der jeweiligen Rechtsmaterie.

b. Auslegungs- und Ausstrahlungsfunktion

Darüber hinaus ist die Menschenwürde, soweit sie in ihrer Funktion als Rechtsprinzip betrachtet wird, anderen Rechtssätzen als teleologisch-systematischer Bezugspunkt vorgeordnet. Das Würdeargument wird herangezogen bei der Interpretation von Inhalt und Reichweite der allgemeinen Handlungsfreiheit, des Rechts auf Leben und körperliche Unversehrtheit, der Gewissens- und Religionsfreiheit, des Rechts auf Wehrdienstverweigerung sowie des Elternrechts und des Asylrechts[147]. Vermittels seiner Ausstrahlungswirkung entfaltet die Menschenwürde ihre Maßstabs- und Orientierungsfunktion, ohne selbst verletzt zu sein. Diese Wirkung kann sowohl schutzbereichserweiternd[148] als auch schutzbereichslimitierend[149] sein. Darüber hinaus wird das Würdeargument vom Bundesverfassungsgericht auch zur Auflösung von Grundrechts- und Rechtsgutskonflikten als regulative Schranken-Schranke herangezogen. Dabei kommt ein mehrstufiges Abwägungsmodell zum Einsatz, das im Zusammenhang mit Art. 2 Abs. 1 GG als sogenannte Sphärentheorie Gegenstand vielfältiger Kritik geworden ist[150].

---

[146] Vgl. *Geddert-Steinacher*, Menschenwürde als Verfassungsbegriff, S. 154 ff.

[147] Vgl. *Riedel*, Gentechnologie und Embryonenschutz als Verfassungs- und Regelungsproblem, EuGRZ 1986, 469 (475); dazu en detail *Geddert-Steinacher*, Menschenwürde als Verfassungsbegriff, S. 136 ff..

[148] Paradebeispiel ist das allgemeine Persönlichkeitsrecht aus Art. 2 Abs.1 i.V.m. Art. 1 Abs. 1 GG.

[149] So begrenzt die Menschenwürde eines Kindes das in Art. 6 Abs. 1 GG geschützte Elternrecht, vgl. BVerfGE 24, 119 (144).

[150] Vgl. *Podlech*, Alternativkommentar zum Grundgesetz, Art. 2 Abs. 1, RN 38; *Starck* in: v. Mangoldt/Klein/Starck, Art. 2, RN 11.

III. Konsequenzen für den Würdeschutz

Die funktional-analytische Bestimmung der Würdegarantie aus Art. 1 Abs. 1 GG hat dem Verfassungsbegriff Menschenwürde Konturen verliehen, die über die positiven und negativen Definitionsansätze hinausreichen. Insbesondere wurde weitere Kriterien für die Identifikation von Menschenwürdeverletzungen gewonnen, die neben der Dürig'schen Objektformel herangezogen werden können.

Die Menschenwürde verliert einen guten Teil ihrer Undurchdringlichkeit, wenn man ihre „Unantastbarkeit" im Lichte ihres Gewährleistungszweckes versteht, ohne sie zur heiligen Kuh des Grundgesetzes zu stilisieren. Grundsätzlich gilt: Soweit eine Person in Ausübung der ihr per se zukommenden und durch die Würdegarantie geschützten Autonomie eine bestimmte Situation schafft, kann diese Situation niemals würdeverletzend für diese Person sein. Erst wenn eine Situation sich dem selbstbestimmten Einfluss einer Person entzieht, wird eine Würdeverletzung denkbar. Dann bedarf es einer objektiven Würdeverletzung, also eines die Personalität des Betroffenen missachtenden Aktes im Sinne der Objektformel. Im Rahmen der Beurteilung einer objektiven Verletzung sind die Intensität der Eingriffshandlung und die damit verfolgten Zwecke mit zu berücksichtigen. Dabei gilt jedoch, dass ein massiver Eingriff in die Menschenwürde nicht einmal durch hohe Ziele gerechtfertigt werden kann, seien sie privater oder öffentlicher Natur. Auf Seiten des Betroffenen bedarf es des subjektiven Empfindens einer Würdeverletzung. Eine Verletzung kommt trotz objektiver Verletzung nicht in Betracht, wenn die betroffene Person sich nicht in ihrer Würde verletzt fühlt. Eine Umgehung dieser Regel durch die Grundsätze des Fürsorgeprinzips greift erst, wenn der Betroffene nicht in der Lage ist, die objektiv vorhandene Würdeverletzung zu erkennen und als solche zu empfinden.

Entscheidend ist die Erkenntnis, dass es sich bei der Würdegarantie um ein Grundrecht handelt, dessen Schutzobjekt einer nicht nur zeitlichen und situativen, sondern auch individuellen Variabilität unterliegt. Art. 1 Abs. 1 GG erweist sich insoweit nicht zufällig als schwer fassbar. Die Unmöglichkeit einer abschließenden Definition liegt zwingend in seinem Wesen und offenem Inhalt angelegt. Jedes neue, die Menschenwürde tangierende Phänomen bedarf daher eines bewertenden und abwägenden **Konkretisierungsprozesses**, in welchem die Gegebenheiten des Sachverhalts in Beziehung zur funktionalen und teleologischen Dimension der Würdegarantie zu setzen sind. „Das Zusammenwirken von Norm, Normkontext, Institution und Akteur in diesem System produziert erst den realen Inhalt der Verfassungsnorm.“[151]

B. Ein Recht auf genetische Selbstbestimmung

Seit geraumer Zeit wird mit zunehmender Resonanz eine neue Ausprägung des allgemeinen Persönlichkeitsrechts aus Art. 2 Abs. 1 i.V.m. Art. 1 Abs. 1 GG postuliert, das den Grundrechtsträger vor neuen Gefährdungen in Schutz nehmen soll, die ihm angesichts des gentechnologischen Fortschritts drohen.

Die Bezeichnung der Ausprägungen dieses neuen Rechts variiert zwischen „Recht auf gen-informationelle Selbstbestimmung“[152], „Recht auf Nichtwissen“[153], „Recht auf Unkenntnis“[154], „Persönlichkeitsrecht am Genbereich“[155] und „Recht auf genetische Selbstbestimmung“[156]. Auch als Unterfall eines um-

---

[151] *Riedel*, Gentechnologie und Embryonenschutz als Verfassungs- und Regelungsproblem, EuGRZ 1986, 469 (475).

[152] Vgl. *Sternberg-Lieben*, „Genetischer Fingerabdruck“ und § 81a StPO, S. 69 (79); *Präve*, Das Recht des Versicherungsnehmers auf gen-informationelle Selbstbestimmung, VersR 1992, 279 ff.; *Schmidt*, Rechtliche Aspekte der Genomanalyse, S. 122 ff.; *Rose*, Genomanalysen an Arbeitnehmern vor der Einstellung, S. 120.

[153] Vgl. *Taupitz*, Das Recht auf Nichtwissen, S. 583 ff.; *Donner/Simon*, Genomanalyse und Verfassung, DÖV 1990, 907 (912 ff.); *Krahnen*, Chorea Huntington. Das Recht auf Wissen versus Das Recht auf Nicht-Wissen, S. 66 ff.; *Wiese*, Gibt es ein Recht auf Nichtwissen, S. 475 ff.; *Simitis*, Allgemeine Aspekte des Schutzes genetischer Daten, S. 107 (121); *Van den Daele*, Mensch nach Maß? Ethische Probleme der Genmanipulation und Gentherapie, S. 79 ff.; *ders.*, Genetische Rationalisierung und Grundrechtsschutz, S. 135 (137 f.); *Hübner*, Wissenszuwachs als ethisches Problem, S. 151 (158); *Wank*, Der Entwurf eines Arbeitsschutzrahmengesetzes, S. 617 (631 f.); *Grupp*, Die ethischen und rechtlichen Grenzen des medizinischen Fortschritts am Beispiel der Humangenetik, S. 155 (157); *Tinnefeld/Böhm*, Genomanalyse und Persönlichkeitsrecht, DuD 1992, 62 (63).

[154] Vgl. *Graf Vitzthum*, Gentechnik und Grundgesetz, S. 185 (187 f.); *Hofmann*, Biotechnik, Gentherapie, Genmanipulation – Wissenschaft im rechtsfreien Raum, JZ 1986, 253 (257).

[155] Vgl. *Taupitz*, Privatrechtliche Rechtspositionen um die Genomanalyse: Eigentum, Persönlichkeit, Leistung, JZ 1992, 1089, (1092, 1099); *Wiese*, Genetische Analysen und Rechtsordnung, S. 21.

[156] Vgl. *Steinmüller*, Genetisches Selbstbestimmungsrecht, DuD 1993, 6 (9).

fassenden „Rechts auf bioethische Selbstbestimmung"[157] oder des anerkannten „Rechts auf informationelle Selbstbestimmung"[158] wird es diskutiert.

Bei aller Euphorie angesichts dieser Antwort auf die Gefahren der Gentechnik besteht aber noch Bedarf an näheren Ausführungen zu Begründung und Gewährleistungsumfang des neuen Persönlichkeitsrechts.

I. Rechtsgrundlage

Als Facette des allgemeinen Persönlichkeitsrechts wird das neue Schutzrecht im Gewährleistungsbereich des Art. 2 Abs. 1 GG verankert, das ein Recht des Einzelnen auf freie Entfaltung der Persönlichkeit garantiert[159]. Als Maßstab von Inhalt und Reichweite dieses Rechts wird die Würdegarantie des Art. 1 Abs. 1 GG herangezogen[160]. Hieraus hat das Bundesverfassungsgericht in ständiger Rechtsprechung das Recht jedes Bürgers auf einen unantastbaren Bereich privater Lebensgestaltung abgeleitet, der der Einwirkung der öffentlichen Gewalt entzogen ist[161].

---

[157] Vgl. *Koppernock*, Das Grundrecht auf bioethische Selbstbestimmung: zur Rekonstruktion des allgemeinen Persönlichkeitsrechts, S. 89-94, der in einem großen Bogen die heißesten Probleme aus den Bereichen der Eugenik, Genetik, Organtransplantation und Sterbehilfe mit Hilfe einer neuen, „Recht auf bioethische Selbstbestimmung" genannten Ausprägung des allgemeinen Persönlichkeitsrechts rechtlich einordnet und beurteilt.

[158] Vgl. *Wellbrock*, Genomanalysen und das informationelle Selbstbestimmungsrecht, S. 217 (219 f.); *Diekgräf*, Genomanalysen im Arbeitsrecht, BB 1991, 1854 (1858); *Keller*, Die Genomanalyse im Strafverfahren, S. 160 (168 f.); *Rademacher*, Zulässigkeit der Gen-Analyse?, NJW 1991, 735 (736); *Menzel*, Genomanalyse im Arbeitsverhältnis und Datenschutz, NJW 1989, 2041 (2042).

[159] Grundlegend dazu *Erichsen*, Allgemeine Handlungsfreiheit, S. 1185 ff.; sowie *Schmitt Glaeser*, Schutz der Privatsphäre, S. 41 ff..

[160] Seit Beginn seiner Rechtsprechung zur Begründung eines allgemeinen Persönlichkeitsrechts zieht das Bundesverfassungsgericht neben Art. 2 Abs. 1 GG auch die Würde des Menschen gemäß Art. 1 Abs. 1 GG heran, vgl. BVerfGE 27, 1 (6). Für sich allein erweisen sich die umfassend formulierte allgemeine Handlungsfreiheit sowie die Unantastbare Menschenwürde als zu abstrakt, um Verletzungen der Persönlichkeitssphäre wirksam schützen zu können.

[161] Vgl. BVerfGE 6, 32 (40 f.); 6, 389 (432 ff.); 27, 1 (4 ff.); 27, 344 (350 f.); 32, 373 (379 f.); 44, 353 (372 f.); 54, 148 (152 ff.); 56, 37 (41 ff.); 63, 131 (142 f.).

Aufgabe des allgemeinen Persönlichkeitsrechts ist es nach den Worten des Bundesverfassungsgerichts[162], im Sinne des obersten Konstitutionsprinzips der Menschenwürde die engere Lebenssphäre und die Erhaltung ihrer Grundbedingungen zu gewährleisten, die sich durch die traditionellen konkreten Freiheitsgarantien nicht abschließend erfassen lassen; diese Notwendigkeit besteht namentlich im Blick auf moderne Entwicklungen und die mit ihnen verbundenen neuen Gefährdungen für den Schutz der menschlichen Persönlichkeit. Wie der Zusammenhang mit Art. 1 Abs. 1 GG zeigt, enthält das allgemeine Persönlichkeitsrecht ein Element der freien Entfaltung der Persönlichkeit, das sich als Recht auf Respektierung des geschützten Bereichs von dem aktiven Element dieser Entfaltung, der allgemeinen Handlungsfreiheit, abhebt. Demgemäß müssen auch die tatbestandlichen Voraussetzungen des allgemeinen Persönlichkeitsrechts enger gezogen werden als diejenigen der allgemeinen Handlungsfreiheit: Es erstreckt sich nur auf Eingriffe, die geeignet sind, die engere Persönlichkeitssphäre zu beeinträchtigen.

Aus diesen Ausführungen ergibt sich der Charakter des Allgemeinen Persönlichkeitsrechts als Abwehrrecht gegenüber dem Staat und – in bestimmten Grenzen – gegenüber Dritten auf Respektierung eines Privatbereiches[163]. Erst diese Abschirmung der Privatheit ermöglicht die in Art. 2 Abs. 1 GG gewährleistete Entwicklung, das Festigen und Wiedergewinnen personeller Identität und damit eine soziale Aktivität, die aus der Eigenartigkeit des Individuums heraus zu jener vielfältig-originellen Mitgestaltung des Gemeinwesens führt, die eine lebendige Demokratie substantiell charakterisiert[164].

Soweit der Privatsphärenschutz nicht bereits durch spezielle Grundrechte erfasst wird[165], füllt Art. 2 Abs. 1 i.V.m. Art. 1 Abs. 1 GG die bestehenden und sich neu eröffnenden Lücken. Die allgemeine Handlungsfreiheit wird so bereichsspezifisch „materialisiert" und gegenständlich gemacht. Die darin deutlich werdende kasuistische Offenheit des allgemeinen Persönlichkeitsrechts hat

---

[162] Vgl. BVerfG NJW 1980, 2069 ff..

[163] Vgl. BVerfGE 54, 148 (153).

[164] Vgl. *Schmitt Glaeser*, Schutz der Privatsphäre, S. 41 (43).

[165] Das Bundesverfassungsgericht erkennt lediglich die Art. 10 und 13 GG als spezielle Gewährleistungen des Privatsphärenschutz an (vgl. BVerfGE 32, 54 (68 ff.); 42, 212 (218 ff.); 33, 1 (11); 67, 157 (169 ff.)) und rekurriert im übrigen auf das allgemeine Persönlichkeitsrecht. In der Literatur werden darüber hinaus auch die Art. 4, 5, 6, 8 und 9 GG als spezielle Verbürgungen der Privatsphäre gewertet, vgl. *Rohlf*, Der grundrechtliche Schutz der Privatsphäre, S. 136 ff., 171 ff. m.w.N..

zu einem Katalog konkretisierter Persönlichkeitsrechte geführt. Dazu gehören nach der Rechtsprechung des Bundesverfassungsgerichts[166]:

- die innerste Individualsphäre als unantastbarer Kernbereich privater Lebensgestaltung (Intimsphäre)[167],
- die Integrität der Privatsphäre, zum Beispiel das Recht am eigenen Bild[168] und am nichtöffentlich gesprochenen Wort[169],
- die freie Verfügung über die Darstellung der eigenen Person und die korrekte Wiedergabe von Äußerungen in der Öffentlichkeit[170],
- die persönliche Ehre[171],
- das Recht des Strafgefangenen auf Resozialisierung[172],
- das Recht auf Datenschutz und informationeller Selbstbestimmung[173] und
- die Freiheit von fremdbestimmter finanzieller Belastung[174].

Der Katalog dieser Konkretisierungen beansprucht keine enumerative Geltung. Vielmehr motiviert gerade die Offenheit des Persönlichkeitsrechts zur Konstituierung neuer Fallgruppen, die umfassend die Konflikte einer bestimmten gesellschaftspolitischen Herausforderung auflösen.

Die Schaffung eines Rechts auf genetische Selbstbestimmung soll wirksam die Privatheit des Einzelnen in Hinblick auf sämtliche drohende Gefahren durch gentechnische Anwendungen abschirmen. Neben dem so gewährten Schutz

---

166 Vgl. zu den einzelnen Facetten des allgemeinen Persönlichkeitsrechts *Erichsen*, Allgemeine Handlungsfreiheit, S. 1185 (1208 ff.).

167 Vgl. BVerfGE 6, 32 (41); 27, 1 (6); 32, 373 (378 f.); 34, 238 (245); 35, 202 (220); 49, 286 (298).

168 Vgl. BVerfGE 34, 238 (246).

169 Vgl. BVerfGE 34, 238 (246 f.); 35, 202 (220).

170 Vgl. BVerfGE 34, 269 (292 f.); 35, 202 (219 f.); 63, 131 (142 f.); 71, 206 (219).

171 Vgl. BVerfGE 54, 148 (154); 54, 208 (217).

172 Vgl. BVerfGE 35, 202 (235 f.); 72, 105 (115 f.).

173 Vgl. BVerfGE 65, 1 (41 ff.), vgl. dazu *Riedel*, New Bearings in German Data Protection, HRLJ 1984, 67 ff..

174 Vgl. BVerfGE 72, 155 (170 ff.).

setzt zugleich der autopoietisch-präventive Effekt der Rechtsklarheit ein, indem potentielle Konflikte aufgrund des Rechtsbewusstseins der Beteiligten umgangen werden[175].

II. Gewährleistungsumfang

Die neue Konkretisierung des allgemeinen Persönlichkeitsrechts soll eine Reihe von Gewährleistungen umfassen, die sich auf die in der DNA festgelegten Erb-Informationen beziehen. Dazu sollen insbesondere gehören:

- ein Recht auf Kenntnis der eigenen genetischen Disposition,
- der Schutz vor unerwünschter Erlangung von Kenntnissen der eigenen genetischen Disposition,
- Der Schutz einer Person vor genetischer Ausforschung durch Dritte,
- der Schutz vor Verarbeitung erhobener genetischer Daten und
- der Schutz vor Genmanipulation.

Diese Gewährleistungen können teilweise auch bereits benannten Facetten des allgemeinen Persönlichkeitsrechts zugeordnet werden. Gleichwohl erscheint es in Hinblick auf eine einheitliche Erfassung sämtlicher mit dem humangenetischen Fortschritt verbundenen Aspekte geboten, ein Recht auf genetische Selbstbestimmung insoweit als speziell zu betrachten. Das Kriterium eines einheitlichen Lebenssachverhaltes erfolgt in Analogie zur Kategorisierung des Bundesverfassungsgerichts im Zusammenhang mit der Ausprägung des Rechts auf informationelle Selbstbestimmung. Dieses wurde in Reaktion auf die Entwicklung und Verbreitung EDV-unterstützter Datenverarbeitung formuliert[176].

---

[175] Vgl. zum Verhältnis von Autopoiesis und Recht *Teubner*, Recht als autopoietisches System.

[176] Vgl. BVerfGE 65, 1 (42): „Diese Befugnis [scil. die aus dem Gedanken der Selbstbestimmung folgende Befugnis des Einzelnen, grundsätzlich selbst zu entscheiden, wann und innerhalb welcher Grenzen persönliche Lebenssachverhalte offenbart werden, vgl. vorangegangenen Satz] bedarf unter den heutigen und künftigen Bedingungen der automatisierten Datenverarbeitung in besonderem Maße des Schutzes.“.

Für den personalen Schutzbereich des neuen Persönlichkeitsrechts gelten die gleichen Maßgaben wie für die übrigen Persönlichkeitsrechte: Grundrechtsträger ist jede natürliche Person[177].

Im folgenden sollen die einzelnen Schutzaspekte des Rechts auf genetische Selbstbestimmung kurz umrissen werden:

1. Kenntnis und Unkenntnis der eigenen genetischen Veranlagung

Der Einzelne hat ein schützenswertes Interesse daran, den Umfang seines Wissens über seine genetische Veranlagung selbst bestimmen zu können. Zur Autonomie einer Person gehört die Eigenverantwortlichkeit hinsichtlich ihrer Lebensführung und der zugrunde liegenden Parameter, zu denen auch die genetische Konstitution zu rechnen ist. Jeder Person steht insoweit ein Recht auf Erlangung von Kenntnissen seiner genetischen Anlagen zu, um seine Zukunft mit dem so gewonnenen Wissen gestaltend in die Hand zu nehmen.

> Nie sollst Du mich befragen, noch Wissens Sorge tragen
> (R. Wagner)

Auf der anderen Seite hat der Einzelne auch das Recht, gerade nicht mit dem Wissen um spätere, eventuell sogar tödlich verlaufende, Krankheiten konfrontiert werden zu müssen[178]. Grundgedanke hinter diesem **Recht auf Nichtwissen** ist, dass jeder die Möglichkeit haben soll, sein Leben auch unbelastet von der Kenntnis einer möglicherweise später ausbrechenden Krankheit genießen und gestalten zu können. Selbst aus rationaler Perspektive kommt diesem Interesse eine besondere Relevanz für den Fall zu, dass einer bereits

[177] Das Bundesverfassungsgericht betont in diesem Zusammenhang, dass das Persönlichkeitsrecht aus Art. 2 Abs. 1 GG die Existenz einer wenigstens potentiell oder zukünftig handelnden Person unabdingbar voraussetze, vgl. BVerfGE 30. 173 (194); vgl. auch *Schmitt Glaeser*, Schutz der Privatsphäre, S. 41 (91).

[178] Vgl. *Donner/Simon*, Genomanalyse und Verfassung, DÖV 1990, 907 (912); *Wiese*, Gibt es ein Recht auf Nichtwissen, S. 475 ff.; bereits zum Thema Aids siehe *Schenke*, Die Bekämpfung von Aids als verfassungsrechtliches und polizeirechtliches Problem, S. 146.

diagnostizierbaren genetischen Krankheit noch keine Therapiemöglichkeit gegenübersteht[179].

Das Recht auf Nichtwissen schützt zum einen den Wunsch, sich über die eigene Erbinformation und ihre Defekte kein Wissen zu verschaffen, indem man auf eine genetische Analyse gänzlich verzichtet. Insoweit besteht das genetische Selbstbestimmungsrecht im Nichtgebrauch einer Handlungsmöglichkeit, mithin im Unterlassen einer Grundrechtsausübung[180].

Zum zweiten hat das Recht auf Nichtwissen einen abwehrrechtlichen Charakter. Der Einzelne hat das Recht, sich bereits vorhandenes Wissen über seine genetische Konstitution nicht aufdrängen zu lassen. Soweit durch eine rechtmäßig durchgeführte Genanalyse – etwa eine freiwillige oder im überwiegend fremdem Interesse durchgeführte Untersuchung – gesundheitsbezogene Daten erhoben wurden, hat der Analysierte das Recht, von diesem Wissen verschont zu bleiben. Dieses Recht ist nicht bereits durch die aus Art. 5 Abs. 1 Satz 1 GG folgende Informationsfreiheit gewährleistet, da diese nur das Recht erfasst, sich aus vorhandenen Informationsquellen zu informieren. Auch aus der „negativen Informationsfreiheit“[181], also dem Recht, sich nicht zu informieren, kann das Recht auf Nichtwissen der eigenen genetischen Konstitution nicht abgeleitet werden, denn auch die negative Seite der Informationsfreiheit bezieht sich wie ihr positives Pendant nur auf das jedermann offene, allgemein zugängliche Wissen, nicht hingegen auf spezielle nichtöffentliche Informationen[182]. Insoweit stellt sich der Recht auf Nichtwissen genannte Teil des Persönlichkeitsrechts auf genetische Selbstbestimmung als originäre Verbürgung dar, die angesichts der außerordentlichen Tragweite des Wissens um die eigenen Gendefekte unbedingt zu gewährleisten ist[183].

---

[179] Vgl. *Wiese*, Gibt es ein Recht auf Nichtwissen?, S. 475 (481), der eine wachsende Diskrepanz zwischen diagnostischen und therapeutischen Fortschritten prognostiziert.

[180] Zum Unterlassen von Handlungen als Gegenstand des Art. 2 Abs. 1 GG vgl. *Podlech*, Alternativkommentar zum Grundgesetz, Art. 2 Abs. 1, RN 44.

[181] Vgl. *Herzog*, in: Maunz/Dürig, Art. 5 Abs. 1, 2, RN 40; *Schmidt-Jortzig*, Meinungs- und Informationsfreiheit, S. 635 (649).

[182] Vgl. *Schmidt-Jortzig*, Meinungs- und Informationsfreiheit, S. 635 (651 ff.); *Wiese*, Gibt es ein Recht auf Nichtwissen?, S. 475 (476).

[183] Eine Ausweitung des Rechts auf Nichtwissen für nicht genetisch, sondern exogen verursachte zukünftige Krankheiten wie HIV, BSE etc. liegt wegen der vergleichbar profunden Auswirkungen für Leben und Zukunft des Betroffenen nahe.

2. Schutz vor Ausforschung durch Dritte

Das allgemeine Persönlichkeitsrecht umfasst zur Wahrung der Privatsphäre ein Recht auf Respektierung und Selbstbestimmung von Art und Ausmaß der „Öffentlichkeit“ eigener Angelegenheiten[184]. Unter diesem Gesichtspunkt stellt sich das genetische Selbstbestimmungsrecht als Recht des Einzelnen dar, über den Umfang dessen zu bestimmen, was andere von seinen genetischen Daten wissen dürfen. Das dazugehörige Abwehrrecht richtet sich gegen eine ungewollte Preisgabe von Informationen über seine genetischen Anlagen und gegen eine unfreiwillige Gewinnung solcher Informationen durch Dritte.

Soweit eine Person bereits Kenntnisse von Details ihrer genetischen Konstitution besitzt, steht ihr ein Recht auf Geheimhaltung, mithin ein Schutz vor ungewollter Offenbarung dieses Wissens zu. Hat eine Person noch keine Kenntnisse über ihre genetische Veranlagung, so wird sie in dem Wunsch geschützt, anderen die Erlangung diesbezüglicher Informationen zu verwehren.

Aber auch die unfreiwillige Ermittlung genetischer Daten durch Dritte fällt in den Schutzbereich des Rechts auf genetische Selbstbestimmung. Angesichts der Tatsachen, dass jede Körperzelle die gesamte Erbinformation enthält und sich analysefähige Mengen der DNA vermittels Klonierung und Amplifizierung bereits aus einer oder wenigen Zellen gewinnen lassen, darüber hinaus einzelne Körperzellen – die im Speichel ebenso vorhanden sind wie an Haaren – beinahe jeder Person ohne großen Aufwand zu beschaffen sind, erscheint ein Schutz vor unfreiwilliger Ausforschung unbedingt geboten[185].

3. Schutz vor Verbreitung genetischer Daten

Das Recht auf genetische Selbstbestimmung umfasst auch einen Aspekt, der sich als Abwehrrecht gegen die Speicherung, Verwendung und Weitergabe bereits erhobener genetischer Daten ohne oder gegen den Willen des Betroffe-

---

[184] Vgl. BVerfGE 54, 148 (153).

[185] Diese Situation ist vergleichbar mit dem Recht am eigenen Abbild oder gesprochenen Wort, die gleichermaßen leicht durch Aufzeichnungsgeräte zu erlangen sind.

nen richtet[186]. Hier erscheint auch die Bezeichnung „**Recht auf gen-informationelle Selbstbestimmung**" passend, da dieser Schutz fraglos bereits durch eine Anwendung des informationellen Selbstbestimmungsrechts auf genetische Daten geleistet werden kann[187]. Bezüglich der Einzelheiten wird insoweit auf die umfangreichen Ausarbeitungen zum informationellen Selbstbestimmungsrecht durch Literatur und Rechtsprechung verwiesen[188]. Gleichwohl soll wegen der Einheitlichkeit der Erfassung aller Aspekte gentechnologischer Herausforderungen auch dieser Fall als Teil der neuen Konkretisierung, des genetischen Selbstbestimmungsrechts, einzuordnen sein[189].

4. Schutz vor Genmanipulation

Auch der Schutz vor unerwünschter Veränderung am menschlichen Genom kommt als Gewährleistung eines Rechts auf genetische Selbstbestimmung in Betracht[190]. Da ein manipulativer Eingriff in das Genom eines Menschen in der Regel wohl gleichzeitig mit einem Eingriff in die körperliche Unversehrtheit verbunden ist, kann sich eine Schutzbereichskonkurrenz mit dem Recht auf Leben und körperliche Unversehrtheit aus Art. 2 Abs. 2 GG ergeben. Für die

---

[186] Vgl. *Tinnefeld/Böhm*, Genomanalyse und Persönlichkeitsrecht, DuD 1992, 62 f.; *Wank*, Der Entwurf eines Arbeitsschutzrahmengesetzes, S. 617 (632 f.); *Wellbrock*, Genomanalysen und das informationelle Selbstbestimmungsrecht, S. 217 (219 f.).

[187] Nach dem Wortlaut des Bundesverfassungsgerichtes sind Speicherung, Verwendung und Weitergabe von Daten Schutzgüter des Rechts auf informationelle Selbstbestimmung, vgl. BVerfGE 65, 1 (43).

[188] Vgl. m.w.N. *Riedel*, New Bearings in German Data Protection, HRLJ 1984, 67 ff.; *Schlink*, Das Recht der informationellen Selbstbestimmung, Der Staat 25 (1986), 233 ff.; *ders.*, Datenschutz und Amtshilfe, NVwZ 1986, 249 ff.; *Schmitt Glaeser*, Schutz der Privatsphäre, S. 41 (84 ff., 95 ff.); *Kloepfer*, Datenschutz als Grundrecht; *Vogelsang*, Grundrecht auf informationelle Selbstbestimmung?; *Scholz/Pitschas*, Informationelle Selbstbestimmung und staatliche Informationsverantwortung, S. 23 ff., 86 ff..

[189] *Steinmüller*, Genetisches Selbstbestimmungsrecht, DuD 1993, 6 ff., weist zutreffend darauf hin, dass der gegenüber dem herkömmlichen Datenschutz prinzipiell neue Aspekt der genetischen Daten in ihrer unkontrollierten Entstehung besteht. Hinzuzufügen ist dann noch der Hinweis auf die unkomplizierte Erlangung einer kompletten Kopie dieses Datensatzes durch den Besitz einer Körperzelle des Betroffenen.

[190] Dieser Aspekt wird eingebracht von *Wiese*, Gibt es ein Recht auf Nichtwissen, S. 475 (484), *ders.*, Genetische Analyse bei Arbeitnehmern, RdA 1986, 120 (126).

vorliegende Untersuchung, die sich auf die Rechtsfragen genanalytischer Anwendungen beschränkt, bleibt ein Recht auf Schutz vor Genmanipulation gleichwohl ohne Relevanz.

C. Verfassungsrechtliche Grenzen und Privatautonomie: Drittwirkung und Grundrechtsverzicht

Die dargelegten Grundrechte können als verfassungsrechtliche Maßstäbe nicht ohne weiteres zur Beurteilung aller im Rechtsraum stattfindenden genanalytischen Anwendungen herangezogen werden. Fraglos erfüllen Grundrechte den Zweck, staatliches Handeln zu begrenzen. Soweit also aus Art. 1 Abs. 3 GG verpflichtete Stellen durch Anordnung genanalytischer Untersuchungen in die Grundrechte aus Art. 1 Abs. 1 GG beziehungsweise Art. 2 Abs. 1 i.V.m. Art. 1 Abs. 1 GG verletzend eingreifen[191], kann der betroffene Bürger sich mit Erfolg dagegen zur Wehr setzen.

Im Gegensatz dazu entfalten etliche gegenwärtige und zukünftige Anwendungen der Genanalyse ihre Wirkungen im Bereich des privatrechtlich geordneten Verkehrs, einem Bereich also, in dem primär eine rechtliche Gleichordnung der Beteiligten herrscht. Die grundsätzliche Anwendbarkeit der Grundrechte im Verhältnis Privater untereinander wird zwar heute nicht mehr bestritten. Über die Art und Weise ihrer Geltung ist jedoch eine Einigung nicht in Sicht. Hier ist der Problemkreis der sogenannten **Drittwirkung** der Grundrechte eröffnet.

Eine weitere Frage erhebt sich in diesem Zusammenhang. Es ist die Frage nach der Möglichkeit des Bürgers, sich freiwillig einer genanalytischen Untersuchung zu unterziehen, die ohne dieses Einverständnis gegen seine – direkt oder indirekt geltenden – Grundrechte verstoßen würde. Im Zusammenhang mit dem erarbeiteten Verständnis der Grundrechte im Allgemeinen sowie deren Wirkweise im Privatrecht im Speziellen sollen dogmatische Begründung und Zulässigkeitsgrenzen eines solchen **Grundrechtsverzichts** ermittelt werden.

Das Zusammenspiel dieser beiden dogmatischen Problemfelder erhellt das Verständnis von Wesen und Wirkung der **Privatautonomie**, verstanden als Prinzipien des Rechtsraumes, in dem die Bürger untereinander in Beziehung

---

[191] Diese Bereiche genanalytischer Anwendung sind die straf- und zivilrechtliche Forensik, die Sozialversicherung und das Arbeitsverhältnis im öffentlichen Dienst, vgl. dazu unten 3. Teil: Anwendungsfälle der Genanalyse.

treten. Diesem Verständnis kommt im Rahmen der verfassungsrechtlichen Untersuchung der genanalytischen Anwendungen eine besondere Bedeutung zu.

I. Grundrechtsgeltung im Privatrecht

1. Begründung und Notwendigkeit einer Drittwirkung

In der grundsätzlichen Frage, ob die Grundrechte auch im Privatrecht eine Rolle spielen, besteht breite affirmative Einigkeit[192]. Hinsichtlich der dogmatischen Fundierung und Wirkweise einer solchen Drittwirkung werden unterschiedliche Ansätze vertreten.

Früher wurde vom Bundesarbeitsgericht eine unmittelbare Geltung der Grundrechte im Arbeitsrecht vertreten[193]. Das BAG folgte insoweit der durch Nipperdey[194] begründeten Lehre von einer **unmittelbaren Drittwirkung** der Grundrechte im Privatrecht. Zwar nicht alle, aber eine Reihe bedeutender Grundrechte seien nicht nur Freiheitsrechte gegenüber dem Staat, sondern Ordnungssätze für das soziale Leben, die in einem aus dem Grundrecht näher zu entwickelnden Umfang unmittelbare Bedeutung auch für den Privatrechtsverkehr der Bürger untereinander hätten[195]. Ein Teil des Schrifttums hält immer noch an dieser Auffassung fest, nach der die Grundrechte auch im Rechtsverkehr der Bürger untereinander anwendbar sind und ihre unmittelbare Rechtskraft als gesetzliche Verbote oder Schutzgesetze entfalten können[196].

---

[192] Vgl. schon 1960: *Leisner*, Grundrechte und Privatrecht, S. 335 ff.

[193] Vgl. BAGE 1, 185 (193 f.), Urt. v. 3.12.1954; in Folge BAGE 4, 274 (276 f.); 16, 95 (100 f.).

[194] Vgl. *Nipperdey*, Grundrechte und Privatrecht, S. 13 ff.; *derselbe*, Die Würde des Menschen, S. 18 ff..

[195] Vgl. BAGE 1, 185 (193).

[196] Vgl. *Kempff*, Grundrechte im Arbeitsverhältnis, S. 22 ff.; *Ramm*, Grundrechte und Arbeitsrecht, JZ 1991, 1 (6 f.); *Simitis*, Die informationelle Selbstbestimmung - Grundbedingung einer verfassungskonformen Informationsordnung, NJW 1984, 398 ff.; *Bleckmann*, Neue Aspekte der Drittwirkung der Grundrechte, DVBl 1988, 938 (942).

Nach der auf Dürig[197] zurückgehenden und mittlerweile in Lehre[198] und Rechtsprechung[199] vorherrschenden Theorie der **mittelbaren Drittwirkung der Grundrechte** gelten hingegen die Grundrechte im Privatrecht nicht unmittelbar, sondern erlangen lediglich eine mittelbare Geltung. Auch der große Senat des BAG hat sich mittlerweile von der unmittelbaren Drittwirkungslehre losgelöst und Dürigs Lehre angeschlossen[200].

Die Diskussion der Grundrechtswirkung im Privatrecht anhand der dichotomischen Kategorie von „Unmittelbarkeit" und „Mittelbarkeit" vernachlässigt indes den entscheidenden Aspekt, wie denn diese Wirkung genau möglich wird und wo ihre Grenzen liegen. Um der Natur der Drittwirkung auf den Grund zu gehen, eignet sich in erster Linie die Vergegenwärtigung der elementaren Grundrechtsfunktionen, ihrer Quellen sowie ihrer grundgesetzlichen Konkretisierung[201].

Aus der Grundnorm des Art. 1 Abs. 3 GG, der ausdrücklich nur die Staatsgewalt aus den Grundrechten verpflichtet, lässt sich eine direkte Bindung Privater an die Grundrechte über den explizit im Grundgesetz erwähnten Fall des Art. 9 Abs. 3 S. 2 GG hinaus nicht ableiten. Als Argument e contrario kann dem Art. 1 Abs. 3 GG sogar eine deutlich ablehnende Haltung der Verfassungsgeber gegenüber einer unmittelbaren Anwendbarkeit der Grundrechte zwischen Grundrechtsträgern entnommen werden[202]. Gegen eine unmittelbare Drittwirkung der Grundrechte wird weiterhin ins Feld geführt, dass den Grundrechten

---

[197] Vgl. *Dürig*, Grundrechte und Zivilrechtsprechung, S. 157 (176 ff.).

[198] Vgl. *Schmidt-Bleibtreu/Klein* Vorb.v. Art. 1, RN 6 ff., *Canaris*, Grundrechte und Privatrecht, AcP 184 (1984), 201 (210); *ders.*, Grundrechtswirkungen und Verhältnismäßigkeitsprinzip in der richterlichen Anwendung und Fortbildung des Privatrechts, JuS 1989, 161 (162); *Hermes*, Grundrechtsschutz durch Privatrecht auf neuer Grundlage?, NJW 1990, 1764 (1765); *v.Münch*, Grundgesetz-Kommentar, Vorb. v. Art. 1-19, RN 6; *Pieroth/Schlink*, Grundrechte, RN 205; *Hillgruber*, Grundrechtsschutz im Vertragsrecht, AcP 191 (1991), 69 (70 ff.).

[199] Vgl. zur ständigen Rechtsprechung des Bundesverfassungsgerichts: BVerfGE 7, 198 (205); 10, 173 (178); 49, 89 (142); 73, 261 (269).

[200] Vgl. BAG GS v. 27.2.1985, AP Nr. 14 zu § 611 BGB Beschäftigungspflicht.

[201] Zu den grundlegenden Fragen der Grundrechts- und Verfassungsinterpretation vgl. statt vieler *Riedel*, Methoden der Verfassungsinterpretation im Wandel, S. 382 ff.; *ders.*, Menschenrechte der dritten Dimension, EuGRZ 1989, 9 (10 ff.); *Böckenförde*, Grundrechtstheorie und Grundrechtsinterpretation, NJW 1974, 1529 ff..

[202] Vgl. *Pieroth/Schlink*, Grundrechte, RN 186, S. 49.

in erster Linie als Eingriffsverbote eine **Abwehrrechtswirkung** gegen staatliche Übergriffe zukommt[203]. Diesen Aspekt der klassischen Funktion haben auch **Dworkin** und **Riedel** im Auge, wenn sie von Grundrechten als „Trümpfen" in der Hand des Bürgers sprechen, die gegen den Staat ausgespielt werden können[204]. Hierbei handelt es sich um die erste Dimension der Grund- und Menschenrechte, deren ideengeschichtliche Wurzeln ausgehend von der Magna Carta Libertatum von 1215[205] über die Sozialutopien des 17. Jahrhunderts[206], die Staatstheorien von Hobbes, Locke, Rousseau und Kant[207] sowie die liberale Konzeption Adam Smiths[208] und David Humes[209] ihre Wirkung in den Staatsverfassungen des 19. Jahrhunderts und schließlich auch im Grundgesetz entfaltet haben[210]. Diese Grundrechtsdimension, die auch als liberale oder bürgerlich-rechtsstaatliche Grundrechtstheorie bezeichnet wird[211], lässt dem wirtschaftlichen Selbstregulierungsprozess der Gesellschaft freien Raum und sichert das Selbstbestimmungsrecht des Individuums als seine primär uneingeschränkte Freiheit[212]. Adressat der Grundrechte als Eingriffsverbote ist demzufolge allein die staatliche Gewalt[213].

---

[203] Vgl. *Stern*, Das Staatsrecht der Bundesrepublik Deutschland Band III/1, S. 1544 f.; *Canaris*, Grundrechtswirkungen und Verhältnismäßigkeitsprinzip in der richterlichen Anwendung und Fortbildung des Privatrechts, JuS 1989, 161 (162).

[204] Vgl. *Dworkin*, Bürgerrechte ernstgenommen, S. 14; *Riedel*, Rechtliche Optimierungsgebote oder Rahmensetzungen für das Verwaltungshandeln?, S. 180 (210).

[205] Vgl. dazu *Wesel*, Geschichte des Rechts, RN 272, S. 415 ff..

[206] *Riedel*, Menschenrechte der dritten Dimension, EuGRZ, 9 (11), nennt hier Thomas Morus' „Utopia" sowie Tommaso Campanellas „Civitas Solis".

[207] Vgl. hierzu statt vieler *Jellinek*, Allgemeine Staatslehre; *Zippelius*, Geschichte der Staatsideen; *Riedel*, Die Eigentumsgarantie als Problem des Verfassungsrechts und der allgemeinen Staatslehre, S. 129 ff..

[208] Vgl. *Smith*, An Inquiry into the Nature and Causes of the Wealth of Nations; vgl. dazu *Bleckmann*, Neue Aspekte der Drittwirkung der Grundrechte, DVBl 1988, 938 (940 ff.).

[209] Vgl. *Hume*, Eine Untersuchung über den menschlichen Verstand.

[210] Vgl. *Riedel*, Der internationale Menschenrechtsschutz, S. 11 (24 f.); ausführlich zu den Wurzeln der Menschenrechte der ersten Dimension vgl. *Riedel*, Menschenrechte der dritten Dimension, EuGRZ, 9 (11 f.); *Wesel*, Geschichte des Rechts, RN 272, S. 415 ff..

[211] Vgl. *Böckenförde*, Grundrechtstheorie und Grundrechtsinterpretation, NJW 1974, 1529 (1530 ff.).

[212] Diese Konzeption geht auf die „Metaphysik der Sitten" Immanuel Kants zurück. Kant geht davon aus, dass die durch die Rechtsordnung begründete Freiheit zwar die notwendige Vor-

Die Grundrechte besitzen jedoch nicht nur eine abwehrrechtliche Dimension. Die klassischen Freiheitsrechte sind nicht allein dadurch zu realisieren, dass der Staat sich des Eingriffs enthält. Nicht nur zwischen Staat und Bürger, auch im Verkehr zwischen den theoretisch gleichgeordneten Privaten besteht die Gefahr einer übermäßigen Unterdrückung der Rechtspositionen faktisch schwächerer Parteien. Die in Art. 1 Abs. 3 GG statuierte subjektive Grundrechtsberechtigung der einzelnen Grundrechtsträger bedingt eine umfassende Pflicht der Staatsgewalt zur Beachtung dieser Positionen, die auch im Bereich des Privatrechts nicht ohne weiteres erlischt. Die Grundrechte sind insoweit über ihre Abwehrfunktion hinaus Grundsatznormen für die gesamte Rechtsordnung[214], die ihre Wirkung nur effektiv entfalten können, wenn sie in allen Bereichen des Rechts[215] und somit auch in Rechtsbeziehungen ohne staatliche Beteiligung zur Geltung kommen. Damit ist die Brücke geschlagen zur **Schutzgebotsfunktion der Grundrechte**, der zweiten Dimension der Grundrechte[216], die als Ergänzung und zugleich Korrektiv die erste Dimension abrun-

---

aussetzung für die Pflichterfüllung im Sinne des kategorischen Imperativs schafft. Diese Pflichterfüllung ist allerdings Sache der Ethik, während das streng davon zu trennende Recht ausschließlich die Freiheit zu gewährleisten hat, die insoweit mit Willkür, also dem freien Belieben, gleichzusetzen ist. Vgl. *Kant*, Metaphysik der Sitten, Einleitung, § B Absätze II und III.

213 Vgl. *Rüfner*, Grundrechtsadressaten, S. 525 (551 f.); *Canaris*, Grundrechtswirkungen und Verhältnismäßigkeitsprinzip in der richterlichen Anwendung und Fortbildung des Privatrechts, JuS 1989, 161 (162); *ders.*, Grundrechte und Privatrecht, AcP 184 (1984), 201 (202 ff.); *Schwabe*, Die sogenannte Drittwirkung der Grundrechte, S. 155; *ders.*, Grundkurs Staatsrecht, S. 56 f.; *Hermes*, Grundrechtsschutz durch Privatrecht auf neuer Grundlage?, NJW 1990, 1764 (1765).

214 Vgl. BVerfGE 33, 303 (330 f.), ähnlich auch BVerfGE 7, 198 (205); 13, 318 (325); 56, 54 (73).Zu dieser objektiven Funktion der Grundrechte als Auswirkung der „institutionellen Grundrechtstheorie" vgl. *Böckenförde*, Grundrechtstheorie und Grundrechtsinterpretation, NJW 1974, 1529 (1532 ff.).

215 Vgl. *Rüfner*, Drittwirkung der Grundrechte, S. 215 (216 ff.); *ders.*, Grundrechtsadressaten, S. 525 (552 ff.), der den Aspekt der Einheitlichkeit der Rechtsordnung als Grundlage der Drittwirkung hervorhebt.

216 Vgl. *Riedel*, Der internationale Menschenrechtsschutz, S. 11 (24 f.); zu den politisch-historischen Wurzeln dieser zweiten Dimension vgl. *Riedel*, Menschenrechte der dritten Dimension, EuGRZ 1989, 9 (12). Seit der Entscheidung zu § 218 StGB ist die grundrechtliche Schutzgebotsfunktion in ständiger Rechtsprechung vom Bundesverfassungsgericht anerkannt, vgl. BVerfGE 39, 1 (42 ff.); erstmals in einem Drittwirkungsfall vgl. BVerfGE 81, 242 ff.. Vgl. dazu insbesondere auch *Bleckmann*, Neue Aspekte der Drittwirkung der Grundrech-

det[217]. Auch nach liberalem Verständnis, in dem durch den individuell-egoistisch gesteuerten Selbstregulierungsprozess der Gesellschaft nicht nur die privaten Interessen befördert, sondern damit gleichzeitig auch die öffentlichen und sozialen Interessen maximiert werden, übernimmt der Staat die Funktion, die erforderlichen Freiheiten der Einzelnen zu schützen[218]. „So fügt sich die Lehre von der Privatrechtsgeltung der Grundrechte in das System unseres Rechts und unseres Rechtsschutzes ein: Grundrechtsverpflichtet ist der Gesetzgeber, auch wenn er Vorschriften des Zivilrechts erlässt, der Richter, wenn er das Privatrecht auslegt und anwendet."[219] Zwar richtet sich diese Schutzgebotsfunktion primär an den Gesetzgeber[220]. Mit Blick auf das bereits annähernd abschließend vorliegende und sehr abstrakt formulierte bundesdeutsche Zivilrecht ist jedoch die Realisierung von grundrechtsverwirklichendem Schutz vor allem den Gerichten aufgegeben[221]. Die vorhandenen Normen dürfen nicht im Widerspruch zu den Schutz gebietenden Grundsatznormen stehen, sondern müssen vielmehr in ihrem Geiste ausgelegt werden[222]. Solcherart lösen die Grundrechte die bürgerlich-rechtlichen Streitigkeiten nicht direkt, sondern wirken erst vermittels der das jeweilige Rechtsgebiet unmittelbar beherrschenden Vorschriften[223]. Als Medium für die Ausstrahlung der Grundrechte auf das Zi-

---

te, DVBl 1988, 938 (940 ff.), der die Grundrechte aus historischer und systematischer Perspektive gerade auch in bezug auf ihre Schutzfunktion rekonstruiert.

[217] Zu diesem Primat von liberalem Grundrechtsverständnis mit modifizierendem sozialstaatlich-schutzorientierten Gedankengut in der dem Bonner Grundgesetz zugrunde liegenden Grundrechtstheorie vgl. *Böckenförde*, Grundrechtstheorie und Grundrechtsinterpretation, NJW 1974, 1529 (1537 f.).

[218] Vgl. dazu *Bleckmann*, Neue Aspekte der Drittwirkung der Grundrechte, DVBl 1988, 938 (941).

[219] *Rüfner*, Grundrechtsadressaten, S. 525 (551 f.).

[220] Vgl. BVerfGE 39, 1 (44 ff.); *Isensee*, Das Grundrecht als Abwehrrecht und als staatliche Schutzpflicht, S. 143 (190 f.); *Stern*, Das Staatsrecht der Bundesrepublik Deutschland Band III/1, S. 951; *Oeter*, Drittwirkung" der Grundrechte und die Autonomie des Privatrechts, AöR 1994, 529 (549 f.).

[221] Vgl. *Bleckmann*, Neue Aspekte der Drittwirkung der Grundrechte, DVBl 1988, 938 (940): „Die Pflicht des Richters zur Anwendung der Grundrechte auch auf Rechtsverhältnisse zwischen Privaten fließt vielmehr aus der Schutzpflicht des Staates."

[222] Vgl. BVerfGE 7, 198 (205 f.); 73, 261 (269); 81, 242 (254).

[223] Vgl. BVerfGE 42, 143 (148); *Pieroth/Schlink*, Grundrechte, RN 194, S. 51; *Starck*, in: v. Mangold/Klein/Starck, Art. 1 Abs. 3, RN 191; *Isensee*, Das Grundrecht als Abwehrrecht und als staatliche Schutzpflicht, S. 143 (198).

vilrecht fungieren dabei vor allem die in einzelnen zivilrechtlichen Vorschriften normierten Generalklauseln, die deshalb auch als Einbruchstellen der Grundrechte in das Bürgerliche Recht bezeichnet werden[224].

„Das eigentliche Problem der Drittwirkung ist aber, ob und in welchem Umfang die Grundrechte vom Richter für die Beurteilung der Rechtsverhältnisse zwischen Privatpersonen selbst herangezogen werden können."[225] Dieses Problem lässt sich nun aus den zuvor angestellten Überlegungen zu den Grundrechtsdimensionen lösen.

Aus der Einstrahlungswirkung der Grundrechte in das Zivilrecht kann keinesfalls gefolgert werden, dass jedes Rechtsgeschäft unter Privaten nach den gleichen Zulässigkeitsmaßstäben zu beurteilen ist, wie im Verhältnis Bürger-Staat oder im öffentlich-rechtlichen Mehrpersonenverhältnis mit Grundrechtskollision[226]. Die Zivilrechtsordnung stellt vielmehr einen im Rahmen der Grundrechtsordnung und gleichzeitig mit einer weitgehenden Autonomie (**Privatautonomie**) ausgestatteten Rechtsraum dar[227]. Dieser schützt im Anwendungsbereich seiner Normen sämtliche Interessen einschließlich der grundrechtlich gesicherten Güter der am Privatrechtsverkehr Beteiligten und stellt dem Einzelnen die Gestaltung seiner Lebensverhältnisse frei, solange er sich im Rahmen der Rechtsordnung bewegt[228]. Die Teilnehmer am Privatrechtsverkehr stehen untereinander in einem Verhältnis der Gleichwertigkeit und privilegienloser Gleichberechtigung. Für die im privaten Rechtsverkehr sich ergebenden Konflikte stellt das Zivilrecht ein beinahe abschließend durchdach-

---

[224] Vgl. BVerfGE 7, 198 (206); *Hesse*, Grundzüge des Verfassungsrechts der Bundesrepublik Deutschland, RN 356; *Starck*, in: v. Mangoldt/Klein/Starck, Art. 1 Abs. 3, RN 191.

[225] *Bleckmann*, Neue Aspekte der Drittwirkung der Grundrechte, DVBl 1988, 938 (939).

[226] Vgl. *Geiger*, Die Grundrechte in der Privatrechtsordnung, S. 13; *Bleckmann*, Neue Aspekte der Drittwirkung der Grundrechte, DVBl 1988, 938 (943 ff.); Gleichwohl betont *Schlink*, Freiheit durch Eingriffsabwehr – Rekonstruktion der klassischen Grundrechtsfunktion, EuGRZ 1984, 457 (464 f.), dass die Kategorien von Eingriff, Abwehr, Schranke auch bei der Drittwirkung nicht versagen.

[227] Die privatrechtliche Autonomie bezeichnet insoweit die Summe aller individuellen Rechte auf Autonomie, vgl. dazu die obigen Ausführungen unter 2. Teil: A. II. 5..

[228] Vgl. *Enneccerus/Kipp/Wolff*, Lehrbuch des Bürgerlichen Rechts, Band I, § 45 I, S. 99. Entscheidendes Mittel zur Verwirklichung der Privatautonomie ist das Rechtsgeschäft, vgl. § 128 2., S. 331.

tes und in langer Tradition erprobtes Repertoire von – teilweise abstrakten und insoweit offenen – Regeln zur Verfügung[229]. Gerade der Offenheit der privatrechtlichen Normen ist es zu verdanken, dass das Zivilrecht die Ergebnisse gesellschaftlicher Realitäten schneller zu realisieren vermag als das Verfassungsrecht[230].

In diesem Rechtsraum ist die Wirkung der Grundrechte völlig anders zu behandeln als die Grundrechtswirkung gegenüber der öffentlichen Gewalt: Gegenüber dem Mitbürger kann es kein grundsätzlich unbeschränktes Freiheitsrecht nach dem Grundsatz „in dubio pro libertate“ geben[231]. Und auch der Gesetzesvorbehalt hat bei „Eingriffen“ in Grundrechte durch Private keine Geltung[232]. Die Rolle der Zivilgerichtsbarkeit ist in diesem Rahmen vornehmlich die eines Schlichters im Konfliktfall zwischen Privaten[233]. Die Zulässigkeit eines Rechtsgeschäftes unter Privaten kann nicht einfach mit Hilfe einer Bewertung und Abwägung betroffener Grundrechtspositionen beurteilt werden: der Grundsatz der Verhältnismäßigkeit, wie er bei der Prüfung der Zulässigkeit von Grundrechtsbeschränkungen herangezogen wird, findet keine Anwendung[234]. Die Grundrechte auf die Verhältnisse der Bürger genauso anzuwenden

---

[229] Vgl. zur Entstehung des BGB aus dem in der Tradition des römischen Rechts stehenden und unter dem Protektorat Savignys gediehenen Pandektenrecht *Wesel*, Geschichte des Rechts, RN 281, S. 434 ff. sowie RN 285, S. 443 ff..

[230] Vgl. dazu exemplarisch die Entwicklung des allgemeinen Persönlichkeitsrechts in der Zivilrechtsprechung: Im Jahr 1954 bekräftigte der BGH erstmals das allgemeine Persönlichkeitsrecht als „sonstiges Recht“ im Sinne des § 823 Abs. 1 BGB (BGHZ 13, 334 (337 f.)), was erst später von der Verfassungsrechtsprechung (BVerfGE 34, 269 ff.; 35, 202 ff.) bestätigt wurde.

[231] Vgl. *Rüfner*, Grundrechtsadressaten, S. 525 (556).

[232] Vgl. *Bleckmann*, Neue Aspekte der Drittwirkung der Grundrechte, DVBl 1988, 938 (943 f.).

[233] Insoweit wird das Gericht auch nicht zum Urheber der Grundrechtsbeschränkung, vgl. *Hermes*, Grundrechtsschutz durch Privatrecht auf neuer Grundlage?, NJW 1990, 1764 (1766); *Böckenförde*, Grundrechte als Grundsatznormen, Der Staat, 1 (28). Die Verantwortung des Gerichts entspricht eher der im Strafrecht bekannten Nebentäterschaft durch Unterlassen trotz Garantenstellung.

[234] Vgl. BVerfGE 30, 173 (199); *Bleckmann*, Neue Aspekte der Drittwirkung der Grundrechte, DVBl 1988, 938 (944); anders *Canaris*, Grundrechte und Privatrecht, AcP 184 (1984), 201 (245), für die außervertraglichen Beziehungen.

wie auf das Verhältnis von Bürger und Staat, ist unmöglich und wäre zutiefst unfreiheitlich[235].

Gleichwohl erfüllen die Grundrechte eine wichtige Aufgabe, indem sie die Voraussetzungen des privaten Rechtsverkehrs absichern. Die grundrechtliche Protektion soll dort ihr Gewicht in die Wagschale werfen, wo eine Monopolstellung, extreme Marktmacht oder anderweitige wirtschaftliche, soziale oder faktische Machtstellung gegeben ist, die der Rechtshandlung des weniger Mächtigen den Charakter der Eigenbestimmtheit entzieht[236]. Ihre Einwirkung auf das Privatrecht geschieht mit einer im Einzelfall variierenden Intensität, die davon abhängt, inwieweit die Privatautonomie durch ein deutliches Ungleichgewicht der sich gegenüberstehenden Verhandlungspositionen aus dem Gleichgewicht gerät[237]. Je stärker der Einzelne einer einseitigen Regelungsmacht, dem tätlichen Zugriff einer anderen Privatperson oder sozialer Gewalt ausgeliefert ist, je weniger also seine Selbstbestimmung verwirklicht werden kann, die Voraussetzung für die zivilrechtliche Autonomie ist, desto intensiver muss der objektiv-rechtliche Schutz der Grundrechte – bei der Auslegung der im jeweiligen Fall streitentscheidenden Generalklausel, sei es des § 138, 242 oder 826 BGB[238] – durch den mit dem Rechtsstreit betrauten Richter zur Geltung kommen[239]. Für Rechtsgeschäfte unter Privaten kommt es dabei wesent-

---

[235] Vgl. *Geiger*, Die Grundrechte in der Privatrechtsordnung, S. 13; *Rüfner*, Grundrechtsadressaten, S. 525 (557); *Stern*, Das Staatsrecht der Bundesrepublik Deutschland, Band III/1, S. 1544.

[236] Vgl. BVerfGE 81, 242 (261 ff.); 89, 214 (232 f.); *Hermes*, Grundrechtsschutz durch Privatrecht auf neuer Grundlage?, NJW 1990, 1764 (1767); *Maunz/Zippelius*, Deutsches Staatsrecht, § 19 III 1; *Jarass* in Jarass/Pieroth, Art. 1, RN 22; *Rüfner*, Grundrechtsadressaten, S. 525 (560); *Pieroth/Schlink*, Grundrechte, RN 196; *Zippelius*, Allgemeine Staatslehre, § 33 II 1; *Hesse*, Grundzüge des Verfassungsrechts der Bundesrepublik Deutschland, RN 357; *Dürig*, in: Maunz/Dürig, Art. 3, RN 511, *v.Münch*, Grundgesetz-Kommentar, Vorb. Art. 1-19, RN 31.

[237] Zu dieser Schutzgebotsfunktion des Grundgesetzes vgl. *Canaris*, Grundrechte und Privatrecht, AcP 184 (1984), 201 (227 f.); *ders.*, Grundrechtswirkungen und Verhältnismäßigkeitsprinzip in der richterlichen Anwendung und Fortbildung des Privatrechts, JuS 1989, 161 (163); *Hermes*, Grundrechtsschutz durch Privatrecht auf neuer Grundlage?, NJW 1990, 1764 (1766 f.); *Starck*, in: v. Mangoldt/Klein/Starck, Art. 1 Abs. 3, RN 198 f..

[238] In Betracht kommen weiterhin die §§ 134, 315, 1004 BGB sowie die Wirksamkeitsklauseln des AGBG, insbes. § 9 AGBG.

[239] Vgl. *Maunz/Zippelius*, Deutsches Staatsrecht, § 19 III 1; *Rüfner*, Drittwirkung der Grundrechte. - Versuch einer Bilanz, S. 215 (228); *Böckenförde*, Grundrechtsgeltung gegenüber Trägern gesellschaftlicher Macht?, S. 77 (81 ff.); vgl auch BVerfGE 81, 242 (255).

lich auf die sog. „bargaining power“ als Indikator für die Möglichkeiten der Selbstbestimmung an. Für deliktische Handlungen gilt grundsätzlich, dass seitens des davon Betroffenen ohnehin keine Ausübung von freiheitlicher Autonomie in Betracht kommt, so dass die grundrechtlichen Wirkungen sich zu seinen Gunsten entfalten können und müssen.

2. Menschenwürde und genetisches Selbstbestimmungsrecht zwischen Privaten

Für das in Art. 2 Abs. 1 i.V.m. Art. 1 Abs. 1 GG begründete Recht auf genetische Selbstbestimmung folgt aus der zuvor dargelegten Drittwirkungsdogmatik seine mögliche Geltung im Verhältnis zwischen Privatrechtssubjekten, soweit die Schutzgebotsfunktion dies in Hinblick auf ein besonderes Ungleichgewicht gebietet.

Für die Menschenwürde konstituiert bereits der Wortlaut des Art. 1 Abs. 1 S. 2 GG die staatliche Pflicht, sie zu schützen: „Sie (die Menschenwürde) zu achten und zu schützen, ist Verpflichtung aller staatlichen Gewalt.“ Das Bundesverfassungsgericht führt erläuternd dazu aus[240]: „Eine Verfassung, welche die Würde des Menschen in den Mittelpunkt ihres Wertsystems stellt, kann bei der Ordnung zwischenmenschlicher Beziehungen grundsätzlich niemandem Rechte an der Person eines anderen einräumen, die nicht zugleich pflichtgebunden sind und die Menschenwürde des anderen respektieren.“ Die in der grundgesetzlichen Formulierung unverhohlen zum Ausdruck gebrachte Schutzpflicht des Staates ist vor allem Verpflichtung zu positivem, abwehrendem Tun[241]. Aus ihr entspringt eine Drittwirkung der Menschenwürdegarantie, die nicht erst der Begründung durch eine objektive Werteordnung bedarf, sondern ohne jeden Zweifel aus der Norm selbst folgt[242]. Insoweit ist die Drittwirkung der Menschenwürde vermittels der staatlichen Schutzpflicht das Paradebeispiel für die

---

240 BVerfGE 24, 119 (144).

241 Vgl. *v. Münch*, Grundgesetz-Kommentar, Art. 1, RN 28; eingehend dazu auch *Stern*, Menschenwürde als Wurzel der Menschen- und Grundrechte, 627 (635 ff.).

242 Vgl. *Starck*, in: v. Mangoldt/Klein/Starck, Art. 1 Abs. 1, RN 23.

in der neueren Literatur postulierte Synthese zwischen der Drittwirkungslehre und der Schutzpflichttheorie[243].

II. Verfassungsrechtliche Verfügungsbefugnis: Grundrechtsverzicht

Unter einem Grundrechtsverzicht ist die Einwilligung in den Eingriff in ein Grundrecht zu verstehen[244]. Eine solche Einwilligung setzt die Möglichkeit der Verfügung über Grundrechte voraus.

1. Möglichkeit des Verzichts auf Grundrechte

Die Möglichkeit und Reichweite eines Grundrechtsverzichts hängt wesentlich ab von der zugrunde gelegten Grundrechtstheorie[245]. Je nachdem, welche grundsrechtsdogmatische Basis man als Ausgangsposition für die Beurteilung zulässiger individueller Verfügungen über Grundrechtspositionen wählt, lassen sich zwei kontradiktorische Pole isolieren:

Ausgehend von einem liberalen Grundrechtsverständnis ist der Grundrechtsverzicht grundsätzlich als Akt der Freiheitsausübung anzusehen: Grundrechts-

---

243 Vgl. dazu insbesondere *Canaris*, Grundrechte und Privatrecht, AcP 184 (1984), 201 (225 ff.); *ders.*, Grundrechtswirkungen und Verhältnismäßigkeitsprinzip in der richterlichen Anwendung und Fortbildung des Privatrechts, JuS 1989, 161 (163 ff.); *Hermes*, Grundrechtsschutz durch Privatrecht auf neuer Grundlage?, NJW 1990, 1764 ff.; *Robbers*, Sicherheit als Menschenrecht, S. 201 ff.; *Bleckmann*, Neue Aspekte der Drittwirkung der Grundrechte, DVBl 1988, 938 (940).

244 Vgl. *Isensee*, Das Grundrecht als Abwehrrecht und als staatliche Schutzpflicht, S. 143 (175). *Pietzcker*, Die Rechtsfigur des Grundrechtsverzichts, Der Staat 1978, 527 (531) weist zutreffend auf eine gewisse Missverständlichkeit des Begriffs „Grundrechtsverzicht" hin, die in ihrer Assoziation mit einem vollkommenen Verzicht, gewissermaßen einer dauerhaften Entledigung im Sinne einer Aufgabe der Grundrechte durch ihren Träger, begründet liegt. Als korrekt und wünschenswert zieht er die Bezeichnung „individuelle Verfügung über Grundrechtspositionen" vor.

245 Vgl. *Robbers*, Der Grundrechtsverzicht, JuS 1985, 925 (927 f.).

verzicht ist zuallererst Grundrechtsgebrauch[246]. Versteht man hingegen die Grundrechte primär als unveräußerliche, im überwiegend öffentlichen Interesse stehende, wertentscheidende Grundsatznormen der gesamten Rechtsordnung, so ist ihre freie Verfügbarkeit durch einzelne Bürger unzulässig[247].

Keine der beiden Positionen kommt indes ohne eine einzelfallspezifische Korrektur zu akzeptablen Ergebnissen. Die erste Theorie vernachlässigt die Tatsache, dass bestimmte Grundrechte nicht nur eine individuelle Schutzwirkung entfalten, sondern auch objektive Ordnungsprinzipien enthalten, die durch einen Verzicht nicht gefährdet werden dürfen[248]. Nach der zweiten Position muss trotz Unverzichtbarkeit der Grundrechte die Möglichkeit zugestanden werden, sich beispielsweise in den Schutzbereichen der Art. 12 und 14 GG vertraglich zu binden[249]. Ebenso wenig, wie sich der rechtliche Gehalt der Grundrechte auf eine einzige Funktion vereinfachen lässt, kann eine allgemeingültige und generalisierbare Lösung für die Frage nach dem Umfang des zulässigen Grundrechtsverzichtes isoliert werden. Bei der konkreten Beurteilung der Zulässigkeit eines Verzichts müssen vielmehr beide, die abwehrrechtliche wie die objektiv-rechtliche Funktion des jeweiligen Grundrechts in Betracht gezo-

---

[246] Vgl. als Vertreter dieser Ansicht *Pietzcker*, Die Rechtsfigur des Grundrechtsverzichts, Der Staat 1978. 527 (540); *Dürig*, Der Grundrechtssatz von der Menschenwürde, AöR 81 (1956), 117 (152); *Geiger*, Die Einwilligung in die Verarbeitung von persönlichen Daten als Ausübung des Rechts auf informationelle Selbstbestimmung, NVwZ 1989, 35 ff.; *Robbers*, Der Grundrechtsverzicht, JuS 1985, 925 (927); *Göldner*, Gesetzmäßigkeit und Vertragsfreiheit im Verwaltungsrecht, JZ 1976, 352 (355); *Lerche*, Grundrechtsschranken, S. 775 (801).

[247] Entschieden gegen eine Dispositionsbefugnis über Grundrechte wendet sich *Sturm*, Probleme des Verzichts auf Grundrechte, S. 173 (192 ff., 198), da seiner Auffassung nach die Grundrechte nicht nur individuelle, sondern immer auch Rechtsgüter der Allgemeinheit sind. Vgl. außerdem *Erichsen*, Staatsrecht und Verfassungsgerichtsbarkeit Band I, S. 161 f.. Zu den verschiedenen Begründungsansätzen gegen die Zulässigkeit eines Grundrechtsverzichts vgl. *Bleckmann*, Staatsrecht II – Die Grundrechte, S. 486 ff..

[248] So weist *Robbers*, Der Grundrechtsverzicht, JuS 1985, 925 (928), darauf hin, dass politische Meinungsäußerungen im Sinne des Art. 5 Abs. 1 GG in gewissem Rahmen der Verwirklichung des demokratischen politischen Prozesses dienen können und dann wegen des öffentlichen Interesses nicht für Einzelne verfügbar sind.

[249] Vgl. *Pieroth/Schlink*, Grundrechte, RN 146, S. 40.

gen werden[250]. Entsprechend hat das Bundesverfassungsgericht es stets vermieden, eine dieser Theorien für allein verbindlich zu erklären[251].

Gleichwohl ist hier wie in den zur Drittwirkung gemachten Ausführungen unter Berücksichtigung der grundrechtlichen Wurzeln und ihrer grundgesetzlichen Formgebung die primäre Gewährleistung der Grundrechte eine freiheitliche, gegen den Staat gerichtete. Im Vordergrund steht die Sicherung der freien Persönlichkeitsentfaltung und der dazu erforderlichen Freiheiten[252]. In den Schutzbereich einer Grundrechtsnorm fällt der Verzicht auf Grundrechtspositionen immer dort und insoweit, als der Einzelne über das vom Grundrecht gewährleistete Rechtsgut verfügen kann. Soweit dagegen nicht der Einzelne, sondern ein überindividuelles Gut, wie etwa der funktionierende demokratische Prozess oder die Integration des Gemeinwesens zum Bezugspunkt der grundrechtliche Gewährleistung wird, kann das Schutzgut für den Einzelnen nicht disponibel sein[253].

a. Verzicht auf das Recht auf genetische Selbstbestimmung

Das allgemeine Persönlichkeitsrecht ist das Freiheitsrecht par excellence, sein Schutzgut die vorstaatliche Freiheit des Individuums. Das aus Art. 2 Abs. 1 i.V.m. Art. 1 Abs. 1 GG abgeleiteten Grundrecht schützt in seinen Ausprägungen ausschließlich die Integrität des individuell-persönlichen Bereiches, ohne zugleich besondere öffentliche Interessen zu umfassen, die über das allgemeine öffentliche Interesse an der Freiheit des Einzelnen hinausgehen. Insoweit steht der freien Disposition der durch das allgemeine Persönlichkeitsrecht geschützten Güter, einschließlich der oben genannten Ausprägungen des Rechts auf genetische Selbstbestimmung[254], nichts im Wege[255].

---

[250] Differenzierend nach Einzelgrundrechten *v. Münch*, Grundgesetz-Kommentar, Art. 38, RN 55, 62.

[251] Vgl. *Robbers*, Der Grundrechtsverzicht, JuS 1985, 925 (927).

[252] Vgl. *Bleckmann*, Probleme des Grundrechtsverzichts, JZ 1988, 57 (58 f.).

[253] Vgl. *Robbers*, Der Grundrechtsverzicht, JuS 1985, 925 (928); *Pietzcker*, Die Rechtsfigur des Grundrechtsverzichts, Der Staat 1978, 527 (539).

[254] Vgl. oben B. II..

[255] Vgl. in diesem Sinne auch *Schmitt Glaeser*, Schutz der Privatsphäre, S. 41 (60, 74, 97 f.); *Pietzcker*, Die Rechtsfigur des Grundrechtsverzichts, Der Staat 1978, 527 (542 ff.).

Auch das Bundesverfassungsgericht geht von der Dispositionsfreiheit des allgemeinen Persönlichkeitsrechts aus[256], wie auch von der Verfügbarkeit des Schutzes personenbezogener Daten durch das informationelle Selbstbestimmungsrecht[257].

b. Verzicht auf den Würdeschutz: Volenti fit iniuria?

Unter den Stichworten „Verzicht auf den Würdeschutz des Art. 1 Abs. 1 GG" beziehungsweise „Einwilligung in die Verletzung der Menschenwürde" ist die Verfügbarkeit der Würdegarantie zum Gegenstand einer dogmatischen Kontroverse geworden[258]. Nach in höchstrichterlicher Rechtsprechung[259] und Literatur[260] verbreiteter Ansicht kann über das Recht auf Wahrung der Menschenwürde unter Hinweis auf deren Unantastbarkeit nicht rechtswirksam verfügt werden. Diese Unverfügbarkeit der Menschenwürde soll sich überdies restriktiv auf die Möglichkeiten des Verzichts auf Freiheitsrechte auswirken, soweit der in ihnen liegende Würdekern betroffen ist[261]. Gleichwohl bildet das Postulat von der Unverzichtbarkeit kein allgemeingültiges Prinzip und wird von seinen Vertretern mit unterschiedlicher Begründung in einer Reihe von Ausnahmefällen durchbrochen: Eine freiwillige Kastration, persönlichkeitsverändernde Hirnoperation oder Benutzung eines Lügendetektors sollen zulässig

---

[256] Vgl. BVerfGE 27, 344 (352).

[257] Vgl. BVerfGE 65, 1 (41 ff.).

[258] Vgl. nur *Robbers*, Der Grundrechtsverzicht, JuS 1985, 925 (929); *Amelung*, Die Einwilligung in die Beeinträchtigung eines Grundrechtsgutes, S. 46 ff. mit umfangreichen Nachweisen.

[259] Vgl. BVerfG NJW 1982, 664 f.; BVerfGE 45, 187 (229): „die Würde des Menschen [ist] etwas Unverfügbares"

[260] Vgl. statt vieler *Starck*, in: v. Mangoldt/Klein/Starck, Art. 1 Abs. 1, RN 20; *Podlech*, Alternativkommentar zum Grundgesetz, Art. 1 Abs. 1, RN 71; *Dürig*, in: Maunz/Dürig, Grundgesetz Kommentar, Art. 1, RN 22.

[261] Vgl. dazu *Lerche*, Grundrechtsschranken, S. 775 (801); *Pietzcker*, Die Rechtsfigur des Grundrechtsverzichts, Der Staat 1978, S. 527 (536 f.); *Nipperdey*, Die Würde des Menschen, S. 1 (22); *Zippelius*, in: Bonner Kommentar, Art. 1, RN 40; *Leisner*, Grundrechte und Privatrecht, S. 384 ff. (für den Verzicht zwischen Privaten); *Frieß*, Der Verzicht auf Grundrechte, S. 209 (für das besondere Gewaltverhältnis).

sein[262]; im Verhältnis Privater untereinander soll grundsätzlich der Wille des Verletzten ausschlaggebend sein[263]; eine Stripperin soll sich aus freien Stücken zum sensorischen Objekt ihrer Zuschauer machen dürfen[264], ein Transsexueller sich seiner Geschlechtszugehörigkeit und Zeugungsfähigkeit begeben dürfen[265].

Letztlich lässt sich die Unverzichtbarkeit der Menschenwürde schon angesichts der oben festgestellten Relativität und Dynamik des Würdebegriffs in keiner Weise als Prinzip aufrechterhalten[266]. Die Formulierung „unantastbar" und die in Art. 1 Abs. 2 GG verwandte Wendung der „unveräußerlichen" Menschenrechte sollen nicht den konkreten, punktuellen Grundrechtsverzicht ausschließen, sondern wenden sich als konstitutives Bekenntnis gegen ihre staatliche Negierung, gegen den umfassenden Verzicht auf die naturrechtlichen Menschenrechte, wie sie schon in bei den Gesellschaftsvertragstheorien von Hobbes und Rousseau zum Ausdruck kommen[267].

Vielmehr gilt: „Was als aufgezwungene staatliche Maßnahme gegen die Menschenwürde verstößt, kann als freiwillige Bindung gerade Ausdruck dieser Würde sein."[268]. Der dominante Aspekt der Autonomie und die daraus folgende Subjektivität der Würdegarantie können die bedenkenerregende Konnotation entschärfen, die mit den Termini „Verzicht auf die menschliche Würde" und „Einwilligung in eine Menschenwürdeverletzung" assoziiert wird. Ein Verzicht auf den Schutz aus Art. 1 Abs. 1 GG ist dann zu verstehen als Gebrauchmachen von der in der Würdegarantie liegenden Garantie von personaler Auto-

---

262 Beispiele nach *Starck*, in: v. Mangoldt/Klein/Starck, Art. 1 Abs. 1, RN 20, m.w.N., der in Abkehr von der vorher behaupteten Unverfügbarkeit der Würde auf das individuelle Selbststeuerungsrecht abhebt.

263 *Podlech*, Alternativkommentar zum Grundgesetz, Art. 1 Abs. 1, RN 71, postuliert im Falle einer Würdeverletzung unter Privaten ein Institut der „Verzeihung", das die Rechtsordnung rechtlich zu berücksichtigen hat.

264 Vgl. *Hoerster*, Zur Bedeutung des Prinzips der Menschenwürde, JuS 1983, 141 (142 f.); *Gusy*, Sittenwidrigkeit im Gewerberecht, DVBl 1982, 984 (986).

265 Vgl. BVerfGE 49, 286 (298).

266 Vgl. dazu die Ausführungen oben unter A. II. 4. b..

267 Vgl. dazu *Bleckmann*, Probleme des Grundrechtsverzichts, JZ 1988, 57 (58).

268 *Robbers*, Der Grundrechtsverzicht, JuS 1985, 925 (929); vgl. auch *Pietzcker*, Die Rechtsfigur des Grundrechtsverzichts, Der Staat 1978, 527 (537); *Geddert-Steinacher*, Menschenwürde als Verfassungsbegriff, S. 87.

nomie. Allein das Einverständnis des Betroffenen in die Beeinträchtigung des in Art. 1 Abs. 1 GG geschützten Rechtsgutes ist demnach geeignet, einem potentiell beeinträchtigenden Handeln den würdeverletzenden Charakter zu nehmen[269]. Ein gleiches gilt für einen Verzicht auf grundrechtliche Freiheiten, die im Lichte des Art. 1 Abs. 1 GG interpretiert werden[270]. „Art. 1 Abs. 1 GG dient nicht der Einschränkung, sondern dem Schutz der Freiheit, über sich selbst zu verfügen (BVerfGE 49, 286 [298]) und kommt daher als Einwilligungsschranke nicht in Betracht“.[271]

2. Freiwilligkeit: Bedingung und Grenze des Grundrechtsverzichts

Unerlässliche Voraussetzung eines wirksamen Grundrechtsverzichts ist in jedem Fall, dass die Verfügung selbstbestimmt und freiwillig erfolgt[272]. „Nur die autonome Entscheidung gilt als Freiheitsgebrauch; sofern der Verzicht fremdbestimmt, also nicht freiwillig erfolgt, stößt die Gleichsetzung von Verzicht und Freiheitsgebrauch auf Skepsis.“[273] Die Beurteilung der Freiwilligkeit kann nur im Einzelfall in einer Zusammenschau aller beteiligten Umstände, berechtigten Interessen und konkreten Handlungsmotive ermittelt werden. Indizwirkung haben dabei vor allem die im jeweiligen Rechtsgebiet geltenden Grenzen für Wirksamkeit und Zulässigkeit von Rechtshandlungen. Darüber hinaus sind auch zeitliche Dimension und Reversibilität eines Grundrechtsverzichts in Betracht zu ziehen, also die Dauer, für die der Grundrechtsinhaber sich der Ausübung seiner Grundrechtspositionen begibt, beziehungsweise die Möglichkeit, darauf Einfluss zu nehmen.

---

[269] Vgl. *Pietzcker*, Die Rechtsfigur des Grundrechtsverzichts, Der Staat 1978, 527 (540); *Dürig*, Der Grundrechtssatz von der Menschenwürde, AöR 81 (1956), 117 (124, 152); *Zippelius*, in: Bonner Kommentar, Art. 1, RN 51.

[270] Vgl. dazu *Bleckmann*, Probleme des Grundrechtsverzichts, JZ 1988, 57 (60).

[271] *Amelung*, Anmerkung zum BVerfG-Beschluss vom 18.8.1981 (NStZ 1981, 446), NStZ 1982, 38.

[272] Vgl. *Stern*, Das Staatsrecht der Bundesrepublik Deutschland Band III/2, S. 912 ff.; *Pieroth/Schlink*, Grundrechte, RN 147, S. 40.

[273] *Pietzcker*, Die Rechtsfigur des Grundrechtsverzichts, Der Staat 1978, 527 (541).

3. Grundrechtsverzicht im öffentlichen Recht und im Privatrecht

Im Verhältnis zu Trägern staatlicher Gewalt gelten gemäß Art. 1 Abs. 3 GG die Grundrechte unmittelbar. Insoweit ist auch ein Verzicht auf grundrechtliche Positionen seitens des Bürgers grundsätzlich im Rahmen der oben dargelegten Grenzen denkbar.

Die Drittwirkung der Grundrechte im Privatrecht bewirkt, dass vermittels der zivilrichterlichen Kontrolle die grundrechtlichen Werte in erhöhtem Maße zur Beurteilung privatrechtlicher Rechtsgeschäfte und deliktischer Handlungen herangezogen werden, je größer das Ungleichgewicht zwischen den Interessen der am Rechtsgeschäft Beteiligten ist. Erst sobald infolge dessen die Grundrechte auf das Verhältnis zwischen Privaten einwirken, besteht die Möglichkeit eines Grundrechtsverzichts[274]. Da aber bereits als notwendige Bedingung für die Anwendbarkeit der Grundrechte ein gewisses Ungleichgewicht zwischen den beteiligten Parteien vorhanden ist, fragt es sich, ob daraus nicht ohne weiteres ein wirksamer Grundrechtsverzicht wegen mangelnder Möglichkeit zur freiwilligen Disposition ausscheidet. Anders gesagt: kann überhaupt noch ein freiwilliger Grundrechtsverzicht möglich sein, wenn die Grundrechte schon zum Schutz der schwachen Partei in Anschlag gebracht werden? Ist nicht angesichts der ungleichen Ausgangslage jeder Verzicht auf Grundrechtspositionen per se fremdbestimmt und daher unwirksam?

Grundsätzlich muss wohl davon ausgegangen werden, dass angesichts eines Ungleichgewichts der Verhandlungsmacht auch die Möglichkeit einer selbstbestimmten, freiwilligen Entscheidung des Betroffenen stark eingeschränkt ist, auf die ihm zugute kommenden Abwehrmöglichkeiten zu verzichten. Insofern besteht eine Indizwirkung gegen einen freiwilligen und insoweit wirksamen Grundrechtsverzicht. Diese Indizwirkung verstärkt sich mit zunehmender Dauer und Tragweite der Einbuße, insbesondere im Verhältnis zu dem im Gegenzug gewonnenen Vorteil[275].

---

[274] Viel umfassender wirkt der Grundrechtsverzicht unter Privaten, wenn man eine unmittelbare Drittwirkung der Grundrechte im Privatrecht annimmt und insoweit jedem mit Aufgabe von Rechtspositionen verbundenen Rechtsgeschäft eine Konstellation gegenseitiger Grundrechtsverzichte anhängt, vgl. *Bleckmann*, Probleme des Grundrechtsverzichts, JZ 1988, 57 ff.; *ders.*, Staatsrecht II – Die Grundrechte, S. 485 ff..

[275] Wer sich durch Rechtsgeschäft mit einem übermächtigen Partner einer grundrechtlich geschützten Position dauerhaft begibt, büßt in der Regel seine Autonomie in solchem Maße ein, dass das zugrunde liegende Rechtsgeschäft vor Gericht keinen Bestand haben kann.

Gleichwohl kann allein das Vorliegen einer schwachen Verhandlungsposition nicht zur Aberkennung der Wirksamkeit einer bewussten Entscheidung des mündigen Bürgers führen. Die durch die Grundrechte gewährte Autonomie wird zwar durch das Eingreifen des staatlichen Schutzes – die Drittwirkung der Grundrechte – gesichert, nicht aber unterdrückt. Insbesondere da mit der Unterstützung der dem Betroffenen gegen den Vertragspartner zur Seite gestellten Grundrechte eine gewisse Waffengleichheit erreicht wird, kann die individuelle Selbstbestimmung sich wieder entfalten. Die Entscheidung über den Verzicht auf ein Grundrecht muss selbst in Situationen völligen Ungleichgewichts möglich sein, ihrer Freiwilligkeit darf der Respekt nicht versagt werden. Diese durch das Wesen der Grundrechte implizierte Möglichkeit eröffnet zwar im Einzelfall die Schwierigkeit, einen in Wirklichkeit unfreiwillig erfolgten Grundrechtsverzicht von einem freiwilligen Verzicht zu unterscheiden. Diese Schwierigkeit prinzipiell „zugunsten" des schwächeren Vertragspartners dahingehend aufzulösen, dass er auf sein Grundrecht nicht wirksam verzichten könne, hieße zugleich, ihm gegebenenfalls gegen seinen Willen Grundrechtsschutz aufzudrängen. Ein solcher **Grundrechtsschutz gegen sich selbst**[276] widerspricht jedoch dem Charakter der Grundrechte und kann keinesfalls als Lösung eines bloß beweisrechtlichen Problems in Betracht gezogen werden[277].

III. Grundrechtswirkung und Privatautonomie

Die Privatautonomie ist die Summe der Ansprüche aller Bürger auf Staatsfreiheit. Sie ist, wie oben dargelegt wurde, ein primär grundrechtsfreier Rechtsraum, in dem die Privaten miteinander rechtsgeschäftlich in Kontakt treten. Die Freiheit von grundrechtlicher Geltung folgt aus der Tatsache, dass die Grund-

---

[276] Vgl. dazu *Hillgruber*, Grundrechtsschutz im Vertragsrecht, AcP 191 (1991), 69 (85); *ders.*, Der Schutz des Menschen vor sich selbst; *v. Münch*, Grundrechtsschutz vor sich selbst?, S. 113 ff.; *Isensee*, Das Grundrecht als Abwehrrecht und als staatliche Schutzpflicht, S. 143 (175); *Murswiek*, Die staatliche Verantwortung für die Risiken der Technik, S. 191.

[277] Zu dem vom Bundesverfassungsgericht getroffenen Beschluss der Unzulässigkeit der Verwendung eines Lügendetektors (Polygraphen) im Strafverfahren zum Beweis der Unschuld, BVerfG-Beschluss v. 18.8.1981, NJW 1982, 375, vgl. die kritischen Besprechungen von *Schwabe*, Der „Lügendetektor" vor dem Bundesverfassungsgericht, NJW 1982, S. 367 f.; und *Amelung*, Anmerkung zum BVerfG-Beschluss vom 18.8.1981 (NStZ 1981, 446), NStZ 1982, 38 ff..

rechte gerade zum Schutz und zur Ungestörtheit des privatautonomen Rechtsraumes ihre primäre Dimension entfalten und daraus ihre Rechtfertigung herleiten[278]. Insoweit geht die Privatautonomie der Staatlichkeit verfassungstheoretisch voran, sie ist vor-staatlicher Natur[279]. Sie wird ideengeschichtlich fundiert durch die liberal-rechtsstaatlichen Grundrechtstheorie, die ihren Niederschlag im Staatsverständnis des Grundgesetzes und somit in den Grundrechten gefunden hat[280].

Gleichwohl wird auch das Privileg der Staatsfreiheit, genannt Privatautonomie, von den weiteren Grundrechtsfunktionen berührt. Allerdings geschieht dies lediglich „aus der [grundrechtlichen] Erhaltungs- und Gewährleistungsfunktion für die Freiheit der einzelnen und eine freie Gesellschaft."[281] Das Bundesverfassungsgericht sieht dieses Verhältnis ähnlich, wenn es ausführt: „Weil Privatautonomie auf dem Prinzip der Selbstbestimmung beruht", setzt die Geltung privatautonom gesetzten Vertragsrechts voraus, „dass auch die Bedingungen

---

278 Dem bilateralen Freiheits-Schranken-Schema liegt das rechtsstaatliche Verteilungsprinzip zugrunde: „und zwar ist die Freiheit des Einzelnen prinzipiell unbegrenzt, während die Befugnis des Staates zu Eingriffen in diese Sphäre prinzipiell begrenzt ist", vgl *Isensee*, Das Grundrecht als Abwehrrecht und als staatliche Schutzpflicht, S. 143 (148): zit. nach *Schmitt*, Verfassungslehre, 1928, S. 126; vgl. dazu auch *Schlink*, Freiheit durch Eingriffsabwehr – Rekonstruktion der klassischen Grundrechtsfunktion, EuGRZ 1984, 457 (467).

279 Vgl. *Riedel*, Theorie der Menschenrechtsstandards, S. 171: „Menschenrechte dienen vor allem der Absicherung persönlicher Freiheitsbereiche, die jeglicher staatlicher Gewalt zumindest vorgelagert und unverfügbar sind."

280 Sieht man das Grundgesetz als Kulmination oder als Kompromiss verschiedener konkurrierender Staatsverständnisse, die in unterschiedlicher Ausprägung und Rangfolge ihre Ideen in der Verfassung umsetzen konnten, so ist die Privatautonomie als der Bestandteil der Verfassung zu begreifen, den die Verfassungsväter der liberalen Staatstheorie gewidmet haben. Zum Primat der liberalen Grundrechtstheorie im Grundrechtsverständnis des Grundgesetzes mit Hinweisen auf die Motive der Verfassungsväter vgl. *Böckenförde*, Grundrechtstheorie und Grundrechtsinterpretation, NJW 1974, 1529 (1537 f.): „Die leitende Idee dieser Ausgestaltung [scil. des Grundgesetzes] ist unschwer zu erkennen: die Aufnahme und Durchführung rechtsstaatlicher, auf dem Verteilungsprinzip beruhender Freiheitsgewährleistung, die die Freiheit als staatlichem Zugriff prinzipiell vorausliegend begreift und sie auf der Ebene des Rechts nicht als bestimmten und umgrenzten Wert, als objektiviertes Institut oder als Mittel zu (demokratischen oder öffentlichen) Zwecken, sondern um ihrer selbst willen, eben als Freiheit gewährleistet."

281 *Böckenförde*, Grundrechtstheorie und Grundrechtsinterpretation, NJW 1974, 1529 (1538).

freier Selbstbestimmung tatsächlich gegeben sind“[282]. Zu diesem Zweck schützt die Verfassung die Funktionsfähigkeit der Privatautonomie, indem sie ihre Voraussetzung gewährleistet: die Fähigkeit der am Zivilrechtsverkehr Beteiligten zur eigenbestimmten, freiwilligen Rechtshandlung. Diese Schutzfunktion wird vermittels der Drittwirkung der Grundrechte bewirkt, also der Anwendbarkeit grundrechtlicher Maßstäbe auch im Verhältnis zwischen Privaten. „Nur wenn und soweit es bei einem Vertragspartner an Selbstbestimmung fehlt, erfüllt der Zivilrichter die dann jenem gegenüber bestehende Schutzpflicht, indem er den Vertrag inhaltlich kontrolliert und übermäßig freiheitsbeschränkenden Regelungen die Anerkennung versagt.“[283]

Gleichwohl haben die Grundrechte und aus ihnen folgende Schutzpflichten nicht die Aufgabe, den Einzelnen vor den Nachteilen eines frei verantwortlichen Rechtsgeschäftes zu bewahren. Zur Selbstbestimmung im Rahmen der Privatautonomie gehört auch die Möglichkeit, den gebotenen Schutz der Grundrechte nicht in Anspruch zu nehmen.

---

[282] Vgl. BVerfG NJW 1990, 1469 (1470). In diesem Sinne auch BVerfGE 6, 32 (40): Durch die Ordnung des Grundgesetzes „soll die Eigenständigkeit, die Selbstverantwortlichkeit und die Würde des Menschen in der staatlichen Gemeinschaft gesichert werden“.

[283] *Hillgruber*, Grundrechtsschutz im Vertragsrecht, AcP 191 (1991), 69 (85).

3. Teil: Anwendungsfälle der Genanalyse in einfachgesetzlicher und verfassungsrechtlicher Perspektive

Im Folgenden sollen verschiedene Bereiche aufgezeigt und untersucht werden, in denen gegenwärtig und zukünftig genetische Untersuchungen zur Anwendung kommen. Die Anwendungsbereiche, in denen die Genanalyse die höchste rechtliche Relevanz aufweist, sind:

- das Arbeitsrecht,
- das Versicherungsrecht,
- die Präimplantationsdiagnostik,
- die Pränataldiagnostik,
- das präsymptomatische diagnostische Screening und
- die straf- und zivilprozessuale Forensik.

> *Zweifel rührt immer daher, dass die Dinge ohne Ordnung untersucht werden (B. Spinoza)*

Im Rahmen einer Untersuchung der gegenwärtigen Rechtssituation soll jeweils die einfachgesetzliche Rechtslage, einschließlich der hierzu entwickelten richterlichen Grundsätze[1], dargelegt werden, in deren Rahmen eine Genanalyse zur Anwendung kommen kann. In einem zweiten Schritt wird dann das Ergebnis dieser Untersuchung, der aufgezeigte De-lege-lata-Status, anhand der im 2. Teil aufbereiteten verfassungsrechtlichen Parameter gemessen.

[1] Insbesondere im Arbeitsrecht ist angesichts der nur rudimentären gesetzlichen Regelungslage die richterliche Rechtsetzung von hoher Relevanz zur Beschreibung der gegenwärtigen Rechtslage.

A. Arbeitsrecht

I. Rechtslage de lege lata

In Anbetracht des bislang schmalen Spektrums an Untersuchungsmöglichkeiten[2] und des Fehlens standardisierter Testverfahren[3] spielt die Genanalyse an Arbeitnehmern bislang noch keine gewichtige Rolle in der deutschen Praxis[4]. Weiter fortgeschritten ist hingegen die Anwendung genetischer Arbeitnehmertests in den USA[5]. Bereits 1982 gaben mehrere große amerikanische Unternehmen an, genetische Tests an Arbeitnehmern durchgeführt zu haben[6]. Im Rahmen auch in Deutschland üblicher Untersuchungen im Bereich von Einstellungsverhandlung[7] und Arbeitsschutz ist durchaus wahrscheinlich, dass in absehbarer Zukunft die genetische Analyse als Erweiterung bisheriger Untersuchungsmethoden[8] Einzug halten wird[9].

---

[2] Vgl. *Diekgräf*, Genomanalyse im Arbeitsrecht, BB 1991, 1854 (1855).

[3] Solche sind als prä- und postnatale Reihenuntersuchungen für eine Reihe von erblichen Defekten bereits vorhanden. Weitere genetische Tests, etwa zur Analytik von Krebsrisiken sind noch im Entwicklungsstadium, vgl. *Enquete-Kommission*, Chancen und Risiken der Gentechnologie, S. 146.

[4] Vgl. *Rose*, Genomanalysen an Arbeitnehmern vor der Einstellung, S. 22, mit Hinweis auf die einzige Ausnahme durch die Firma BASF, die in einem Brief an die Enquete-Kommission des 10. Deutschen Bundestages „Chancen und Risiken der Gentechnologie" von Chromosomenuntersuchungen an einigen, mit bestimmten Chemikalien in Berührung kommenden Arbeitnehmern berichtet.

[5] Vgl. *Diekgräf*, Genomanalyse im Arbeitsrecht, BB 1991, 1854 (1855).

[6] Vgl. *Diekgräf*, Genomanalyse im Arbeitsrecht, BB 1991, 1854 (1855); Näheres bei *Klees*, Die genetische Durchleuchtung des Menschen. Genetic Screening, genetische Tests und Genomanalyse bei Arbeitnehmern, AiB 1986, 55; *Simon*, Genomanalyse – Anwendungsmöglichkeiten und rechtlicher Regelungsbedarf, MDR 1991, 5 (8 f.); vgl. auch *Enquete-Kommission*, Chancen und Risiken der Gentechnologie, S. 165.

[7] *Rose*, Genomanalysen an Arbeitnehmern vor der Einstellung, S. 27, weist darauf hin, dass in Deutschland ca. 60% aller Unternehmen und ca. 90% aller Großunternehmen mit mehr als 2000 Beschäftigten routinemäßig Einstellungsuntersuchungen vornehmen.

[8] Zu den bereits gängigen Untersuchungsmethoden gehört auch die Durchführung von Blutuntersuchungen, vgl. *Diekgräf*, Genomanalyse im Arbeitsrecht, BB 1991, 1854 (1855).

Genetische Analysen können dem **Schutz des Arbeitnehmers vor gesundheitlichen Gefahren** dienen. Solche Gefahren können zum einen in einer besonderen Gefährlichkeit des Arbeitsplatzes begründet sein. Eine erhöhte Konfrontation mit mutagenen Einflüssen wie Radioaktivität oder mit potentiell karzinogenen oder allergenen Stoffen lassen sich als Beispiele eines gesteigerten arbeitsplatzbedingten Gesundheitsrisikos anführen. Eine gesundheitliche Gefahr kann sich aber auch aus einer spezifischen genetischen Veranlagung des Arbeitnehmers in Verbindung mit bestimmten Tätigkeiten ergeben. So kann im Einzelfall mit einem Arbeitsplatz ein vermehrter Kontakt mit bestimmten Chemikalien verbunden sein, die zwar grundsätzlich nicht als schädlich oder gesundheitsgefährdend einzustufen sind, bezüglich derer jedoch eine erblich bedingte und mit pathologischen Folgen verknüpfte Sensibilität bei einzelnen Personen vorhanden ist[10]. Dieser Aspekt ist der Zielrichtung des Arbeitsschutzes und damit primär dem Interessenkreis des Arbeitnehmers zuzuordnen, obwohl in sekundärer Hinsicht Arbeitsschutzbelange auch für den Arbeitgeber in wirtschaftlicher und rechtlicher Hinsicht von Interesse sind.

Andererseits können genetische Analysen auch **allein im Interessen des Arbeitgebers** liegen. Hier ist dann das genanalytische Erkenntnisziel auf die Erlangung von Daten gerichtet, die den Arbeitnehmer als tauglich oder untauglich für einen bestimmten Arbeitsplatz ausweisen[11]. Darüber hinaus besteht von Seiten des Arbeitgebers aber auch ein Interesse an der Kenntnis, ob möglicherweise mit krankheitsbedingten Ausfällen des Arbeitnehmers jedweder Art gerechnet werden muss. Gründe für dieses Interesse sind die Schwierigkeiten, Arbeitsverträge mit kranken Arbeitnehmern zu kündigen[12], die erhöhten Personalzusatzkosten durch die Pflicht zur Entgeltfortzahlung im

---

[9] Vgl. *Schierbaum/Kiper*, Arbeitsmedizindaten, Genomanalyse und Datenschutz, AiB 1992, 623 (624); *Diekgräf*, Genomanalyse im Arbeitsrecht, BB 1991, 1854 (1855); *Rothstein*, Genetic Discrimination in Employment: Ethics, Policy and Comparative Law, S. 9 ff..

[10] Zu nennen ist beispielsweise eine besondere Empfindlichkeit gegenüber Nitro- und Aminoverbindungen, die in einem Test mit Hilfe des Gentestes G-6-PD (durch das Enzym Glukose-6-Phosphat-Dehydrogenase) feststellbar ist. Vgl. dazu *v. Seggern*, Genom-Analyse an Arbeitnehmern, AiB 1988, 56 (57).

[11] Vgl. *Deutsch*, Die Genomanalyse im Arbeits- und Sozialrecht – Ein Beitrag zum genetischen Datenschutz, NZA 1989, 657 (658), spricht von einem „Genportrait" des Untersuchten.

[12] Vgl. dazu die Rechtsprechung des BAG zur Kündigung bei häufigen Kurzerkrankungen: BAG NJW 1984, 1836; NJW 1984, 1837; zur Kündigung bei lang anhaltender Krankheit NJW 1983, 2897; Schaub, Handbuch ArbR § 129 II 5, S. 801-804 m.w.N..

Krankheitsfall[13] sowie der durch die Abwesenheit des Arbeitnehmers entstehende Produktivitätsausfall. Außerdem soll das Risiko vermindert werden, dass andere Angestellte und Dritte im betrieblichen Umfeld durch genetisch bedingte Fehlleistungen eines Arbeitnehmers gefährdet werden. Diese vorwiegend dem Interessenkreis des Arbeitgebers angehörigen Gesichtspunkte stehen teilweise in Konflikt mit den Interessen des Arbeitnehmers.

In diesem Zusammenhang offenbart sich eine weitere Variante der Ambivalenz genanalytischer Anwendungen: Die Durchführung einer genetischen Untersuchung liegt in bestimmten Fallkonstellationen im objektiven Interesse sowohl des Arbeitnehmers als auch des Arbeitgebers. Gleichwohl kann der Arbeitnehmer aber auch ein Interesse daran haben, dass eine Untersuchung unterbleibt, weil er nachteilige Folgen für seine berufliche Entwicklung sowie die möglicherweise unerwünschte Preisgabe oder auch nur Kenntnis von Informationen über seine gesundheitliche Situation gewärtigen muss.

Entsprechend dem unterschiedlichen rechtlichen Problemzugang genanalytischer Anwendungen im zeitlichen Ablauf des Verhältnisses zwischen Arbeitnehmer und Arbeitgeber wird zwischen dem Zeitraum der Einstellungsverhandlung und dem des bestehenden Arbeitsverhältnisses differenziert.

Darüber hinaus erstreckt sich die nachfolgende Untersuchung nicht nur auf die rechtlichen Aspekte der Durchführung genetischer Untersuchungen, sondern auch auf die Rechtslage bezüglich des Umganges mit bereits vorhandenem Wissen über die eigene genetische Konstitution.

1. Vor Beginn des Arbeitsverhältnisses

Mit Abschluss des Arbeitsvertrages verpflichtet sich der Stellenbewerber zur Wahrnehmung einer bestimmten Funktion innerhalb eines fremden Arbeits- oder Lebensbereiches[14]. Innerhalb dieses Arbeitsfeldes soll er nach dem Wunsch des Arbeitgebers allen geistigen und körperlichen Leistungsanforderungen optimal genügen. Ob ein Bewerber geeignet ist, diesen Anspruch zu

---

[13] Vgl. §§ 3, 1 EntgeltfortzahlungsG.

[14] Vgl. *Wiese*, Genetische Analyse bei Arbeitnehmern, RdA 1986, 120 (126); *Notz*, Zulässigkeit und Grenzen ärztlicher Untersuchungen von Arbeitnehmern, S. 38.

erfüllen, kann der Arbeitgeber aus den Bewerbungsunterlagen allein nicht ersehen. Er ist deshalb darauf angewiesen, den nach einer Vorauswahl zu einem Gespräch geladenen Bewerber persönlich kennenzulernen und ihm bestimmte Fragen stellen zu dürfen[15].

Diesem Bedürfnis des Arbeitgebers steht eine meist nur als schwach zu bezeichnende Verhandlungsposition des Bewerbers gegenüber. Die existenzielle Bedeutung einer geregelten Beschäftigung im Rahmen eines Arbeitsverhältnisses für Zeitstrukturierung, Selbstverwirklichung und materielle Lebensgrundlegung kann schwerlich überschätzt werden. In einer Vielzahl von beruflichen Betätigungsfeldern besteht gegenwärtig ein Überangebot an Arbeitskräften für eine zu besetzende Stelle. Entsprechend schwer wiegt für den Stellenbewerber in diesen Bereichen die Verwehrung eines angestrebten Arbeitsplatzes in ideeller und materieller Hinsicht.

Im folgenden soll zunächst die Rechtslage getrennt untersucht werden in Hinblick auf Existenz und Reichweite einer Pflicht des Stellenbewerbers, über ihm bekannte genetische Krankheitsanlagen Auskunft zu erteilen, und einer möglichen Pflicht, sich einer genanalytischen Einstellungsuntersuchung zu unterziehen.

a. Preisgabe vorhandenen genetischen Wissens

Keine Norm des positiven Rechts verpflichtet den Stellenbewerber ausdrücklich zur gefragten oder ungefragten Preisgabe von Informationen über ihm bekannte Details seiner genetischen Anlage im Bewerbungsgespräch.

Dennoch können hinsichtlich bestimmter – entscheidungserheblicher – Umstände aus der Sphäre des Bewerbers **Aufklärungspflichten** bestehen, deren Verletzung rechtliche Konsequenzen zur Folge hat. Je nachdem, ob eine Pflicht zur Aufklärung über solche Umstände erst durch eine Frage des Arbeitgebers wirksam wird oder ob der Stellenbewerber von sich aus im Bewerbungsgespräch auf diese Umstände zu sprechen kommen muss, unterscheidet man zwischen **Auskunftspflichten** – bei Pflicht zur wahrheitsgemäßen Antwort auf

[15] Diese Fragen können auch in Form von Personalfragebögen formularmäßig zusammengefasst sein. Vertiefend dazu Erfurter Kommentar zum Arbeitsrecht-*Preis*, 230 BGB § 611, RN 314 ff..

eine Frage des Arbeitgebers[16] – und Mitteilungs- bzw. **Offenbarungspflichten**[17] – bei Pflicht zur ungefragten Auskunft[18].

Für die Auskunft über genetische Informationen fehlt bislang in Ermangelung anhängig gewordener Rechtsstreitigkeiten auf diesem Gebiet jegliche Kasuistik. Insoweit sich aber bereits Strukturen für Zulässigkeit und Grenzen anderer Fälle von arbeitsvorvertraglichen Auskunftspflichten judikativ auskristallisiert haben, kann der neue Lebenssachverhalt unter Berücksichtigung seiner Besonderheiten in diese Strukturen eingefügt werden.

Die Verletzung von Auskunfts- oder Offenbarungspflicht durch den Arbeitnehmer führt zur Anfechtbarkeit gem. §§ 119, 123 BGB[19] – wobei die Anfechtung ausnahmsweise ausgeschlossen sein kann, wenn auf unzulässige Fragen falsche Auskünfte gegeben werden[20]. Als weitere Konsequenzen verletzter Aufklärungspflichten kommt eine Kündigung gem. § 626 BGB[21] und § 1 Abs. 2 S. 1 2. Var. KSchG in Betracht. Finanziellen Ausgleich in Form von Schadensersatz kann der unzutreffend aufgeklärte Arbeitgeber nach den Grundsätzen der Haftung aus culpa in contrahendo i.V.m. §§ 249 ff. BGB geltend machen[22].

---

[16] Eine Auskunftspflicht besteht nur bei tatsächlichen Fragen des Arbeitgebers. Sie werden durch ein vorvertragliches Schuldverhältnis begründet, aber erst mit dem Stellen der Frage wirksam.

[17] In der Literatur finden sich für die Aufklärungspflicht ohne vorangegangene Fragen auch die Bezeichnungen „Anzeigepflicht", „Hinweispflicht" und „Aufklärungspflicht", vgl. *Rose*, Genomanalysen an Arbeitnehmern vor der Einstellung, S. 65 m.w.N.; Münchener Kommentar-*Kramer* §123, RN 15 f.; *Soergel-Hafermehl*, §123, RN 11; Staudinger-*Dilcher*, §123, RN 8 ff., 11 ff..

[18] Die Terminologie in Schrifttum und Judikatur ist gleichermaßen uneinheitlich, vgl. *Degener*, Das Fragerecht des Arbeitgebers gegenüber Bewerbern, S. 37.

[19] Vgl. die ständige Rechtsprechung des BAG, z.B. NJW 1994, 1363.

[20] Bei unzulässiger Frage nach Schwangerschaft der Bewerberin vgl. BAG NJW 1993, 1154.

[21] Eine Ausnahme besteht gem. § 9 MuSchG bei Schwangerschaften.

[22] Vgl. Palandt-*Putzo*, § 611, RN 5, 9.

aa. Pflicht des Bewerbers zur wahrheitsgemäßen Antwort

In der arbeitsrechtlichen Literatur und Rechtsprechung ist die **Rechtsgrundlage für eine Auskunftspflicht**[23] als Teil der vorvertraglichen Rücksichtspflichten umstritten[24]. Teilweise wird auf eine Vorwirkung der späteren arbeitsvertraglichen Treue- und Fürsorgepflichten abgestellt[25] oder es werden selbständige vor-arbeitsvertragliche Treue- und Fürsorgepflichten postuliert, aus denen sich eine Rücksichts- und somit Auskunftspflicht ableitet[26]. Größtenteils wird diese Auffassung aber abgelehnt[27]: Zu Recht wird ins Feld geführt, dass nach diesen Auffassungen unzulässigerweise vertragliche Pflichten für einen Zeitraum angenommen würden, in dem ein Vertragsschluss keinesfalls sicher feststeht. Zudem bestehe kein Bedürfnis für einen vor-arbeitsvertraglichen Sonderweg, weil insoweit die normalen Verkehrs- und Loyalitätspflichten im vorvertraglichen Vertrauensverhältnis aus § 242 BGB ausreichen[28]. Überwiegend wird daher vertreten, dass in gleicher Weise wie

---

[23] Auskunftspflicht ist die Pflicht, auf Fragen des Arbeitgebers wahrheitsgemäß zu antworten, vgl. *Hofmann*, Zur Offenbarungspflicht des Arbeitnehmers, ZfA 1975, 1 (5 ff.); *Notz*, Zulässigkeit und Grenzen ärztlicher Untersuchungen von Arbeitnehmern, S. 37.

[24] Ausführlich zu diesem Problemkreis *Nikisch*, Arbeitsrecht Bd. I, § 20 III, S. 185 f.; *Rose*, Genanalysen an Arbeitnehmern vor der Einstellung, S. 83 ff.; weitere Nachweise bei *Helling*, Vorvertragliche Rechtsbeziehungen im Arbeitsrecht, S. 16 ff..

[25] Vgl. BAG, AP Nr. 4 zu § 276 BGB „Verschulden bei Vertragsschluss"; *Nikisch*, Arbeitsrecht Bd. I, 2. Auflage, § 36 I 2 a, S. 406.

[26] Das BAG nimmt Treue- und Fürsorgepflichten bereits während der Vertragsverhandlungen an, ohne eine einheitliche Begründung zu geben BAG, AP Nr. 1 Bl. 1 R zu § 276 BGB; BAG, AP Nr. 2 Bl 2 zu § 276 BGB; BAG, AP Nr. 5 Bl. 4 zu § 276 BGB; BAG, AP Nr. 6 Bl. 2 zu § 276 BGB; Dieser Richtung folgend sind auch vereinzelt in der Literatur vorvertragliche Fürsorge- und Treuepflichten angenommen worden, vgl. *Schultze*, Die Offenbarungspflicht des Arbeitnehmers, S. 32 ff.; *Hueck/Nipperdey*, Lehrbuch des Arbeitsrechts Band I, § 48 III 7, S. 415; *Schmid*, Ausgewählte Probleme zur ärztlichen Einstellungsuntersuchung, BB 1969, 631 f..

[27] Vgl. *Zöllner*, Die vorvertragliche und die nachwirkende Treue- und Fürsorgepflicht im Arbeitsverhältnis, S. 91 ff.; *Helling*, Vorvertragliche Rechtsbeziehungen im Arbeitsrecht, S. 20 ff.; *Wiese*, Der Persönlichkeitsschutz des Arbeitnehmers gegenüber dem Arbeitgeber, ZfA 1971, 273 (281); *Wiedemann*, Zur culpa in contrahendo bei Abschluß des Arbeitsvertrages, S. 463 (464); *Nikisch*, Arbeitsrecht I, § 20 III 2, S. 181 f.; *Herschel*, Rechte und Pflichten vor Arbeitsaufnahme, RdA 1965, 191 (195 ff.).

[28] Vgl. *Falkenberg*, Fragen des Arbeitgebers an den einzustellenden Arbeitnehmer, BB 1970, 1013 (1014); *Haberkorn*, Zur Offenbarungspflicht des Arbeitnehmers bei Einstellungen, RdA

auch bei sonstigen Vertragsverhandlungen bereits während des Anbahnungsverhältnisses ein – überwiegend als gesetzlich[29] charakterisiertes – Schuldverhältnis zwischen den verhandelnden Parteien begründet werde, das Schutz- und Rücksichtspflichten mit sich bringt[30]. Diese Schutz- und Rücksichtspflichten werden teilweise aus einer Gesamtanalogie zu den §§ 122, 179, 307 BGB[31], überwiegend jedoch aus dem Gebot von Treu und Glauben gem. § 242 BGB[32] in Verbindung mit einem allgemeinen Vertrauensgrundsatz[33] abgeleitet. Die

---

1962, 416 (416); *Moritz*, Fragerecht des Arbeitgebers sowie Auskunfts- und/oder Offenbarungspflicht des Arbeitnehmers bei der Anbahnung von Arbeitsverhältnissen?, NZA 1987, 329 (330); *Notz*, Zulässigkeit und Grenzen ärztlicher Untersuchungen von Arbeitnehmern, S. 40; *Hofmann*, Zur Offenbarungspflicht des Arbeitnehmers, ZfA 1975, 1 (26);

[29] So BGHZ 6, 330 (333); BGH WM 1993, 295 (297); Münchener Kommentar-*Kramer*, Einl. vor § 241, RN 73; Staudinger-*Löwisch*, Vorbem. vor §§ 275-283, RN 38 m.w.N.; BAGE 2, 217 (219); *Larenz*, Schuldrecht – Allgemeiner Teil, § 9 I, S. 101.

[30] Im Gegensatz zu den Treue- und Fürsorgepflichten, bestehen Verkehrs-/Schutzpflichten und Rücksichtnahme-/Loyalitätspflichten schon mit Beginn eines geschäftlichen Kontaktes. **Schutzpflichten** dienen dem Schutz solcher Rechtsgüter des anderen, die im Rahmen von Vertragsverhandlungen der Einwirkungsmöglichkeit des anderen Teils ausgesetzt sind. **Loyalitätspflichten** beziehen sich auf den Vertragsabschluß selbst und beinhalten insbesondere Aufklärungspflichten bezüglich vertragswesentlicher Umstände, vgl. *Larenz*, Bemerkungen zur Haftung für Culpa in Contrahendo, 397 ff.; *Wiedemann*, Zur culpa in contrahendo beim Abschluß des Arbeitsvertrages, S. 463 (464); Münchener Kommentar-*Emmerich*, RN 79 ff. vor § 275 BGB; *Zöllner*, Arbeitsrecht, § 11 I 5; BAG AP Nr. 2 Bl. 2, Nr. 10 Bl. 1 R zu § 276 BGB.

[31] Vgl. zu dieser mittlerweile als obsolet zu bezeichnenden Ansicht *Steinberg*, Die Haftung für Culpa in Contrahendo, S. 82 ff.; *Hildebrandt*, Erklärungshaftung, Ein Beitrag zum System des bürgerlichen Rechts, S. 118 ff.; Zu beachten ist allerdings, dass die zum Analogieschluß herangezogenen Vorschriften ein bereits bestehendes Schuldverhältnis und damit bestehende Schutz- und Rücksichtnahmepflichten voraussetzen, weshalb ihre Eignung zum Analogieschluß berechtigterweise in Zweifel gezogen wird.

[32] Vgl. *Moritz*, Fragerecht des Arbeitgebers sowie Auskunfts- und/oder Offenbarungspflicht des Arbeitnehmers bei der Anbahnung von Arbeitsverhältnissen?, NZA 1987, 329 (330); *Falkenberg*, Fragen des Arbeitgebers an den einzustellenden Arbeitnehmer, BB 1970, 1013 (1014); *Haberkorn*, Zur Offenbarungspflicht des Arbeitnehmers bei Einstellungen, RdA 1962, 416 (416); *Pletke*, Die Zulässigkeit von Genomanalysen an Arbeitnehmern im deutschen und US-amerikanischen Recht, S. 162; *Notz*, Zulässigkeit und Grenzen ärztlicher Untersuchungen von Arbeitnehmern, S. 40; Palandt-*Heinrichs*, § 123, RN 5 f., § 242, RN 37; Münchener Kommentar-*Roth*, § 242, RN 125, 142 ff..

[33] Vgl. BGHZ 60, 221, 223 f.; BGHZ 71, 386, 393: BGH NJW 1989, 764; BAG, Urt. v. 8.6.1963, AP Nr. 5 zu § 276; grundlegend *Ballerstedt*, Zur Haftung für culpa in contrahendo

Auskunftspflicht des Stellenbewerbers über seine genetische Veranlagung stellt sich nach überwiegender Meinung daher als spezielle Form der Schutz- und Rücksichtspflichten[34] im **vorvertraglichen Schuldverhältnis der Arbeitsvertragsanbahnung** dar[35].

Der Pflicht zur Auskunfterteilung auf Anfrage entspricht als komplementäres Recht das allgemein anerkannte Fragerecht des Arbeitgebers[36] als eine spezielle Ausprägung der durch Art. 2 Abs. 1 GG gewährleisteten Vertragsabschlußfreiheit[37]. Aus dieser Wechselbeziehung ergeben sich auch die Grenzen von Fragerecht und Auskunftspflicht: Der zulässige Umfang des Fragerechts bestimmt den Umfang der Auskunftspflicht und vice versa[38]. Im Rahmen dieser Freiheit hat der Arbeitgeber grundsätzlich das Recht zu entscheiden, von welchen Umständen er den Abschluss des geplanten Arbeitsvertrages abhängig machen will[39]. Erst mit der vom Arbeitgeber gestellten Frage wird die aufschiebend bedingte Auskunftspflicht wirksam.

---

bei Geschäftsabschluß durch Stellvertreter, AcP 151 (1950/51), 501 (507); *Larenz*, Bemerkungen zur Haftung für Culpa in Contrahendo, S. 397 (400 ff.).

[34] In Betracht kommt vorrangig eine **Rücksichtnahmepflicht** als Pflicht zur Vermeidung zukünftiger Vermögensschäden. In Abgrenzung dazu dient eine **Schutzpflicht** der Erhaltung vorhandener Rechtsgüter des Verhandlungspartners, vgl. *Rose*, Genomanalysen an Arbeitnehmern vor der Einstellung, S. 64; *Larenz*, Schuldrecht – Allgemeiner Teil, § 9 I 2, S. 106.

[35] Vgl. *Hueck/Nipperdey*, Lehrbuch des Arbeitsrechts Band I, § 48 III 7, S. 415; *Nikisch*, Arbeitsrecht, I. Band, § 20 III 2, S. 185 f.; *Schaub*, Arbeitsrechts-Handbuch, § 25 III, S. 92f; *Wiedemann*, Zur culpa in contrahendo beim Abschluß des Arbeitsvertrages, S. 464 ff.; *Zöllner*, Arbeitsrecht, § 11 I 5, S. 125f.

[36] Vgl. *Hofmann*, Zur Offenbarungspflicht des Arbeitnehmers, ZfA 1975, 1 (16 f.).

[37] Vgl. BAG, Urt. v. 22.9.61 (1 AZR 241/60), AP Nr. 15 zu § 123 BGB, Bl. 2; *Neumann-Duesberg*, Persönlichkeitsrecht, Vertragsfreiheit und gegenseitige Sozialpflichtigkeit als Beurteilungsmaßstab für das Recht des Arbeitgebers zur Schwangerschaftsbefragung einer Einstellungsbewerberin, JZ 1962, 204 (205).

[38] *Alexy*, Theorie der Grundrechte, S. 182 ff., analysiert auf der Basis deontischer Logik den Begriff des Rechts in seinem Verhältnis zum Begriff der Pflicht. Hat ein Recht relationalen Charakter, d.h. besteht es als Relation zwischen seinem Träger und einem Adressaten, so entspreche diesem Recht eine kongruente (relationale) Pflicht des Adressaten gegenüber dem Rechtsträger.

[39] Vgl. *Leipold*, Einstellungsfragebögen und das Recht auf Arbeit, AuR 1971, 161 (163).

Das Bundesarbeitsgericht billigt dem Arbeitgeber ein Fragerecht nur dann zu, wenn er ein **berechtigtes, billigenswertes und schützenswertes Interesse** an der Beantwortung dieser Frage für das Arbeitsverhältnis hat[40]. In Rechtsprechung und Literatur herrscht weitgehend darüber Einigkeit, dass dieses Kriterium bei solchen Fragen erfüllt ist, deren Beantwortung für den angestrebten Arbeitsplatz und die zu verrichtende Tätigkeit selbst von Bedeutung ist[41] oder damit in Zusammenhang steht[42]. Der Arbeitnehmer darf daher zulässigerweise nach allen Gegebenheiten fragen, die objektiv geeignet sind, das in einem Arbeitsvertrag liegende Risiko zu erhöhen[43].

Die im Zusammenhang mit dem Gesundheitszustand des Arbeitnehmers zulässigen Fragen hat das BAG im Jahre 1984 in drei Fallgruppen zusammengefasst[44]:

- Liegt eine Krankheit oder eine Beeinträchtigung des Gesundheitszustandes vor, durch die die Eignung für die vorgesehene Tätigkeit auf Dauer oder in periodisch wiederkehrenden Abständen eingeschränkt ist?
- Liegen ansteckende Krankheiten vor, die zwar nicht die Leistungsfähigkeit beeinträchtigen, jedoch die zukünftigen Kollegen oder Kunden gefährden könnten?
- Ist zum Zeitpunkt des Dienstantrittes beziehungsweise in absehbarer Zeit mit einer Arbeitsunfähigkeit zu rechnen, zum Beispiel durch eine geplante Operation, eine bewilligte Kur oder auch durch eine zur Zeit bestehende akute Erkrankung?

---

[40] Vgl. BAG Urteil v. 05.10.1995 AP Nr. 40 zu § 123 BGB; *BAG*, AP Nr. 26 zu § 123 BGB Bl. 3 R m.w.N.; Buchner, Freiheit und Bindung des Arbeitnehmers bei Einstellungsentscheidungen, NZA 1991, 577 (578).

[41] Vgl. BAG Urteil v. 05.12.1957 AP Nr. 2 zu § 123 BGB.

[42] Vgl. *Söllner*, Grundriß des Arbeitsrechts, § 28 II 2; *Wiese*, Genetische Analyse bei Arbeitnehmern, RdA 1986, 120 (122); *Notz*, Zulässigkeit und Grenzen ärztlicher Untersuchungen von Arbeitnehmern, S. 39.

[43] Vgl. *Schaub*, Arbeitsrechts-Handbuch, § 26 III 2 b, S. 149.

[44] Vgl. BAG Urteil v. 07.06.1984 AP Nr. 26 zu § 123 BGB, auch BAG DB 1984, S. 2706.

Da die Fallgruppen jedoch zu einer Zeit entwickelt wurden, als die besonderen Aspekte genetischer Analysen noch nicht in Betracht gezogen werden mussten, ist zur Anwendung auf die sich verändernde Situation zu ergründen, welche Erwägungen der Kasuistik des Bundesarbeitsgerichtes zugrunde liegen und zu welchen Ergebnissen die Anwendung dieser grundlegenden Prizipien auf den neuen Lebenssachverhalt – die Möglichkeit genetischer Analysen zur Gesundheitstaxierung – führt.

Die Gemeinsamkeit dieser drei Fallgruppen besteht darin, dass sie die Zulässigkeit der gesundheitsbezogenen Fragestellungen an eine konkrete Gefährdung der vom Arbeitgeber legitimerweise wahrgenommenen Interessen anknüpfen[45]. Soweit diese Interessen auch durch Krankheiten berührt werden, die zwar noch nicht phänotypisch ausgebrochen, aber latent vorhanden sind, kann nichts anderes gelten als beispielsweise bei zyklisch auftretenden Krankheiten, über die der Stellenbewerber Auskunft erteilen muss. Nach der gegenwärtig herrschenden Rechtslage besteht somit grundsätzlich eine Auskunftspflicht des Bewerbers im Rahmen der drei oben genannten Fallgruppen auch für ihm bekannte genetische Veranlagungen mit Krankheitswert.

bb. Pflicht des Bewerbers zur ungefragten Offenbarung vorhandener Kenntnisse

Wie die Auskunftspflicht auf eine Frage des Arbeitgebers, ist auch die Offenbarungs- oder Aufklärungspflicht des Stellenbewerbers eine auf der **Rechtsgrundlage des § 242 BGB** beruhende[46] Ausprägung der Rücksichtnahmepflicht im vorvertraglichen Vertrauensverhältnis, deren Verletzung Anfechtungs-, Kündigungs- und Schadensersatzrechte auslösen kann[47].

---

[45] Vgl. *Wiese*, Genetische Analyse bei Arbeitnehmern, RdA 1986, 120 (122); Hierin zeigt sich eine grundsätzlichen Umkehr des Fragerechts des Arbeitgebers in ein grundsätzliches „Frage-Verbot mit Erlaubnisvorbehalt".

[46] Vgl. Palandt-*Heinrichs* § 123, RN 5; *Notz*, Zulässigkeit und Grenzen ärztlicher Untersuchungen von Arbeitnehmern, S. 37; Degener, Das Fragerecht des Arbeitgebers gegenüber Bewerbern, S. 37 ff.; *Hofmann*, Zur Offenbarungspflicht des Arbeitnehmers, ZfA 1975, 1 (7, 53 f.); *Wiese*, Genetische Analyse bei Arbeitnehmern, RdA 1986, 120 (122); *Schaub*, Arbeitsrechts-Handbuch, § 25; Soergel-*Kraft*, BGB, § 611 Anm. 19.

[47] Siehe dazu oben unter a..

Entscheidende Voraussetzung für das Vorliegen einer **Offenbarungspflicht** ist **generell**, dass die andere Verhandlungspartei nach Treu und Glauben unter Berücksichtigung der Verkehrsanschauung redlicherweise ungefragte Aufklärung über solche Umstände erwarten darf, die für ihre Willensbildung „offensichtlich von ausschlaggebender Bedeutung" sind[48]. Subjektive Voraussetzung für jegliche Offenbarungspflicht des Stellenbewerbers ist weiterhin, dass diesem die grundlegende Bedeutung der zu offenbarenden Tatsache auch erkennbar ist[49].

Nach der ständigen Rechtsprechung des Bundesgerichtshofes[50], des Bundesarbeitsgerichts[51] und der überwiegenden Meinung im Schrifttum[52] besteht eine Offenbarungspflicht insbesondere dann, wenn mitzuteilende Tatsachen und Umstände den Vertragszweck vereiteln können und daher für den Vertragsabschluß von so wesentlicher Bedeutung sind, dass nach der Verkehrsauffassung eine Offenlegung erwartet werden darf. Dabei stellt der Bundesgerichtshof auf die Schutzwürdigkeit der Gegenseite ab, die sich aus einem besonderen Informationsgefälle ergeben kann, wie z.B. besonderer Sachkunde[53] der einen Seite oder allgemeine Unerfahrenheit und mangelnde Geschäftsgewandtheit[54] der anderen Seite. Je nach Schutzwürdigkeit der Gegenseite kann sich die Offenbarungspflicht sogar bis zu einer umfangreichen Beratungspflicht des sachkundigen Verhandlungspartners ausdehnen[55]. Gleichwohl geht die Aufklärungspflicht jedoch nicht soweit, dass sich die Par-

---

[48] Vgl. *BGH* NJW 1971, 1799; vgl. auch Palandt-*Heinrichs* § 123, RN 5, 5a.

[49] Vgl. BAG, Urt. v. 1.8.85, in DB 1986, 2238, *Hofmann*, Zur Offenbarungspflicht des Arbeitnehmers, ZfA 1975, 1 (26 f.); *Knevels*, Offenbarung der Gewerkschaftszugehörigkeit, BB 1965, 336 ff..

[50] Vgl. BGH NJW 1979, 2243; BGH NJW 1980, 2460; BGH v. 23.3.90, BB 1990, 1223 ff.; BGH v. 1.7.1991, NJW 1991, 1312 ff.; BGH v. 11.10.1991, NJW 1992, 91 f..

[51] Vgl. BAG Urteil v. 21.02.1991 AP Nr. 35 zu § 123 BGB.

[52] Vgl. *Eich*, AIDS und Arbeitsrecht, NZA 1987, Beilage Nr. 2, S. 10 (11); *Larenz*, Bemerkungen zur Haftung für Culpa in Contrahendo, S. 397 ff., 405 f.; *Stoll*, Tatbestände und Funktionen der Haftung für culpa in contrahendo, S. 435 (435ff., 465f.); Soergel-*Teichmann* BGB § 242, Anm. 138, 144.

[53] Vgl. BGH v. 28.4.1971, NJW 1971, 1795 ff.; BGH v. 16.3.1977, NJW 1977, 1055 ff..

[54] Vgl. BGH v. 27.2.1974, NJW 1974, 849 ff.; BGH v. 28.4.1971, NJW 1971, 1795 ff..

[55] Vgl. Münchener Kommentar-*Roth*, §242 BGB, RN 228; Soergel-*Wiedemann*, vor § 275 BGB, RN 153.

teien das Vertragsrisiko abnehmen[56]. Vielmehr sind die Vertragsparteien in erster Linie selbst für die Beschaffung der für sie wichtigen Informationen verantwortlich[57].

Nach einer starken Meinung in der Literatur soll bei der Anbahnung von Arbeitsverträgen eine Offenbarungspflicht dann bestehen, wenn der Arbeitnehmer bei Vertragsbeginn zur Erbringung der arbeitsvertraglich bedungenen Leistung nicht in der Lage oder daran in erheblichem Maße beeinträchtigt ist[58]. Insbesondere im Fall von physischer Ungeeignetheit besteht dann eine Pflicht zur Aufklärung über die zugrundeliegenden Umstände. Als Beispiel werden ein Dachdecker mit Epilepsie-Ohnmacht oder ein Bäcker mit Mehlstauballergie angeführt[59]. Aber auch eine mögliche Gesundheitsgefährdung von Kollegen, Kunden und Geschäftspartnern begründet ein zwingendes Informationsinteresse des Arbeitgebers[60].

In dem von der Arbeitsgesetzbuchkommission 1977 vorgelegten Entwurf eines Allgemeinen Arbeitsvertragsrechts sieht der § 5a die Verpflichtung des Bewerbers vor, Krankheiten und andere körperliche Umstände, von denen eine Gefährdung anderer ausgehen kann, oder durch die die Erfüllung des

[56] Vgl. *Wiedemann*, Zur culpa in contrahendo beim Abschluß des Arbeitsvertrages, S. 463 (467); *Schaub*, Arbeitsrechtshandbuch, § 25 II, S. 97

[57] Vgl. BGH v. 13.7.1988, WM 1988, 1566 ff.. Den Befragten kann dann hinwiederum unter bestimmten Umständen die Verpflichtung treffen, gestellte Fragen im Sinne einer Auskunftspflicht richtig und umfassend zu beantworten, vgl. BGH v. 29.6.1977, NJW 1977, 1914 f.

[58] Vgl. *Schmid*, Ausgewählte Probleme zur ärztlichen Einstellungsuntersuchung, BB 1969, 631 ff., wonach der Arbeitnehmer von sich aus alle ihm erkennbaren Tatsachen offen legen muss, die für das in Aussicht genommene Arbeitsverhältnis von wesentlicher Bedeutung sind; Erfurter Kommentar zum Arbeitsrecht-*Preis*, 230 BGB § 611, RN 393; *Notz*, Zulässigkeit und Grenzen ärztlicher Untersuchungen von Arbeitnehmern, S. 37; *Schaub*, Arbeitsrecht-Handbuch, § 25 III 2, S. 115; Staudinger-*Richardi*, RN 110 zu § 611 BGB; *Hofmann*, Zur Offenbarungspflicht des Arbeitnehmers, ZfA 1975, 1 (48) mit der Beschränkung der Offenbarungspflicht auf die Fälle, dass der Bewerber "die elementarsten Anforderungen" des Arbeitsplatzes nicht erfüllen kann; ähnlich auch Münchener Kommentar-*Roth*, RN 227 zu § 242 BGB;

[59] Vgl. *Hofmann*, Zur Offenbarungspflicht des Arbeitnehmers, ZfA 1975, 1 (48, 54) mit weiteren Beispielen.

[60] Vgl. *Notz*, Zulässigkeit und Grenzen ärztlicher Untersuchungen von Arbeitnehmern, S. 37 m.w.N..

Arbeitsvertrages sonst wesentlich erschwert würde, auch ohne Befragung durch den Arbeitgeber mitzuteilen[61]. Eine ähnliche Regelung enthält § 13 des durch den Arbeitskreis Deutsche Rechtseinheit im Arbeitsrecht 1992 vorgelegten Entwurfes eines Arbeitsvertragsgesetzes, nach dem der Stellenbewerber auch ohne Befragung durch den Arbeitgeber verpflichtet sein soll, Krankheiten oder andere Umstände mitzuteilen, von denen eine Gefährdung anderer ausgehen kann[62].

Nach der Rechtsprechung des Bundesarbeitsgerichtes ist im Falle von gesundheitlichen Beschwerden seitens des Arbeitsuchenden dieser zur Offenbarung verpflichtet, wenn dadurch seine Leistungsfähigkeit erheblich gefährdet ist[63]. So muss der Stellenbewerber über vorhersehbare Hindernisse informieren, die die Leistungspflicht unmöglich machen oder sonst für den in Betracht kommenden Arbeitsplatz von ausschlaggebender Bedeutung sind, beispielsweise, wenn er für die vorgesehene Tätigkeit schlechthin ungeeignet ist[64]. Seinen Gesundheitszustand muss der Arbeitnehmer vor Abschluss des Arbeitsvertrages offenbaren, wenn er damit rechnen muss, infolge einer bereits vorliegenden Krankheit seiner Arbeitspflicht nicht nachkommen zu können[65]. Eine Schwerbehinderteneigenschaft zu offenbaren hält das BAG für erforderlich, wenn wegen dieser Behinderung die vorgesehene Tätigkeit nicht geleistet werden kann oder die beschränkte Leistungsfähigkeit für den vorgesehenen Arbeitsplatz von ausschlaggebender Bedeutung ist[66]

---

[61] Vgl. *Arbeitsgesetzbuchkommission*, Entwurf eines Arbeitsgesetzbuches, Allgemeines Arbeitsvertragsrecht,.

[62] Vgl. *Arbeitskreis Deutsche Rechtseinheit im Arbeitsrecht*, Welche wesentlichen Inhalte sollte ein nach Art. 30 des Einigungsvertrages zu schaffendes Arbeitsvertragsgesetz haben? Gutachten D, Verhandlungen des 59. Deutschen Juristentages.

[63] Vgl. BAG DB 1986, 2238; Palandt-*Heinrichs* § 123, RN 6.

[64] Vgl. BAG v. 7.2.1964, AP Nr. 6 zu § 276 BGB; BAG v. 24.1.1974, AP Nr. 74 zu § 611 BGB; BAG v. 1.8.1985, AP Nr. 30 zu § 123 BGB; BAG v. 21.2.1991, NJW 1991, S. 2723 ff..

[65] Vgl. BAG v. 7.2.1964, AP Nr. 6 zu § 276 BGB; BAG v. 27.3.1991, AP Nr. 92 zu § 1 LohnFG; vgl. auch ArbG Kiel v. 21.1.1982, BB 1982, 804 f., wonach ein Bewerber als Berufskraftfahrer auch ungefragt eine bestehende Alkoholabhängigkeit zu offenbaren hat. Nach einer Entscheidung des Landesarbeitsgerichts Berlin v. 18.4.1978 muss der Bewerber auch ein unmittelbar bevorstehendes Heilverfahren von sich aus mitteilen, vgl. LAG Berlin BB 1979, 1145.

[66] Vgl. BAG v. 1. 8. 1985, AP Nr. 30 zu § 123 BGB

Ein Teil des Schrifttums lehnt eine Offenbarungspflicht bezüglich gesundheitlicher Daten im Bewerbungsgespräch kategorisch ab[67]. Zur Begründung wird angeführt, der Arbeitgeber sei keinesfalls schutzbedürftig, da ihm als dem grundsätzlich geschäftserfahreneren Verhandlungspartner mit dem Fragerecht ein Mittel zur selektiven Prüfung arbeitsplatzgerechter Eigenschaften zu Gebote stehe. Darüber hinaus wird vertreten, dass wegen der nie auszuschließenden Möglichkeit, dass eine genetische Krankheitsanlage sich nicht phänotypisch realisieren werde, für genetische Informationen eine Offenbarungspflicht grundsätzlich auszuschließen sei[68]. Es ist jedoch nicht einleuchtend, warum allgemein für gesundheitliche Daten oder speziell für die in Frage stehende genetische Disposition Besonderheiten für die Offenbarungspflicht gelten sollten.

Die allgemeinen Grundsätze zur Offenbarungspflicht im Stadium der Vertragsverhandlungen, insbesondere die Kasuistik im arbeitsrechtlichen Anbahnungsverhältnis können ohne weiteres auf vorhandenes Wissen bezüglich der genetischen Disposition des Arbeitnehmers übertragen werden. Insoweit muss der Stellenbewerber Kenntnisse über eigene genetische Befunde dem Arbeitgeber gegenüber preisgeben, soweit aufgrund der zu erwartenden genetisch bedingten körperlichen Verfassung eine zufriedenstellende Erfüllung der in Aussicht genommenen Betätigung unmöglich ist. Schwere Krankheiten, die die Arbeitsfähigkeit des Arbeitnehmers ausschließen sowie eine genetisch bedingte Sensibilität bezüglich bestimmter Werkstoffe, mit denen der Arbeitnehmer am Arbeitsplatz bestimmungsgemäß in Berührung kommt, können als Beispiel dienen. Gleichermaßen wird die Offenbarungspflicht ausgelöst, wenn aufgrund einer zu erwartenden genetischen Störung die Gesundheit anderer Personen im Bereich des Arbeitsplatzes gefährdet werden könnten. Denkbar wären beispielsweise krankheitsbedingte Ausfallerscheinungen, die geeignet sind, die für

---

[67] Vgl. *Holzapfel*, Wechselseitigkeit von Informationspflichten bei Begründung von Arbeitsverhältnissen, Bayreuth 1986, S. 92; *Moritz*, Fragerecht des Arbeitgebers sowie Auskunfts- und /oder Offenbarungspflicht des Arbeitnehmers bei der Anbahnung von Arbeitsverhältnissen?, NZA 1987, 329 ff., 331; kritisch bereits Soergel-*Teichmann*, RN 144 zu § 242 BGB, der eine Offenbarungspflicht des Arbeitnehmers nur gelten lässt, wenn der Arbeitgeber an die Umstände nicht zu denken braucht oder Nachfrage taktlos wäre. Ansonsten wisse der Arbeitgeber um Anforderungen des Arbeitsplatzes und könne nachfragen;

[68] Vgl. *Wiese*, Genetische Analysen und Rechtsordnung, S. 44f..

einen Arbeitsplatz notwendige Zuverlässigkeit in Frage zu stellen und andere Personen in Gefahr zu bringen.

b. Genanalytische Einstellungsuntersuchung

aa. Untersuchungspflicht

Nach geltendem Recht gibt es keine **Gesetzesvorschrift**, die ausdrücklich oder mittelbar eine Verpflichtung des Stellenbewerbers begründet, sich vor Abschluss eines Arbeitsvertrages einer genetischen Analyse zu unterziehen. Zwar gibt es eine Reihe von arbeitsrechtlichen Normen, die eine arbeitsmedizinische Einstellungsuntersuchung, auch: Erstuntersuchung, vorschreiben[69]. Diese Erstuntersuchungen setzten aber zum einen ein bestehendes Arbeitsverhältnis voraus[70]. Zum anderen begründen sie keine vorvertraglichen Untersuchungspflichten, sondern sollen in ihrer Funktion als Beschäftigungsverbote lediglich sicherstellen, dass mit der tatsächlichen Beschäftigung erst begonnen wird, nachdem eine ärztliche Untersuchung deren Unbedenklichkeit ergeben hat[71]. Hinzu kommt, dass die genannten Vorschriften nur bestimmte

---

[69] Vgl. § 18 Abs. 1 S. 1 Bundesseuchengesetz (BSeuchG); § 3 Abs. 1 Nr. 2 Arbeitssicherheitsgesetz (ASig); § 32 Abs. 1 Jugendarbeitsschutzgesetz (JArbSchG); § 81 Abs. 1 Seemannsgesetz (SeemG); §§ 14 Abs. 3 Nr. 3 e, 17 Abs. 2 S. 1 Arbeitsstoffverordnung (ArbSoffV); §§ 28f. Gefahrstoffverordnung (GefStoffV); § 10 Abs. 1 Nr. 1 Druckluftverordnung (DrLuftV); § 42 Abs. 1 S. 1 Röntgenverordnung (RöntgV); § 67 Abs. 1 Strahlenschutzverordnung (StrlSchV); § 2 Abs. 1 S. 1 Verordnung über die Beschäftigung von Frauen auf Fahrzeugen; § 24a LuftVZO; §§ 3, 4 Unfallverhütungsvorschrift Arbeitsmedizinische Vorsorge VBG 100 iVm Anlage 1; § 2a Unfallverhütungsvorschrift Gesundheitsdienst VBG 103; vgl. im einzelnen zu vorstehenden Vorschriften *Notz*, Zulässigkeit und Grenzen ärztlicher Untersuchungen von Arbeitnehmern, S. 33; *Rose*, Genomanalysen an Arbeitnehmern vor der Einstellung, S. 38 ff..

[70] Eine Ausnahme ist insoweit der § 7 Abs. 1 BAT, der den Abschluss des Arbeitsvertrages vom Ergebnis der Untersuchung abhängig macht. Der geforderte Nachweis körperlicher Eignung bezieht sich aber auf den Gesundheitszustand und die Arbeitsfähigkeit des Angestellten in der Weise, dass die tatsächliche Arbeitsaufnahme, nicht hingegen der Abschluss des Arbeitsvertrages gemeint ist. Vgl. hierzu *Notz*, Zulässigkeit und Grenzen ärztlicher Untersuchungen von Arbeitnehmern, S. 34; *Wiese*, Genetische Analysen und Rechtsordnung, S. 40.

[71] Vgl. *Rose*, Genomanalysen an Arbeitnehmern vor der Einstellung, S. 39 ff., *Wiese*, Genetische Analysen und Rechtsordnung, S. 40 f.; *Notz*, Zulässigkeit und Grenzen ärztlicher Untersuchungen von Arbeitnehmern, S. 33 f. dazu dann im nächsten Teil

Sonderfälle von Arbeitsverhältnissen betreffen und insofern einer generellen Erörterung des Problemfeldes nicht entgegenstehen.

Auch aus dem **Schuldverhältnis der Vertragsanbahnung** oder einem vorwirkenden **Rücksichtnahmegebot** kann nach allgemeiner Ansicht keine Pflicht eines Stellenbewerbers zur Vornahme einer genanalytischen Einstellungsuntersuchung begründet werden[72]. Zwar ergeben sich daraus Pflichten zur gegenseitigen Rücksichtnahme, Sorgfalt und Loyalität, die ihre Rechtfertigung in der gegenseitigen Gewährung und Inanspruchnahme von Vertrauen finden. Es wäre aber absurd, könnte bereits aus der Tatsache, dass der Stellenbewerber mit dem möglichen Arbeitgeber in spe in Vertragsverhandlungen eintritt, eine Rechtspflicht des Bewerbers zur Duldung einer physischen oder gar genanalytischen Untersuchung folgen[73]. Vorvertragliche Schutz- und Sorgfaltspflichten – sog. Nebenpflichten – können grundsätzlich keine klagbare Handlungspflicht begründen, sondern allenfalls aus der ex-post-Perspektive nach Zustandekommen des Arbeitsvertrages bei Nichtbeachtung haftungs- und kündigungsbegründend wirken[74].

Aus den gleichen Gründen kann eine Untersuchungspflicht des Bewerbers nicht aus dem Fragerecht des Arbeitgebers hergeleitet werden[75].

---

[72] Vgl. *Wiese*, Genetische Analysen und Rechtsordnung, S. 41 f.; *ders*., Der Persönlichkeitsschutz des Arbeitnehmers gegenüber dem Arbeitgeber, ZfA 1971, 273 (301); *Söllner*, Grundriß des Arbeitsrechts, S. 249.

[73] Eine sehr detaillierte Herleitung mit Güterabwägung und gleichem Ergebnis findet sich bei *Notz*, Zulässigkeit und Grenzen ärztlicher Untersuchungen von Arbeitnehmern, S. 41ff. mit weiteren Nachweisen. Notz übersieht dabei, dass selbst die anerkannten Offenbarungs- und Auskunftspflichten des Arbeitnehmers keine klagbaren Handlungspflichten sind.

[74] Zu dieser Frage vgl. *Stürner*, Der Anspruch auf Erfüllung von Treue- und Sorgfaltspflichten, JZ 1976, 384 (386); *Motzer*, Schutzpflichtverletzung und Leistungsunmöglichkeit, JZ 1983, 884 (886 f.).

[75] *Rose*, Genomanalysen an Arbeitnehmern vor der Einstellung, S. 70 ff., erkennt zwar ärztliche Einstellungsuntersuchungen als spezielle Form der Ausübung des Fragerechts des Arbeitgebers an, lehnt aber eine zu diesem Recht komplementäre und klagbare Pflicht des Arbeitnehmers ab, S. 72. Vgl. auch *Hofmann*, Zur Offenbarungspflicht des Arbeitnehmers, ZfA 1975, 1 (46).

bb. „Freiwillige" Untersuchung

Wie festzustellen war, ist ein Stellenbewerber nicht verpflichtet, sich einer genetischen Untersuchung zu unterziehen.

Allerdings besteht auch keine arbeitsrechtliche Vorschrift, die dem Arbeitgeber verbieten würde, den Abschluss des Arbeitsvertrages vom Ergebnis einer „freiwillig" vom Bewerber durchzuführenden genetischen Untersuchung abhängig zu machen[76]. In Anbetracht der ungleichen Verhandlungsposition in vielen Einstellungsgesprächen ist der Arbeitgeber somit nicht daran gehindert, **faktisch** eine genetische Analyse zu verlangen. Bei Verweigerung dieses Begehrens muss ein Stellenbewerber in Kauf nehmen, dass der Arbeitsvertrag mit erheblicher Wahrscheinlichkeit nicht zustande kommt.

Die Aufforderung des Arbeitgebers zu einer medizinischen Untersuchung unterliegt eigenen Zulässigkeitserfordernissen[77]. Ärztliche Einstellungsuntersuchungen und die auf den Gesundheitszustand gerichteten Fragen des Arbeitgebers erweisen sich als unterschiedliche Mittel zur Erreichung eines gemeinsamen Zwecks, das im Erhalt von Informationen über die gesundheitliche Konstitution des Stellenbewerbers besteht. Aufgrund ihrer wissenschaftlichen Objektivität kommt der Einstellungsuntersuchung ein im Vergleich zu direkten Fragen an den Arbeitnehmer besonders verlässlicher Aussagewert zu. Auch ist eine körperliche Untersuchung besonders weitgehend, weil sie – lässt man die möglicherweise mit der umfassenden Untersuchung einhergehende Beeinträchtigung der körperlichen Integrität durch eine Blutabnahme unberücksichtigt – gewissermaßen die umfassende wahrheitsgemäße Antwort des Bewerbers auf eine generelle Frage nach seinem körperlichen Zustand er-

---

[76] Eine derartige Untersuchung begründet als faktische Handlung keine Rechtspflicht des Bewerbers, sondern bleibt in rechtlicher Hinsicht konsequenzlos oder stellt ggf. als schlichtes Ereignis lediglich die Bedingung im Sinne des § 158 BGB dar, von dem der Vertragsschluss abhängig gemacht wird.

[77] In diesem Zusammenhang steht nicht in Frage, ob der AG ein Recht zur Einforderung einer Untersuchung hat (dem eine Pflicht zur Untersuchung korrespondieren würde), sondern lediglich, ob er ein Recht zur Bitte um eine – dann freiwillig durchzuführende – Untersuchung hat.

zwingt. Diesem ist nämlich das Tor der Lüge verschlossen, das im Falle verbaler Examinierung einen legitimen Fluchtweg vor unzulässigen Fragen[78] bietet.

Nach verbreiteter Auffassung sollen aus diesen Gründen dem Begehren des Arbeitgebers nach einer medizinischen Einstellungsuntersuchung des Stellenbewerbers sowie nach Information über die dort zutage getretenen Ergebnisse dieselben Grenzen gesetzt sein, die auch sein Fragerecht im Bewerbungsgespräch beschränken[79]. Unschädlich ist in diesem Zusammenhang die Tatsache, dass nicht der Arbeitgeber selbst, sondern ein beauftragter Arzt die Untersuchung durchführt[80]. Auch beim Fragerecht ist unstreitig anerkannt, dass die Befragung an Dritte delegiert werden darf, ohne dass sich dadurch der Umfang des Fragerechts verändert[81].

Die durch Bundesarbeitsgericht und Literatur entwickelten Leit- und Grundsätze zur Ausübung des Arbeitgeberfragerechts müssen nun für den zulässigen Umfang von genanalytischen Untersuchungen und Weitergabe der dort erlangten Daten fruchtbar gemacht werden. Ein gerechtfertigtes, das heißt berechtigtes, billigenswertes und schutzwürdiges Interesse des Arbeitgebers ist daher im Grundsatz nur hinsichtlich solcher Untersuchungen anzuerkennen, die die Einsatzfähigkeit des Bewerbers für die in Aussicht stehende Arbeitstätigkeit betreffen. Der genetische Status des Stellenbewerbers muss für die von ihm im

---

[78] Vgl. die Rechtsprechung zur Lüge bei unzulässigen Fragen, angefangen mit BAG NJW 1958, 516 bis hin zu EuGH NJW 1994, 2077, wonach nach dem Bestehen einer Schwangerschaft nicht mehr gefragt werden darf.

[79] Vgl. *Notz*, Zulässigkeit und Grenzen ärztlicher Untersuchungen von Arbeitnehmern, S. 44 und 142; *Wiese*, Genetische Analysen und Rechtsordnung, S. 42; *ders.*, RdA 1986, 120 (124); *ders.*, RdA 1988, 217 (219); *Bundesminister für Forschung und Technologie*, Die Erforschung des menschlichen Genoms, S. 206; *Rose*, Genomanalysen an Arbeitnehmern vor der Einstellung, S. 70 ff.; *Hofmann*, Zur Offenbarungspflicht des Arbeitnehmers, ZfA 1975, 1 (46); *Diekgräf*, Genomanalyse im Arbeitsrecht, BB 1991, 1854 (1858); *Fechner*, Menschenwürde und generative Forschung und Technik – eine rechtstheoretische und rechtspolitische Untersuchung, JZ 1986, 653; *Keller*, Die ärztliche Untersuchung des Arbeitnehmers im Rahmen des Arbeitsverhältnisses, NZA 1988, 561 (563).

[80] Die Benennung des untersuchenden Arztes wird in der Regel durch den Arbeitgeber erfolgen, was auch zulässig ist, vgl. *Prasse*, Untersuchung durch einen vom Arbeitgeber benannten Arzt?, RdA 1959, 55 (58).

[81] Vgl. *Degener*, Das Fragerecht des Arbeitgebers gegenüber Bewerbern, S. 129; *Hofmann*, Zur Offenbarungspflicht des Arbeitnehmers, ZfA 1975, 1 (46); *Wiese*, Genetische Analyse bei Arbeitnehmern, RdA 1986, 120 (124); *Rose*, Genomanalysen an Arbeitnehmern vor der Einstellung, S. 72.

Rahmen des angestrebten Arbeitsplatzes zu verrichtende Tätigkeit von Bedeutung sein[82], mithin Eignung zeigen, diese Tätigkeit auf Dauer oder in periodisch wiederkehrenden Abständen zu beeinträchtigen oder aufzuheben.

In der Literatur werden genetische Einstellungsuntersuchungen teilweise als generell unzulässig bezeichnet, weil sie bezüglich der Eignung für einen Arbeitsplatz ohne Belang seien[83]. Dieses Ergebnis wird auf die Unsicherheit in der Frage gestützt, ob und wann genetische Defekte zu Erkrankungen führen. Darüber hinaus werden genetische Befunde als fernliegende Risiken eingestuft, deren Realisierung generell nicht in absehbarer Zeit zu erwarten sei. Diese kategorische Beurteilung bedarf der differenzierenden Betrachtung: Zwar besteht die Möglichkeit, dass sich ein genotypischer Befund spät oder nie phänotypisch realisiert. Diese Unsicherheit haftet jedoch gleichermaßen auch den meisten konventionellen medizinischen Diagnoseformen, beispielsweise aufgrund eines EKG-Befundes, an. Ob und gegebenenfalls wieweit ein solches Risiko die Unzulässigkeit einer Untersuchung begründet, muss im Einzelfall ermittelt werden. Nicht zuletzt kann eine derartige Pauschalbeurteilung den stetigen Erkenntnisfortschritten der gendiagnostischen Verfahren nicht gerecht werden. Die Behauptung, genetische Veranlagungen könnten generell nicht in absehbarer Zeit zu einer Beeinträchtigung der Arbeitsfähigkeit des Bewerbers führen[84], lässt sich als Generalisierung angesichts der Vielfalt genetischer Krankheiten ebenfalls nicht aufrechterhalten.

Nach einer differenzierenden Betrachtung ist die Aufforderung des Arbeitgebers nach einer genanalytische Einstellungsuntersuchung insoweit zulässig, als erstens Krankheiten in Frage stehen, die den Bewerber daran hindern, seine Arbeit aufzunehmen oder über einen absehbaren Zeitraum hinweg auszuführen, und zweitens mögliche genetische Sensibilitäten des Bewerbers für solche Stoffe aufzudecken sind, mit denen er im Rahmen des Arbeitsverhältnisses bestimmungsgemäß in Berührung kommen würde. Darüber hinaus sind Untersuchungen auf Krankheiten zulässig, die eine besondere Gefährdung für dritte Personen bedeuten können, die mit dem Bewerber bei dessen Tätigkeit in Kontakt kommen.

---

[82] Vgl. BAG Urteil v. 19.3.1983 BGB § 123 EzA Nr. 23; Erfurter Kommentar zum Arbeitsrecht-*Preis*, 230 BGB §611, RN 362.

[83] Vgl. *Däubler*, Erhebung von Arbeitnehmerdaten, CR 1994, 101 (105); *Diekgräf*, Genomanalyse im Arbeitsrecht, BB 1991, 1854 (1859).

[84] So *Diekgräf*, Genomanalyse im Arbeitsrecht, BB 1991, 1854 (1859).

Trotz zulässiger Aufforderung durch den Arbeitgeber ist der Stellenbewerber keineswegs verpflichtet, sich einer genanalytischen Untersuchung zu unterziehen. Es besteht die Notwendigkeit eines Einverständnisses des Bewerbers, sich für den Erwerb der Arbeitsstelle einer Untersuchung seiner genetischen Konstitution zu unterziehen. Seine **Einwilligung** kann sich dabei auf zwei verschiedene Akte beziehen, nämlich zum einen den Vorgang der Untersuchung durch einen Arzt und zum anderen die Weitergabe der Untersuchungsergebnisse an den Arbeitgeber. Die Durchführung einer Genanalyse wird zumeist im Zusammenhang mit einer umfassenden körperlichen Untersuchung durch einen Arzt stehen[85], der entweder vom Bewerber oder vom Arbeitgeber ausgewählt wird[86].

Es steht im freien Belieben des Stellenbewerbers, den Umfang seiner Einwilligung zu begrenzen. Sowohl was die Wahl des Arztes und den Umfang der Untersuchung, als auch was das Ausmaß der dem Arbeitgeber mitzuteilenden Informationen über die Ergebnisse der Untersuchung betrifft, kann der Bewerber nach Gutdünken seine eigenen Vorstellungen zur verbindlichen Grenze der erlaubten Umstände machen[87]. Denkbar ist auch, dass sich der Bewerber die

---

[85] Denkbar ist zukünftig im Zusammenhang mit standardisierten Testverfahren auch eine isolierte Blutabnahme durch autorisiertes medizinisches Personal mit anschließender Auswertung durch ein Labor. Dem Interesse des Arbeitgebers eher gerecht wird gleichwohl eine umfassende medizinische Untersuchung durch einen fachkundigen Mediziner. Für die ärztliche Untersuchung gelten die Grundsätze der arztrechtlichen Aufklärungspflicht, vgl. *Taupitz*, Rechtliche Bindungen des Arztes: Erscheinungsweisen, Funktionen, Sanktionen, NJW 1986, S. 2851 ff.; *Laufs*, Arztrecht, S. 88 ff. , RN 160 ff., 194 ff.; *Deutsch*, Neue Aufklärungsprobleme im Arztrecht, NJW 1982, 2585 ff.. Die Einwilligung in eine ärztliche Untersuchung schließt die Rechtswidrigkeit nur aus, wenn der Patient die Bedeutung und Tragweite der in diesem Zusammenhang vorgenommenen ärztlichen Eingriffe in ihren Grundzügen erkannt hat. Dies setzt eine zutreffende Aufklärung durch den Arzt voraus, vgl. BGH NJW 1981, 633; zur Verfassungskonformität der ärztlichen Aufklärungspflichten vgl. BVerfG NJW 1979, 1925 (1929).

[86] *Notz*, Zulässigkeit und Grenzen ärztlicher Untersuchungen von Arbeitnehmern, S. 43 f., weist darauf hin, dass in letzterem Fall der Stellenbewerber nicht Vertragspartei des Untersuchungsvertrages ist, weil dieser zwischen dem Arbeitgeber und dem Arzt zustandekommt. Insbesondere in Betrieben, in denen das Arbeitssicherheitsgesetz Anwendung findet, wird die Einstellungsuntersuchung in der Regel von einem Betriebsarzt durchgeführt, § 3 Abs. 1 ASiG.

[87] Beide Einwilligungen sind getrennt zu beurteilen, wenngleich sie in engem Zusammenhang zueinander stehen. So lässt auch eine unbeschränkt erteilte Einwilligung in eine ärztliche Einstellungsuntersuchung nicht ohne weiteres den Schluss zu, auch die Weitergabe der Ergebnisse an den Arbeitgeber sei erlaubt. Vielmehr ist in diesem Falle durch Auslegung gem.

Weitergabe von Ergebnissen genetischer Untersuchungen an den Arbeitgeber von deren Inhalt abhängig machen möchte. Nach gegenwärtigem Recht bedarf die Einwilligung in Untersuchung und Informationsfluss keiner bestimmten Form, so dass sie nicht nur schriftlich, sondern auch mündlich oder konkludent erteilt werden kann[88]. Unter Berücksichtigung der fortschreitenden Tendenz deutscher Rechtsprechung, die Beweislast im Verhältnis zwischen Arzt und Patient zugunsten des Patienten umzukehren[89], wird sich jedoch in dem latent klagesensiblen Bereich genetischer Untersuchungen voraussichtlich eine gewillkürte Schriftform als Verkehrssitte durchsetzen. Dies gilt um so mehr, als die Einwilligung nicht dauerhaft bindend ist und jederzeit widerrufen werden kann[90].

In der Regel wird die Einwilligung sich im Rahmen der zulässigen Aufforderung nach einer Einstellungsuntersuchung bewegen und nur soweit gehen, dass der Arbeitgeber erfährt, ob der Stellenbewerber einsatzfähig ist oder nicht[91]. Soweit der Arbeitgeber detaillierte Kenntnisse über die Ergebnisse der Einstel-

---

§§ 133, 157 BGB zu ermitteln, ob die Gesundheitsdaten dem Arbeitgeber zugänglich gemacht werden sollen. Zur Patienteneinwilligung vgl. *Laufs*, Arztrecht, RN 221 ff., S. 113 ff..

[88] Vgl. BGH NJW 1961, 261; dazu auch *Lauter*, Die Bedeutung der Einwilligung für die Legitimation ärztlichen Handelns, Ethik in der Medizin 1996, 68 ff..

[89] Dazu en detail *Laufs*, Arztrecht, S. 314 f., 335, 340 ff..

[90] Gleichwohl hat der Widerrufende den Widerruf einer von ihm erteilten Einwilligung nachzuweisen, vgl. BGH NJW 1980, 1903.

[91] Vgl. Erfurter Kommentar zum Arbeitsrecht-*Preis*, 230 BGB §611, RN 407; *Keller*, Die ärztliche Untersuchung des Arbeitnehmers im Rahmen des Arbeitsverhältnisses, NZA 1988, 561 (563); *Eich*, AIDS und Arbeitsrecht, NZA 1987, Beilage Nr. 2, S. 10; *Heilmann*, Rechtsprobleme von Einstellungsuntersuchungen, AuA 1995, 157 (159); *Zeller*, Die Einstellungsuntersuchung, BB 1987, 2439 (2442); *Notz*, Zulässigkeit und Grenzen ärztlicher Untersuchungen von Arbeitnehmern, S. 44; *Budde*, Weitergabe arbeitsmedizinischer Daten durch den Betriebsarzt, DB 1985, 1529 (1532); *Däubler*, Gläserne Belegschaften, RN 199; *Eiermann*, Die Schweigepflicht des Betriebsarztes bei arbeitsmedizinischen Untersuchungen nach dem Arbeitssicherheitsgesetz, BB 1980, 214 (215); *Fitting/Auffarth/Kaiser/Haither*, Betriebsverfassungsgesetz Kommentar, § 94 Anm. 21; *Fritsche*, Die rechtliche Stellung der Betriebsärzte im Unternehmen, S. 50; *Hinrichs*, Zur Frage der Schweigepflicht des Betriebsarztes, BB 1976, 1273 f.; *Hümmerich*, Der Schutz der Beschäftigten vor Aufnahme ärztlicher Gutachten in Personalakten und Datenbanken, DB 1975, 1893 (1895); Münchener Kommentar-*Söllner*, BGB, § 611 Anm. 288; *Schaub*, Arbeitsrechts-Handbuch, § 24 II 7; Staudinger-*Richardi*, BGB, § 611, Anm. 112; *Zöllner*, Daten- und Informationsschutz im Arbeitsverhältnis, S. 38; kritisch *Kilian*, Rechtliche Aspekte heutiger betriebsärztlicher Informationssysteme, BB 1980, 893 (895).

lungsuntersuchung erlangen möchte, wird in der Literatur eine ausdrücklich hierauf bezogene Einwilligung des Bewerbers für erforderlich gehalten[92].

cc. Rechtsgeschäftlich vereinbarte Untersuchung

Die genanalytische Untersuchung im Rahmen von Bewerbungsverhandlungen kann sogar zum Inhalt einer **rechtsgeschäftlichen Vereinbarung** zwischen Arbeitgeber und Stellenbewerber in der Weise gemacht werden, dass diesbezüglich eine echte Leistungspflicht des Bewerbers begründet wird[93].

Beurteilt man, wie oben dargelegt, die „freiwillige“ Einstellungsuntersuchung nach den Zulässigkeitskriterien des Arbeitgeberfragerechts, so ist es fraglich, ob auch eine rechtsgeschäftlich zwischen den Vertragsparteien vereinbarte Abrede über die Durchführung einer solchen Untersuchung nach den Zulässigkeitsgrenzen des Fragerechts beurteilt zu werden hat.

Auch wenn in diesem Fall die Pflicht zur Untersuchung nicht aus dem vorvertraglichen Rücksichtnahmegebot, sondern aus einer Leistungspflichten begründenden Vertragsvereinbarung herrührt, kann bezüglich der Grenzen dieser Vereinbarung nichts anderes gelten als für das Fragerecht. Andernfalls könnte der Arbeitgeber die rechtlichen Schranken umgehen, die ihm aus Gründen des Arbeitnehmerschutzes ein unverhältnismäßiges Eindringen in die Privatsphäre des Stellenbewerbers verbieten.

c. Folgen bei unzulässigem Begehren des Arbeitgebers

Der Stellenbewerber, der die Untersuchung seiner genetischen Disposition, die detaillierte Weitergabe diesbezüglicher Analyseergebnisse oder die Auskunft

---

[92] Vgl. *Notz*, Zulässigkeit und Grenzen ärztlicher Untersuchungen von Arbeitnehmern, S. 44 f.; Erfurter Kommentar zum Arbeitsrecht-*Preis*, 230 BGB § 611, RN 407.

[93] Gesteigerte praktische Relevanz wird eine derartige verbindliche – und wohl als Gefälligkeitsvertrag gem. §§ 241, 305 BGB einzustufende – Abrede aber nicht erlangen, weil bereits die freiwillige Durchführung ohne Leistungsanspruch des Arbeitgebers in den meisten Fällen ausreichend sein wird. *Wiese*, Genetische Analyse bei Arbeitnehmern, RdA 1986, 120 (121), weist darüber hinaus darauf hin, dass mangels Bindungswirkung für Stellenbewerber durch eine Betriebsvereinbarung keine Untersuchungspflicht begründet werden kann.

über eigene Kenntnisse ablehnt, muss damit rechnen, bei der Besetzung der Stelle nicht berücksichtigt zu werden, auch wenn sich das Begehren des Arbeitgebers nicht mehr innerhalb des zulässigen Rahmens bewegt. In der Literatur wird verschiedentlich ein **Einstellungsanspruch** eines aus sachwidrigen Gründen abgelehnten Bewerbers postuliert[94], der aber nach überwiegender Auffassung aus guten Gründen abzulehnen ist[95]: Weder wäre ein solcher Einstellungsanspruch mit der Kündigungsfreiheit des Arbeitgebers während der ersten sechs Monate der Beschäftigung, noch mit dem Ablehnungsrecht des Betriebsrats zur Einstellung nach § 99 Abs. 2 BetrVG zu vereinbaren[96]. Auch der gesetzgeberische Wille widerspricht dem Grundgedanken eines Einstellungsanspruches bei sachwidriger Nichtberücksichtigung. Der jungen Vorschrift des § 611a BGB zufolge besteht nämlich für Bewerber, die unter Verstoß gegen das Gleichbehandlungsgebot von Mann und Frau bei der Einstellung übergangen wurden, lediglich ein Anspruch auf Ersatz des Vertrauensschadens.

In Betracht kommt lediglich eine Haftung des Arbeitgebers nach den Grundsätzen der culpa in contrahendo auf Schadenersatz, darüber hinaus ist auch an einen Schadenersatz nach den §§ 823, 826 und 847 BGB zu denken.

Im Falle unzulässiger Fragen des Arbeitgebers beim Einstellungsinterview hinsichtlich vorhandener Kenntnisse über die genetische Konstitution steht dem Arbeitnehmer das sogenannte „Recht zur Lüge“ zur Seite[97].

Eine rechtsgeschäftliche Abrede über eine jenseits des Fragerechts befindliche Untersuchung ist entweder wegen Verstoßes gegen die guten Sitten gemäß § 138 BGB unwirksam, oder kann durch den Arbeitnehmer angefochten werden. Nach Durchführung der Untersuchung ist allerdings nur noch ein Schadener-

---

[94] Vgl. *Gamillscheg*, Arbeitsrecht I, S. 85f.; *ders.*, Die Grundrechte im Arbeitsrecht, AcP 164 (1964), 385 (417 ff.); *ders.*, Der Abschluß des Arbeitsvertrages im neuen Arbeitsvertragsgesetz, S. 793 (802 ff.); *Leipold*, Einstellungsfragebögen und das Recht auf Arbeit, AuR 1971, 161 (166); *Badura*, Grundfreiheiten der Arbeit, S. 11 (22); *Otto*, Personale Freiheit und soziale Bindung, S. 20 ff..

[95] Vgl. *Schwerdtner*, Arbeitsrecht I, S. 27 f., RN 10; *Wiese*, Genetische Analyse bei Arbeitnehmern, RdA 1986, 120 (124 FN 38 m.w.N.); *Notz*, Zulässigkeit und Grenzen ärztlicher Untersuchungen von Arbeitnehmern, S. 46; Münchener Kommentar-*Söllner* , BGB, § 611 Anm. 277, 279 m.w.N..

[96] Vgl. *Schwerdtner*, Arbeitsrecht I, S. 28, RN 10; *Notz*, Zulässigkeit und Grenzen ärztlicher Untersuchungen von Arbeitnehmern, S. 46.

[97] Vgl. Palandt-*Heinrichs*, § 123, RN 6; statt vieler BAG NJW 1993, 1154.

satzanspruch aus Verletzung des allgemeinen Persönlichkeitsrechts gem. §§ 823, 847 BGB denkbar[98].

2. Während des Arbeitsverhältnisses

Nach Begründung des Arbeitsverhältnisses gewinnt das rechtliche Verhältnis zwischen den Parteien des Arbeitsvertrages eine neue Dimension. Während im Verlauf der Einstellungsverhandlungen lediglich vorvertragliche Schutz- und Rücksichtnahmepflichten bestanden, ergibt sich nach Abschluss des Arbeitsvertrages eine wechselseitige rechtliche Verpflichtung von Arbeitgeber und Arbeitnehmer zu gegenseitiger Rücksichtnahme und Förderung nach Maßgabe des Vertragszweckes[99]. Aus der sogenannten Fürsorgepflicht des Arbeitgebers ist der Arbeitgeber für den Schutz von Leben und Gesundheit des Arbeitnehmers verantwortlich und hat dessen Vermögensinteressen zu beachten[100]. Im Gegenzug hat der Arbeitnehmer im Rahmen der Treuepflicht die Interessen des Arbeitgebers im Rahmen des Zumutbaren zu wahren[101].

Hinzu kommt, dass zahlreiche Normen in Gesetzen, Tarifverträgen und Unfallverhütungsvorschriften an den Abschluss eines Arbeitsvertrages explizit die Pflicht des Arbeitnehmers knüpfen, sich ärztlichen Untersuchungen zu unterziehen.

Diese gegenüber der Bewerbungsverhandlung veränderte Situation wirkt sich auch auf die Zulässigkeit genetischer Untersuchungen und auf die Offenbarungspflicht des Arbeitnehmers hinsichtlich seiner genetischen Veranlagung aus.

---

[98] Zur Verletzung des Persönlichkeitsrechts des Arbeitnehmers und Ersatz des immateriellen Schadens in Geld vgl. BGHZ 26, 349 (354 ff.); 36, 77 (84); 39, 124 (130 ff.); BAG, § 847 BGB AP Nr. 13 Bl. 2 R f..

[99] Vgl. *Wiese*, Genetische Analysen und Rechtsordnung, S. 51.

[100] Vgl. Palandt-*Putzo*, RN 96 ff. zu § 611 BGB, vgl auch §§ 617, 618 BGB.

[101] Vgl. Palandt-*Putzo*, RN 42 ff. zu § 611 BGB.

a. Genanalytische Vorsorgeuntersuchung

Im Rahmen von Arbeitsverhältnissen werden nach Anlass und Umfang verschiedene ärztliche Untersuchungen an Arbeitnehmern durchgeführt. Ziel dieser sogenannten Vorsorgeuntersuchungen ist es, ein möglichst umfassendes Bild über die gesundheitliche Konstitution eines Arbeitnehmers zu erhalten[102]. Nach ihren rechtlichen Grundlagen lassen sich **spezielle** – spezialgesetzliche – und **allgemeine** – nicht gesetzlich niedergelegte – arbeitsmedizinische **Vorsorgeuntersuchungen** unterscheiden.

Für diejenigen Betriebe, die dem Geltungsbereich des Arbeitssicherheitsgesetzes gemäß § 2 Abs. 1 ASiG unterfallen, ergibt sich die Verpflichtung des Betriebsarztes zu allgemeinen arbeitsmedizinischen Vorsorgeuntersuchungen aus § 3 Abs. 1 Satz 2 Nr. 2 ASiG:

> „Die Betriebsärzte haben die Aufgabe, den Arbeitgeber beim Arbeitsschutz und bei der Unfallverhütung in allen Fragen des Gesundheitsschutzes zu unterstützen. Sie haben insbesondere [...]
>
> 2. die Arbeitnehmer zu untersuchen, arbeitsmedizinisch zu beurteilen und zu beraten sowie die Untersuchungsergebnisse zu erfassen und auszuwerten, [...]".

Aus der Zuweisung dieser Aufgabe an den Betriebsarzt folgt gleichwohl noch keine Pflicht des Arbeitnehmers zur Duldung einer körperlichen Untersuchung. Bei Ablehnung einer Untersuchung ist vielmehr anhand der Umstände des Einzelfalls zu beurteilen, ob dem Arbeitgeber aufgrund seiner Fürsorgepflicht und nach Maßgabe des Verhältnismäßigkeitsgrundsatzes zunächst eine Versetzung des betreffenden Arbeitnehmers zugemutet werden kann, oder ob in besonders gelagerten Fällen gar die Kündigung des Arbeitsverhältnisses in Betracht gezogen werden muss[103].

---

[102] Vgl. *Notz*, Zulässigkeit und Grenzen ärztlicher Untersuchungen von Arbeitnehmern, S. 49.

[103] nach *Notz*, Zulässigkeit und Grenzen ärztlicher Untersuchungen von Arbeitnehmern, S. 50: *Kliesch/Nöthlichs/Wagner*, Kommentar Arbeitssicherheitsgesetz, § 3 Anm. 7.9.; *Spinnarke/Schork*, Arbeitssicherheitsrecht Kommentar, § 3 Anm. 1.2.2.1. ASiG.

Das **Arbeitsschutzgesetz**[104] normiert in § 11 ein Recht des Arbeitnehmers auf Ermöglichung regelmäßiger arbeitsmedizinischer Vorsorgeuntersuchungen. Im Gegensatz zum vieldiskutierten **Regierungsentwurf eines Arbeitsschutzrahmengesetzes**[105] aus dem Jahr 1993[106], findet die Möglichkeit einer genanalytischen Untersuchung keinerlei Erwähnung oder gar besondere Zulässigkeitskriterien. Im § 22 des Regierungsentwurfs zum ArbSchRG war ursprünglich ein grundsätzliches Verbot genetischer Analysen mit Erlaubnisvorbehalt[107] nach strengen Voraussetzungen vorgesehen[108].

aa. Gesetzlich angeordnete arbeitsmedizinische Vorsorgeuntersuchungen

Zahlreiche Gesetze, Tarifverträge und berufsgenossenschaftliche Unfallverhütungsvorschriften schreiben ärztliche Untersuchungen von Arbeitnehmern im Rahmen bestehender Arbeitsverhältnisse vor[109].

---

[104] Gesetz über die Durchführung von Maßnahmen des Arbeitsschutzes zur Verbesserung der Sicherheit und des Gesundheitsschutzes der Beschäftigten bei der Arbeit (ArbSchG), vom 7. 8. 1996 in der Fassung vom 23. 3. 1997. Das Arbeitsschutzgesetz wurde als Art. 1 des Gesetzes zur Umsetzung der EG-Rahmenrichtlinie Arbeitsschutz und weiterer Arbeitsschutz-Richtlinien vom 7. 8. 1996 (BGBl. I S. 1246) mit Wirkung vom 21. 8. 1996 verkündet. Geltungsbereich dieses Gesetzes ist nach §§ 1,2 ArbSchG beinahe jeder Arbeitsplatz.

[105] Vgl. BR-Drucksache 792/93, Referentenentwurf vom 22. 12. 1992 abgedruckt in DuD 1993, 293.

[106] Regierungsentwurf vom 3. 11. 1993

[107] Nach § 22 Abs. 3 Satz 2 Nr. 1 des Entwurfs bedurften DNA-Untersuchungen sogar der ausdrücklichen Zulassung durch ein Gesetz.

[108] Zustimmend *Wiese*, Genetische Analysen und Arbeitsschutz. Zum Entwurf eines Gesetzes über Sicherheit und Gesundheitsschutz bei der Arbeit (Arbeitsschutzrahmengesetz), BB 1994, S. 1209 ff.; vgl. auch *Oetker*, Der Entwurf eines Arbeitsschutzrahmengesetzes, ZRP 94, 219 ff.; dazu auch *Brückner*, Zum Entwurf der Bundesregierung für ein "Gesetz über Sicherheit und Gesundheitsschutz bei der Arbeit (Arbeitsschutzrahmengesetz)", Der Personalrat 1994, 149 (152).

[109] Spezielle arbeitsmedizinische Vorsorgeuntersuchungen werden an Arbeitnehmern erst nach Begründung des Arbeitsverhältnisses, wenngleich in einigen Fällen vor Aufnahme der tatsächlichen Beschäftigung durchgeführt.

Die rechtlichen Regelungen im einzelnen sind[110]:

- **Gesetze**:

(1) §§ 32 ff. Jugendarbeitsschutzgesetz

(2) § 81 Abs. 2, 3 Seemannsgesetz

(3) § 18 Abs. 2 Bundesseuchengesetz

(4) § 3 Abs. 1 Nr. 2 Arbeitssicherheitsgesetz

- **Rechtsverordnungen**:

(1) § 10 Druckluftverordnung

(2) § 67 Strahlenschutzverordnung

(3) §§ 37 ff. Röntgenschutzverordnung

(4) §§ 28 f. Gefahrstoffverordnung

(5) § 12 Gentechnik-Sicherheitverordnung i.V.m. Anlage VI

(6) §§ 2 ff. Verordnung über die Beschäftigung von Frauen auf Fahrzeugen

(7) § 12 Bergverordnung zum Schutz der Gesundheit gegen Klimaeinwirkung

(8) § 26a LuftVZO

- **Unfallverhütungsvorschriften**[111] nach § 15 Abs. 1 Nr. 3 SGB VII:

(1) UVV Arbeitsmedizinische Vorsorge: §§ 2 ff. VBG 100[112]

---

[110] Detaillierte Ausführungen zu diesen Normen finden sich bei *Notz*, Zulässigkeit und Grenzen ärztlicher Untersuchungen von Arbeitnehmern, S. 50 ff.; *Rose*, Genomanalysen an Arbeitnehmern vor der Einstellung, S. 38 ff..

[111] Berufsgenossenschaften erlassen Unfallverhütungsvorschriften (UVV) über ärztliche Untersuchungen von Versicherten, die vor der Beschäftigung mit Arbeiten durchzuführen sind, deren Ausführung mit besonderen Unfall- oder Gesundheitsgefahren für sie oder Dritte verbunden sind. Diese UVVs sind autonome Rechtsnormen und wirken deshalb gegenüber den Mitgliedern und Versicherten unmittelbar, vgl. Andree, Unfallverhütungsvorschriften, S. 7.

(2) Gesundheitsdienst: § 2a VBG 103 (BG für Gesundheit und Wohlfahrtspflege)

Tarifverträge:

(1) § 7 Abs. 2 BAT

Zu untersuchen ist zum einen, inwieweit eine Verpflichtung des Arbeitnehmers zur Teilnahme an einer derartigen Untersuchung besteht, und wie sich eine Verweigerung auswirken kann. Zum anderen ist zu klären, ob derartige Untersuchungen auch eine genetische Analyse beinhalten dürfen.

Eine Verpflichtung des Arbeitnehmers zur arbeitsmedizinischen Vorsorgeuntersuchung wird durch diese Vorschriften in der Regel nicht begründet[113]. Eine Ausnahme bilden insoweit § 67 Abs. 6 Strahlenschutzverordnung (StrlSchV), § 37 Abs. 6 Röntgenschutzverordnung (RöV) und § 7 Abs. 2 Bundesangestelltentarif (BAT), die ausdrücklich die Duldungspflicht der betreffenden Arbeitnehmer bezüglich der erforderlichen Untersuchungen normieren. In den übrigen Vorschriften, die **spezielle arbeitsmedizinische Vorsorgeuntersuchungen** vorschreiben, hat eine nicht durchgeführte Untersuchung lediglich ein Beschäftigungsverbot für den betreffenden Arbeitnehmer zur Folge[114]. Gleichwohl stellt eine spezialgesetzlich angeordnete arbeitsmedizinische Untersuchung eine vertragliche Nebenpflicht des Arbeitnehmers dar, da es sich bei ihnen um in der Person des Arbeitnehmers liegende Voraussetzungen für die Erfüllung der Hauptleistungspflicht handelt[115]. Bei Verweigerung seiner Mitwirkung in Form einer Einwilligung in die ärztliche Untersuchung ist – aufgrund des resultierenden Beschäftigungsverbots – die Erfüllung der

---

[112] Diese Norm fasst sämtliche vormals existenten arbeitsmedizinischen Vorsorgeuntersuchungen zusammen, vgl. § 15 Abs. 1 VBG 100.

[113] Vgl. *Notz*, Zulässigkeit und Grenzen ärztlicher Untersuchungen von Arbeitnehmern, S. 58; *Wiese*, Genetische Analysen und Rechtsordnung, S. 52; *Schmidt*, Rechtliche Aspekte der Genomanalyse, S. 29; *Klees*, Der gläserne Mensch im Betrieb, S. 44; *Rose*, Genomanalysen an Arbeitnehmern vor der Einstellung, S. 38 f..

[114] Vgl. *Notz*, Zulässigkeit und Grenzen ärztlicher Untersuchungen von Arbeitnehmern, S. 58.

[115] Vgl. *Notz*, Zulässigkeit und Grenzen ärztlicher Untersuchungen von Arbeitnehmern, S. 58 ff.; *Söllner*, Grundriß des Arbeitsrechts, § 27 II 5, S. 238; *Wiese*, Genetische Analyse bei Arbeitnehmern, RdA 1986, S. 120 (125); *Lepke*, Kündigung bei Krankheit, S. 132, 200.

vertraglichen Hauptleistungspflicht wegen eines von ihm zu vertretenden Umstandes im Sinne des § 325 Abs. 1 Satz 1 BGB unmöglich[116]. Der Arbeitgeber kann einen gegebenenfalls entstandenen Schaden als Schadensersatz wegen Nichterfüllung geltend machen[117]. Des weiteren besteht eine Möglichkeit zur Kündigung aus wichtigem Grund gemäß den Voraussetzungen der §§ 621, 622, 626 BGB[118] sowie Schadensersatzansprüche des Arbeitgebers[119]. Die Pflicht des Arbeitgebers zur Entgeltung der versäumten Arbeitszeit entfällt nach der Maßgabe der §§ 325 Abs. 1 Satz 3, 323 BGB. Schließlich besteht bei Vorliegen einer berechtigten außerordentlichen Kündigung gemäß § 626 BGB noch der Schadensersatzanspruch aus § 628 Abs. 2 BGB.

Nach verbreiteter Meinung im Schrifttum werden genetische Analysen nicht durch Vorschriften erfasst, die spezielle Vorsorgeuntersuchungen regeln[120]. Nach diesen Auffassungen ist die genetische Analyse als neuartige, tiefen Einblick in die Persönlichkeitssphäre bietende Untersuchungsmethode, an die der

---

[116] Vgl. Münchener Kommentar-*Söllner*, § 611, RN 15; *Söllner*, Grundriß des Arbeitsrechts, § 27 II 5, S: 238.

[117] Vgl. *Notz*, Zulässigkeit und Grenzen ärztlicher Untersuchungen von Arbeitnehmern, S. 72; Münchener Kommentar-*Söllner*, § 611, RN 15.

[118] Dieses Kündigungsrecht tritt an die Stelle des in § 325 Abs. 1 Satz 1 BGB ebenfalls normierten Rücktrittsrechts, vgl. Münchener Kommentar-*Söllner*, § 611, RN 15.

[119] Vgl. *Notz*, Zulässigkeit und Grenzen ärztlicher Untersuchungen von Arbeitnehmern, S. 72 ff..

[120] Vgl. *Simon*, Genomanalyse - Anwendungsmöglichkeiten und rechtlicher Regelungsbedarf, MDR 1991, 5, 13ff; *ders.*, Arbeitsrechtliche Aspekte der Genomanalyse, S. 20; *Taeger*, Datenschutz bei Genomanalysen am Beispiel der Einstellungs- und Vorsorgeuntersuchungen an Arbeitnehmern, S. 12ff; *Deutsch*, Die Genomanalyse im Arbeits- und Sozialrecht - Ein Beitrag zum genetischen Datenschutz, NZA 1989, 657 (660); *Schierbaum/Kiper*, Arbeitsmedizindaten, Genomanalyse und Datenschutz, AiB 1992, 623 (631); *Diekgräf*, Genomanalyse im Arbeitsrecht, in BB 1991, 1854 (1858); *Spinnarke*, Sicherheitstechnik, Arbeitsmedizin, Arbeitsplatzgestaltung, Anm. 1.4.2., S. 25; *Wiese*, Genetische Analyse bei Arbeitnehmern, RdA 1986, 120 (125); *ders.*, Genetische Analysen an Arbeitnehmern, DuD 1993, 274 (277); *Schmidt*, Rechtliche Aspekte der Genomanalyse, S. 62 f.; *Pletke*, Die Zulässigkeit von Genomanalysen an Arbeitnehmern im deutschen und US-amerikanischen Recht, S. 217ff; *Luthmann*, Rechtliche, insbesondere verfassungsrechtliche Aspekte der Genomanalyse an Arbeitnehmern während bestehender Arbeitsverhältnisse, S. 184 f..

Gesetzgeber nicht gedacht habe[121], ein Aliud zu konventionellen Untersuchungsmethoden[122] und daher nicht vom Normzweck der jeweiligen Vorschriften erfasst[123]. Jedenfalls aber müsse wegen Wandels der Normsituation der Normzweck der Vorschriften einschränkend ausgelegt werden oder gar mittels einer teleologischen Reduktion auf herkömmliche Zwecke beschränkt werden[124]. Auch eine analoge Anwendung der Vorschriften auf eine genanalytische Untersuchung kommt nach dieser Ansicht nicht in Betracht[125].

Dieser Auffassung wird nicht gefolgt. Der Wortlaut der oben genannten Vorschriften gibt keine konkreten Hinweise darauf, welche Untersuchungen durchgeführt werden dürfen oder durchgeführt werden müssen. Den Vorschriften kann somit nicht entnommen werden, ob genetische Analysen zulässig sind. Stellt man auf den Zweck der Regelungen ab, so wird dieser regelmäßig darin bestehen, festzustellen, ob bei einem Arbeitnehmer die gesundheitliche Eignung für einen bestimmten Arbeitsplatz oder für eine bestimmte Tätigkeit gegeben ist. In erster Linie zielen die Untersuchungen auf die Feststellung gesundheitlicher Beeinträchtigungen ab, die eine Beschäftigung oder Weiterbeschäftigung entweder dauerhaft oder vorübergehend ausschließen[126].

---

121 Vgl. *Diekgräf*, Genomanalyse im Arbeitsrecht, BB 1991, 1854 (1858); *Schmidt*, Rechtliche Aspekte der Genomanalyse, S. 63; *Wiese*, Genetische Analysen und Rechtsordnung, S. 52 f.; *Deutsch*, Die Genomanalyse im Arbeits- und Sozialrecht – Ein Beitrag zum genetischen Datenschutz, NZA 1989, 657 (660).

122 Vgl. *Spinnarke*, Sicherheitstechnik, Arbeitsmedizin und Arbeitsplatzgestaltung, Anm, 1.4.2. S. 25 f.; *Wiese*, Genetische Analyse bei Arbeitnehmern, RdA 1986, 120 (125); *ders.*, Genetische Analysen und Rechtsordnung, S. 52 f..

123 Vgl. *Simon*, Genomanalyse – Anwendungsmöglichkeiten und rechtlicher Regelungsbedarf, MDR 1991, 5 (13); *Diekgräf*, Genomanalyse im Arbeitsrecht, BB 1991, 1854 (1858).

124 Vgl. *Wiese*, Genetische Analysen und Rechtsordnung, S. 52 f.; *ders.*, Genetische Analyse bei Arbeitnehmern, RdA 1986, 120 (125); *ders.*, Genetische Analysen an Arbeitnehmern, DuD 1993, 274 (277 f.).

125 Vgl. *Simon*, Genomanalyse - Anwendungsmöglichkeiten und rechtlicher Regelungsbedarf, MDR 1991, 5 (13); *Schierbaum/Kiper*, Arbeitsmedizindaten, Genomanalysen und Datenschutz, AiB 1992, 623 (631); *Diekgräf*, Genomanalyse im Arbeitsrecht, BB 1991, 1854 (1858); *Taeger*, Datenschutz bei Genomanalysen am Beispiel der Einstellungs- und Vorsorgeuntersuchungen an Arbeitnehmern, S. 20.

126 So auch *Spinnarke*, Sicherheitstechnik, Arbeitsmedizin, Arbeitsplatzgestaltung, Anm. 1.4.2., S. 24; Münchener Handbuch zum Arbeitsrecht-*Wlotzke*, Bd. 2, § 208, RN 32, S. 1566.

Nach Meinung Pletkes dürfen daher immerhin solche genetischen Untersuchungen vorgenommen werden, durch die sich konkrete gesundheitliche Beeinträchtigungen feststellen lassen, wozu er auch kurz vor dem Ausbruch befindliche Erkrankungen zählt[127].

Betrachtet man die Schutzrichtungen der Vorschriften, so richten sie sich meistenteils auf den Schutz der Arbeitnehmer (JSchG, DruckluftVO, StrahlenschutzVO, RöntgenschutzVO, GefahrstoffVO, Gentechnik-SicherheitsVO, BergVO zum Schutz der Gesundheit gegen Klimaeinwirkung, Unfallverhütungsvorschriften, wohl auch SeemannsG), und nur nachrangig auf den Schutz Dritter (BundesseuchenG, SeemannsG, Unfallverhütungsvorschriften). Soweit der Schutz der Arbeitnehmer zum Zweck der Vorschrift gehört, ist auch die Feststellung von noch nicht akuten Gesundheitsstörungen und genetischen Anfälligkeiten durchaus im (objektivierten) Interesse des durch die konkrete Beschäftigung gefährdeten Arbeitnehmers. Der pauschale Ausschluss der genetischen Analyse aus dem Normzweck durch die oben aufgeführten Autoren erscheint aus dieser Perspektive haltlos. Selbst Pletkes Kritik an der herrschenden Auffassung kann vor diesem Hintergrund wegen ihrer Zurückhaltung bei weitem noch nicht zufrieden stellen. Nicht nur die Feststellung in Kürze ausbrechender Krankheiten, auch die Erkennung weiter entfernter Gefahren sind im Interesse des Arbeitnehmers und beteiligter Dritter vom Normzweck erfasst.

Weiterhin ist kein Grund ersichtlich, warum eine genetische Analyse ein Aliud zu einer herkömmlichen medizinischen Untersuchung sein sollte. Zwar sind mit gentechnischen Methoden fraglos tiefgreifendere Erkenntnisse möglich, die tiefere Einblicke in die Gesundheit des untersuchten Menschen erlauben. Dennoch aber handelt es sich um eine diagnostische Methode wie auch die Blutuntersuchung, die Röntgenaufnahme oder das EKG, die gleichermaßen im Rahmen einer präsymptomatischen Diagnostik zur Erzielung von Erkenntnissen über den zukünftigen gesundheitlichen Status des Untersuchten dienen[128].

Auch das Abstellen auf den "Wandel der Normsituation"[129] vermag eine andere Sichtweise nicht zu rechtfertigen. Es liegt vielmehr durchaus in der Natur abs-

---

[127] Vgl. *Pletke*, Die Zulässigkeit von Genomanalysen an Arbeitnehmern im deutschen und US-amerikanischen Recht, S. 219.

[128] Auch *Wiese*, Genetische Analysen und Rechtsordnung, S. 52, hält grundsätzlich im Rahmen der gesetzlich angeordneten arbeitsmedizinischen Vorsorgeuntersuchungen die Ausschöpfung aller zur Verfügung stehenden medizinischen Mittel für zulässig.

[129] Vgl. *Wiese*, Genetische Analysen an Arbeitnehmern, DuD 1993, 274 (277 f.).

trakter Normen, dass sie sich auch auf veränderte Sachverhalte anpassen, ohne dass sie zwingend alles ausschließen, was bei ihrer Setzung noch nicht bekannt war.

Der fehlende gesetzgeberische Wille kann ebenso wenig herangezogen werden, ohne dass nicht auch entgegengehalten werden muss, dass der Gesetzgeber in den letzten 14 Jahren seit dem Report der Benda-Kommission keinerlei Schritte zur Änderung der Gesetzeslage unternommen hat. Wenn der Gesetzgeber einen generellen Ausschluss genetischer Analysen bei arbeitsmedizinischen Vorsorgeuntersuchungen gewollt hätte, so hätte er ein Verbot genanalytischer Untersuchungen normieren müssen. Denn selbst wenn die speziellen Vorsorgenormen ihrem Normzweck nach diesen Ausschluss bereits beinhalten würden, wäre in den Bereichen, in denen keine spezialgesetzliche Regel zum Einsatz kommt – mithin bei sämtlichen allgemeinen Vorsorgeuntersuchungen – , ohne ausdrückliches Verbot die Genanalyse weiterhin zulässig. Erwähnenswert ist in diesem Zusammenhang zudem, dass sich auch im Arbeitsschutzgesetz kein Verbot genetischer Untersuchungen findet, obwohl der vorangegangene Regierungsentwurf eines Arbeitsschutzrahmengesetzes ein solches Verbot enthalten hatte[130]. Da ein gesetzliches Verbot aber nach wie vor fehlt, darf auch bezweifelt werden, dass nach dem Zweck der Spezialnormen tatsächlich die genetische Analyse an Arbeitnehmern ausgeschlossen sein soll[131]. Eine teleologische Reduktion des Regelungswortlautes anhand des Regelungszwecks, wie Wiese sie postuliert[132], scheidet nach den obigen Erwägungen zum Regelungszweck ebenfalls aus.

Im Rahmen der speziellen arbeitsmedizinischen Vorsorgeuntersuchungen können somit grundsätzlich auch genetische Analysen zur Anwendung kommen.

---

[130] Vgl. oben unter 3. Teil: A. I. 2. a..

[131] Erstaunlich ist in diesem Zusammenhang, dass auch die Vertreter der Normzweck-Argumentation eine Verbotsnorm fordern, was ihre Position nicht glaubwürdig erscheinen lässt, vgl. *Wiese*, Genetische Analysen und Rechtsordnung, S. 55.

[132] Vgl. *Wiese*, Genetische Analysen und Rechtsordnung, S. 52 f.; *ders.*, Genetische Analyse bei Arbeitnehmern, RdA 1986, 120 (125); *ders.*, Genetische Analysen an Arbeitnehmern, DuD 1993, 274 (277 f.).

bb. Untersuchung als Treuepflicht

Auch ohne ausdrückliche spezialgesetzliche Anordnung gilt, dass der Arbeitnehmer unter bestimmten Umständen verpflichtet sein kann, sich ärztlich untersuchen zu lassen[133]. Eine solche Pflicht folgt nicht bereits aus dem Direktionsrecht des Arbeitgebers, das diesem zwar die Befugnis einräumt, durch bestimmte Anordnungen die Arbeitspflicht des Arbeitnehmers zu konkretisieren[134], das aber gegenüber den arbeitsvertraglichen Haupt- und Nebenleistungspflichten zurücktritt[135]. Rechtsgrundlage einer derartigen **allgemeinen arbeitsmedizinischen Vorsorgeuntersuchung** ist vielmehr die aus § 242 BGB abgeleitete **Treuepflicht des Arbeitnehmers**[136]. Diese Treuepflicht ist Ausfluss und Inhalt der Verpflichtung zur Übernahme einer durch den Arbeitsvertrag festgelegten Funktion innerhalb eines fremden Arbeits- oder Lebensbereiches. Der Arbeitnehmer schuldet insoweit ein Gesamtverhalten, das darauf gerichtet ist, nach Maßgabe der von ihm übernommenen Funktion die berechtigten Interessen des Arbeitgebers nicht zu schädigen und im Rahmen des Zumutbaren wahrzunehmen[137]. Die Treuepflicht erfüllt insofern eine notwendige Komplementärfunktion zur Ermöglichung der arbeitsvertraglichen Hauptleistungspflicht – der Erbringung der geschuldeten Arbeitsleistung.

Diese Charakterisierung der Treuepflicht als „leistungssichernde Nebenpflicht" [138] bedingt, dass neben der Hauptleistungspflicht auch weitere Handlungspflichten des Arbeitnehmers bestehen, einschließlich der Pflicht zur Duldung einer medizinischen Untersuchung, soweit dies im berechtigten Arbeitgeberin-

---

[133] Vgl. *Keller*, Die ärztliche Untersuchung des Arbeitnehmers im Rahmen des Arbeitsverhältnisses, NZA 1988, 561 ff..

[134] Vgl. BAG, § 611 AP Nr. 26 Bl. 2 f.; Palandt-*Putzo*, BGB, § 611, RN 45.

[135] Vgl. Palandt-*Putzo*, BGB, Einf. v. § 611, RN 79; *Notz*, Zulässigkeit und Grenzen ärztlicher Untersuchungen an Arbeitnehmern, S. 63.

[136] Vgl. BAG, AP Nr. 1 zu § 103 BetrVG Bl. 6 R; *Hueck/Nipperdey*, Lehrbuch des Arbeitsrechts Band I, S. 241 f.; Münchener Kommentar-*Söllner*, § 611, RN 375 f.; Palandt-*Putzo*, § 611, RN 42 ff.; *Wiese*, Genetische Analyse bei Arbeitnehmern, RdA 1986, 120 (126).

[137] Vgl. *Wiese*, Genetische Analyse bei Arbeitnehmern, RdA 1986, 120 (126); *Notz*, Zulässigkeit und Grenzen ärztlicher Untersuchungen an Arbeitnehmern, S. 59.

[138] Vgl. Münchener Kommentar-*Roth*, § 242 BGB, RN 142.

teresse geboten erscheint[139]. Insbesondere bei begründetem Verdacht einer Erkrankung, zum Schutz von Arbeitskollegen, Arbeitgeber oder Kunden und bei einer dringend betrieblich erforderlichen Versetzung auf einen möglicherweise gesundheitsgefährdenden Arbeitsplatz besteht regelmäßig eine Pflicht des Arbeitnehmers zur medizinischen Untersuchung[140]. Soweit eine Beförderung oder nicht betrieblich erforderliche Versetzung vorzubereiten ist, besteht zwar ebenfalls ein berechtigtes Arbeitgeberinteresse für eine Vorsorgeuntersuchung, gleichwohl ist aufgrund der Vergleichbarkeit dieser Situation mit der vor Abschluss des Arbeitsvertrages eine Untersuchungspflicht des Arbeitnehmers abzulehnen[141].

Im Rahmen der treuepflichtgemäßen Duldung einer ärztlichen Untersuchung können nach der gegenwärtigen Rechtslage auch genetische Analysen zur Aufdeckung von Krankheitsbefunden und Gesundheitsrisiken zum Einsatz gebracht werden, sofern dies im Sinne der oben genannten Fallkonstellationen indiziert erscheint. Wenn beispielsweise die gesundheitliche Eignung eines Arbeitnehmers für einen Arbeitsplatz zu überprüfen ist, an dem der Arbeitnehmer gefährlichen Arbeitsstoffen ausgesetzt ist, so kann die genetische Analyse das Mittel der Wahl sein, mögliche Gefährdungen des Arbeitnehmers zu antizipieren und vermeiden.

b. „Freiwillige“ Untersuchung

Auch sofern die Voraussetzungen einer allgemeinen arbeitsmedizinischen Vorsorgeuntersuchung nicht vorliegen, kann sich der Arbeitnehmer während des

---

[139] Zu diesem Ergebnis kommt auch der Entwurf eines Arbeitsgesetzbuches – Allgemeines Arbeitsvertragsrecht – der Arbeitsgesetzbuchkommission, nach dessen § 79 a der Arbeitgeber eine ärztliche Untersuchung verlangen kann, wenn dafür ein begründeter Anlass besteht.

[140] Vgl. BAG, Urt. v. 23.2.1967, § 7 BAT, AP Nr. 1 Bl. 1 R; Münchener Kommentar-*Söllner*, § 611 BGB, RN 401; *Zöllner*, Daten- und Informationsschutz im Arbeitsverhältnis, S. 37 f.; *Fitting/Auffarth/Kaiser/Heiter*, Betriebsverfassungsgesetz Kommentar, § 94, RN 22; *Wiese*, Der Persönlichkeitsschutz des Arbeitnehmers gegenüber der Arbeitgeber, ZfA 1971, 273 (287, 301); *ders.*, Genetische Analyse bei Arbeitnehmern, RdA 1986, 120 (127); *Notz*, Zulässigkeit und Grenzen ärztlicher Untersuchungen an Arbeitnehmern, S. 60.

[141] Vgl. *Notz*, Zulässigkeit und Grenzen ärztlicher Untersuchungen an Arbeitnehmern, S. 61 f., der darauf hinweist, dass die Konsequenzen einer Verweigerung der Untersuchung durch den Arbeitnehmer in diesem Fall von ihm verantwortet werden können, so dass es einer Handlungspflicht nicht bedarf.

Arbeitsverhältnisses auf Anfrage des Arbeitgebers einer genetischen Analyse unterziehen[142]. Hinsichtlich der Einwilligung in eine derartige „freiwillige“ genanalytischen Untersuchung gelten die gleichen Grundsätze wie bei der Vertragsanbahnung[143].

c. Vorhandenes Wissen: Offenbarungspflicht

Auch während des Arbeitsverhältnisses kann der Arbeitnehmer in bestimmten Fällen durch die arbeitsrechtliche Treuepflicht zur ungefragten Offenbarung seiner genetischen Disposition verpflichtet sein. Die allgemeinen Grundsätze zur Offenbarungspflicht im Stadium der Vertragsverhandlungen, insbesondere die Kasuistik im arbeitsrechtlichen Anbahnungsverhältnis können ohne weiteres auf vorhandenes Wissen bezüglich der genetischen Disposition des Arbeitnehmers übertragen werden. Insoweit muss der Arbeitnehmer Kenntnisse über eigene genetische Befunde dem Arbeitgeber gegenüber auch während eines Arbeitsverhältnisses preisgeben, soweit aufgrund der zu erwartenden genetisch bedingten körperlichen Verfassung eine zufriedenstellende Erfüllung seiner Arbeitstätigkeit unmöglich sein würde. Gleichermaßen wird die Offenbarungspflicht ausgelöst, wenn aufgrund einer zu erwartenden genetischen Störung die Gesundheit Dritter im Bereich des Arbeitsplatzes gefährdet würde.

Eine Offenbarungspflicht des Arbeitnehmers bezüglich ihm bekannter genetischer Veranlagungen wird teilweise im Schrifttum[144] aus denselben Gründen abgelehnt, die oben bereits im Zusammenhang mit der Zulässigkeit genetischer Analysen anlässlich arbeitsmedizinischer Vorsorgeuntersuchungen abschlägig erörtert wurden[145].

---

[142] Vgl. *Schierbaum/Kiper*, Arbeitsmedizindaten, Genomanalyse und Datenschutz, AiB 1992, 623 (631); *Deutsch*, Die Genomanalyse im Arbeits- und Sozialrecht – Ein Beitrag zum genetischen Datenschutz, NZA 1989, 657 (659); *Simon*, Arbeitsrechtliche Aspekte der Genomanalyse, in: Recht der Biotechnologie Bd. III, Simon (Hrsg.), S. 22; *Notz*, Zulässigkeit und Grenzen ärztlicher Untersuchungen von Arbeitnehmern, S. 64 ff.; auch Wiese hält trotz aller Bedenken bei allgemeinen und speziellen Vorsorgeuntersuchungen eine freiwillige Genanalyse für zulässig, vgl. *Wiese*, Genetische Analysen und Rechtsordnung, S. 55.; *ders.*, Genetische Analyse bei Arbeitnehmern, RdA 1986, 120 (127).

[143] Vgl. oben 1. a. bb..

[144] Vgl. *Wiese*, Genetische Analysen und Rechtsordnung, S. 53;

[145] Vgl. oben unter 2. a..

II. Verfassungsrechtliche Grenzen

1. Anwendbarkeit der verfassungsrechtlichen Maßstäbe

Das Verhältnis zwischen **öffentlichem Arbeitgeber** und Stellenbewerber bzw. Arbeitnehmer unterliegt uneingeschränkt und unmittelbar den verfassungsrechtlichen Grenzen. Gemäß Art. 33 Abs. 2 GG hat jeder Deutsche nach seiner Eignung, Befähigung und fachlicher Leistung den gleichen Zugang zu öffentlichen Ämtern. Zur Feststellung der Eignung steht dem öffentlichen Arbeitgeber ein Fragerecht zu, das nach den gleichen Grundsätzen wie das des privaten Arbeitgebers zu beurteilen ist[146]. Durch die verfassungsrechtliche Privilegierung des Bewerbers für den öffentlichen Dienst kann dessen Rechtsstellung gegenüber dem Bewerber im privatrechtlichen Arbeitsbereich verbessert sein. Während der private Arbeitgeber in seiner Einstellungsentscheidung grundsätzlich frei bleibt, kann sich die Rechtsstellung des Bewerbers um den öffentlichen Dienst aus Art. 33 Abs. 2 GG zu einem Rechtsanspruch verdichten, wenn sich das Ermessen der einstellenden Behörde auf Null reduziert, weil der Bewerber der bestgeeignete ist, der Hoheitsträger die Stelle tatsächlich besetzen will und dies auch haushaltsrechtlich gestattet ist[147]. Abgesehen davon reicht das Fragerecht des öffentlichen Arbeitgebers nicht weiter als das des privaten Arbeitgebers[148].

Im Verhältnis zwischen **privatem Arbeitgeber** und Arbeitnehmer gilt grundsätzlich das Zivilrecht einschließlich der speziellen arbeitsgesetzlichen Regeln. Gleichwohl ist das Arbeitsrecht ein typischer Anwendungsbereich für eine **Drittwirkung der Grundrechte**. In vielen Konstellationen, abhängig insbesondere von dem jeweiligen Verhältnis zwischen Angebot und Nachfrage in einem Segment des Arbeitsmarktes, kommt das Ungleichgewicht zwischen Arbeitanbietendem und –nachfragendem einem Subordinationsverhältnis gleich. Entsprechend schwer wiegt für den Stellenbewerber oder Arbeitnehmer in diesen Bereichen die Verwehrung bzw. der Verlust eines angestrebten bzw.

---

[146] Vgl. LAG Düsseldorf v. 24.6.1988, PersR 1989, S. 82f.

[147] Vgl. Erfurter Kommentar zum Arbeitsrecht-*Preis*, 230 BGB § 611, RN 351.

[148] Vgl. *Conze*, Fragerecht des öffentlichen Arbeitgebers und Offenbarungspflicht des Bewerbers bei der Vertragsanbahnung, ZTR 1991, 99 (101).

innegehabten Arbeitsplatzes in ideeller und materieller Hinsicht. Hinzu kommt die besondere Rolle der Arbeit als Grundpfeiler zur Ermöglichung einer materiellen Lebensgrundlegung und –planung. Die Arbeitslosigkeit wirft einen dunklen Schatten auf die Möglichkeiten individueller Selbstverwirklichung. Damit soll nicht gesagt werden, dass die von Menschenwürdegarantie und Grundrechten vorausgesetzte Autonomie bei Beschäftigungslosen grundsätzlich nicht gegeben ist. Zur Abwendung dieser Konsequenz greifen die subsidiär gewährleisteten sozialen Auffangmechanismen der staatlichen Wohlfahrt[149]. Gleichwohl ist das individuelle Entfaltungsbestreben häufig nicht mit der staatlich garantierten Minimalversorgung zu befriedigen, insbesondere, da mit dieser Alimentierung bereits das Stigma der Unfähigkeit zur eigenständigen Unterhaltssicherung anhaftet[150].

Der in ihrer Tragweite existenziell zu nennenden Bedeutung der Arbeit entspricht auf einem nachfragedominierten Arbeitsmarkt kein gleichwertiges Interesse des Arbeitgebers. In dieser Situation entfalten die Grundrechte ihre mittelbare Wirkung für die Beurteilung der zwischen den ungleichen Parteien stattfindenden Rechtshandlungen zugunsten der schwächeren Partei. Bei der Ermittlung der Zulässigkeitsgrenzen von genanalytischen Untersuchungen und auf solche bezogenen Auskunfts- und Offenbarungspflichten sind die einschlägigen grundrechtlichen Positionen des Stellenbewerbers bzw. Arbeitnehmers daher nach den Regeln der Drittwirkung zu berücksichtigen[151].

---

[149] Das Existenzminimum wird nach geltendem Recht über das Sozialstaatsprinzip und Art. 1 Abs. 1 GG nebst konkretisierenden Gesetzen gewährleistet, vgl. *Riedel*, „Arbeitspflichten" vor Verwaltungsgerichten, Verwaltungs-Archiv 75 (1984), S. 237 ff., insbes. 255.

[150] Zur Diskussion eines **Rechts auf Arbeit** in seiner verfassungsrechtlich verbindlichen „hard law"-Umsetzung als Grundrecht, als Einrichtungsgarantie und als Programmsatz im Grundgesetz beziehungsweise als rechtsgestaltender Menschenrechts-Standard bei der Berücksichtigung im konkreten Entscheidungsprozess vgl. *Riedel*, Theorie der Menschenrechtsstandards, S. 360 ff., insbes. 368 ff..

[151] Die Rechtsnorm, in deren Rahmen die Grundrechtswirkungen zur Erörterung gelangen, ist bei einer Klage des Arbeitnehmers insbesondere die Vorschrift des § 826 BGB. Bei rechtsgeschäftlichen Vereinbarungen zwischen Arbeitgeber und Arbeitnehmer über die Durchführung einer Genanalyse kommen die §§ 134 und 138 BGB zum Einsatz; bei den Auskunfts- und Offenbarungspflichten ist deren zulässiger Umfang gemäß § 242 BGB nach der Maßgabe von Treu und Glauben zu ermitteln.

2. Zulässigkeitsgrenzen im Lichte von Menschenwürde und Recht auf genetische Selbstbestimmung

a. Verletzung der individuellen Menschenwürde

Um eine Verletzung der Menschenwürde zu begründen, muss das zu prüfende Verhalten in den Schutzbereich der Würdegarantie des Art. 1 Abs. 1 GG fallen. Wie oben festgestellt, ist der Schutzbereich primär in das subjektive Empfinden des durch das zu prüfende Verhalten Betroffenen gestellt, muss jedoch gleichzeitig einem objektiven Maßstab – als Schutz vor übertriebener Empfindlichkeit – genügen. Ein Verhalten, das einzig und allein Ausdruck der in der Menschenwürde liegenden Autonomie ist, kann per se keinesfalls in den Schutzbereich der Menschenwürde des Handelnden eingreifen[152]. Eine solche eindeutige Situation liegt jedoch im Arbeitsrecht grundsätzlich nicht vor, da die in Frage stehenden Handlungen nicht einem inneren Antrieb des Arbeitswilligen, sondern einem fremden Anliegen entspringen.

Im vorliegenden Fall ist kein individueller Sachverhalt, sondern die generelle Situation der Stellenbewerber und Arbeitnehmer zu prüfen. Da insofern kein subjektiver Maßstab zur Verfügung steht, obliegt die Beurteilung einer objektivierten Perspektive. Die Frage lautet daher konkret, ob die Preisgabe von Kenntnissen über die genetische Konstitution gegenüber dem Arbeitgeber und ob die Aufforderung des Arbeitgebers zur Durchführung einer genetischen Analyse geeignet sein können, die menschliche Würde des Arbeitnehmers zu verletzen. Die genetische Konstitution eines Menschen, insbesondere soweit sie sich auf die Gesundheit bezieht, berührt in hohem Maße dessen Lebensführung und Schicksal. Sie gewährt einen weitreichenden Einblick in die wahrscheinliche Zukunft der Person und die Grenzen ihrer Gestaltungsmöglichkeiten. Wenn ein Arbeitgeber die ihm zur Seite stehende faktische Machtposition ausnutzt, um derartige Kenntnisse über die Person des Arbeitnehmers oder Stellenbewerbers zu erlangen, ist sein Verhalten geeignet, die Menschenwürde dieser Person zu verletzen. Ein Eingriff in den Schutzbereich des Art. 1 Abs. 1 GG kann insoweit vorliegen.

---

[152] Zum Verhältnis subjektiver und objektiver Schutzbereichsbestimmung sowie zum u.a. als Beispiel reiner Autonomieausübung genannten Fall des geschlechtsumwandlungswilligen Transsexuellen vgl. oben 2. Teil: A. II. 4. a..

Angesichts des starken Autonomiegehaltes der Würdegarantie aus Art. 1 Abs. 1 GG kann jedoch eine Verletzung der Menschenwürde des Stellenbewerbers und des Arbeitnehmers unabhängig von der Gesinnung des Arbeitgebers[153] bereits dann nicht in Betracht kommen, wenn der Eingriff auf einem Akt freiwilliger, selbstbestimmter Mitwirkung des Betroffenen beruht. Eine solche essentielle Mitwirkung ist dann als Verzicht auf den Schutz der Würdegarantie zu bewerten. In allen arbeitsrechtlichen Bereichen, in denen eine genanalytische Untersuchung oder die Preisgabe genetischen Wissens in Betracht kommt, ist die verletzungsrelevante Handlung mit einer Beteiligung des Stellenbewerbers oder des Arbeitnehmers verbunden. Bei der Auskunft und der Offenbarung seines auf seine genetische Disposition bezogenen Kenntnisstandes besteht diese Beteiligung in einer verbalen Mitteilung, im Falle der Einstellungs- und Vorsorgeuntersuchungen besteht sie in dem Sich-zur-Verfügung-Stellen und der Einwilligung zu einer Blutabnahme. Damit eine Verletzung in Frage kommt, müssen diese Handlungen unfreiwillig sein. Für die Unfreiwilligkeit spricht, dass der Arbeitswillige, wie oben ausgeführt, einem nicht zu unterschätzenden Druck unterliegt, der proportional zu seinem Interesse an dem in Frage stehenden Arbeitsplatz steigt[154]. Dieser Druck hat eine andere Qualität als eine durchschnittliche rechtsgeschäftliche Entscheidungssituation, in der der Akteur eine Rechtsposition – zum Beispiel sein Eigentum an Geld bei einem Kaufvertrag oder Informationen zu Beruf und Einkommen beim Kreditkartenantrag – preiszugeben hat, wenn er ein anderes Gut erlangen möchte. Der Arbeitswillige steht nämlich vor der Wahl, entweder die Angaben zu seiner genetischen Verfassung zu machen bzw. die Ermittlung derartiger Informationen zuzulassen oder auf den Arbeitplatz sowie die damit verknüpften Folgen für Existenz und Subsistenz verzichten zu müssen. Gleichwohl führt nicht jede existenzielle Belastung dazu, dass alle zur Linderung dieser Belastung eingegangenen Einbußen an Rechtsgütern unfreiwillig erfolgen. Erst eine Zusammenschau aller beteiligten Umstände und konkreten Handlungsmotive kann letztlich die Beurteilung der Freiwilligkeit ermöglichen. In Betracht zu ziehen ist insbesondere auch, inwieweit der Arbeitgeber berechtigte Interessen geltend machen kann, die für den Arbeitswilligen erkennbar sind und die er berücksichtigen muss. In grundrechtlicher Perspektive können die Interessen des Arbeitgebers seiner allgemeinen Handlungsfreiheit beziehungsweise dem

---

[153] Hier ist die Frage nach dem subjektiven Verletzungsmoment angesprochen, das oben diskutiert wurde, vgl. 2. Teil: A. II. 4. c..

[154] Vgl. zu einzelnen druckerhöhenden Parametern Otto, Personale Freiheit und soziale Bindung, S. 16.

Recht des eingerichteten und ausgeübten Gewerbebetriebes zugeordnet werden. Ein durch ständige Rechtsprechung und literarische Stellungnahmen wohlgereiftes Sortiment solcher berechtigten Interessen ist im Rahmen der obigen Ausführungen zur gegenwärtigen, verfassungsnormativ ungefilterten, Rechtslage bereits zur Sprache gekommen[155]. Bezüglich der Auskunftspflicht[156] und der Durchführung genetischer Untersuchungen[157] gelten die drei zur zulässigen Ausübung des Arbeitgeberfragerechts in Gesundheitsdingen herausgearbeiteten Fallgruppen des Bundesarbeitsgerichts[158]. Der Arbeitgeber hat danach ein berechtigtes Interesse erstens an der Kenntnis einer Beeinträchtigung des Gesundheitszustandes, durch die die Eignung für die vorgesehene Tätigkeit auf Dauer oder in periodisch wiederkehrenden Abständen eingeschränkt ist, zweitens an ansteckenden Krankheiten, die Dritte gefährden könnten und drittens an einer absehbaren Arbeitsunfähigkeit. Wie oben herausgearbeitet, sind diese Fallgruppen auch auf genetische Defekte mit Krankheitswert anwendbar. Darüber hinaus hat der Arbeitgeber aufgrund der ihm gegenüber dem Arbeitnehmer obliegenden Schutzpflicht ein berechtigtes Interesse an der genanalytischen Ermittlung genetischer Sensibilitäten für arbeitsplatzspezifische Risiken – beispielsweise Allergien auf bestimmte Werkstoffe. Bezüglich der ungefragten Offenbarung hat der Arbeitgeber ein berechtigtes Interesse lediglich an der Kenntnis solcher genetischer Befunde, die eine Erfüllung der in Aussicht genommenen Tätigkeit absolut ausschließen oder eine schwere Gefährdung Dritter verursache würden[159]. Soweit sich die Preisgabe von genetischen Kenntnissen durch den Arbeitnehmer oder eine auf Betreiben des Arbeitgebers durchgeführte genanalytische Untersuchung in diesem Rahmen bewegt, ist die erforderliche Mitwirkungshandlung des Arbeitnehmers noch als freiwillig anzusehen. Diese Freiwilligkeit ermöglicht einen wirksamen Grundrechtsverzicht des Arbeitswilligen und schließt eine Verletzung der Menschenwürde durch den Arbeitgeber aus.

Erst wenn das Erkenntnisziel des Arbeitgebers außerhalb seines berechtigten Interesses liegt, ist regelmäßig – immer vorausgesetzt ein entsprechendes sub-

---

[155] Vgl. oben unter I..

[156] Vgl. oben unter I. 1. a. aa..

[157] Vgl. oben unter I. 1. b. und I. 2. a. und b..

[158] Vgl. BAG Urteil v. 07.06.1984 AP Nr. 26 zu § 123 BGB, auch BAG DB 1984, S. 2706.

[159] Vgl. oben unter I. 1. a. bb. und I. 2. c..

jektives Empfinden des Betroffenen – die Menschenwürde des Arbeitnehmers verletzt. Dies betrifft zum einen Situationen, in denen der Arbeitnehmer auf Nachfrage des Arbeitgebers Informationen über Eigenschaften seiner genetischen Konstitution preisgibt, die nicht mehr den Bereich der genannten Fallgruppen betreffen. Zum anderen kann eine Würdeverletzung vorliegen, soweit eine vom Arbeitgeber veranlasste Genanalyse der Ermittlung genetischer Merkmale dient, die über den gesundheitlich für die konkrete Beschäftigung relevanten Rahmen hinausgehen.

Gleichwohl kann auch dann noch im Einzelfall ein freiwilliger Grundrechtsverzicht möglich sein. Während jedoch im Rahmen des berechtigten Arbeitgeberinteresses grundsätzlich von einer freiwilligen, die Verletzung ausschließenden Mitwirkung des Arbeitswilligen ausgegangen werden kann, spricht bei einem Verzicht auf die Würdegewährleistung jenseits des berechtigten Arbeitgeberinteresses ein präsumtives Indiz gegen die Freiwilligkeit dieser Handlung. In solch einem Fall müsste der Charakter der unfreiwilligen Verletzung besonders widerlegt werden.

b. Verletzung der kollektiven Menschenwürde

Eine kurze Untersuchung soll der Frage zuteil werden, ob die Anwendung genanalytischer Untersuchungen im Arbeitsrecht auch das Potential besitzt, eine Dimension der Würdegarantie aus Art. 1 Abs. 1 GG zu verletzen, die die „Würde der Menschheit" zum Schutzgegenstand hat[160]. Dieser kollektive, von den einzelnen Rechtssubjekten losgelöste Aspekt hat den Schutz künftiger Generationen vor den Nachteilen des gentechnischen Fortschritts im Visier, indem er die Bedingungen des Menschseins, das dem Würdeschutz zugrunde liegende Verständnis vom Menschen, gewährleistet[161]. Bereits an dieser Stelle zeigt sich, dass diese neue Ebene der Menschenwürde für den Bereich genetischer Analysen keine Relevanz besitzt. Die Belange künftiger Generationen sind durch die Anwendung genanalytischer Techniken ebenso wenig berührt wie der Bestand des der Würdegarantie zugrunde liegenden Menschenverständnisses. Erst wenn mittels Gentherapie auf Keimbahnebene der „point of no return" überschritten

---

[160] Vgl. mit umfangreichen Nachweisen die Ausführungen oben, 2. Teil: A. II. 5..

[161] Vgl. dazu oben 2. Teil: A. II. 5..

wird, kann eine Verletzung der kollektiven Menschenwürde in Betracht gezogen werden[162].

c. Verletzung des Rechts auf genetische Selbstbestimmung

Eine Verletzung des genetischen Selbstbestimmungsrechts kommt im Rahmen der Zulässigkeitsuntersuchung im Arbeitsrecht in zweifacher Hinsicht in Betracht. Zum einen kann sowohl in der Preisgabe von bekannter genetischer Disposition als auch in einer genanalytischen Untersuchung ein unzulässiger Eingriff in den Schutz des Arbeitnehmers vor genetischer Ausforschung begründet sein. Zum anderen kann nach Durchführung einer genanalytischen Einstellungs- oder Vorsorgeuntersuchung das Recht des Arbeitnehmers auf Nichtwissen seiner Veranlagung verletzt werden, indem ihm ohne seinen Willen die Untersuchungsergebnisse bekannt gegeben werden.

aa. Schutz vor Ausforschung durch den Arbeitgeber

Jeder Mensch hat das in Art. 2 Abs. 1 i.V.m. Art. 1 Abs. 1 GG verbürgte Recht, den Umfang dessen zu bestimmen, was andere von seinen genetischen Daten wissen dürfen[163]. Diesem Recht entspricht ein komplementärer Schutz vor der unerwünschter Erlangung solchen Wissens durch Dritte. Das genetische Selbstbestimmungsrecht ist daher verletzt, wenn der Arbeitgeber ohne den Willen des Stellenbewerbers bzw. Arbeitnehmers genetische Daten über diesen erlangt.

Eine Verletzung liegt gleichwohl nicht vor, wenn der Arbeitnehmer diese Informationen freiwillig zur Kenntnis des Arbeitgebers bringt, indem er darüber informiert oder sich zur genanalytischen Ermittlung zur Verfügung stellt. Das Einverständnis mit der Erlangung der genetischen Informationen schließt be-

---

[162] Anders allerdings *Cramer*, Genom- und Genanalyse: Rechtliche Implikationen einer "Prädiktiven Medizin", der unter der Prämisse, die Genomanalyse könne als Vorstufe der genetischen Therapie nicht von dieser getrennt beurteilt werden, einen Verstoß gegen die kollektive Menschenwürde bereits in diesem Stadium annimmt, vgl. insbes. S. 40 ff. sowie S. 305, These 2.

[163] Vgl. oben unter 2. Teil: B. II..

reits einen Eingriff aus, was ohne weiteres aus der Tatsache abzuleiten ist, dass jeglicher Schutz personaler Selbstbestimmung per definitionem nur greifen kann, wenn keine selbstbestimmte Handlung vorliegt. Selbst bestimmt ist eine Handlung aber immer dann, wenn sie aus freiem Willen, mithin freiwillig, erfolgt.

Wie zuvor geprüft, ist die Freiwilligkeit eines unter starkem sozialen Druck stehenden Stellenbewerbers oder Arbeitnehmers in einem von der Nachfrage nach Arbeitsplätzen dominierten Arbeitsmarktsegment grundsätzlich noch möglich und auch insoweit gegeben, als der Arbeitgeber berechtigte und aus der Perspektive des Arbeitswilligen anerkennenswerte Interessen verfolgt. Das Recht auf genetische Selbstbestimmung ist also nicht berührt, solange der Arbeitgeber sich auf die durch Rechtsprechung und Literatur herausgearbeiteten Grenzen seines Fragerechts in Bezug auf die Gesundheit des Arbeitnehmers bescheidet[164].

Erst bei Fragen oder genanalytischen Untersuchungen, deren Erkenntnisziel von keinem berechtigten Interesse des Arbeitgebers mehr gerechtfertigt wird, steht die Freiwilligkeit der Preisgabe in Zweifel. Ohne besondere Anhaltspunkte für einen trotz des offensichtlichen Ungleichgewichts der Verhandlungsmacht gegebenen Akt selbstbestimmten Handelns liegt dann ein Eingriff in das Recht auf genetische Selbstbestimmung vor, der angesichts des persönlichkeitssensiblen Charakters der genetischen Information nur schwer gerechtfertigt werden kann.

bb. Recht auf Nichtwissen

Eine Verletzung des genetischen Selbstbestimmungsrechts des Arbeitnehmers kommt darüber hinaus in Betracht, wenn der Arbeitgeber dem Stellenbewerber oder Arbeitnehmer ohne dessen Willen genetische Befunde mitteilt, die im Rahmen einer genanalytischen Einstellungs- bzw. Vorsorgeuntersuchung zutage getreten sind. Ein Eingriff in das Recht des Arbeitnehmers auf Nichtwissen durch Mitteilung des Untersuchungsergebnisses kann nur vermieden werden,

---

[164] Im Ergebnis ebenso *Rose*, Genomanalysen an Arbeitnehmern vor der Einstellung, S. 128.

indem der Arbeitgeber zuvor vom Stellenbewerber bzw. Arbeitnehmer dazu ermächtigt wird[165].

B. Versicherungsrecht

I. Rechtslage de lege lata

Im Verlauf der folgenden Untersuchung soll den Fragen auf den Grund gegangen werden, in welcher Hinsicht im Verhältnis zwischen Versicherungsnehmer und Versicherer die Anwendung genetischer Analysen relevant wird und inwieweit nach der gegenwärtigen Gesetzeslage bei Abschluss eines Versicherungsvertrages die Ermittlung und die Verwendung von genetischen Daten zulässig ist. Ebenso soll geklärt werden, welche Wirkungen genetische Untersuchungen während eines laufenden Versicherungsverhältnisses in Hinblick auf die Erbringung von Versicherungsleistungen zeitigen.

Nicht zum Gegenstand der folgenden Ausführungen soll die Frage gemacht werden, inwieweit die Kosten für die Durchführung genetischer Analysen als Maßnahme der ärztlichen Diagnose von einer Krankenversicherung getragen werden[166].

1. Versicherungssystem und präklinische Befunde

Im Versicherungssystem der Bundesrepublik Deutschland gilt es zwischen dem Bereich der **Sozialversicherungen** und dem der **Privatversicherungen** zu

---

[165] Die in praxi auftretenden Probleme, die damit verbunden sind, dass Stellenbewerber und Arbeitnehmer mit dem Willen zum Nichtwissen zwar die Konsequenzen eines positiven genetischen Befundes zu spüren bekommen, nicht aber den Grund für ihre Abweisung, Versetzung oder Kündigung erfahren, sollen aufgrund ihres hohen spekulativen Gehaltes an dieser Stelle nicht weiter erörtert werden.

[166] Im Rahmen der gesetzlichen Krankenversicherung sind beispielsweise in den §§ 25 und 26 SGB V Versicherungsleistungen zur Früherkennung von Krankheiten vorgesehen, wovon auch genanalytische Untersuchungen umfasst werden.

differenzieren. Während in der Sozialversicherung aufgrund der Geltung des Solidaritätsprinzips grundsätzlich nicht auf persönliche Eigenschaften abgestellt wird, haben privatwirtschaftliche Versicherer grundsätzlich aufgrund der Geltung der Privatautonomie weite Möglichkeiten freier Vertragsgestaltung.

Weder im Sozial- noch im Privatversicherungsrecht findet sich eine gesetzliche Regelung, die die Zulässigkeit von Erhebung und Verwertung genanalytisch erworbener Daten ausdrücklich normiert. Dennoch lässt sich diese neue Möglichkeit medizinischer Diagnostik vom geltenden Versicherungsrecht erfassen. Grund dafür ist die Vergleichbarkeit einer genanalytischen Untersuchung mit anderen gebräuchlichen medizinisch-diagnostischen Techniken[167] zur Klärung sogenannter **„präklinischer Befunde“**[168], die seit Jahrzehnten im Versicherungsrecht anerkannt und in Verwendung sind. Präklinische Befunde bezeichnen eine Kategorie von Diagnoseergebnissen, die keine akuten Krankheitszustände identifizieren, sondern vielmehr gegenwärtig angelegte, aber erst in Zukunft zu befürchtende pathologische Zustände aufdecken[169]. Klassische Beispiele für präklinische Befunde sind Bluthochdruck, hohe Cholesterinwerte, festgestellte Allergien sowie (latente) mikrobiologische Befunde. Die Vergleichbarkeit genetischer Befunde mit derartigen präklinischen Befunden liegt auf der Hand: wie die letzteren, so sind auch genetische Befunde Anzeichen für zumeist klinisch noch nicht manifest gewordene, aber möglicherweise in der Zukunft auftretende Zustände mit Krankheitswert. Unterschiede zwischen klassischen Fällen präklinischer Befunde und dem genetischen Befund bestehen darin, dass der genetische Befund in der Ursache-Wirkungs-Kette als ursprünglicher bezeichnet werden kann und einer fortgeschrittenen Technik zu seiner Erkennung bedarf. Auch ein konventioneller präklinischer Befund, wie zum Beispiel Bluthochdruck, kann genetisch determiniert sein. Während aber seine Feststellung nur eines unaufwendigen und

---

[167] Beispielhaft können kardiologische Untersuchungstechniken wie die Blutdruckmessung oder das EKG und serologische Untersuchungen wie die Blutanalyse oder Allergietests genannt werden.

[168] Synonyme sind „subklinischer Befund“ und „latenter Krankheitszustand“, vgl. *Schulz-Weidner*, Der versicherungsrechtliche Rahmen für eine Verwertung von Genomanalysen, S. 65 FN 38, S. 66 FN 43.

[169] Vgl. *Pschyrembel* Klinisches Wörterbuch, zum Eintrag „präklinisch“: Krankheitsgeschehen, das klinisch noch nicht manifest geworden ist; zur Begriffsentwicklung *Schulz-Weidner*, Der versicherungsrechtliche Rahmen für eine Verwertung von Genomanalysen, S. 66, der diese Definition auf die Bereiche der Krankheitsfrüh- und -vorstadien sowie alle medizinisch beschreibbaren endogenen Risikofaktoren präzisiert.

meist nicht-invasiven Einsatzes medizinischer Technik bedarf, kann erst eine genanalytische Untersuchung Aufschluss über eine genetische Ursache des Befundes geben. Unschwer können genetische Befunde entweder unter die Kategorie der präklinischen Befunde subsumiert werden oder jedenfalls als vergleichbare Kategorie mit solchen gleichbehandelt werden.

Die genetische Untersuchung stellt sich aus dieser Perspektive nicht als völlig neuartige versicherungsrechtliche Fallkonstellation dar, sondern bildet im Kontext der präklinischen Untersuchungen lediglich eine graduelle Erweiterung bereits bestehender Methoden der Gesundheitsbewertung[170].

2. Sozialversicherungsrecht

Die Sozialversicherung umfasst gemäß § 4 SGB I und § 1 Abs. 1 SGB IV die Bereiche der gesetzlichen Kranken-, Unfall- und Rentenversicherung.

Die Aufgabe des Sozialrechts liegt in der Verwirklichung sozialer Gerechtigkeit und sozialer Sicherheit mit dem Endzweck, einen Beitrag zur Sicherung eines menschenwürdigen Daseins, zur Schaffung gleicher Voraussetzungen für die freie Entfaltung der Persönlichkeit und zur Abwendung und zum Ausgleich von Belastungen des Lebens zu leisten[171].

a. Begründung des Sozialversicherungsverhältnisses

Ein Sozialversicherungsverhältnis kommt gemäß § 2 Abs. 1 SGB IV entweder im Fall der gesetzlich angeordneten Versicherungspflicht unmittelbar ex lege[172], im Fall der Versicherungsberechtigung[173] dagegen durch Willenserklä-

---

[170] Geändert hat sich das Verfahren, nicht die Fragestellung. Das Spektrum präklinischer Befunde ist erweitert worden und wird sich wohl noch weiter vergrößern, je mehr Erbkrankheiten entschlüsselt werden.

[171] Vgl. hierzu § 1 SGB I, der mit weiteren hehren Zielen nicht knausert.

[172] Die Sozialversicherungspflicht wird kraft Gesetzes oder kraft Satzung begründet.

rung zustande. Die Voraussetzungen für die pflichtige und die freiwillige Mitgliedschaft sind für die gesetzliche Krankenversicherung im SGB V[174], für die gesetzliche Rentenversicherung im SGB VI[175] und für die gesetzliche Unfallversicherung im SGB VII[176] normiert.

Für die Begründung eines Sozialversicherungsverhältnisses ist unabhängig von freiwilliger oder pflichtiger Mitgliedschaft weder eine ärztliche Untersuchung noch eine Auskunftspflicht des Versicherten über seinen Gesundheitszustand gesetzlich vorgesehen. Auch im Bereich sowohl der pflichtigen als auch der freiwilligen gesetzlichen Krankenversicherung findet eine medizinische Risikoprüfung mit daran anschließender Risikoselektion nicht statt.

Sowohl § 310 Abs. 2 Reichsversicherungsordnung (RVO) a.F., der für freiwillige Mitglieder gesetzlicher Versicherungen einen Leistungsausschluss im Falle von Vorerkrankungen anordnete, als auch § 213 RVO a.F., der Leistungsausschlüsse für alte Versicherungsfälle vorsah, wurden im Rahmen der Gesundheitsstrukturreform des Jahres 1988[177] ersatzlos aufgehoben.

---

173 In diesem Fall kommt ein Vertrag zwischen Versicherer und Versicherungsnehmer auf Grund freiwilligen Beitritts oder freiwilliger Fortsetzung der Versicherung mit dem ansonsten gesetzlich vorgeschriebenen Inhalt zustande.

174 Grundsätzlich besteht gemäß § 5 SGB V eine uneingeschränkte Pflicht zur Mitgliedschaft in der gesetzlichen Krankenversicherung. Für die Freiheit von der gesetzlichen Krankenversicherung ist gemäß §§ 6 ff. SGB V die Zugehörigkeit zu einer der dort genannten Berufs- und Ausbildungsgruppen (§ 6 Abs. 1 Nr. 2 – 8), ansonsten die Höhe des Einkommens (§ 6 Abs. 1 Nr. 1) oder das Vorliegen eines Befreiungsantrags-Tatbestandes (§ 8) maßgeblich. Die Bedingungen für eine freiwillige Mitgliedschaft in einer gesetzlichen Krankenversicherung richtet sich nach § 9 SGB V.

175 Versicherungspflichtig sind nach § 1 SGB VI grundsätzlich alle Beschäftigten, nach §§ 2 und 3 SGB VI bestimmte selbständig Tätige und nach § 4 SGB VI auf Antrag unter weiteren Voraussetzungen im Ausland lebende Deutsche. Versicherungsfreiheit besteht für die in § 5 SGB VI genannten Personenkreise, Befreiungstatbestände ergeben sich aus § 6 SGB VI, freiwillige Mitgliedschaft regelt sich nach § 7 SGB VI.

176 Der Kreis der versicherten Personen kraft Gesetzes richtet sich nach § 2 SGB VII. Kraft Satzung kann sich die Mitgliedschaft gemäß § 3 SGB VII ergeben. Die Versicherungsfreiheit gilt für die in § 4 SGB VII genannten, die freiwillige gesetzliche Unfallversicherung für die in § 6 SGB VII genannten Personengruppen.

177 Das „Gesetz zur Strukturreform im Gesundheitswesen" vom 20.12.1988, BGBl. I (1988), S. 2477 ff., nahm den Regelungsbereich der Krankenversicherung aus der RVO und integrierte ihn als 5. Buch in das Sozialgesetzbuch (SGB V).

Als Anknüpfungspunkte für die Bemessung der Versicherungsbeiträge werden im Sozialversicherungsrecht ausschließlich überindividuelle Kriterien herangezogen, die sich nicht nach dem höchstpersönlichen Risiko richten, sondern in genereller Form gesetzlich vorgegeben sind[178]. Eine Anknüpfung aufnahme- oder beitragsorientierter Konsequenzen an persönliche Risiken ist ebenso wenig vorgesehen wie ein risikobedingter Ausschluss aus der Sozialversicherung.

Für die Begründung eines Sozialversicherungsverhältnisses hat eine genetische Untersuchung somit keinerlei Relevanz.

b. Bestehendes Sozialversicherungsverhältnis

Im bestehenden Sozialversicherungsverhältnis können genanalytische Untersuchungen in Hinblick auf verschiedene Aspekte der Leistungsberechtigung relevant werden. Diese Aspekte stehen dank des systematischen Aufbaus des Sozialgesetzbuches unter einem gemeinsamen Gesichtspunkt: der **Mitwirkungspflicht des Leistungsberechtigten** im Sinne der §§ 60 ff. SGB I. Gemäß § 20 SGB X gilt im sozialrechtlichen Verwaltungsverfahren der Grundsatz, dass der Sachverhalt von der zuständigen Behörde von Amts wegen zu ermitteln ist, wobei die Beteiligten bei der Sachverhaltsermittlung mitwirken sollen, § 21 Abs. 2 SGB X. Die Mitwirkungspflichten der §§ 60 ff. SGB I sind Ausfluss dieses Verfahrensgrundsatzes[179]. Darüber hinaus können die Mitwirkungspflichten als Ergänzung des verfassungsrechtlichen Sozialstaatsprinzips aufgefasst werden, da sie die Einbindung des einzelnen Leistungsberechtigten in Solidargemeinschaften betonen: Der Einzelne soll

---

[178] Im Bereich der gesetzlichen Krankenversicherung richtet sich der allgemeine Beitragssatz allein nach dem Einkommen, vgl. § 241 SGB V. Auch Erhöhungs- und Ermäßigungstatbestände nach §§ 242 ff. SGB V sind jeweils auf die Höhe des Einkommens bezogen. Vergleichbar ist die Situation bei der Beitragspflicht zur gesetzlichen Rentenversicherung gemäß §§ 161 ff. SGB VI – gemäß § 161 Abs. 1 SGB VI sind Beitragsbemessungsgrundlage die beitragspflichtigen Einnahmen – und zur gesetzlichen Unfallversicherung gemäß §§ 150 ff. SGB VII.

[179] Diese Mitwirkungs-„Pflichten" gemäß §§ 60 ff. SGB I sind nicht eigentlich Pflichten im strengen Wortsinne, also komplementäres Korrelat von klagbaren Rechten, sondern entsprechen eher dem, was man im Zivilrecht als „Obliegenheiten" bezeichnet, also nicht Handlungen, deren Unterlassen oder mangelhafte Durchführung Ansprüche des „Berechtigten" auslösen, sondern vielmehr nur Handlungen, bei deren Unterlassung der Handlungspflichtige eigene Rechtspositionen und Vorteile einbüßt, vgl. *v. Maydell*, Der allgemeine Teil des Sozialgesetzbuches, NJW 1976, 161 (165).

in Solidargemeinschaften betonen: Der Einzelne soll nicht lediglich Begünstigter von Sozialleistungen sein, sondern auch – in den Grenzen des Möglichen und Zumutbaren – dazu beitragen, dass die Funktionsfähigkeit des Sozialleistungssystems erhalten bleibt[180]. Die Entscheidung darüber, ob beispielsweise eine Arbeitsunfähigkeit (im Rahmen der Krankenversicherung), Berufsunfähigkeit oder Erwerbsunfähigkeit (im Rahmen der Rentenversicherung) oder eine Minderung der Erwerbsfähigkeit (im Rahmen der Unfallversicherung) vorliegt, kann nicht dem subjektiven Empfinden des Leistungsbewerbers überlassen werden. Die Solidargemeinschaft der Versicherten und Beitragszahler verlangt eine objektive, nach gleichen Maßstäben ausgerichtete Prüfung der Erwerbsfähigkeit und der Leistungsgewährung[181].

aa. Anordnung von genetischen Analysen

Zahlreiche Leistungsansprüche der Sozialversicherung hängen vom Gesundheitszustand des Leistungsberechtigten ab, weshalb im Leistungsfall gemäß § 62 SGB I auf Verlangen des Leistungsträgers der Empfänger von Sozialversicherungsleistungen dazu verpflichtet werden kann, sich ärztlichen und psychologischen **Untersuchungen** zu unterziehen. § 62 SGB I bestimmt:

> „Wer Sozialleistungen beantragt oder erhält, soll sich auf Verlangen des zuständigen Leistungsträgers ärztlichen und psychologischen Untersuchungsmaßnahmen unterziehen, soweit diese für die Entscheidung über die Leistung erforderlich sind."

Eine Pflicht zur Duldung gesundheitsbezogener Untersuchungen folgt weiterhin aus § 63 SGB I. Dieser lautet:

> „Wer wegen Krankheit oder Behinderung Sozialleistungen beantragt oder erhält, soll sich auf Verlangen des zuständigen Leistungsträgers

---

180 Vgl. BSGE 7, 8 (15f.); Gemeinschaftskommentar-SGB I-*Kretschmer*, vor §§ 60-67: Das Sozialstaatsprinzip darf nicht nur leistungsbegründend verstanden werden, sondern es erfordert auch ein soziales Verhalten des Einzelnen gegenüber der Gemeinschaft. Mit dem Recht auf öffentliche Sozialleistungen ist daher grundsätzlich im Rahmen des Zumutbaren auch die Pflicht zur Abwendung oder Minderung des die Leistung begründenden „Schadens" – hier i.S.v. Krankheit gemeint – verbunden, soweit diese durch gesetzliche Ermächtigungsgrundlagen konkretisiert ist.

181 Vgl. Gemeinschaftskommentar-SGB I-*Kretschmer*, § 62, RN 6.

> einer Heilbehandlung unterziehen, wenn zu erwarten ist, dass sie eine Besserung seines Gesundheitszustandes herbeiführen oder eine Verschlechterung verhindern wird.“

Im Rahmen einer diagnostischen Vorbereitung einer Therapie im Sinne der Heilbehandlungspflicht des § 63 SGB I sind als notwendige Präliminarien auch gesundheitsbezogene Untersuchungen nach dem Regelungszweck der Norm vom Leistungsempfänger zu dulden[182].

Beide Vorschriften normieren eine Untersuchungspflicht des Versicherungsnehmers als Bedingung für Leistungen des Versicherers. Fraglich ist, ob in diesem Rahmen auch genetische Analysen vom Normzweck erfasst sind. Dagegen wird ins Feld geführt, dass nach § 62 I SGB I ärztliche Untersuchungen nur verlangt werden können, soweit diese für die Entscheidung über eine Leistung erforderlich sind. Aus dieser Formulierung sei eine Beschränkung der Untersuchung lediglich auf das phänotypische Krankheitsbild, nicht hingegen auf dessen Ursachen abzuleiten[183]. Darüber hinaus sei eine Genanalyse nicht vom Normzweck des § 62 SGB I erfasst[184]. Diese Ansicht bedarf aber bereits dann der Korrektur, wenn Leistungen gefordert werden, obwohl noch kein Fall phänotypisch erkennbarer Krankheit vorliegt. Denkbar ist beispielsweise, dass bereits ein latenter genetischer Befund, der durch genanalytische Verfahren diagnostiziert werden konnte, präventive Therapiemaßnahmen erfordert, die als Versicherungsleistungen vom Berechtigten geltend gemacht werden. Der einzige Nachweis, der bezüglich der Erforderlichkeit der Versicherungsleistung in dieser Situation erbracht werden könnte, besteht in einer genanalytischen Untersuchung, woraus neben einem Anspruch auf einen detaillierten Befund bei Zweifeln des Leistungsträgers diesem auch nach der gesetzlichen Wertung ein Recht zur Kontrolle zugestanden werden muss. Auch bei der Feststellung der Erwerbsfähigkeit im Rahmen der Renten- oder Unfallversicherung kann die genetische Veranlagung von Bedeutung sein, soweit es auf eine Zukunftsprog-

---

[182] Vgl. Bochumer Kommentar zum SGB AT-*Freitag*, § 63, RN 10; *Schulz-Weidner*, Der versicherungsrechtliche Rahmen für eine Verwertung von Genomanalysen, S. 156. So wohl auch *Mrozynski*, in: Sozialgesetzbuch Allgemeiner Teil (SGB I) Kommentar, § 63, RN 5.

[183] Vgl. *Wiese*, Genetische Analysen und Rechtsordnung, S. 71.

[184] Vgl. *Wiese*, Genetische Analysen und Rechtsordnung, S. 72; ebenso *Giesen/Viethen*, Genomanalysen bei Arbeitnehmern – arbeitsmedizinische und arbeitsrechtliche Aspekte, ZBl. Arbeitsmedizin 39 (1989), 2 (6). Wiese nennt als Argument auch den § 65 Abs. 1 SGB I, nach dem die in den §§ 60 bis 64 SGB I normierten Mitwirkungspflichten des Betroffenen im Interesse des Persönlichkeitsschutzes erheblich eingeschränkt werden.

nose ankommt, §§ 60, 62 SGB I. In Hinblick auf die Durchführung gentherapeutischer Maßnahmen müssen genanalytische Untersuchungen auf der Grundlage des § 63 SGB I angeordnet werden können. Eine Beschränkung der §§ 60 ff. SGB I auf konventionelle diagnostische Mittel kann aus diesen Gründen und insbesondere angesichts der anerkanntermaßen vom Normzweck erfassten präklinischen Diagnostik weder dem Wortlaut, noch der Funktion dieser Vorschriften entnommen werden. Insoweit lässt sich auch die Anwendung genanalytischer Diagnoseverfahren unter ihren Wortlaut subsumieren.

bb. Offenbarung genetischer Kenntnisse

In § 60 Abs. 1 SGB I wird eine **Offenbarungspflicht** des Leistungsberechtigten für solche Umstände normiert, die für die Leistung erheblich sind.

§ 60 Abs. 1 SGB I bestimmt:

> „Wer Sozialleistungen beantragt oder erhält, hat
>
> 1. alle Tatsachen anzugeben, die für die Leistung erheblich sind, und auf Verlangen des zuständigen Leistungsträgers der Erteilung der erforderlichen Auskünfte durch Dritte zuzustimmen,
> 2. Änderungen in den Verhältnissen, die für die Leistung erheblich sind oder über die im Zusammenhang mit der Leistung Erklärungen abgegeben worden sind, unverzüglich mitzuteilen,
> 3. Beweismittel zu bezeichnen und auf Verlangen des zuständigen Leistungsträgers Beweisurkunden vorzulegen oder ihrer Vorlage zuzustimmen."

Zu den mitteilungspflichtigen Tatsachen zählen höchstpersönliche Daten, Lebensumstände und gesundheitliche Verhältnisse[185], die nicht nur den Leistungsberechtigten, sondern unter Umständen auch insoweit seine Eltern, Vorfahren und Angehörigen betreffen können, als diese Daten zur Klärung von erblichen Belastungen und Umwelteinflüssen notwendig sind[186]. Auch die genetische Veranlagung kann insoweit als erhebliche Tatsache im Sinne des § 60 Abs. 1 SGB I begriffen werden.

---

[185] Vgl. Gemeinschaftskommentar-SGB I-*Kretschmer*, § 60, RN 14 ff..

[186] Vgl. Gemeinschaftskommentar-SGB I-*Kretschmer*, § 60, RN 17.

Allerdings unterliegt eine Offenbarungspflicht bezüglich erblicher Anlagen den gleichen Bedenken, die auch einer Untersuchungspflicht entgegengebracht werden. Die Mitwirkungspflicht ist auf die für die Leistung erheblichen Tatsachen beschränkt, so dass dem Auskunftsverlangen der Behörde jeweils ein konkreter Bezug zu einer Leistungsnorm und ein konkreter Anlass für das Auskunftsbegehren zugrunde liegen muss. Eine bloß routinemäßig erfolgende Abfragung von Tatsachen zur Vorbeugung womöglich unberechtigter Leistungsbezüge kann beispielsweise keine Mitwirkungspflicht begründen[187].

Ein **Offenbarungsrecht** des Leistungsberechtigten im eigenen Interesse begegnet keinerlei Bedenken, weil nach der gegenwärtigen Rechtssituation der Berechtigte keinem möglicherweise unangemessenen sozialen Druck ausgesetzt sein kann, der ihn faktisch (wie beispielsweise im Arbeitsrecht) zur Aufgabe von Rechtspositionen bewegen könnte[188]. Nur bezüglich der Weitergabe mitgeteilter genetischer Daten an Dritte können Bedenken bestehen. Nach § 96 SGB X sollen zwar die von einem Leistungsträger veranlassten Untersuchungsmaßnahmen so dokumentiert werden, dass sie auch bei Prüfung der Voraussetzungen anderer Sozialleistungen verwendet werden können. Diese gesetzliche Dokumentationspflicht ist aber bei freiwillig preisgegebenen Daten nicht einschlägig. Hier gilt der gesetzlich angeordnete umfassende Schutz des Sozialgeheimnisses gemäß § 35 SGB I, wonach persönliche und sachliche Verhältnisse des Leistungsberechtigten als Sozialgeheimnis zu behandeln sind und nicht unbefugt offenbart werden dürfen[189].

cc. Genetische Prädisposition und Leistungsausschluss

Die Mitwirkung des Antragstellers kann für ihn mit einem Interessenkonflikt verbunden sein, soweit sich bestimmte durch genanalytische Untersuchungen zutage geförderte Daten geeignet zeigen, die von ihm erstrebten Sozialleistungen auszuschließen.

---

[187] Vgl. LSG Schleswig-Holstein NVwZ-RR 1989, 83.

[188] Vgl. *Wiese*, Genetische Analysen und Rechtsordnung, S. 73, der die Notwendigkeit betont, dass dem Offenbarenden keinerlei Nachteile aus seiner Offenbarung entstehen dürfen. Dazu auch S. 73 FN 14 m.w.N., S. 74

[189] Vgl. *Wiese*, Genetische Analysen und Rechtsordnung, S. 74, FN 17, S. 75 FN 19ff

(1) Gesetzliche Unfallversicherung

Im Unfallversicherungsrecht kann der genetischen Veranlagung in zweierlei Hinsicht Bedeutung zukommen: im Rahmen der Pflicht des Versicherungsnehmers zur Mitwirkung bei der Unfallverhütung und im Rahmen seiner Pflicht zur Vorbeugung von Verschlechterungen bereits eingetretener Schadensfälle.

Die Rechtsnorm, die vor Neugestaltung des gesetzlichen Unfallversicherungsrechts im SGB VII den Leistungsausschluss regelte und die als Rechtsquelle für ein umfassendes Spektrum an Ausschlussgründen ausgebeutet wurde[190], war der § 553 RVO[191]. In dieser Vorschrift hieß es:

> „Der Verletzte und seine Hinterbliebenen haben keinen Anspruch, wenn der Verletzte den Arbeitsunfall absichtlich verursacht hat"

Die expansive Rechtsfortbildung des Bundessozialgerichtes führte zur Ausdehnung des Merkmals „absichtlich" bis hin zum Bedeutungsgehalt des bedingten Vorsatzes[192]. Die Erkenntnis des Versicherten, sein eigenes Verhalten werde unvermeidlich gesundheitsschädigend wirken, wurde als ausreichend erachtet, um Ansprüche auf Versicherungsleistungen auszuschließen.

In der Neufassung der gesetzlichen Unfallversicherung im SGB VII findet sich kein Nachfolger für den § 553 RVO. Aus dieser Tatsache lässt sich jedoch noch nicht der Schluss ziehen, dass im bestehenden gesetzlichen Unfallversicherungsverhältnis das Wissen um die eigene genetische Disposition sich nicht zum Nachteil des Versicherten auswirken kann.

Auch im Rahmen eines mitwirkenden Verschuldens bei schädlichen Unfallfolgen können durch genetische Analysen gewonnene Erkenntnisse Auswirkungen auf die Leistungserbringung haben. Hierbei spielt eine prominente Rolle der Gesichtspunkt einer Unterbrechung der haftungsausfüllenden Kausalität[193].

---

[190] Vgl. *Schulz-Weidner*, Der versicherungsrechtliche Rahmen für eine Verwertung von Genomanalysen, S. 308 ff. m.w.N..

[191] Die dem § 553 RVO vorangegangene Vorschrift § 556 RVO g.a.F. enthielt anstelle des Wortes „absichtlich" den Begriff „vorsätzlich".

[192] BSGE 21, 163 (166); vgl. *Schulz-Weidner*, Der versicherungsrechtliche Rahmen für eine Verwertung von Genomanalysen, S. 309.

[193] Vgl. *Schulz-Weidner*, Der versicherungsrechtliche Rahmen für eine Verwertung von Genomanalysen, S. 317 ff..

Denkbar ist zum Beispiel ein Leistungsausschluss oder eine Leistungsminderung wegen einer genetischen Mitverursachung eines neuen Unfallereignisses durch im Unfallzeitpunkt bereits vorhandene und bekannte Anlageschäden, soweit besondere Sorgfaltsmaßstäbe an das Verhalten des derart Vorbelasteten verletzt werden[194]. Auch im Rahmen einer Mitverursachung von mittelbaren Unfallfolgeschäden können bekannte genetische Dispositionen relevant werden. Verschlechtert sich beispielsweise ein ursprünglich während beruflicher Tätigkeit entstandener und durch eine gesetzliche Unfallversicherung übernommener Gesundheitsschaden nachträglich, so kann es fraglich sein, ob diese Verschlechterung noch auf die Schädigung zurückzuführen ist oder ob andere Ursachen – wie zum Beispiel eine genetische Prädisposition – verantwortlich gemacht werden können. Im ersten Falle wäre die Unfallversicherung weiter leistungspflichtig, wohingegen im zweiten Falle kein Versicherungsfall i.S.d. § 8 SGB VII vorläge. Im Rahmen einer dieser Frage nachgehenden Differentialdiagnose kann sich eine genetische Analyse als aufschlussreich erweisen, soweit eine genetische Prädisposition in Betracht kommt.

(2) Gesetzliche Rentenversicherung

§ 103 SGB VI[195] normiert einen Leistungsausschluss für den Fall einer absichtlichen Minderung der Erwerbsfähigkeit:

> „Anspruch auf Rente wegen verminderter Erwerbsfähigkeit, Altersrente für Schwerbehinderte [bis 31.12.1999, Berufsunfähige oder Erwerbsunfähige] oder große Witwenrente oder große Witwerrente besteht nicht für Personen, die die für die Rentenleistung erforderliche gesundheitliche Beeinträchtigung absichtlich herbeigeführt haben."

§ 104 SGB VI bestimmt:

> „Renten wegen verminderter Erwerbsfähigkeit, Altersrenten für Schwerbehinderte [bis 31.12.1999, Berufsunfähige oder Erwerbsunfähige] oder große Witwenrenten oder große Witwerrenten können ganz oder teilweise versagt werden, wenn die Berechtigten sich die für die

---

[194] Vgl. zu dieser Diskussion *Schulz-Weidner*, Der versicherungsrechtliche Rahmen für eine Verwertung von Genomanalysen, S. 319 ff. m.w.N..

[195] Dieser Vorschrift entspricht der § 1277 RVO a.F.

Rentenleistung erforderliche gesundheitliche Beeinträchtigung bei einer Handlung zugezogen haben, die nach strafrechtlichem Urteil ein Verbrechen oder vorsätzliches Vergehen ist. Dies gilt auch, wenn aus einem in der Person der Berechtigten liegenden Grunde ein strafrechtliches Urteil nicht ergeht. (...)"

Die unterschiedliche Rechtsfolge der beiden Vorschriften beruht darauf, dass bei § 103 die Herbeiführung des Versicherungsfalles Handlungsziel, bei § 104 lediglich Handlungsfolge ist[196].

Die absichtliche Herbeiführung der gesundheitlichen Beeinträchtigung, die nach § 103 den Rentenanspruch ausschließt, verlangt ein zielgerichtetes Verhalten des Versicherten, das bei direktem Vorsatz gegeben ist[197]. Der Versicherte muss die Folgen seines Handelns erkennen oder als sicher annehmen, auch wenn der Eintritt der Berufs- bzw. Erwerbsunfähigkeit nicht das eigentliche Tatmotiv gewesen ist[198]. Die Absicht fehlt, wenn er die Folge seines Handelns nur für möglich hält[199]. Nicht ausreichend ist nach höchstrichterlicher Rechtsprechung auch das absichtliche Unterlassen der möglichen Beseitigung einer Gesundheitsstörung[200].

Insbesondere dieser Gesichtspunkt, nach dem das vorsätzliche Unterlassen eines eigenen Beitrages zur Abwendung der Gesundheitsstörung nicht zum Ausschluss der Leistungsberechtigung führt, ist für die vorliegende Untersuchung beachtenswert. Danach kann allein die Kenntnis einer genetischen Krankheitsanlage keine sanktionsgestützte Abwendungspflicht begründen[201].

---

[196] Vgl. *Kreikebohm*, Sozialgesetzbuch Gesetzliche Rentenversicherung Kommentar, § 103, RN 2.

[197] Die Tat eines Dritten schließt den Rentenanspruch gleichfalls aus, wenn der Versicherte bzw. Hinterbliebene mit dem Dritten bewusst und gewollt zusammengewirkt hat, vgl. *Kreikebohm*, Sozialgesetzbuch Gesetzliche Rentenversicherung Kommentar, § 103, RN 4.

[198] Vgl. BSGE 21, 163 ff..

[199] Vgl. *Kreikebohm*, Sozialgesetzbuch Gesetzliche Rentenversicherung Kommentar, § 103, RN 4.

[200] Vgl. BSG, SozR 2200 § 1277 Nr. 2.

[201] Eine Abwendungspflicht kann ohnehin nur für solche genetischen Störungen eine Rolle spielen, für die auch therapeutische Möglichkeiten zur Verfügung stehen.

(3) Gesetzliche Krankenversicherung

Auch im Recht der gesetzlichen Krankenversicherung kann zwischen genetischer Veranlagung und Leistungspflicht des Versicherers ein Spannungsverhältnis bestehen.

Eine Leistungsbeschränkung bei Selbstverschulden ist in § 52 SGB V normiert.

Die Vorschrift lautet:

> „Haben sich Versicherte eine Krankheit vorsätzlich oder bei einem von ihnen begangenen Verbrechen oder vorsätzlichem Vergehen zugezogen, kann die Krankenkasse sie an den Kosten der Leistungen in angemessener Höhe beteiligen und das Krankengeld ganz oder teilweise für die Dauer dieser Krankheit versagen und zurückfordern."

Im Vergleich zur Vorgängernorm des § 192 RVO a.F. stellt diese Regelung eine erhebliche Verschärfung dar: Während § 192 RVO a.F. lediglich eine Versagung des Krankengeldes normierte[202], umfasst die in Hinsicht auf die Sanktionen nicht differenzierende Norm des § 52 SGB V auch die Abwälzung der Heilkosten auf den Versicherten.

§ 52 SGB V sanktioniert in seiner ersten Alternative – der vorsätzlichen Verursachung einer Krankheit – die Enttäuschung der an jeden Versicherungsnehmer gerichteten Erwartung, dieser möge den Versicherungsschutz nicht im Falle eines von ihm absichtlich verschuldeten Unglücksfalles in Anspruch nehmen. Für diese Norm lassen sich die gleichen Erwägungen anstellen wie bei der Vorschrift des § 103 SGB VI im Rahmen der gesetzlichen Rentenversicherung. Eine leistungsreduzierende oder –ausschließende Wirkung nach § 52 SGB V kann die Untätigkeit trotz genanalytisch erworbenen Wissens um einen genetischen Defekt selbst dann nicht haben, wenn dadurch der Krankheitsausbruch hätte verhindert werden können.

dd. Die Grenzen der Mitwirkungspflichten

gemäß §§ 65 SGB I ergeben sich Einschränkungen der Mitwirkungspflichten des Versicherungsnehmers.

---

[202] § 192 RVO a.F. bedurfte die Leistungsverweigerung zudem einer Normierung in der Satzung der gesetzlichen Krankenversicherungen.

§ 65 SGB I regelt:

„(1) Die Mitwirkungspflichten nach den §§ 60 bis 64 bestehen nicht, soweit

1. ihre Erfüllung nicht in einem angemessenen Verhältnis zu der in Anspruch genommenen Sozialleistung oder ihrer Erstattung steht oder
2. ihre Erfüllung dem Betroffenen aus einem wichtigen Grund nicht zugemutet werden kann oder
3. der Leistungsträger sich durch einen geringeren Aufwand als der Antragsteller oder Leistungsberechtigte die erforderlichen Kenntnisse selbst beschaffen kann.

(2) Behandlungen und Untersuchungen,

1. bei denen im Einzelfall ein Schaden für Leben oder Gesundheit nicht mit hoher Wahrscheinlichkeit ausgeschlossen werden kann,
2. die mit erheblichen Schmerzen verbunden sind oder
3. die einen erheblichen Eingriff in die körperliche Unversehrtheit bedeuten,

können abgelehnt werden."

Die Norm steckt unter dem Blickwinkel des Verhältnismäßigkeitsgrundsatzes sowie der Wahrung der Persönlichkeitssphäre und der körperlichen Integrität des Einzelnen die Grenzen ab, innerhalb deren eine Mitwirkung des Berechtigten verlangt werden kann[203]

Nach § 65 Abs. 2 Nr. 3 SGB I können Behandlungen und Untersuchungen abgelehnt werden, die einen erheblichen Eingriff in die körperliche Unversehrtheit bedeuten. Wiese[204] zählt hierzu auch eine gentherapeutische Behandlung, woraus folgerichtig auch ein Hinderungsgrund für die Anordnung einer vorbereitenden genetischen Untersuchung gegeben wäre. Wie immer man den für eine Genanalyse erforderlichen Eingriff in die Persönlichkeitsrechte des Betroffenen beurteilen mag, wozu ausführlich im Rahmen der verfassungsrechtlichen Untersuchung Stellung genommen wird: die Blutabnahme mittels Injektion ist im Rahmen einer genanalytischen Untersuchung sicherlich der

---

[203] Vgl. Gemeinschaftskommentar-SGB I-*Kretschmer*, § 65, RN 6.

[204] Vgl. *Wiese*, Genetische Analysen und Rechtsordnung, S. 73.

einzige Eingriff in die körperliche Unversehrtheit des Versicherten im Sinne des § 65 Abs. 2 Nr. 3 SGB I, wenngleich unter keinem Gesichtspunkt ein erheblicher. Die Norm des § 65 Abs. 2 Nr. 3 SGB I kann insoweit nicht als Ausschlussgrund für genanalytische Untersuchungen herangezogen werden.

ee. Durchsetzung der Mitwirkungspflichten und Rechtsfolgen mangelnder Mitwirkung

Eine zwangsweise Durchsetzung ausbleibender Mitwirkungspflichten kommt unter keinem rechtlichen Gesichtspunkt in Betracht.

Die Konsequenzen des Ausbleibens einer nach den §§ 60 ff. SGB I geforderten Mitwirkungshandlung ergeben sich vielmehr nach der Maßgabe des § 66 SGB I:

§ 66 Abs. 1 S. 1 SGB I bestimmt:

> „Kommt derjenige, der eine Sozialleistung beantragt oder erhält, seinen Mitwirkungspflichten nach den §§ 60 bis 62, 65 nicht nach und wird hierdurch die Aufklärung des Sachverhalt erheblich erschwert, kann der Leistungsträger ohne weitere Ermittlungen die Leistung bis zur Nachholung der Mitwirkung ganz oder teilweise versagen oder entziehen, soweit die Voraussetzungen der Leistung nicht nachgewiesen sind."

Eine goldene Brücke aus den Sanktionswirkungen der Norm stellt § 67 SGB I zur Verfügung. Danach kann der Leistungsträger Leistungen auch nachträglich noch erbringen, soweit der Mitwirkungsverpflichtete seine Mitwirkungshandlungen nachholt.

Weitere Folgewirkungen können sich im Strafrecht – denkbar ist Betrug gemäß § 263 StGB durch Unterlassen trotz Mitwirkungspflicht – und im Ordnungswidrigkeitenrecht – etwa § 231 Abs. 1 Nr. 4 AFG bei Nichtangabe, verspäteter oder unvollständiger Angabe oder Falschangabe von nach § 60 Abs. 1 Nr. 2 SGB I mitteilungspflichtigen Änderungen – ergeben.

3. Privatversicherungsrecht

Das private Personenversicherungswesen umfasst neben privater Kranken- und Unfallversicherung und dem Bereich der Lebensversicherungen noch eine – aufgrund der Vertragsfreiheit in diesem Bereich nicht enumerativ bestimmbare – Reihe weiterer Versicherungen[205], die aber nachfolgend vernachlässigt werden. Schwerpunkt der Betrachtung soll neben dem privaten Kranken- und Unfallversicherungswesen, die eine vergleichende Betrachtung zum Sozialversicherungsrecht ermöglichen, auch der Bereich der Lebensversicherung sein, dem kein sozialrechtliches Pendant entspricht.

Die Genanalyse findet im Bereich des Privatversicherungsrechts derzeit keine ausdrückliche Erwähnung im Wortlaut des VVG oder der einschlägigen Allgemeinen Versicherungsbedingungen. Weder gibt es eine normierte Offenbarungspflicht hinsichtlich genetische Veranlagungen, noch existieren Vorschriften über die Zulässigkeit genetischer Analysen bei Vertragsabschluß oder im Schadensfall. Allerdings gehört in der Praxis der Versicherungswirtschaft der Umgang mit präklinischen Befunden längst zur festen Routine und wird bedenkenlos von den vorhandenen Rechtsnormen erfasst[206].

Zwei Merkmale der Genanalyse sind im Bereich des Privatversicherungsrechts von herausragender Bedeutung: die Möglichkeiten, zum einen **Aussagen über die zukünftige Gesundheitsentwicklung** einer Person zu machen, sowie zum zweiten, eventuelle **endogene Kausalfaktoren für bereits bestehende Gesundheitsschäden** zu identifizieren. Die besondere Bedeutung dieser Möglichkeiten im Personenversicherungswesen liegt darin begründet, dass bei der Beurteilung, welche Vertragspartei die Last eines eingetretenen Schadens des Versicherungsnehmers zu tragen hat, Fragen nach Kausalität und Verschulden zu klären sind, die von genetischen Befunden abhängen können. Aber darüber hinaus kann das Wissen über genetisch prädisponierte Gesundheitsstörungen oder latent erhöhte Risiken bereits den Abschluss eines Versicherungsvertrages verhindern oder zulasten des Versicherungsnehmers den Inhalt – insbesondere die Beitragshöhe und Prämiengestaltung – beeinflussen.

---

[205] Zu ihnen gehören beispielsweise die Pflegefall-, Berufsunfähigkeits-, Risiko-, Pflegerenten- und Rentenversicherungen.

[206] Eine gründliche Auswertung der Rechtsprechung bezüglich präklinischer Befunde im Privatversicherungsrecht liefert *Schulz-Weidner*, Der versicherungsrechtliche Rahmen für eine Verwertung von Genomanalysen, S. 192 ff..

Der Versicherer hat ein ausgeprägtes Interesse daran, die Leistungsrisiken möglichst präzise taxieren zu können und durch angepasstes Verhalten – Risikozulagen, Leistungsausschlüssen oder gar Nichtabschluss des Versicherungsvertrages – die Kosten einer Versicherung möglichst zu drücken. Auch die Gesamtheit der Versicherten hat ein Interesse daran, dass risikointensive Versicherungsabschlüsse entweder unterbleiben oder durch erhöhte Beitragsfestlegung austariert werden, damit die Versicherungsprämien insgesamt möglichst niedrig gehalten werden können. Vor diesem Hintergrund ist die Genanalyse als neue Möglichkeit zur gesundheitlichen Zukunftsprognose sowie darauf basierenden Risikobegrenzung und Ausgabenreduktion eine willkommene Bereicherung der konventionellen diagnostischen und präklinischen Techniken

Diesen Interessen des Versicherers und der Versichertengemeinschaft steht das Interesse des einzelnen Versicherungsnehmers gegenüber, seine gesundheitsbezogenen Daten einschließlich der genetischen Veranlagung nur im Rahmen des Zumutbaren offen legen zu müssen. Neben dem durch eine genetische Analyse steigenden Risiko eines erschwerten Versicherungszuganges ist nämlich zudem zu befürchten, dass ihm und Dritten persönliche genetische Daten zur Kenntnis gelangen, an deren Ungewissheit oder Nichtöffentlichkeit dem Versicherungsnehmer gelegen ist.

Die **normativen Grundlagen** des Privatversicherungsrechts sind überraschend übersichtlich. Denn obwohl zwischen Versicherer und Versicherungsnehmer ein privatrechtlicher Vertrag geschlossen wird, der individuell sehr unterschiedlich gestaltet sein könnte, lässt sich das geltende Versicherungsrecht sehr konkret in Form der allgemeinen Versicherungsbedingungen betrachten, die von allen großen Versicherungsunternehmen zur Grundlage ihrer Verträge gemacht werden. In der privaten Krankenversicherung gelten die „Allgemeinen Versicherungsbedingungen für die Krankheitskosten- und Krankenhaustagegeldversicherung – Musterbedingungen 1994“ des Verbandes der privaten Krankenversicherung (MB/KK), in der privaten Unfallversicherung die „Allgemeinen Unfallversicherungsbedingungen“ (AUB), in der privaten Lebensversicherung der „Allgemeine Geschäftsplan für die Lebensversicherung“.

Die allgemeinen Versicherungsbedingungen finden in ihrer Eigenschaft als typisierte Schadensversicherungsverträge ihre speziell normierte rechtliche Grenze in den Vorschriften des Versicherungsvertragsgesetzes (VVG). In ihrer Ausgestaltung als Formularverträge unterliegen sie überdies der steten Anpassung an die Gültigkeitserfordernisse des Gesetzes zur Regelung der Allgemeinen Geschäftsbedingungen (AGBG).

a. Vertragsschluss: Risikoermittlung und Risikoselektion

Die privaten Versicherer bedienen sich für die Ermittlung der für das Versicherungsrisiko relevanten Daten dreier Quellen: erstens wird der potentielle Versicherungsnehmer zur umfassenden Aufklärung verpflichtet, zweitens kann auf bereits vorhandene Daten bei Ärzten oder anderen Versicherungsanstalten zurückgegriffen werden, und drittens kommt die Einholung medizinischer Gutachten in Betracht.

Die so ermittelten Fakten ermöglichen dann eine effektive vorvertragliche Risikoausgrenzung. Der Versicherer hat eine Reihe von Möglichkeiten, die Kenntnis gesundheitlicher Details in bezug auf den Vertragsschluss umzusetzen:

Als härteste Konsequenz kommt die Ablehnung des Antrags auf Abschluss einer Versicherung in Betracht. Insbesondere im Falle schwerwiegender Risiken wird in der Versicherungspraxis von dieser Option Gebrauch gemacht[207].

Milderes Mittel im Vergleich zur absoluten Risikoselektion des Nichtabschlusses ist ein relativer Leistungsausschluss, auch Risikoausschluss genannt, der entweder in Form eines generellen Ausschlusses[208] Leistungen für alte Krankheiten und Gesundheitsstörungen aus der Leistungspflicht des Versicherers ausklammert oder in Form eines speziellen Ausschlusses[209] lediglich für bestimmte, vertraglich ausgewiesene Krankheiten eine Leistungsfreiheit begründet.

---

[207] Vgl. *Schulz-Weidner*, Der versicherungsrechtliche Rahmen für eine Verwertung von Genomanalysen, S. 222, der in diesem Zusammenhang beispielhaft auf AIDS als nicht versicherbares Risiko hinweist. Mit Epileptikern wird grundsätzlich keine Berufsunfähigkeits-Zusatzversicherung, teilweise auch keine Krankenversicherung abgeschlossen, vgl. *Helm*, Versicherungsschutz bei Epilepsie, VersR 1968, 25 (26 f.).

[208] Vgl. *Schulz-Weidner*, Der versicherungsrechtliche Rahmen für eine Verwertung von Genomanalysen, S. 223, insbes. S. 224, mit § 2 Abs. 1 S. 2 iVm § 1 Abs. 2 S. 1-3 MB/KK und KT.

[209] Vgl. *Schulz-Weidner*, Der versicherungsrechtliche Rahmen für eine Verwertung von Genomanalysen, S. 225.

Weiterhin können bestimmte Risiken mittels sogenannter Risikozuschläge[210] kompensiert werden, die in Form erhöhter Beiträge vom Versicherer erhoben werden[211].

aa. Vorvertragliche Aufklärungspflichten des Versicherungsnehmers

Es ist verkehrsüblich, dass private Versicherer vor Abschluss einer Kranken- und Lebensversicherung wahrheitsgemäß Auskunft über den vergangenen und gegenwärtigen Gesundheitszustand des potentiellen Versicherungsnehmers und über dessen Krankheitsrisiken verlangen[212]. Dabei gelten auch bestimmte Erkrankungen von Familienmitgliedern als risikoerheblich im Hinblick auf ein mögliches Erbrisiko des Antragstellers. Vor allem in der Lebensversicherung werden familiär aufgetretene Kreislaufkrankheiten, Zuckerkrankheit und Gemütskrankheiten bei der Risikoprüfung berücksichtigt[213].

Das Versicherungsvertragsgesetz erkennt das diesbezügliche Interesse des Versicherers an. § 16 Abs. 1 VVG normiert eine umfassende **Aufklärungspflicht** des Antragstellers bezüglich der ihm bekannten Umstände, soweit sie für die Gefahrübernahme erheblich sind:

> „Der Versicherungsnehmer hat bei Schließung des Vertrags alle ihm bekannten Umstände, die für die Übernahme der Gefahr erheblich sind, dem Versicherer anzuzeigen. Erheblich sind die Gefahrumstände, die geeignet sind, auf den Entschluss des Versicherers, den Vertrag überhaupt oder zu dem vereinbarten Inhalt abzuschließen, einen Einfluss

---

[210] Vgl. *Schulz-Weidner*, Der versicherungsrechtliche Rahmen für eine Verwertung von Genomanalysen, S. 225.

[211] So wird bei Abschluss privater Krankenversicherungen für Allergien, astmathische Beschwerden und dergleichen ein prozentual pauschalierter Zuschlag auf den Grundbeitrag verlangt, was in § 8a Abs. 3 MB/KK seinen Ausdruck findet, vgl. *Schulz-Weidner*, Der versicherungsrechtliche Rahmen für eine Verwertung von Genomanalysen, S. 225 f..

[212] Vgl. *Schira*, Die Bewertung der Genomanalyse im Arbeits- und Versicherungsbereich aus strafrechtlicher Sicht, S. 103; *Deutsch*, Die Genomanalyse: Neue Rechtsprobleme, ZRP 1986, 1 (3).

[213] Vgl. *Schulz-Weidner*, Der versicherungsrechtliche Rahmen für eine Verwertung von Genomanalysen, S. 207. Diese Praxis bei Abschluss einer Lebensversicherung wird unterstützt von der Rechtsprechung, vgl. OLG Hamburg VersR 1975, 561.

> auszuüben. Ein Umstand, nach welchem der Versicherer ausdrücklich und schriftlich gefragt hat, gilt im Zweifel als erheblich."

Aus § 16 Abs. 2 VVG folgt ein Rücktrittsrecht des Versicherers für den Fall der Nichtanzeige oder arglistigen Unkenntnis eines solchen Umstandes:

> „Ist dieser Vorschrift zuwider die Anzeige eines erheblichen Umstandes unterblieben, so kann der Versicherer von dem Vertrage zurücktreten. Das gleiche gilt, wenn die Anzeige eines erheblichen Umstandes deshalb unterblieben ist, weil sich der Versicherungsnehmer der Kenntnis des Umstandes arglistig entzogen hat."

Eine Rücktrittsmöglichkeit ergibt sich weiterhin aus § 17 VVG für den Fall, dass der Versicherungsnehmer eine unrichtige Anzeige über einen erheblichen Umstand gemacht hat:

> „(1) Der Versicherer kann von dem Vertrag auch dann zurücktreten, wenn über einen erheblichen Umstand eine unrichtige Anzeige gemacht worden ist.
>
> (2) Der Rücktritt ist ausgeschlossen, wenn die Unrichtigkeit dem Versicherer bekannt war oder die Anzeige ohne Verschulden des Versicherungsnehmers unrichtig gemacht worden ist."

§ 18 Abs. 2 VVG gibt dem Versicherer ein Rücktrittsrecht sogar für den Fall, dass ein erheblicher Umstand aus Arglist nicht angezeigt wurde, obschon nicht danach gefragt wurde:

> „Hatte der Versicherungsnehmer die Gefahrumstände an Hand schriftlicher, von dem Versicherer gestellten Fragen anzuzeigen, so kann der Versicherer wegen unterbliebener Anzeige eines Umstands, nach welchem nicht ausdrücklich gefragt worden ist, nur im Fall arglistiger Verschweigung zurücktreten."

Bei unverschuldeter Verletzung der Offenbarungspflicht hat der Versicherer gemäß § 41 VVG nur die Möglichkeit, das Versicherungsverhältnis zu kündigen oder höhere Beiträge zu verlangen.

Unbeschadet der versicherungsrechtlichen Kündigungs- und Rücktrittsmöglichkeiten des Versicherers besteht ein Recht zur Anfechtung des Versicherungsvertrages wegen arglistiger Täuschung nach Maßgabe des § 123 BGB. Allein die vorsätzlich falsche Beantwortung von Fragen nach dem Gesundheitszustand lässt aber nach Ansicht der Rechtsprechung noch nicht den

Schluss auf eine Täuschungsabsicht zu, solange es sich nicht um erkennbar schwerwiegende oder chronische Krankheiten handelt[214].

Die genetische Disposition des Antragstellers bezüglich solcher Gesichtspunkte, die für den Vertragszweck relevant sind, stellt ohne Frage einen erheblichen Umstand im Sinne des § 16 Abs. 1 VVG dar. Soweit derartige genetische Merkmale dem Antragsteller bekannt sind – unabhängig davon, ob der Versicherer danach gefragt hat –, erstreckt sich daher die Aufklärungspflicht darauf.

Eine eigenständige Pflicht zur Kenntnis der eigenen genetischen Veranlagung in dem Sinne, dass die Nichtkenntnis als arglistige Unterlassung im Sinne des § 16 Abs. 2 VVG aufzufassen wäre, kann hingegen nicht angenommen werden[215].

bb. Auskunftserteilung durch Dritte

Regelmäßig benennt der Antragsteller im Rahmen seiner Aufklärungspflicht über vergangene und gegenwärtige Gesundheitsverhältnisse auch die Personen – wie Ärzte, Pflegepersonal, Heilpraktiker – und Heil- und Pflegeeinrichtungen, mit denen er in Berührung gekommen ist. Gleichzeitig entbindet er diese Personen und Institutionen gegenüber dem Versicherer von der ihnen obliegenden Schweigepflicht. Adressat einer umfassenden Auskunftsermächtigung dem Versicherer gegenüber werden überdies die Angehörigen anderer gesetzlichen und privaten Kranken-, Lebens- und Unfallversicherungen, mit denen der Antragsteller früher oder gegenwärtig in Vertragsbeziehungen stand bzw. steht.

Ohne die Unterzeichnung der Ermächtigungsklausel wird der Vertrag von den Versicherern nicht abgeschlossen, so dass der Antragsteller dem künftigen Versicherer kein gesundheitsbezogenes Detail sanktionslos verschweigen kann.

---

214 Vgl. OLG Hamburg, VersR 1971, 902 (903).

215 Vgl. *Wiese*, Gibt es ein Recht auf Nichtwissen?, S. 475 (479 ff.), *Wiese*, Genetische Analysen und Rechtsordnung, S. 84.

cc. Ärztliche Untersuchung

Über die indirekte Informationsgewinnung durch Antragsteller und Dritte hinaus wird unter bestimmten Voraussetzungen[216] eine ärztliche Untersuchung des Antragstellers zur Feststellung seines Gesundheitszustandes durchgeführt[217]. Der untersuchende Arzt wird dabei in der Regel dem Versicherer gegenüber zur Mitteilung des Befundes ermächtigt und insoweit von seiner ärztlichen Schweigepflicht befreit[218]. Die Vereinbarung derartiger Untersuchungen zwischen Versicherer und Antragsteller sind auch im Rahmen des VVG zulässig, was durch die Vorschrift des § 160 VVG bestätigt wird. Diese setzt die Praxis medizinischer Untersuchungen vor Versicherungsabschluss in ihrem Wortlaut voraus:

In § 160 VVG heißt es:

> „Durch die Vereinbarung, dass derjenige, auf dessen Person eine Versicherung genommen werden soll, sich zuvor einer ärztlichen Untersuchung zu unterwerfen hat, wird ein Recht des Versicherers, die Vornahme der Untersuchung zu verlangen, nicht begründet."

Unbeschadet dieser Vorschrift, die geringfügig die Vertragsfreiheit der Verhandlungsparteien einschränkt, kann der Versicherer aber selbstverständlich die Ausstellung einer Versicherungspolice verweigern, wenn der Antragsteller eine medizinische Untersuchung verweigert[219].

---

[216] Insbesondere bei Kapital-, Renten- und Pflegerentenversicherungen von mehr als 250.000,- DM riskiertem Kapital sowie bei selbständigen Berufsunfähigkeitsversicherungen und Pflegerentenversicherungen mit einer jährlich versicherten Rente von mehr als 30.000,- DM, vgl. Nr. 2.2.1. des Allgemeinen Geschäftsplans für die Lebensversicherung, VerBAV 90, 295 (299) i.V.m. der BAV-Verlautbarung VerBAV 86, 305 (306). Bei Vorliegen bestimmter Krankheiten oder sehr hohen Versicherungssummen kommen zusätzliche Spezialuntersuchungen in Betracht, vgl. *Präve*, Das Recht des Versicherungsnehmers auf geninformationelle Selbstbestimmung, VersR 1992, 279 (280); *ders.*, Genomanalyse und Lebensversicherung, ZfV 1991, S. 82.

[217] Vgl. *Schulz-Weidner*, Der versicherungsrechtliche Rahmen für eine Verwertung von Genomanalysen, S. 218, FN 263, *Wiese*, Genetische Analysen und Rechtsordnung, S. 78.

[218] Vgl. *Schulz-Weidner*, Der versicherungsrechtliche Rahmen für eine Verwertung von Genomanalysen, S. 212-216, *Wiese*, Genetische Analysen und Rechtsordnung, S. 78.

[219] Vgl. *Wiese*, Genetische Analysen und Rechtsordnung, S. 78.

Eine genetische Analyse als ein geeignetes diagnostisches Mittel zur Feststellung der gesundheitlichen Konstitution des potentiellen Versicherungsnehmers ist als Teil einer zulässigen freiwilligen Untersuchung durchaus denkbar, ihre Aussagekraft für die Abschätzung der zu versichernden gesundheitlichen Risiken erheblich. Nach der geltenden Rechtslage im Privatversicherungsrecht kann in Ermangelung einschränkender gesetzlicher Regelungen eine solche **genetische Untersuchung** ohne weiteres zwischen den Vertragsverhandelnden vereinbart werden[220].

b. Versicherungsfall und Mitwirkungspflichten

Gemäß § 1 Abs. 1 MB/KK bieten die privaten Krankenversicherer im Krankheitsfall Versicherungsschutz für Heilbehandlung und sonst vereinbarte Leistungen. Die Unfallversicherung leistet nach Eintritt eines Versicherungsfalls gemäß § 7 AUB Ausgleich für verschiedene wirtschaftliche Nachteile, die als Folge der Personen- und Gesundheitsschäden entstehen[221].

Diese Versicherungsleistungen sind aber an bestimmte Verhaltensweisen des Versicherungsnehmers geknüpft und können versagt werden, wenn dieser seine Mitwirkung unterlässt.

Eine **Verletzung von Mitwirkungspflichten bei Krankheitsverhütung** durch den Versicherten liegt bei vorsätzlicher Herbeiführung eines Krankheitszustandes gem. § 5 Abs. 1 b) MB/KK vor:

> „Keine Leistungspflicht besteht [...]

---

[220] So auch *Deutsch*, Die Genomanalyse: Neue Rechtsprobleme, ZRP 1986, 1 (4); *Schulz-Weidner*, Der versicherungsrechtliche Rahmen für eine Verwertung von Genomanalysen, S. 219; *Schira*, Die Bewertung der Genomanalyse im Arbeits- und Versicherungsbereich aus strafrechtlicher Sicht, S. 104 f.; *Wiese*, Genetische Analysen und Rechtsordnung, S. 78f, . Mit Bedenken tragen sich *Donner/Simon*, Genomanalyse und Verfassung, DÖV 1990, 907 (917).

[221] Diese umfassen insbesondere die Invaliditätsrente gem. § 7 Abs. 1 AUB, Übergangsleistungen bei anhaltender Minderung der Leistungsfähigkeit gem. § 7 Abs. 2 AUB, Tagegeld und Krankenhaustagegeld gem. § 7 Abs. 3 und 4 AUB, Genesungsgeld gem. § 7 Abs. 5 AUB und Leistungen auf den Todesfall gem. § 7 Abs. 6 AUB.

> b) für auf Vorsatz beruhende Krankheiten und Unfälle einschließlich deren Folgen sowie für Entziehungsmaßnahmen einschließlich Entziehungskuren;"

Erneut wird die Frage relevant, ob ein unterlassene Abwendungshandlungen trotz Kenntnis einer krankheitsgefährdenden genetischen Disposition unter das Tatbestandsmerkmal des Vorsatzes subsumiert werden können. Dies hätte zur Folge, dass der Versicherer trotz Vorliegens der Leistungsvoraussetzungen von seiner Pflicht zur Leistung frei würde. Zwar findet sich im Schrifttum diesbezüglich eine gewisse Besorgnis, auch die Kenntnis genetischer Anlagen könnte zum Leistungsausschluss führen[222]. In Anlehnung an die oben erörterte Rechtsprechung zum Parallelproblem in der gesetzlichen Versicherung wird man allerdings einen Unterlassungsvorsatz ohne das Vorliegen weiterer schwerwiegender Anhaltspunkte in der Regel nicht annehmen können[223].

Auch die **Verletzung von Mitwirkungspflichten bei der Therapie** kann zum Leistungsausschluss führen: Gem. § 10 Abs. 1 i.V.m. § 9 Abs. 4 MB/KK verliert der Versicherungsnehmer im Falle der Nichtbefolgung von heilungsfördernden Maßnahmen den Anspruch auf eine Versicherungsleistung. § 9 Abs. 4 MB/KK lautet:

> „Die versicherte Person hat nach Möglichkeit für die Minderung des Schadens zu sorgen und alle Handlungen zu unterlassen, die der Genesung hinderlich sind."

Die Kenntnis der krankheitsverursachenden Faktoren durch genetische Veranlagung binden den informierten Versicherungsnehmer an höhere Anforderungen für sein Verhalten zur Minderung eines bereits eingetretenen Schadens, als sie für die Schadensprävention gefordert werden. Im Zusammenhang mit der Rechtsfolge des § 10 Abs. 1 MB/KK ist jedoch die Einschränkung aus § 6 Abs. 3 VVG zu beachten, wonach die Leistungsfreiheit als Rechtsfolge einer Obliegenheitsverletzung nicht eintritt, wenn die Verletzung weder auf Vorsatz noch auf grober Fahrlässigkeit beruht.

Eine **umfassende Auskunftspflicht** im bestehenden Privatversicherungsverhältnis normiert § 9 Abs. 2 MB/KK:

---

[222] So wohl *Schulz-Weidner*, Der versicherungsrechtliche Rahmen für eine Verwertung von Genomanalysen, S. 239 f.; 503 ff..

[223] Vgl. oben unter 2. b. cc..

> „Der Versicherungsnehmer hat auf Verlangen des Versicherers jede Auskunft zu erteilen, die zur Feststellung des Versicherungsfalles oder der Leistungspflicht des Versicherers und ihres Umfanges erforderlich ist.“

§ 9 Abs. 3 MB/KK erweitert den Pflichtenkreis des Versicherungsnehmers im Versicherungsfall um eine **Untersuchungspflicht**:

> „Auf Verlangen des Versicherers ist die versicherte Person verpflichtet, sich durch einen vom Versicherer beauftragten Arzt untersuchen zu lassen.“

Die Verletzung dieser Obliegenheiten durch den Versicherungsnehmer wird gem. § 10 Abs. 1 MB/KK ebenfalls mit der Leistungsfreiheit des Versicherers sanktioniert. Im Rahmen der Auskunftspflicht nach § 9 Abs. 2 müssen nach dem gegenwärtigen Gesetzesstand fraglos auch Ergebnisse anderweitig zur Kenntnis gebrachten genanalytischer Untersuchungen preisgegeben werden, soweit sie zur Feststellung des Versicherungsfalles oder der Leistungspflicht des Versicherers von Belang sind. Nach einer Entscheidung des OLG Stuttgart besteht im Rahmen von § 9 Abs. 3 nicht nur die Pflicht zur Duldung einer ärztlichen Untersuchung, sondern darüber hinaus auch eine Pflicht zur aktiven Mitwirkung durch umfassende Information des untersuchenden Mediziners über alle zur Anamnese erforderlichen Fakten[224].

Gemäß § 9 Abs. 3 können vom Versicherer nach geltender Rechtslage genetische Untersuchungen eingefordert werden[225], wobei wohl die ungeschriebene und durch Vertragsauslegung im Geiste von Billigkeit und Parteiwillen gebotene Einschränkung zu gelten hat, dass die Untersuchung sich gerade auf den geltend gemachten Versicherungsfall bzw. auf die Leistungspflicht des Versicherers beziehen muss[226].

---

[224] Vgl. OLG Stuttgart, VersR 1984, 433.

[225] Vgl. *Schulz-Weidner*, Der versicherungsrechtliche Rahmen für eine Verwertung von Genomanalysen, S. 263.

[226] Vgl. *Bach/Moser*, Private Krankenversicherung, MB/KK §§ 9, 10, RN 22 f..

II. Verfassungsrechtliche Grenzen

1. Anwendbarkeit der verfassungsrechtlichen Maßstäbe

Gemäß § 29 Abs. 1 SGB IV sind die Träger der Sozialversicherung Körperschaften des öffentlichen Rechts. Daraus folgt ihre direkte Grundrechtsverpflichtetheit.

Die Träger der privaten Versicherungen hingegen sind juristische Personen des Privatrechts und unterliegen keiner direkten Grundrechtsbindung. Im Verhältnis zu den Versicherungsnehmern gelten daher grundsätzlich die zivilrechtlichen Normen einschließlich des Versicherungsvertragsgesetzes. Gleichwohl entfalten auch hier die Grundrechte ihre mittelbare Wirkung. Das Verhältnis zwischen den privaten Krankenversicherungen und den potentiellen und aktuellen Versicherungsnehmern ist von einem starken Ungleichgewicht zulasten des Verbrauchers gekennzeichnet. Die für den Einzelnen unkalkulierbar hohen Kostenrisiken von Krankheiten können am besten durch die Risikoteilung einer Solidargemeinschaft abgefangen werden, wie sie in Form der gesetzlichen und privaten Versicherungsträger zur Verfügung stehen. Eine so gewonnene Absicherung des Versicherten gehört in Deutschland zur kulturellen Regel, von der keiner gegen seinen Willen ausgeschlossen sein möchte. Angesichts der Tatsache, dass die gesetzliche Krankenversicherung auch mit der Versicherungsberechtigung gemäß § 9 SGB V (Freiwillige Versicherung) nicht allen potentiellen Versicherten die Mitgliedschaft ermöglicht, bleibt für die von dieser Regel nicht Erfassten das Bedürfnis nach einer privaten Krankenversicherung. Aus diesem Bedürfnis resultiert eine schwache Stellung bei den Vertragsverhandlungen mit Trägern privater Krankenversicherungen. Aber auch freiwillige Versicherungsanwärter mit der Option gesetzlichen Schutzes sowie die Anwärter für private Unfall- und Lebensversicherungen stehen den Versicherungsunternehmen fast gänzlich ohne Gestaltungsmöglichkeiten gegenüber. Durch die einheitliche Anwendung von standardisierten Vertragsbedingungen unterscheiden sich die Versicherungsunternehmen lediglich hinsichtlich ihrer Prämienbildung. Bezüglich der Bedingungen und Modalitäten des Vertragsschlusses besteht angesichts dieser Geschlossenheit auf der Anbieterseite kaum Verhandlungsspielraum der nachfragenden Versicherungsanwärter. In dieser Situation wird das gestörte Gleichgewicht auf dem Markt mit Hilfe der grundrechtlichen Verstärkung der schwächeren Position wieder austariert. Dies hat auch für den Bereich der Lebensversicherungen zu gelten. Diese erfüllen wie auch die Unfall- und Krankenversicherung eine essentielle Funktion im Sinne einer Daseinsvorsorge. In Anbetracht bröckelnder Stabilität der gesetzlichen Rentensysteme auf der Basis eines „Generationenvertrages“

fällt der kapitalbildenden Lebensversicherung zunehmend die Rolle eines Substituts für die gesetzliche Rente und damit eine entscheidende Funktion bei der finanziellen Lebensplanung zu.

2. Zulässigkeitsgrenzen im Lichte von Menschenwürde und Recht auf genetische Selbstbestimmung

a. Verletzung der Menschenwürde

Eine Menschenwürdeverletzung kommt nach den oben erörterten Maßstäben erst dann in Betracht, wenn die Preisgabe genetischer Informationen vermittels Auskunft und genanalytischer Untersuchung durch den Versicherungsbewerber oder –nehmer nicht mehr als freiwillig bezeichnet werden kann. Die Freiwilligkeit der Entscheidung des Preisgebenden ist trotz des hohen sozialen Druckes dann noch gegeben, wenn ihm berechtigte und anerkennenswerte Interessen für das Informationsverlangen des Versicherers bekannt sind. Diese berechtigten Interessen liegen bei Vertragsschluss in einer möglichst exakten Taxierung der Risiken und im Versicherungsfall in einer korrekten Schadensermittlung und –regulierung. Genau dies sind bereits die Maßstäbe der gesetzlichen Regelungen der Mitwirkungspflichten bei der Schadensregulierung im Sozialversicherungsrecht[227] und im Privatversicherungsrecht[228]. Auch beim Zustandekommen eines Privatversicherungsverhältnisses[229] ist hinsichtlich der Aufklärungspflicht des Versicherungsanwärters diese Beschränkung dem Ver-

---

[227] Vgl. den Wortlaut des § 60 SGB I „...Tatsachen anzugeben, die für die Leistung erheblich sind..." für die Aufklärungspflicht, sowie des § 62 SGB I „...ärztlichen und psychologischen Untersuchungsmaßnahmen unterziehen, soweit diese für die Entscheidung über die Leistung erforderlich sind." für die Untersuchungspflicht.

[228] Vgl. den Wortlaut des § 9 Abs. 2 MB/KK „...jede Auskunft zu erteilen, die zur Feststellung des Versicherungsfalles oder der Leistungspflicht des Versicherers und ihres Umfanges erforderlich ist." zur Auskunftspflicht, sowie die ungeschriebene und gleichwohl geltende Ausweitung dieses Erforderlichkeitsmaßstabes auf die Untersuchungspflicht aus § 9 Abs. 3 MB/KK.

[229] Beim Zustandekommen der gesetzlichen Versicherungsmitgliedschaft ist weder Auskunft noch Untersuchung des zu Versichernden vorgesehen, vgl. oben I. 2. a..

sicherungsvertragsgesetz zu entnehmen[230]. Nur in Hinblick auf eine ärztliche Untersuchung vor Abschluss einer privaten Versicherung besteht keine direkte gesetzliche Regelung[231]. Gleichwohl gilt auch hier als Grenze berechtigter Interessen des Versicherers die Relevanz genetischer Daten des Versicherungsnehmers in spe für die Beurteilung des Versicherungsrisikos[232]. Zusammenfassend ist festzuhalten, dass wegen des umfassenden Schutzcharakters der Versicherungen grundsätzlich alle gesundheitlichen Daten des Privatversicherungsanwärters für die Risikoermittlung relevant sind und deren Ermittlung somit im berechtigten Interesse des Versicherers erfolgt.

Eine Verletzung der Menschenwürde des Versicherungsanwärters oder –nehmers ist nur möglich, soweit genetische Informationen durch Mitteilung oder genanalytische Untersuchung preisgegeben werden, die keine Relevanz für das durch die Versicherung gedeckte Risiko besitzen. In diesem Fall gilt dann die schwer zu widerlegende Vermutung der unfreiwilligen Preisgabe[233], die einen wirksamen Grundrechtsverzicht ausschließen.

b. Verletzung des Rechts auf genetische Selbstbestimmung

Das Recht auf genetische Selbstbestimmung des Versicherungswilligen sowie des Versicherungsnehmers kann vom Versicherer durch die Ermittlung genetischer Information und durch die Mitteilung krankhafter Befunde verletzt werden.

aa. Schutz vor Ausforschung durch den Versicherer

Der in Art. 2 Abs. 1 i.V.m. Art. 1 Abs. 1 GG gewährleistete Schutz vor unerwünschtem genbezogenem Wissen durch Dritte wird vom Versicherer verletzt,

---

230 Vgl. § 16 Abs. 1 VVG: „Der Versicherungsnehmer hat bei Schließung des Vertrags alle ihm bekannten Umstände, die für die Übernahme der Gefahr erheblich sind, dem Versicherer anzuzeigen...".

231 § 160 VVG setzt die Möglichkeit – und damit wohl auch die Zulässigkeit – ärztlicher Untersuchungen lediglich voraus.

232 Sieh oben I. 3. a. cc..

233 Vgl. dazu die Ausführungen oben A. II. 2. a..

wenn er ohne den Willen des Versicherungsbewerbers bzw. des Versicherungsnehmers genetische Daten über diesen erlangt.

Solange der Versicherungsnehmer diese Informationen freiwillig zur Kenntnis des Versicherers bringt, indem er darüber informiert oder sich zur genanalytischen Ermittlung zur Verfügung stellt, liegt hingegen nicht einmal ein Eingriff in das genetische Selbstbestimmungsrecht vor[234]. Die Freiwilligkeit ist gewahrt, soweit dem Versicherer berechtigte und anerkennenswerte Interessen zur Seite stehen. Erst bei Fragen oder genanalytischen Untersuchungen, deren Erkenntnisziel nicht mehr in der Erlangung gesundheitsrelevanter Daten besteht, erheben sich Zweifel an der Freiwilligkeit der Preisgabe. Soweit dann keine weiteren Anhaltspunkte für einen trotz des offensichtlichen Ungleichgewichts der Verhandlungsmacht gegebenen Akt selbstbestimmten Handelns sprechen, liegt ein rechtswidriger Eingriff in das Recht auf genetische Selbstbestimmung vor.

bb. Recht auf Nichtwissen

Eine Verletzung des genetischen Selbstbestimmungsrechts in Form seiner Ausprägung als Recht auf Nichtwissen kommt darüber hinaus in Betracht, wenn der Versicherer dem Bewerber oder Versicherungsnehmer ohne dessen Willen genetische Befunde mitteilt, die im Rahmen einer genanalytischen Einstellungs- bzw. Vorsorgeuntersuchung zutage getreten sind.

C. Präimplantationsdiagnostik

I. Rechtslage de lege lata

Im Spektrum der innovativen Möglichkeiten, dem Problemkreis ungewollter Kinderlosigkeit abzuhelfen, kommt dem Verfahren der **In-vitro-Fertilisation**

---

[234] Anderer Auffassung ist *Wiese*, Genetische Analysen und Rechtsordnung, S. 80 ff., der ein gesetzliches Verbot für die Anwendung genetischer Analysen und die Offenbarung genetischer Daten im Bereich des Privatversicherungsrechts fordert.

eine prominente Stellung zu. Durch diese Technik wird die Konjugation zwischen einer Ovo- und einer Spermatozyte per Injektion in einem Reagenzglas herbeigeführt. Die befruchtete Eizelle wird dann in einem künstlichen Medium zur Teilung angeregt, bevor sie einer zukünftigen Mutter (im Einzelfall auch männlichen Geschlechts) zum weiteren Vollzug der frohen Erwartung implantiert wird.

Im Zuge dieser künstlichen extrakorporalen Befruchtung wird in der Regel eine Vielzahl von Embryonen hergestellt, von denen aber nur einer zur Austragung in die Gebärmutter der Mutter überführt wird. Natürlich kann sich angesichts dieses Umstandes bei den Präimplantationseltern der Wunsch einstellen, unter den zur Implantation zur Verfügung stehenden Embryonen eine **Auswahl** zu treffen, die vom Wunsch nach einem gesunden Kind bis zur spezifischen Vorstellung über Geschlecht oder präferierte Eigenschaften des später daraus werdenden Menschen getragen sein kann. Mit den Mitteln der Genom- und Genanalyse steht diesem Wunsch auch eine gewisse – wenngleich zur Zeit noch weitgehend auf die Feststellung von Geschlecht und Krankheitsanlagen beschränkte[235] – technische Machbarkeit zur Seite.

Solcherlei Vorhaben wurden jedoch durch einen frühen Akt gesetzgeberischer Initiative nachhaltig vereitelt. Die Präimplantationsdiagnostik ist im Zusammenhang mit den Möglichkeiten genetischer Analysen derjenige Bereich, der bislang als einziger – noch dazu großzügig – mit einer Reihe von speziellen gesetzlichen Normen bedacht worden ist. Diese Regelungen finden sich im Embryonenschutzgesetz (ESchG[236]) und bestehen überwiegend aus strafrechtlich sanktionierten Verboten[237]. Die im ESchG gesetzten Verbote ergänzen den bereits bestehenden Lebensschutz des Embryos. Das Strafgesetzbuch schützt den Embryo erst vom Zeitpunkt der Nidation an gegen schädigende Einflüsse. Die Abtreibungsbedingungen der §§ 218 ff. StGB statuieren das grundsätzliche Verbot der vorsätzlichen Tötung der Leibesfrucht, ohne aber einen Schutz gegen fahrlässige Tötung oder vorsätzliche Verletzung zu bieten. Da die Abtrei-

---

[235] Natürlich ist mit zunehmender Entschlüsselung des menschlichen Genoms auch ein sich erweiternder Einblick in körperliche und geistige Eigenschaften des Genominhabers möglich.

[236] Gesetz zum Schutz von Embryonen vom 13.12.1990, BGBl. 1990, Teil I, S. 2746-2748.

[237] Ausführlich zum philosophischen Hintergrund und zur Kritik an der strikten und präventiv-prohibitiven Gesetzgebung vgl. *Riedel*, The Constitution and Scientific and Technical Progress, S. 61 ff., insbes. S. 65 ff.; vgl. auch *Riedel*, Access to Justice as a Fundamental Right in the German Legal Order, S. 77 (94); *ders.*, Gentechnik im Spannungsfeld von Recht und Ethik, Alma mater Philippina 1991, S. 12 (16 f.).

bungsstrafbarkeit erst an die Tatbestandsmerkmale Nidation und Schwangerschaft anknüpft, wäre der in vitro konjugierte Embryo ohne das ESchG schutzlos.

Eine durch genetische Analyse mögliche **Auswahl des Geschlechts** bei In-vitro-Befruchtungen verbietet § 3 S. 1 ESchG:

> „Wer es unternimmt, eine menschliche Eizelle mit einer Samenzelle künstlich zu befruchten, die nach dem in ihr enthaltenen Geschlechtschromosom ausgewählt worden ist, wird mit Freiheitsstrafe bis zu einem Jahr oder mit Geldstrafe bestraft."

Satz 2 der Vorschrift gestattet medizinisch indizierte und behördlich abgesegnete Einschränkungen des in Satz 1 formulierten Grundsatzverbots für den Fall, dass die Geschlechtswahl durch den Wunsch motiviert ist, die Gefahr geschlechtsgebundener Erbkrankheiten von der Nachkommenschaft abzuwenden:

> „Dies gilt nicht, wenn die Auswahl der Samenzelle durch einen Arzt dazu dient, das Kind vor der Erkrankung an einer Muskeldystrophie vom Typ Duchenne oder einer ähnlich schwerwiegenden geschlechtsgebundenen Erbkrankheit zu bewahren, und die dem Kind drohende Erkrankung von der nach Landesrecht zuständigen Stelle als entsprechend schwerwiegend anerkannt worden ist."

Aber nicht nur die geschlechtsspezifische Erzeugung eines Embryos wird unter Strafe gestellt. Überdies unterbindet das Embryonenschutzgesetz jegliche Verwendung des Embryos im Zuge einer In-vitro-Fertilisation. Weniger deutlich als die Geschlechtswahl in § 3 ESchG wird eine **genanalytische Untersuchung** von der Generalklausel des § 2 Abs. 1 ESchG erfasst, die jede „missbräuchliche Verwendung menschlicher Embryonen" sanktioniert:

> „Wer einen extrakorporal erzeugten oder einer Frau vor Abschluss seiner Einnistung in der Gebärmutter entnommenen menschlichen Embryo veräußert oder zu einem nicht seiner Erhaltung dienenden Zweck abgibt, erwirbt oder verwendet, wird mit Freiheitsstrafe bis zu drei Jahren oder mit Geldstrafe bestraft."

Diese Norm bringt insoweit jede Auswahl und Einflussnahme auf die Erbanlagen des zu implantierenden Embryos zu Fall, als sie bereits die dafür notwendige Einsichtnahme in dessen Erbgut unterbindet. Ein solcher analytischer Eingriff wäre nämlich eine Verwendung, die nicht der Erhaltung des Embryos dient und insoweit das die Straffolge auslösende Tatbestandsmerkmal der missbräuchlichen Verwendung erfüllt.

Da nach dem Wortlaut des § 2 Abs. 1 ESchG eine rein präventive Genanalyse vor der Implantation eines in vitro konjugierten Embryos nicht erlaubt ist, bleibt zur Feststellung der genetischen Anlagen lediglich das Spektrum der normalen pränataldiagnostischen Untersuchungsmethoden am bereits eingenisteten Embryo[238]. Ob in Hinblick hierauf das Verbot von Genanalysen vor der Einnistung sinnvoll ist, erscheint fragwürdig[239].

II. Verfassungsrechtliche Grenzen

Die einzig erlaubte Anwendung einer genetischen Analyse im Rechtsbereich der In-vitro-Fertilisation besteht in der einer Feststellung des Geschlechtschromosomen einer Samenzelle. Eine solche kann jedoch nach gegenwärtig herrschendem Verständnis nicht Grundrechtssubjekt sein[240], so dass eine Ver-

---

[238] Die ebenfalls denkbare Möglichkeit, schon vor der Befruchtung eine Ei- und eine Samenzelle auf vorhandene Krankheiten zu untersuchen und dann zu verschmelzen, ist technisch nicht machbar, da eine Genanalyse das untersuchte Material verbraucht und der Zustand einer Ei- oder Samenzelle wegen der meiotischen Variation keinen Schluss auf den Zustand anderer Ei- und Samenzellen zulässt.

[239] Vgl. nur *Ropers*, Die Erforschung des menschlichen Genoms, DÄBl. 1998, B-547 (551), zur Unsinnigkeit aus medizinischer Perspektive. *Losch*, Lebensschutz am Lebensbeginn: Verfassungsrechtliche Probleme des Embryonenschutzes, NJW 1992, 2926 (2927), weist im Vergleich zur Abtreibungsgesetzgebung darauf hin, „dass für das künstlich in der Petrischale erzeugte am frühestmöglichen Lebensbeginn wesentlich strengere Schutzvorschriften gelten als für das natürlich erzeugte und in der natürlichen Entwicklung befindliche Leben am Anfang der Schwangerschaft." Ebenfalls zum ungleichen Schutz des Embryos in verschiedenen Regelungen vgl. *Wiesing*, Widersprüchliche Regelungen. Die unterschiedlichen Auffassungen zum Lebensrecht des Embryos, DÄBl. 1999, A-3163 ff..

[240] Nachdem aber das Bundesverfassungsgericht einen Nasciturus aufgrund seines Menschwerdungspotentials als grundrechtsfähig erachtet – BVerfGE 39, 1 (1, 41) –, ein Nasciturus wiederum bereits als Einzeller vom ESchG geschützt wird – vgl. § 6 Abs. 1 ESchG –, es weiterhin durch die genetischen Klonierungstechniken nicht einmal mehr einer befruchteten Eizelle bedarf, sondern bereits das Genom einer Körperzelle zum kompletten Lebewesen entwickelt werden kann – vgl. Schaf Dolly –, könnte bei konsequenter Fortführung des Potentialitätsarguments zur Begründung von Grundrechtsinhaberschaft bereits jeder einzelnen menschlichen Zelle dieses Privileg zuteil werden. In ähnlichem Zusammenhang schlägt *Coester-Waltjen*, Befruchtungs- und Gentechnologie bei Menschen – rechtliche Probleme von morgen?, S. 80 (93) vor, differenzierend von potentiellem Leben, „latentem menschli-

letzung von Menschenwürde und geninformationellem Selbstbestimmungsrecht nicht in Betracht kommt.

D. Pränataldiagnostik

I. Rechtslage de lege lata

Unter **pränataler Diagnostik** versteht man die Anwendung genanalytischer Techniken zur Feststellung der genetischen Konstitution des ungeborenen Kindes im Mutterleib. Zum gegenwärtigen Zeitpunkt beschränkt sich eine derartige diagnostische Praxis auf die Untersuchung der gesundheitlichen Konstitution der Nascituri, vor allem auf bestimmte monogenetisch veranlagte Krankheiten und Stoffwechselstörungen[241].

Das Spektrum pränataler Untersuchungsmethoden umfasst neben der konventionellen Ultraschalldiagnostik die Chromosomenuntersuchung, die proteinchemische Analyse und die DNA-Analyse. Die für die drei letztgenannten Untersuchungen erforderlichen fetalen Zellen werden gegenwärtig mittels dreier verschiedener Verfahren gewonnen:

Bei der **Amniozentese** wird durch Punktion der Amnionhöhle Fruchtwasser mit darin befindlichen fetalen Zellen gewonnen. Das Hauptrisiko dieser ab der 14. Schwangerschaftswoche durchführbaren Untersuchung besteht in der Auslösung einer Fehlgeburt und wird mit 0,4 bis 1 % beziffert. Die **Fetoskopie** dient der Gewinnung fetaler Blut- und Körperzellen, wobei das Abbruchrisiko mit 5 % signifikant höher ist als bei der Amniozentese. Bei der **Chorionbiopsie** (auch: Chorionzottenbiopsie), die bereits in der 7. Schwangerschaftswoche durchgeführt werden kann, werden aus der Embryonalhülle Zellen entnommen, wobei das Abortrisiko dem der Amniozentese vergleichbar ist.

---

chen Leben“ und realem Leben zu sprechen und entsprechend auch unterschiedlichen Schutz anzuwenden.

[241] Angaben über die Häufigkeit der derzeit bekannten genetisch bedingten angeborenen Schäden schwanken zwischen 1 und 3,3 % für schwere morphologische Anomalien und 0,1 und 0,2 % für schwere biochemische Schäden, vgl. *Enquete-Kommission*, Chancen und Risiken der Gentechnologie, S. 147.

Zwar kann die genetische Pränataldiagnostik auch als unspezifisch motiviertes Screening das ganze Spektrum feststellbarer Anomalien durchleuchten. Häufiger jedoch werden die gewonnenen Zellen gezielt in Hinblick auf im Einzelfall konkret zu befürchtende Risiken untersucht. Solche Risiken können zum einen im konkreten Verdacht auf das Vorliegen einer ererbten Krankheitsdisposition begründet sein. Zum anderen kann die statistisch stark erhöhte Gefahr bestimmter Krankheiten, Anomalien oder Behinderungen eine genetische Untersuchung indizieren, insbesondere wenn bei fortgeschrittenem Alter von Vater oder Mutter die Möglichkeit einer Mutation des Nasciturus besteht.

Die Pränataldiagnostik schafft damit eine **Entscheidungsgrundlage**, aufgrund derer dann über die Zukunft des Nasciturus entschieden werden kann[242]. Insbesondere kann eine mögliche postnatale **Therapie** ins Auge gefasst werden oder – was wohl angesichts der begrenzten gegenwärtigen Therapiemöglichkeiten die häufiger sich stellende Frage ist – eine **Abtreibung** erwogen werden. Nach der gegenwärtigen Fristenlösung des Strafrechts gem. § 218a Abs. 1 StGB bleibt ein innerhalb der ersten 12 Wochen der Schwangerschaft durchgeführter Abbruch ohne strafrechtliche Konsequenz[243]. Darüber hinaus stellt das Vorliegen einer Gefahr für das Leben oder die Gefahr einer schwerwiegenden Beeinträchtigung des körperlichen oder seelischen Gesundheitszustandes der Schwangeren einen Rechtfertigungsgrund für einen nach Ablauf dieser Frist vorgenommenen Schwangerschaftsabbruch dar, vgl. § 218a Abs. 2 StGB.

Entprechend dieser Funktion als Entscheidungsgrundlage bestehen die mit der Pränataldiagnostik verbundenen Interessen in erster Linie im Verhältnis zwischen den Eltern – insbesondere der Mutter – und dem Kind. Wie das Interesse eines behinderten oder schwerst kranken Nasciturus auf Austragen und Entwicklung zu bewerten ist, kann wohl ohne tiefgreifende philosophisch-ethische oder intuitiv-moralische Axiomatik nicht entschieden werden[244]. Ähnlich un-

---

242 93% aller pränatalen Tests geben den zukünftigen Eltern Sicherheit, in 7% der Fälle kann eine Abtreibung indiziert sein, vgl. *Connor/Ferguson-Smith*, Leitfaden der Humangenetik, S. 276.

243 Entscheidend für den Beginn der zwölfwöchigen Frist ist der Zeitpunkt der Empfängnis, vgl. § 218a Abs. 1 Nr. 3 StGB. Weitere Voraussetzung für die Straffreiheit ist weiterhin eine Beratung nach § 219 StGB und die Vornahme des gewollten Abbruches durch einen Arzt, § 218a Abs. 1 Nr. 2 u. 3 StGB.

244 Zur Vertiefung dieser Fragen sei insbesondere verwiesen auf: *Honnefelder*, Humangenetik in der Pränataldiagnostik. Die normative Funktion des Krankheits- und Behinderungsbeg-

wägbar sind die sehr individuell bestehenden Interessenlagen der Eltern. Ein häufig auftretendes Interesse der Eltern kann allerdings darin bestehen, der Angst vor einer gesundheitlichen Schädigung oder Behinderung des Kindes zu begegnen. Diese Besorgnis und Ungewissheit, die insbesondere durch die Kenntnis über erhöhte Risiken oder sonstige konkrete Anlässe zustande kommen kann, müsste ohne klärende Genanalyse über den gesamten Zeitraum der Schwangerschaft erduldet werden. Darüber hinaus können auch Interessen der Allgemeinheit als relevant beurteilt werden, die im Sinne einer kollektiven Moralinstanz über die gesellschaftliche Praxis dieser Familienplanung (Eugenik) ein Werturteil fällt.

Neben der Frage nach Austragen oder Abtreiben als Folge pränataler Analysen spielt bereits die Entscheidung eine Rolle, ob überhaupt eine genanalytische Untersuchung vorgenommen und das damit verbundene Abortrisiko in Kauf genommen werden soll. Angeregt wird die diesbezügliche Frage wohl in der Regel durch den behandelnden Gynäkologen, falls sich bei diesem der begründete Verdacht auf ein genetisches Risiko erhebt[245].

Abgesehen vom Spezialfall pränataler Diagnostik an in vitro konjugierten Embryonen, der unter dem Stichwort Präimplantationsdiagnostik im vorangegangenen Abschnitt behandelt wurde[246], gibt es für den Normalfall von pränatalen genanalytischen Untersuchungen am in utero befindlichen Nascituri keine spezialgesetzlichen Regelungen.

---

riffs: Ethische Aspekte, S. 121 ff.; *Schroeder-Kurth*, Kann ich wirklich selbst entscheiden? Pränatale Diagnostik zwischen Angebot und Verantwortung, S. 122 ff.; *Bachmann*, Pränatale Diagnostik, S. 9 ff.; *Kliemt*, Pränataldiagnostik und genetisches Screening im freiheitlich-demokratischen Rechtsstaat, S. 99 ff.; *Ach*, Embryonen, Marsmenschen und Löwen: Zur Ethik der Abtreibung, S. 71 ff.; *Zimmerli*, Dürfen wir, was wir können? Zum Verhältnis von Recht und Moral in der Gentechnologie, S. 42 ff.; *Kielstein*, Clinical and Clinical-Ethical Aspects of Genetic Prediction, S. 81 ff..

245 Einen derartigen Hinweis auf die Möglichkeit einer pränatalen Diagnostik sieht die Empfehlung Nr. 6 des Wissenschaftlichen Beirates der Bundesärztekammer zur Pränatalen Diagnostik vor, vgl. *BÄK*, Deutsches Ärzteblatt 1987, A-572 ff. ; Vgl. i.ü. DÄBl. 1980, S. 187; DÄBl. 87, B-434 ff..

246 Siehe oben unter C..

Die Entscheidung der Eltern über eine derartige Untersuchung ist grundsätzlich frei, die Untersuchung selbst de lege lata uneingeschränkt zulässig[247].

II. Verfassungsrechtliche Grenzen

1. Anwendbarkeit der Grundrechte

Pränatale Genanalysen können nur dann gegen Grundrechte des Embryos verstoßen, wenn dieser bereits Grundrechtssubjekt ist. Ungeachtet des berechtigten, eher ethisch-philosophischen als juristischen Streites, der um die Frage der Personenqualität des Embryos kreist[248], soll mit dem Bundesverfassungsgericht[249] und einer erstaunlich breiten Meinung in der Literatur[250] davon ausgegangen werden, dass auch ein Embryo grundrechtlichen Schutz genießt. In dem vorgeburtlichen Stadium verfügt der Embryo naturgemäß nicht über die Möglichkeiten, diese Rechte auch selbst wahrzunehmen. Aus dieser Unfähigkeit zur Autonomie resultiert das Eingreifen der objektiv-rechtlichen Funktion der Grundrechte. Zum Schutz der Interessen und Rechtspositionen des Nasciturus sind in erster Linie dessen Eltern berufen, was aus der grundgesetzlichen Wertung des Art. 6 Abs. 2 Satz 1 GG abgeleitet werden kann[251]. Soweit Rechtspositionen des Embryos durch die Eltern beeinträchtigt werden, tritt die staatliche

---

[247] Eine Einschränkung macht *Eser*, Rechtsprobleme der Gen- und Fortpflanzungstechniken beim Menschen, S. 123 (134 f.), der in Hinblick auf Art. 3 Abs. 3 GG eine pränatale Diagnostik als unzulässig ansieht, soweit diese lediglich zur Geschlechtswahl durchgeführt wird.

[248] Vgl. aus philosophischer Perspektive *Ach*, Embryonen, Marsmenschen und Löwen: Zur Ethik der Abtreibung, S. 71 ff.; *Singer*, Praktische Ethik, Kapitel 6 - Leben nehmen: Der Embryo und der Fötus, S. 177 ff..

[249] Vgl. BVerfGE 39, 1 (41); 45, 376 (386).

[250] Vgl. statt vieler *Rüfner*, Grundrechtsträger, S. 485 (492 f.); *v. Mutius*, Grundrechtsfähigkeit, Jura 1983, 30 (32); *Bleckmann*, Staatsrecht II. Die Grundrechte, S. 150; *Vollmer*, Genomanalyse und Gentherapie, S. 246.

[251] Diese Ableitung ist nicht ohne Analogieschluss möglich, da Art. 6 Abs. 2 GG von dem Verhältnis von Eltern und Kindern, also bereits geborenen Nachkommen, handelt. Vgl. zu dieser Frage *Zacher*, Elternrecht, S. 265 (293).

Gemeinschaft als advocatus nascituri auf[252]. Diese Situation ist zwar kein klassischer Fall einer Drittwirkung, da zwischen Nasciturus und Eltern kein privatrechtliches, sondern primär personenstandsrechtliches Rechtsverhältnis besteht. Gleichwohl stehen auch hier dem schutzwürdigen Embryo die Grundrechte zur Seite.

2. Verletzung der Menschenwürde

Die Würde des Embryos kann verletzt sein, wenn er zum bloßen Objekt elterlicher Entscheidungsgewalt gemacht wird, ohne dass seine Belange dabei Berücksichtigung finden. In dieser Situation wäre die grundsätzliche Entscheidungsbefugnis der elterlichen Sorge wegen Missbrauchs verwirkt und die staatliche Gewalt in Erfüllung ihres Fürsorgeauftrages zum Schutz des Embryos gegen seine Eltern berufen[253]. Ein solcher Fall liegt gleichwohl bei der Durchführung einer pränatalen genetischen Untersuchung nicht vor. Die Sammlung genetischer Daten über ihren Nachwuchs liegt im erlaubten Entscheidungsbereich der Eltern, ohne dass dadurch die Würde des Embryo berührt wird. Das dabei in Kauf genommene geringe Risiko eines Spontanabortes durch die Amniozentese liegt ebenfalls im erlaubten Rahmen elterlicher Verantwortung. Die wirkliche Gefährdung der Menschenwürde des Nasciturus liegt erst in den Konsequenzen einer genetischen Analyse, in der Abtreibung, begründet, nicht jedoch bereits in der Schaffung einer diesbezüglichen Entscheidungsgrundlage[254].

---

[252] Vgl. Art. 6 Abs. 2 Satz 2 GG als Bestimmung für die nachgeburtliche Rechtslage.

[253] Vgl. dazu oben 2. Teil: A. II. Nr. 4..

[254] Ebenso im Ergebnis *Schmidt*, Rechtliche Aspekte der Genomanalyse, S. 146; *Wiese*, Genetische Analysen und Rechtsordnung, S. 90; Nach *Podlech*, Alternativkommentar zum Grundgesetz, Art. 1 Abs. 1, RN 53b, verletzt die Pränataldiagnostik als solche die Menschenwürde der Mutter, die sich in der Partnerschaft und in der Gesellschaft einem sozialen Druck aussetzt, der eine Selbstbestimmung unmöglich macht.

3. Verletzung des Rechts auf genetische Selbstbestimmung

Eine pränatale Untersuchung kann die genetische Disposition des Nasciturus offenbaren. Diese Ermittlung von genetischen Daten erfolgt ohne seine Einwilligung. Gleichwohl ist das Recht auf genetische Selbstbestimmung des Embryos, insoweit dieses Persönlichkeitsrecht seinem Gewährleistungsumfang nach vorwirkend auf einen Embryo anwendbar ist, nicht berührt. An die Stelle des eigenen Einverständnisses tritt nämlich in weitem Umfang die Entscheidungsbefugnis der Eltern in Ausübung ihrer elterlichen Sorge, sowie zumindest teilweise in Ausübung eigener Angelegenheiten der Mutter, wenn man den Nasciturus in biologischer Betrachtung als einen noch unselbständigen Teil ihres Organismus ansieht. Dem elterlichen Erkenntnisinteresse an der genetischen Anlage ihrer Nachkommen kann durch das Recht auf genetische Selbstbestimmung somit keine Grenze gesetzt sein[255]. Auch hier gilt der Gedanke, dass zwischen Entscheidungsgrundlage und Konsequenzen zu trennen ist[256].

E. Präsymptomatisches und diagnostisches Screening

I. Rechtslage de lege lata

Die gegenwärtige Rechtslage verbietet es nicht, dass eine Person aus Interesse an der eigenen genetischen Disposition eine genanalytische Untersuchung an sich durchführen lässt. Der Zweck, der hinter dem Wunsch nach einer derartigen **präsymptomatischen genetischen Analyse** steht, kann vielfältig sein. In Betracht kommen insbesondere die Erlangung eugenisch orientierter Handlungsgrundlagen, die Möglichkeit der Verringerung erkannter Risiken[257] oder die Erfüllung des Wunsches nach Wissen um die Einwandfreiheit der gesund-

---

[255] Ebenso *Wiese*, Genetische Analysen und Rechtsordnung, S. 95.

[256] Anders aber *Schmidt*, Rechtliche Aspekte der Genomanalyse, S. 126, die die elterliche Einwilligung für unzulässig erachtet, wenn sie auf die Feststellung unheilbarer Krankheiten bezogen ist.

[257] Vgl. zum breiten Spektrum präsymptomatischer Krebs-Früherkennung *BÄK*, Richtlinien zur Diagnostik der genetischen Disposition für Krebserkrankungen, DÄBl. 1998, B-1120 ff..

heitsbezogenen Erbanlagen. Aber auch zur genanalytischen Klärung einer möglichen erblichen Ursache für vorhandene pathologische Befunde kann ein **diagnostisches genetisches Screening** zum Einsatz kommen.

Grundsätzlich wird wegen der Probleme, die sich aus der Einwilligung der Eltern in die genanalytische Untersuchung ihres minderjährigen Kindes ergeben können, getrennt zwischen der völlig bedenkenlosen Untersuchung eines Einwilligungsfähigen und der Untersuchung eines Einwilligungsunfähigen.

1. Untersuchung Einwilligungsunfähiger

Der durchaus in praxi bedeutende Hauptfall der Untersuchung Einwilligungsunfähiger ist das unmittelbar nach der Geburt durchgeführte sogenannte postnatale Screening am Neugeborenen, das sogenannte **Neugeborenenscreening**. Etwa 1 bis 3,3 % der Neugeborenen kommt mit erheblichen morphologischen, 0,1 bis 0,2 % mit schweren biochemischen Schäden zur Welt[258]. Diese Schäden sind größtenteils genetisch bedingt.

Das Neugeborenenscreening als nicht-spezifische genanalytische Untersuchungsmethode wurde zuerst in den USA durchgeführt[259]. Auch in Deutschland gibt es genetische Reihenuntersuchungen an Neugeborenen bezüglich solcher – meist monogenen – Erbkrankheiten, die auch behandelt werden können[260]. In einer Langzeitstudie in der Schweiz und im Fürstentum Liechtenstein wurden im Laufe von 29 Jahren – von 1965 bis 1993 – mehr als 2,1 Millionen Neuge-

---

[258] Vgl. *Simon*, Genomanalyse – Anwendungsmöglichkeiten und rechtlicher Regelungsbedarf, MDR 1991, 5 (7), zweiter Bericht der interministeriellen Kommission zur Aufarbeitung von Fragen der Bioethik (Bioethik-Kommission) – Humangenetik – vom 24. Januar 1989, Ministerium der Justiz Rheinland-Pfalz, Mainz 1989, S. 18 (Schädigungen zwischen 3 und 5 % beziffert).

[259] Vgl. *Simon*, Genomanalyse – Anwendungsmöglichkeiten und rechtlicher Regelungsbedarf, MDR 1991, 5 (7 FN 17).

[260] Vgl. *Simon*, Genomanalyse – Anwendungsmöglichkeiten und rechtlicher Regelungsbedarf, MDR 1991, 5 (7 FN 18).

borene nachgeburtlich auf Phenylketonurie und andere genetische Stoffwechselstörungen untersucht[261].

Zweck des postnatalen Screenigs ist die Erkennung von genetisch bedingter Anfälligkeit für bestimmte Substanzen, die dann gezielt gemieden werden können, um der Gefahr einer pathologischen Entwicklung vorzubeugen. In der genannten Schweizer Studie konnte bei etwa 900 Neugeborenen mit genetischer Krankheitsdisposition aufgrund des diesbezüglichen Wissens durch Diät oder Behandlung der Ausbruch eines schweren Krankheitsverlaufes verhindert werden[262].

Eltern sind im Rahmen ihrer Personensorge aus Art. 6 Abs. 2 GG und seiner Konkretisierung aus § 1626 BGB verpflichtet, diejenigen Maßnahmen zu ergreifen, die durch das Kindeswohl, § 1627 BGB, geboten sind, was auch alle erforderlichen ärztlichen Untersuchungen und Behandlungen einschließt[263]. Daraus wird im Schrifttum teilweise eine rechtliche Pflicht der Eltern zur genetischen Untersuchung geschlossen[264]. Angesichts der aus den genannten Vorschriften in Verbindung mit Art. 6 Abs. 2 S. 1 1. HS. GG folgenden Beurteilungsprärogative[265] der Eltern erscheint dies jedoch keineswegs zwingend. Vielmehr liegt die Entscheidung über die postnatalen genetischen Untersuchungen allein im freien Ermessen der Eltern.

2. Untersuchung Einwilligungsfähiger

Grundsätzlich steht einer genetischen Untersuchung einwilligungsfähiger Personen kein rechtliches Hindernis entgegen[266]. Allein nach den Anforderungen an die wirksame und aufgeklärte Einwilligung in den körperlichen Eingriff und die Verwendung und Verwertung des gewonnenen Zellmaterials ist auch die

---

261 Vgl. *Müller*, Genetische Tests: praktische Aspekte, S. 14.

262 Vgl. *Müller*, Genetische Tests: praktische Aspekte, S. 14.

263 Vgl. Palandt-*Diederichsen*, § 1626, RN 14.

264 So *Schmidt*, Rechtliche Aspekte der Genomanalyse, S. 71; *Hirsch/Eberbach*, Auf dem Weg zum künstlichen Leben, S. 358.

265 Vgl. Palandt-*Diederichsen*, Einf. vor § 1626, RN 3 f..

266 Vgl. auch *Eser*, Rechtsprobleme der Gen- und Fortpflanzungstechniken beim Menschen, S. 123 (135 f.).

Rechtslage im Verhältnis zwischen durchführendem Arzt und nach genanalytischer Erkenntnis stebendem Patient zu beurteilen[267]. Insoweit greifen für den Fall der Verletzung der in diesem Verhältnis geltenden ärztlichen Pflichten die einschlägigen deliktischen Normen des Zivil- und Strafrechts[268] ein.

Ein ärztlicher Heileingriff befindet sich im Einklang mit dem Recht, wenn für ihn eine Indikation vorliegt[269], er durch die Einwilligung des Hilfesuchenden, der eine ausreichende Aufklärung vorausging (informed consent)[270], gedeckt ist, und er zudem nach den Regeln des Faches (de lege artis) ausgeführt wird[271]. Für lediglich diagnostische Zwecke, insoweit auch für genetische Analysen, genügt die Einwilligung und die kunstgerechte Durchführung der diagnostischen Maßnahme.

II. Verfassungsrechtliche Grenzen

Die Grundrechte des Einwilligungsfähigen im Rechtsverhältnis zum behandelnden Arzt finden bei einer fachgemäß ausgeführten genanalytischen Untersuchung keine Anwendung. Arzt und Patient stehen sich grundsätzlich in einem Gleichordnungsverhältnis gegenüber, wobei das meistenteils gegebene

---

[267] Zu den allgemeinen Kriterien der Einwilligung in ärztliche Eingriffe vgl. *Laufs*, Arztrecht, RN 160 ff.; zur Verwendung gewonnener Gesundheitsdaten im Arzt-Patienten-Verhältnis vgl. *Laufs*, Arztrecht, RN 420 ff..

[268] Im Strafrecht insbesondere § 302 Abs. 1 Nr. 1 StGB – Verletzung der ärztlichen Schweigepflicht – sowie die §§ 223 ff. StGB – Körperverletzungsdelikte, im Zivilrecht insbesondere das Recht der unerlaubten Handlung gem. §§ 823 ff. BGB.

[269] Zur Frage der Indikation ausführlich: *Cramer*, Genom und Genanalyse. Rechtliche Implikationen einer "Prädiktiven Medizin", S. 161 ff., der die Begriffe der objektiven und subjektiven Indikation erhellt.

[270] Vgl. *Rössler*, Die Bedeutung der Einwilligung für die Legitimation ärztlichen Handelns – ethische Aspekte, Ethik in der Medizin 1996, S. 59 ff.; *Püttner/Brühl*, Fortpflanzungsmedizin, Gentechnologie und Verfassung – Zum Gesichtspunkt der Einwilligung Betroffener, JZ 1987, S. 529 ff.; *Laufs*, Medizin und Recht im Zeichen des Fortschritts, S. 22; zum Selbstbestimmungsrecht des Patienten vgl. *Giesen*, Patient-Physician Communication and the Law's Requirements, S. 272 ff..

[271] Vgl. *Cramer*, Genom und Genanalyse. Rechtliche Implikationen einer "Prädiktiven Medizin", S. 161.

Ungleichgewicht an Fachkenntnis durch die ärztliche Aufklärungspflicht ausgeglichen wird. Für eine Drittwirkung der Grundrechte besteht darüber hinaus kein Bedarf. Soweit der Patient es vorzieht, nicht mit den negativen Ergebnissen der Genanalyse belastet zu werden, kann er darüber mit dem Arzt eine Absprache treffen.

Etwas anderes gilt im Verhältnis zwischen Einwillungsunfähigem und diagnostizierendem Arzt[272]. Der Einwilligungsunfähige bedarf zur Ausübung seiner Interessen grundsätzlich einer fürsorgenden Unterstützung. Für den minderjährigen, noch nicht Einwilligungsfähigen greift gemäß Art. 6 Abs. 2 Satz 2 GG die staatliche Fürsorge nur subsidiär, wenn die elterliche Fürsorge aus Art. 6 Abs. 2 Satz 1 GG nicht gewährleistet ist. Die gesundheitliche Sorge um minderjährige Kinder und die Entscheidung über Art und Umfang der in diesem Rahmen angewandten genanalytischen Untersuchungen obliegen ohne Zweifel den Eltern[273]. Für Einwilligungsunfähige, die nicht einer elterlichen Fürsorge unterstehen, gelten die Regeln über die zivilrechtliche Betreuung und Pflegschaft nach Maßgabe der §§ 1896-1921 BGB. Für eine Drittwirkung der Grundrechte bleibt darüber hinaus kein Anwendungsbereich.

F. Forensische Genanalyse

I. Rechtslage de lege lata

Sowohl im Bereich des Zivil- als auch des Strafprozesses kommt die Genanalyse in Form des DNA-Fingerprints bereits gegenwärtig und mit zukünftig ständig steigender Tendenz zur Anwendung. Dabei verdrängt der genetische Fingerabdruck zunehmend das herkömmliche Verfahren des biochemischen Fingerabdruckes mittels Blutgruppenuntersuchung, sogenanntes serologisches Daktylogramm. Die Chance, dass ein bestimmter biochemischer Fingerabdruck zu mehr als nur einer Person gehört, liegt bei bis zu $1:5*10^9$ (fünf Milliar-

---

[272] Vgl. zu diesem Rechtsverhältnis *Fröhlich*, Forschung wider Willen? Rechtsprobleme biomedizinischer Forschung mit nicht einwilligungsfähigen Patienten; *Taupitz/Fröhlich*, Medizinische Forschung mit nichteinwilligungsfähigen Personen: Stellungnahme der Zentralen Ethikkommission, VersR 1997, S. 911 ff..

[273] Vgl. *Schmidt*, Rechtliche Aspekte der Genomanalyse, S.70 ff., m.w.N..

den)[274]. Der entscheidende Nachteil ist allerdings, dass eine frische und ausreichend große Blutprobe für dieses Testverfahren benötigt wird. Beim DNA-Fingerprinting, das auch mit sehr kleinen und sehr betagten[275] Zellresten auskommt[276], liegt die Individualisierungsquote sogar bei $1:10^{11}$ (zehn Milliarden) bis $1:10^{14}$ (hundert Billionen)[277]. Diese höhere Identifikationswahrscheinlichkeit kann zur Erhärtung sowohl eines belastenden, wie auch eines entlastenden Beweises führen[278].

1. Genanalyse im Strafprozess

Im Bereich der Strafverfolgung findet die genetische Analyse insbesondere in drei Bereichen der Beweisermittlung und –erhebung Verwendung.

Der wichtigste Anwendungsbereich ist die biologische **Spurenauswertung**[279]. Anhand des Vergleichs genetischen Materials, das aus Spuren eines unbekann-

---

[274] Bei Prüfung von 20 Blutgruppenmerkmalen, vgl. *Henke/Schmitter*, DNA-Polymorphismen in forensischer Fragestellung, S. 32 (33 f.), wobei für diese Relation sogar dieselbe rassische Zugehörigkeit (europider Rassenkreis) zugrunde gelegt wird. Blutgruppenanalysen können auch Hinweise auf rassische Phänotypen liefern, vgl. *Henke/Schmitter*, DNA-Polymorphismen in forensischer Fragestellung, S. 32 (35); stark abweichend gibt Ritter die mögliche Quote nur mit 1: 5.000 bis 100.000 an, *Ritter*, Genomanalyse und Strafverfolgung, S. 10; *Hummel/Mutschler*, Zum Umfang der Beweisaufnahme bei gerichtlicher Vaterschaftsfeststellung, NJW 1991, 2929 (2932),rechnen mit einer Quote von 1: 1.000.000.

[275] Prominente Beispiele aus jüngster Geschichte sind die erfolgreiche molekulargenetische Identifizierung der sterblichen Reste des russischen Zaren Nikolaus II. und des argentinischen Revolutionärs Ernesto „Che“ Guevara.

[276] Vgl. *Henke/Schmitter*, DNA-Polymorphismen in forensischer Fragestellung, S. 32 (37).

[277] *Gill/Jeffreys/Werret*, Forensic application of DNA „fingerprints“ in: Nature Vol. 318 (1985), 579; *Denk*, DNA-Spurenanalyse in Kriminalistik 1991, S. 567; *Ritter*, Genomanalyse und Strafverfolgung, S. 27; *Steinke*, Kriminaltechnik im Jahre 2000, S. 742; Die dadurch erreichte Steigerung der Beweiskraft gegenüber der Serologie liegt bei einem Faktor von etwa 300.000, vgl. *Bär*, Genetische "Fingerabdrücke": Die Aussagekraft von DNA-Untersuchungen an biologischen Kriminalspuren, Kriminalistik 1989, 313 (316).

[278] Vgl. *Ritter*, Genomanalyse und Strafverfolgung, S 28; gleichwohl ist *Hummel*, Welcher Nutzen für die biologische Verwandtschaftsbegutachtung ist von DNS-Analysen zu erwarten?, Der Amtsvormund 1989, 33 (34), der Ansicht, die DNA-Analyse sei weder qualitativ noch quantitativ besser als die herkömmliche Blutgruppenuntersuchung.

[279] Vgl. *Ritter*, Genomanalyse und Strafverfolgung, S. 27 ff..

ten Täters – insbesondere aus DNA-Resten aus Blut, Sekreten, Haut oder Haar[280] – gewonnen wird, mit genetischen Proben eines Verdächtigen[281] kann die Identität von Verdächtigem und Täter nachgewiesen beziehungsweise ausgeschlossen werden.

Zu einem ähnlichen Zweck kann das genanalytische Verfahren auch genutzt werden, wenn die personale **Zugehörigkeit einer Blutalkoholprobe** festzustellen ist. In der Praxis insbesondere des Verkehrsstrafrechts wird von Beschuldigten häufig eine Verwechslung von Blutproben behauptet, was durch vergleichende genetische Analyse bestätigt bzw. entkräftet werden kann[282].

Während in den beiden genannten Bereichen die Feststellung unverwechselbarer individueller Merkmale im Vordergrund steht, dient die genetische Analyse im Anwendungsbereich der **Verwandtschaftsfeststellung** dem Nachweis eines familiären Abstammungsverhältnisses[283]. Im Falle der Verletzung einer Unterhaltspflicht im Rahmen des § 170b StGB, bei Verletzung von Fürsorge- und Erziehungspflichten gem. § 170d StGB und bei Sexualdelikten mit Verwandten gem. § 173 (Inzestdelikte) und § 174 Abs. 1 Nr. 3 1. Alt. StGB (sexueller Missbrauch von leiblichen Kindern) lassen sich die jeweils tatbestandlich strafbegründenden verwandtschaftlichen Beziehungen mittels gemeinsamer genetischer Merkmale beweisen bzw. widerlegen.

Etwas entlegener sind die möglichen Anwendungsbereiche genetischer Fingerprints, wenn Zweifel zu klären sind bezüglich eines Verwandtschaftsverhältnisses im Rahmen des Zeugnisverweigerungsrechts 52 Abs. 1 Nr. 3 StPO, für den Ausschluss des Richters gem. § 22 Nr. 3 StPO und § 6 Abs. 1 Nr. 3 FGG, für den Ausschluss des Rechtspflegers gem. § 10 Satz 1 RPflG, des Ur-

---

[280] Bereits die im Haarschaft vorhandene DNA reicht für eine Identifikation aus, vgl. *Ritter/Schacker/Schneider*, Zum gegenwärtigen Stand des DNA-Gutachtens (sog. genetischer Fingerabdruck) in der Bundesrepublik Deutschland, MedR 1989, 12 (15).

[281] Die genetische DNA-Probe eines Verdächtigen wird in der Regel aus dessen Blut oder Speichel gewonnenen.

[282] Vgl. *Bär*, Kriminalistik 1989, 318; *Ritter*, Genomanalyse und Strafverfolgung, S. 29; *Henke/Schmitter*, DNA-Polymorphismen in forensischer Fragestellung, S. 32 (33), sprechen vom sogenannten **Identitätsgutachten** in Abgrenzung zum **Spurengutachten** und **Abstammungsgutachten**.

[283] Eng verwandt mit der Vaterschaftsfeststellung ist auch die Identifikation unkenntlicher Toter durch genetischen Vergleich mit möglichen Angehörigen, vgl. *Ritter*, Genomanalyse und Strafverfolgung, S. 29. Allerdings steht hier nicht zwangsläufig die Verfolgung einer Straftat im Vordergrund.

kundsbeamten, des Schöffen gem. § 31 StPO und des Notars gem. § 16 I Nr. 3 BNotO, § 6 Abs. 1 Nr. 3 BeurkG.

Im Bußgeldverfahren nach dem OWiG ist gemäß § 46 Abs. 4 S. 3 OWiG jede Verwertung einer Blutprobe oder sonstiger Körperzellen zur Durchführung einer DNA-Analyse unzulässig[284].

Die rechtliche Zulässigkeit der Spurenauswertung mittels des „**biochemischen Fingerabdrucks**", also der detaillierten Analyse von Blutgruppensystemen, wird von den §§ 81a Abs. 1 S. 2 und 81c Abs. 2 StPO erfasst, die die Voraussetzungen für die zu diesem Zweck erforderliche Blutentnahme am Beschuldigten (§ 81a StPO) bzw. an anderen Personen (§ 81c StPO) normieren. Nach diesen Vorschriften dürfen Richter, bei Gefährdung des Untersuchungserfolges durch Verzögerung auch die Staatsanwaltschaft und ihre Hilfsbeamten[285] eine Blutentnahme zur Feststellung von Tatsachen anordnen, die für das Verfahren von Bedeutung sind[286]. Die Blutentnahme hat durch einen Arzt nach den Regeln der ärztlichen Kunst zu erfolgen[287]. Sie ist auch ohne die Einwilligung des Betroffenen zulässig, wenn sie keinen Nachteil für seine Gesundheit befürchten lässt[288]. Für die Blutentnahme am nicht Beschuldigten gilt außerdem das Erfordernis, dass der Eingriff zur Erforschung der Wahrheit unerlässlich ist[289]. Das Bundesverfassungsgericht sieht die Vorschrift des § 81a StPO als verfassungs-

---

[284] Zu den Nachteilen dieser Neuregelung vgl. *Rath/Brinkmann*, Strafverfahrensänderungsgesetz – DNA-Analyse („Genetischer Fingerabdruck") und DNA-Identitätsfeststellungsgesetz aus fachwissenschaftlicher Sicht, NJW 1999, 2697 (2700).

[285] Nach § 152 GVG.

[286] Diese Anordnung ist nur erforderlich, soweit der Beschuldigte beziehungsweise der Nichtbeschuldigte nicht in die körperliche Untersuchung einwilligt, vgl. *Kleinknecht/Meyer-Gossner*, Strafprozessordnung Kommentar, § 81a StPO, RN 3 f..

[287] Vgl. § 81a Abs. 1 S. 2, § 81 c Abs. 2 S. 2 StPO.

[288] Vgl. § 81a Abs. 1 S. 2, § 81c Abs. 2 S.1 StPO. Für den nicht Beschuldigten gilt außerdem die Einschränkung, dass ihm bei Würdigung aller vorliegenden Umstände der Eingriff zuzumuten sein muss, § 81c Abs 4.

[289] Vgl. § 81c Abs. 2 S. 1 StPO.

gemäß an[290], betont jedoch die Notwendigkeit der Beachtung des Verhältnismäßigkeitsgrundsatzes bei ihrer Auslegung[291].

Seit der Einführung der neuen §§ 81e und 81f StPO[292] ist auch die direkte genetische Analyse in Form des **genetischen Fingerabdrucks** mit einer dem Normgegenstand eignenden bedenkengetragenen gesetzgeberischen Akribie geregelt.

§ 81e StPO lautet:

> „(1) An dem durch Maßnahmen nach § 81a Abs. 1 erlangten Material dürfen auch molekulargenetische Untersuchungen durchgeführt werden, soweit sie zur Feststellung der Abstammung oder der Tatsache, ob aufgefundenes Spurenmaterial von dem Beschuldigten oder dem Verletzten stammt, erforderlich sind. Untersuchungen nach Satz 1 sind auch zulässig für entsprechende Feststellungen an dem durch Maßnahmen nach § 81c erlangten Material. Feststellungen über andere als in Satz 1 bezeichnete Tatsachen dürfen nicht erfolgen; hierauf gerichtete Untersuchungen sind unzulässig.
>
> (2) Nach Absatz 1 zulässige Untersuchungen dürfen auch an aufgefundenem, sichergestelltem oder beschlagnahmtem Spurenmaterial durchgeführt werden. Absatz 1 Satz 3 und § 81a Abs. 3 erster Halbsatz gelten entsprechend."

§ 81f StPO ordnet für das Verfahren an:

> „(1) Untersuchungen nach § 81e dürfen nur durch den Richter angeordnet werden. In der schriftlichen Anordnung ist der mit der Untersuchung zu beauftragende Sachverständige zu bestimmen.
>
> (2) Mit der Durchführung der Untersuchung nach § 81e sind Sachverständige zu beauftragen, die öffentlich bestellt oder nach dem Verpflichtungsgesetz verpflichtet oder Amtsträger sind, die der ermittlungsführenden Behörde nicht angehören oder einer Organisati-

---

[290] Vgl. BVerfGE 16, 194 (199 f.); 17, 108 (117); 47, 239 (246 ff.).

[291] Vgl. BVerfGE 16, 194 (201 ff.); 17, 108 (117 ff.); 27, 211 (219 f.); 47, 239 (248).

[292] Die §§ 81e und 81f wurden eingefügt durch das Strafverfahrensänderungsgesetz –DNA-Analyse (StVÄG) vom 17.3.1997, BGBl. Teil I, S. 534. Zur Kritik an den neuen Regelungen vgl. *Rath/Brinkmann*, Strafverfahrensänderungsgesetz – DNA-Analyse („Genetischer Fingerabdruck") und DNA-Identitätsfeststellungsgesetz aus fachwissenschaftlicher Sicht, NJW 1999, 2697 ff.; *Senge*, Strafverfahrensänderungsgesetz – DNA-Analyse, NJW 1997, 2409 ff..

> onseinheit dieser Behörde angehören, die von der ermittlungsführenden Dienststelle organisatorisch und sachlich getrennt ist. Diese haben durch technische und organisatorische Maßnahmen zu gewährleisten, dass unzulässige molekulargenetische Untersuchungen und unbefugte Kenntnisnahme Dritter ausgeschlossen sind. Dem Sachverständigen ist das Untersuchungsmaterial ohne Mitteilung des Namens, der Anschrift und des Geburtstages und -monats des Betroffenen zu übergeben. Ist der Sachverständige eine nichtöffentliche Stelle, gilt § 38 des Datenschutzgesetzes mit der Maßgabe, dass die Aufsichtsbehörde die Ausführung der Vorschriften über den Datenschutz auch überwacht, wenn ihr keine hinreichenden Anhaltspunkte für eine Verletzung dieser Vorschriften vorliegen und der Sachverständige die personenbezogenen Daten nicht in Dateien verarbeitet."

Die Neuregelung enthält insoweit keine bedeutenden Neuerungen, als dass nach Auffassung der Rechtsprechung[293] und eines großen Teiles im Schrifttum[294] die DNA-Analyse zur Spurenauswertung bereits von den §§ 81a und 81c StPO erfasst wurden. Weitergehend sind lediglich die Bestimmungen über die sachverständige, vertrauensvolle und unabhängige Untersuchung sowie die Hinweise auf den Schutz der genanalytisch ermittelten personenbezogenen Daten[295].

---

[293] Vgl. die ständige Rechtsprechung des Bundesgerichtshofes: BGH, NJW 1990, 2328; BGHSt 37, 157 = NJW 1990, 2944; BGH NStZ 1991, 399 (400); NJW 1992, 2976 (2977).

[294] Vgl. *Sternberg-Lieben*, „Genetischer Fingerabdruck" und § 81a StPO, S. 69 (75 f.); *BM Forschung/Technologie*, Die Erforschung des menschlichen Genoms, S. 222 f.; *Gössel*, Gentechnische Untersuchungen als Gegenstand der Beweisführung im Strafverfahren, S. 112 (125); *Wiese*, Genetische Analysen und Rechtsordnung, S. 25; *Steinke*, Genetischer Fingerabdruck und § 81a StPO, S. 83; kritisch dagegen argumentieren: *Wellbrock*, Genomanalysen und das informationelle Selbstbestimmungsrecht, S. 217 (223); *Keller*, Die Genomanalyse im Strafverfahren, S. 160 (178 ff.); sowie *Rademacher*, Zulässigkeit der Gen-Analyse?, NJW 1991, 735 ff.; *Vogt*, Das DNA-Fingerprinting-Verfahren – Wahrheitserforschung um jeden Preis?, S. 213 (214 ff.).

[295] Vgl. *Rath/Brinkmann*, Strafverfahrensänderungsgesetz – DNA-Analyse („Genetischer Fingerabdruck") und DNA-Identitätsfeststellungsgesetz aus fachwissenschaftlicher Sicht, NJW 1999, 2697 ff..

Das Gesetz zur Änderung der Strafprozessordnung (DNA-Identitätsfeststellungsgesetz) vom 7. September 1998[296] sieht vor, zum Zweck der Identitätsfeststellung den Beschuldigten (§1 GzÄdS) oder Verurteilten (§ 2 GzÄdS) in Verfahren wegen Straftaten „von erheblicher Bedeutung" Körperzellen zu entnehmen, die dann zur Feststellung des DNA-Identifizierungsmusters molekulargenetisch untersucht werden[297]. Diese Identifizierungsmuster (DNA-Fingerprints) können dann gemäß § 3 GzÄdS beim BKA verarbeitet und gespeichert werden. Von entscheidender Bedeutung ist der neu eingefügte § 81g Abs. 2 StPO. Danach dürfen molekulargenetische Untersuchungen nur für die DNA-Identifizierungsmuster, also den DNA-Fingerprint verwendet werden:

> „(1) Zum Zwecke der Identitätsfeststellung in künftigen Strafverfahren dürfen dem Beschuldigten, der einer Straftat von erheblicher Bedeutung, insbesondere eines Verbrechens, eines Vergehens gegen die sexuelle Selbstbestimmung, einer gefährlichen Körperverletzung, eines Diebstahls in besonders schwerem Fall oder einer Erpressung verdächtig ist, Körperzellen entnommen und zur Feststellung des DNA-Identifizierungsmusters molekulargenetisch untersucht werden, wenn wegen der Art oder Ausführung der Tat, der Persönlichkeit des Beschuldigten oder sonstiger Erkenntnisse Grund zu der Annahme besteht, dass gegen ihn künftig erneut Strafverfahren wegen einer der vorgenannten Straftaten zu führen sind.
>
> (2) Die entnommenen Körperzellen dürfen nur für die in Absatz 1 genannte molekulargenetische Untersuchung verwendet werden; sie sind unverzüglich zu vernichten, sobald sie hierfür nicht mehr erforderlich sind. Bei der Untersuchung dürfen andere Feststellungen als diejenigen, die zur Ermittlung des DNA-Identifizierungsmusters erforderlich sind, nicht getroffen werden; hierauf gerichtete Untersuchungen sind unzulässig.
>
> (3) § 81a Abs. 2 und § 81f gelten entsprechend"

---

[296] *BGBl.* 1998 Teil I Nr. 61, S. 2646, verkündet am 7.9.1998, in Kraft getreten am Tag danach, § 6 GzÄdS. Vgl. dazu *Volk*, Gesetz zur Änderung der Strafprozessordnung (DNA-Identitätsfeststellungsgesetz) – Anspruch und Wirklichkeit, NStZ 1999, S. 165 ff..

[297] Ausführlich zu den strafverfolgungsrelevanten Verfahrensfragen vgl. *Volk*, Gesetz zur Änderung der Strafprozeßordnung (DNA-Identitätsfeststellungsgesetz) – Anspruch und Wirklichkeit, NStZ 1999, 165 ff..

Gemäß § 2 GzÄdS dürfen Maßnahmen, die nach § 81g StPO zulässig sind, darüber hinaus durchgeführt werden, wenn der Betroffene wegen einer der in § 81g Abs. 1 StPO genannten Straftaten rechtskräftig verurteilt wurde und die entsprechende Eintragung im Bundeszentralregister oder Erziehungsregister noch nicht getilgt ist.

Die so erlangten genetischen Fingerprints können in der am 17.4.1998 beim Bundeskriminalamt errichteten „DNA-Analyse-Datei" gespeichert werden[298]. Die Details zur Speicherung, Verarbeitung und Löschung der Fingerprint-Daten regelt das Bundeskriminalamtsgesetz (BKAG)[299]. Die DNA-Analyse-Datei ist dazu bestimmt, die Täteridentifikation mittels Tatortspuren zu ermöglichen.

2. Genanalyse im Zivilprozess: Paternitätsfälle

Auch im Zivilprozess können DNA-Analysen in Form genetischer Fingerabdrücke als Beweismittel dienen. Insbesondere zur Feststellung des **Vaterschaftsverhältnisses**, an welches das Bürgerliche Gesetzbuch vielfältige Konsequenzen knüpft, kann ein genetischer Fingerprint von großer Bedeutung sein[300].

Gemäß § 1600a S. 2 BGB können die Rechtswirkungen einer Vaterschaft grundsätzlich erst ab dem Zeitpunkt geltend gemacht werden, zu dem die Vaterschaft festgestellt wurde. Für das **nichteheliche Kind** ist die Feststellung der Vaterschaft gem. §§ 1600a, 1600n BGB somit notwendige Bedingung für die Durchsetzung von Unterhaltsansprüchen gem. §§ 1601ff., 1615aff. BGB und erbrechtlichen Ansprüchen gem. §§ 1924, 1934a, 2303, 2338a BGB sowie für die Legitimation durch nachfolgende Ehe der Eltern gem. § 1719 BGB und Ehelichkeitserklärung gem. § 1723 BGB.

---

298 *Bundeskriminalblatt* Nr. 161 v. 24.8.1998.

299 Siehe *BGBl.* 1997 Teil I, S. 1650: nach § 8 Abs. 6 BKAG kann das BKA „personenbezogene Daten, die bei der Durchführung erkennungsdienstlicher Maßnahmen erhoben worden sind, in Dateien speichern, verändern und nutzen...".

300 Vgl. dazu *Böhm/Luxburg/Epplen*, DNA-Fingerprinting: ein gentechnologisches Verfahren erleichtert, beschleunigt und verbilligt die Vaterschaftsfeststellung durch Gutachten, Der Amtsvormund 1990, 1101 ff..

Für die **Mutter** ist die Vaterschaftsfeststellung in Hinblick auf die Entbindungskosten gem. § 1615k BGB und den Unterhalt vor und nach der Geburt gem. § 1615l BGB von Bedeutung. Zur Hinderung der mit der Vaterschaft verknüpften Ansprüche kann als Widerlegung der gesetzlichen Ehelichkeits- und Vaterschaftsvermutungen der §§ 1591, 1600m, 1600o Abs. 2 BGB ein negativer Vaterschaftsbeweis angetreten werden.

Darüber hinaus hat die Feststellung bzw. der Ausschluss der Vaterschaft gem. § 4 Abs. 1 EheG Auswirkungen auf die Zulässigkeit eines Eheschlusses.

Schließlich hat die Feststellung der Vaterschaft und Verwandtschaft verfahrensrechtliche Konsequenzen, wie für das Zeugnisverweigerungsrecht nach § 383 Abs. 1 Nr. 3 ZPO, den Ausschluss eines Richters gem. §§ 41 Abs. 1 Nr. 3 ZPO, des Rechtspflegers gem. § 10 Satz 1 RPflG, des Urkundsbeamten und Schöffen § 49 ZPO und des Notars gem. § 16 Abs. 1 Nr. 3 BNotO, § 6 Abs. 1 Nr. 3 BeurkG.

Auch für den Fall der Einführung einer „**Abstammungsfeststellungsklage**“[301] zur Verwirklichung des vom Bundesverfassungsgericht anerkannten Rechtes auf Kenntnis der eigenen Abstammung[302] wäre eine genanalytische Untersuchung ein geeignetes Beweismittel[303].

In Ermangelung spezialgesetzlicher Regelungen für die genetische Analyse im Zivilprozess gelten die einschlägigen allgemeinen Vorschriften: Wenn es in den Fällen der §§ 1591 und 1600o BGB oder in anderen Fällen zur Feststellung der Abstammung erforderlich ist, hat jede Person nach § 372a Abs. 1 ZPO Untersuchungen zu dulden, soweit diese nach den anerkannten Grundsätzen der Wissenschaft eine Aufklärung des Sachverhalts versprechen und dem zu Untersuchenden nach der Art der Untersuchung, nach den Folgen ihres Ergebnisses für ihn oder einen der in § 383 Abs. 1 Nr. 1 bis 3 ZPO genannten Angehörigen und ohne Nachteil für seine Gesundheit zugemutet werden können. Nach § 372a Abs. 2 Satz 2 ZPO kann bei wiederholter unberechtigter Verweigerung auch mit Hilfe unmittelbaren Zwanges eine Untersuchung er-

---

[301] Dazu *Giesen*, Genetische Abstammung und Recht, JZ 1989, 364 (375 f.).

[302] Vgl. BVerfGE 79, 256 ff., 274; *Enders*, Das Recht auf Kenntnis der eigenen genetischen Abstammung, NJW 1989, 881 ff.; *Deichfuß*, Recht des Kindes auf Kenntnis seiner blutsmäßigen (genetischen) Abstammung?, NJW 1988, 113 ff., zu Problemen und Unvollständigkeit eines Rechts auf Kenntnis der eigenen Abstammung.

[303] Vgl. *Wiese*, Genetische Analysen und Rechtsordnung, S. 31.

zwungen werden[304]. Die Anordnung der Untersuchung kann bei der Abstammungsfeststellung im Zivilprozess sowohl auf Antrag einer Partei (§§ 371 bzw. 403 ZPO) als auch von Amts wegen (§ 144 Abs. 1 ZPO) erfolgen. Die Durchführung der Vollstreckung liegt allein in der Hand des Staates und seiner besonderen Vollstreckungsorgane, die –gegebenenfalls als Beliehene – kraft staatlicher Hoheitsgewalt handeln.

Als Beispiel für eine derartige Untersuchung nennt § 372a Abs. 1 ZPO die Entnahme von Blutproben zum Zwecke der Blutgruppenuntersuchung. Eine genetische Untersuchung findet keine wörtliche Erwähnung. Nach der Rechtsprechung des Bundesgerichtshofs[305] sowie der vorherrschenden Auffassung im Schrifttum[306] wird gleichwohl die genanalytische Untersuchungsmethode des DNA-Fingerprints neben den konventionellen serologischen Untersuchungen zum Vaterschaftsnachweis anerkannt.

II. Verfassungsrechtliche Grenzen

Die forensische Genanalyse findet im Verhältnis zwischen der staatlichen Gewalt und den betroffenen Bürgern und insoweit im Bereich klassischer, direkter Grundrechtsgeltung statt. Daran ändert auch nichts, dass ein genetischer Fingerabdruck im Zivilprozess als Verwandtschaftsnachweis der Klärung eines

---

[304] Das Bundesverfassungsgericht hält den § 372a ZPO gleichwohl für verfassungsrechtlich unbedenklich, siehe *BVerfGE* 5, 13 (15 ff.).

[305] Vgl. BGH NJW 1991, 749 (751f.); BGH, NJW 1991, 2961 (2962).

[306] Vgl. *Bundesminister für Forschung und Technologie*, Die Erforschung des menschlichen Genoms, S. 224; *Deutsch*, Haftung für unerlaubte bzw. fehlerhafte Genomanalyse, VersR 1991, 1205 f.; *ders.*, Die Genomanalyse im Arbeits- und Sozialrecht – Ein Beitrag zum genetischen Datenschutz, NZA 1989, S. 657 (659); *Simon*, Genomanalyse – Anwendungsmöglichkeiten und rechtlicher Regelungsbedarf, MDR 1991, 5 (11 f.); *Henke/Schmitter*, DNA-Polymorphismen in forensischen Fragestellungen, S. 32 (37); *Reichelt*, Verfahren, Zulässigkeit und Auswirkungen der DNA-Technologie (genetischer Fingerabdruck) auf den Anwendungsbereich der Vaterschaftsvermutung im Rahmen des § 1600o II BGB, S. 111; *Wiese*, Genetische Analysen und Rechtsordnung, S. 33 f.; *Hummel*, Voraussetzungen für die Verwendung einer DNS-Analyse mit Single- und Multi-Locus-Sonden in Fällen strittiger Blutsverwandtschaft, NJW 1990, 753 f.; *Hummel/Mutschler*, Zum Umfang der Beweisaufnahme bei gerichtlicher Vaterschaftsfeststellung, NJW 1991, 2929 ff.; gegen die Anerkennung *Rademacher*, Verhinderung der genetischen Inquisition, ZRP 1990, 380 (381, 383).

zivilrechtlichen Rechtsverhältnisses dient. Entscheidend ist, dass eine solche Untersuchung von einem Richter als Träger hoheitlicher Gewalt und insofern als Grundrechtsadressat angeordnet wird.

1. Verletzung der Menschenwürde

a. DNA-Fingerprint

Fraglich ist, ob die Durchführung eines genetischen Fingerprints mit dem Ziel einer vergleichenden Betrachtung mit einem anderen DNA-Fingerabdruck oder der präventiven Speicherung im BKA-Computer gegen die Menschenwürde des Untersuchten verstößt.

Wenn der Untersuchte in die Untersuchung mit der Aussicht auf einen eigenen Vorteil einwilligt, etwa als Antragsteller im Vaterschaftsprozess oder zum Beweis der Unschuld im Strafverfahren, liegt angesichts der Freiwilligkeit – auch bei einer staatlichen Kompetenz zur zwangsweisen Durchsetzung – keine Würdeverletzung vor. Beugt sich der Untersuchte nur angesichts der staatlichen Übermacht und seiner eigenen Machtlosigkeit oder wird die Untersuchung gegen seinen ausdrücklichen Willen durchgeführt, so könnte ein Eingriff in das Grundrecht auf Schutz der Menschenwürde aus Art. 1 Abs. 1 GG gegeben sein, wenn der Untersuchte sich in seiner Würde verletzt fühlt. Der Untersuchte wird zum Objekt eines staatlich geleiteten Erkenntnisinteresses gemacht, ohne dass sein Wille von Belang ist. Gleichwohl besteht sowohl in der zivilprozessualen als auch in der strafprozessualen Forensik jeweils ein von Seiten des Untersuchten erkennbares und anzuerkennendes Interesse an der Untersuchung. Hinzu kommt, dass die Untersuchung lediglich einen minimalen körperlichen Eingriff in Form eines Zellabstriches oder einer Blutentnahme erfordert. Darüber hinaus beschränkt sich die Untersuchung auf die Feststellung des DNA-Fingerprints, ohne dass dabei genetische Informationen erhoben werden[307]. In Ansehung dieser Umstände ist eine staatlich angeordnete Genanalyse aus objektiver Perspektive nicht entwürdigend. Soweit der Untersuchte dieses Vorgehen dennoch als entwürdigend betrachten sollte, ist diese Sicht

---

307 Siehe zu diesem entscheidenden Unterschied zwischen merkmalsorientierter Genanalyse und DNA-Fingerprint oben 1. Teil: D. III. 5..

wegen der zugrundeliegenden, nicht schützenswerten Überempfindlichkeit unbeachtlich.

b. Ermittlung genetischer Merkmale

Anders ist die Situation zu beurteilen, in der durch die genetische Untersuchung nicht nur eine Identifikationsanalyse, sondern eine Ermittlung genetischer Merkmale durchgeführt werden soll. In der Literatur wird darauf hingewiesen, dass eine solche Gefahr bereits dann besteht, wenn ein DNA-Fingerprint unter Verwendung von Sonden durchgeführt wird, die an den codierenden Bereich der DNA, also im Bereich der Gene, ansetzen. Obwohl diese Ansicht insoweit berechtigt ist, als tatsächlich am entstehenden RFLP-Schnittmuster theoretisch auch Nebenbefunde abgelesen werden können, kommen solche Erkenntnisse rein zufällig und nur sehr vereinzelt vor[308]. Solange nicht zielgerichtet nach genetischen Merkmalen gesucht wird, sind die Fingerprints im codierenden Bereich nicht anders zu beurteilen als die oben geprüften normalen genetischen Fingerprints[309].

Eine Ermittlung genetischer Merkmale kann zwar im Strafprozess von Bedeutung sein, allerdings nicht als genetische Analyse der DNA eines Verdächtigen, sondern lediglich zur Ermittlung des Täters. Diese genetische Täterermittlung wird ausschließlich relevant bei DNA-Asservaten, die nicht erst durch einen Eingriff erlangt werden müssen, sondern am Tatort zu finden sind[310]. Bei der genetischen Analyse an einem Menschen genügt dann die Ermittlung des DNA-Fingerprints, ohne dass es einer merkmalsorientierten Analyse bedarf.

---

[308] Vgl. *Henke/Schmitter*, DNA-Polymorphismen in forensischer Fragestellung, S. 32 (35), die darauf hinweisen, dass Nebenbefunde auch bei einem biochemischen Fingerabdruck möglich sind, z.B. in Form von erkennbaren Krankheiten und rassischer Zugehörigkeit.

[309] Anders *Reichelt*, Verfahren, Zulässigkeit und Auswirkungen der DNA-Technologie (genetischer Fingerabdruck) auf den Anwendungsbereich der Vaterschaftsvermutung im Rahmen des § 1600o II BGB, S. 109 f., der den genetischen Fingerabdruck im codierenden Bereich ablehnt, da die „Überschussdaten" zu einer weitgehenden Ausforschung der genetischen Konstitution des Betroffenen führen würden, weil soviel genetische Daten wie möglich erhoben werden müssten, um eine möglichst sichere Feststellung treffen zu können. Ebenfalls ablehnend *Ritter*, Genomanalyse und Strafverfolgung, S. 80 ff..

[310] Vgl. zum Gedanken an eine Anwendung der Genanalyse zur Erstellung eines „genetischen Phantombildes" *Klumpe*, DNA-Analyse im kodierenden Bereich, S. 48 (51).

Ungeachtet dieser Situation wird eine Merkmalsanalyse durch den Wortlaut des § 81g StPO pauschal auch für die Analyse von Tatortspuren ausgeschlossen.

Im Zivilprozess ist eine merkmalsorientierte Genanalyse unnötig, da bereits durch den genetischen Fingerabdruck die Feststellung der Verwandtschaft hinreichend geklärt werden kann.

Eine DNA-Analyse zur Ermittlung von genetischen Merkmalen kommt daher weder in der zivil- noch in der strafprozessualen Forensik zum Einsatz und kann insoweit auch keine würdeverletzende Wirkung entfalten.

2. Verletzung des Rechts auf genetische Selbstbestimmung

Das genetische Selbstbestimmungsrecht ist auf jede Art der genetischen Information anwendbar, also auch auf die bei der Identifikationsanalyse entstehenden individualisierenden DNA-Fragmentmuster. Soweit die Datengewinnung bei Anwendung des DNA-Fingerprint nicht mit der Einwilligung des Untersuchten erfolgt, liegt daher ein Eingriff in das genetische Selbstbestimmungsrecht, insbesondere in den dadurch gewährleisteten Schutz vor unerwünschter Erhebung und Verarbeitung genetischer Daten vor.

Dieser Eingriff in das Selbstbestimmungsrecht der untersuchten Person steht jedoch eindeutig hinter dem Interesse an der Ermittlung eines Straftäters im Sinne der §§ 81a ff. StPO beziehungsweise der Feststellung des Verwandtschaftsverhältnisses zurück[311]. Dies gilt insbesondere angesichts der nur geringfügigen Eingriffstiefe, die dem Untersuchten durch den DNA-Fingerprint zugefügt wird, aus dem keinerlei personenbezogene Informationen hervorgehen.

---

[311] Vgl. *Hummel*, Voraussetzung für die Verwendung einer DNS-Analyse mit Single- und Multi-Locus-Sonden in Fällen strittiger Blutsverwandtschaft, NJW 1990, 753 f.; *Simon*, Genomanalyse – Anwendungsmöglichkeiten und rechtlicher Regelungsbedarf, MDR 1991, 5 (12); *Enquete-Kommission*, Chancen und Risiken der Gentechnologie, S. 175 f.; *Wiese*, Genetische Analysen und Rechtsordnung, S. 33, zur zivilprozessualen Forensik. Für die Genanalyse nach der StPO vgl. *Ritter*, Genomanalyse und Strafverfolgung, S. 72 ff..

G. Zwischenergebnis: Die rechtswidrigen Anwendungen der Genanalyse

Im Rahmen der gegenwärtigen Rechtslage ist keine genanalytische Anwendung geeignet, die Menschenwürde des Analysierten zu verletzen. Nur soweit ohne den Willen des Analysierten oder ohne seine freiwillige Mitwirkung Daten über seine genetische Konstitution erlangt werden, ist dessen Menschenwürde und sein Recht auf genetische Selbstbestimmung verletzt.

Eine Verletzung des Rechts auf genetische Selbstbestimmung in Form des Rechts auf Nichtwissen ist darüber hinaus insoweit denkbar, als im Rahmen berechtigter Genanalysen im arbeitsrechtlichen und im versicherungsrechtlichen Anwendungsbereich dem Analysierten ohne seinen Willen Kenntnisse seiner genetischen Konstitution aufgedrängt werden.

4. Teil: Handlungspflichten und Handlungsrechte

Angesichts der vorangegangenen Untersuchung erhebt sich die Frage, welche Konsequenzen aus dem festgestellten Verletzungspotential von Menschenwürde und genetischem Selbstbestimmungsrecht durch genanalytische Untersuchungen zu ziehen sind.

Es wäre naheliegend, die festgestellte Möglichkeit der Verletzung dieser Grundrechte zum Anlass für die Forderung nach gesetzgeberischem Handeln zu nehmen. Dementsprechend soll zuerst die Frage beantwortet werden, ob angesichts der durch genanalytische Anwendungen drohenden Verletzung von Grundrechten im oben ausgearbeiteten Umfang eine staatliche Pflicht zum legislativen Eingreifen besteht. Eine solche Pflicht könnte sich aus einer Funktion der Grundrechte ergeben, die als „staatliche Schutzpflicht" bezeichnet wird.

Die anschießende Untersuchung gilt der Frage, ob trotz Verneinung einer Pflicht zum legislativen Tätigwerden gleichwohl ein Recht des Gesetzgebers dazu besteht, wie weit dieses Recht reichen kann und wie es sich zu anderen staatlichen Handlungsmöglichkeiten verhält. Hierbei offenbart sich, dass auch bezüglich einer legislativen Schutzpflicht die Erkenntnisse zum tragen kommen, die das Verhältnis von Drittwirkung und Autonomie nach den obigen Ausführungen bestimmen[1]. Neben den klassischen Instrumenten der staatlichen Gewalten soll in diesem Zusammenhang auch ein Blick auf Regelungsalternativen geworfen werden, die jenseits der konventionellen Vorstellung von Recht auf das Merkmal der zwangsweisen Durchsetzbarkeit verzichten.

> *Those who will not reason*
> *Perish in the act;*
> *Those who will not act*
> *Perish for that reason*
>
> *(W.H. Auden)*

Die so gewonnenen Erkenntnisse kondensieren sich in einer knappen Begutachtung der im 3. Teil gewonnenen Ergebnisse in Hinblick auf den gegenwärtigen Handlungsbedarf.

---

[1] Vgl. dazu insbesondere die Ausführungen im 2. Teil der vorliegenden Arbeit.

A. Die staatliche Schutzpflicht: dogmatischer Ansatz

Die „staatliche Schutzpflicht"[2] als Gegenstand der gegenwärtigen Verfassungsdogmatik ist eine Funktion der Grundrechte, die sich gegen die Gefahren richtet, welche durch staatliches Unterlassen bei Beeinträchtigung der Freiheitsrechte durch Private entstehen[3]. Aus der drohenden oder akuten Verletzung von Freiheitsrechten kann mit Hilfe dieses Grundrechtsinstituts eine Pflicht des Staates zur Vornahme positiver Schutzmaßnahmen folgen[4]. Ihren Rechtswirkungen nach sind die grundrechtlichen Schutzpflichten insoweit verfassungsrechtliche Gefahren- und Störungsabwehrpflichten[5].

Staatstheoretisch kann die Schutzpflicht mit einer klassischen Grundfunktion und gleichzeitig wesentlicher Legitimationsgrundlage des modernen Staates identifiziert werden: der Gewährleistung von Sicherheit[6]. Dieser Fundamentalzweck des Staates, als dessen komplementäre Kehrseiten der Gehorsamsanspruch und das Gewaltmonopol gelten können, findet seine rechtsphilosophische Fundierung in den Vertragstheorien von Thomas Hobbes und John Locke[7]. Nach der Hobbes'schen Staatsphilosophie wird der archai-

---

[2] Synonym wird auch der Terminus „grundrechtliche Schutzpflicht" gebraucht, der nicht den Adressaten der Pflicht, sondern das Schutzobjekt der Pflicht in den Vordergrund stellt, vgl. *Isensee*, Das Grundrecht als Abwehrrecht und als staatliche Schutzpflicht, S. 143 (146).

[3] Vgl. dazu auch oben 2. Teil: C. I..

[4] Adressat dieser Schutzpflicht ist somit der grundrechtsverpflichtete Staat, nicht dagegen der beeinträchtigende Private, vgl. *Isensee*, Das Grundrecht als Abwehrrecht und als staatliche Schutzpflicht, S. 143 (145).

[5] Vgl. *Stern*, Das Staatsrecht der Bundesrepublik Deutschland Band III/1, S. 949.

[6] Zur Sicherheit als Staatszweck und als Staatsaufgabe vgl. *Link*, Staatszwecke im Verfassungsstaat nach 40 Jahren Grundgesetz, VVDStRL 48 (1990), S. 7 (27 ff., 51); *Starck*, Frieden als Staatsziel, S. 867 (868, 871 ff.), der die Friedensfunktion in ein sog. Staatszieldreieck mit Freiheit und sozialem Ausgleich setzt; vom BVerfG anerkannt insbesondere in BVerfGE 49, 24 (56 f.).

[7] Hobbes' Hauptwerk politischer Philosophie und Grundlage seiner Gesellschaftsvertragstheorie, der „Leviathan", stellt die Sicherheit (den Frieden) in das Zentrum der staatlichen Funktionen und schließt daraus, dass die geeignetste Staatsform zur unbedingten Erfüllung dieser Funktion die einer (absolutistischen) Monarchie sei, vgl. *Hobbes*, Leviathan, Chap. XIX, Cambridge Ed., S. 131 f.. Zu Lockes politischer Philosophie, insbesondere seiner Vertragstheorie vgl. *Vorländer*, Geschichte der Philosophie Band 3, S. 231 ff..

sche Naturzustand, der durch den Kampf aller gegen alle charakterisiert ist[8], durch den Staat geordnet, der im Gegenzug Frieden und Sicherheit gewährleistet[9]. In verfassungshistorischer Perspektive kann daher der Schutzpflichtgedanke im Vergleich zur grundrechtlich vermittelten Abwehr als die ältere – da staatskonstituierende – Verfassungsfunktion eingestuft werden[10]. Der Gedanke der Schutzpflichten, der in den Menschen- und Bürgerrechtsdeklarationen der französischen Revolution noch gleichberechtigt neben den Abwehrrechten steht[11], wird in den liberalen Verfassungstexten des 19. und 20. Jahrhunderts gleichwohl nicht mehr aufgegriffen, sondern überwiegend in die Bereiche des einfachen Rechts verdrängt[12].

Auf den Staat des Grundgesetzes übertragen bedeutet Sicherheit primär die Schaffung einer hinreichenden Normengrundlage einschließlich ihrer institutionellen Durchsetzung zur staatlichen Gewährleistung der Freiheit eines Grundrechtsträgers von Übergriffen durch andere Grundrechtsträger. Diese staatlich geschaffene Sicherheit als Aspekt der Verfassungslegitimation ist gemeint, wenn vom Institut der staatlichen Schutzpflichten die Rede ist.

---

[8] „[...] a time of Warre, where every man is Enemy to every man; [...] and which is worst of all, continuall feare, and danger of violent death; And the life of man, solitary, poore, nasty, brutish, and short." (Leviathan, Chap. XIII, Cambridge Ed., S. 89).

[9] Allgemeiner Frieden und Sicherheit sind die wichtigste Funktion, die die durch den gemeinsamen Willen im Gesellschaftsvertrag vereinigte Macht des Staates (Civitas) erfüllt, vgl. *Hobbes*, Leviathan, Chap. XVIII, Cambridge Ed., S. 120: „[...] to conferre all their power and strength upon one Man, or upon one Assembly of men, [...] in those things which concerne the Common Peace and Safetie;".

[10] Isensee bezeichnet die staatliche Schutzpflicht als erste teleologische Ebene des Verfassungsstaates, die Freiheit vor staatlichem Übergriff als zweite und die soziale Sicherheit als dritte Ebene, vgl. *Isensee*, Das Grundrecht als Abwehrrecht und als staatliche Schutzpflicht, S. 143 (162 f.).

[11] Zur „Erklärung der Menschen- und Bürgerrechte" von 1789 und den Eingang in die Verfassung von 1793 im Rahmen der „Déclaration des droits de l'homme et du citoyen" (Art. 2 und 8), vgl. *Isensee*, Das Grundrecht als Abwehrrecht und als staatliche Schutzpflicht, S. 143 (159 m.w.N.). Die staatliche Sicherungsaufgabe war ausdrücklich auch im Allgemeinen Landrecht für die Preußischen Staaten von 1794 in § 2 II 13 normiert: „Die vorzüglichste Pflicht des Oberhauptes des Staates ist, sowohl die äußere als die innere Ruhe und Sicherheit zu erhalten, und einen Jeden bei dem Seinigen gegen Gewalt und Störungen zu schützen".

[12] Vgl. *Isensee*, Das Grundrecht als Abwehrrecht und als staatliche Schutzpflicht, S. 143 (160); Robbers, Sicherheit als Menschenrecht, 1987, S. 97 ff. m.w.N..

Aus der sprachlichen Fassung des Grundrechtskatalogs kann die staatliche Schutzpflicht nicht ohne weiteres hergeleitet werden. Dessen ungeachtet erlebt der Schutzpflichtgedanke in der jungen Vergangenheit eine **Renaissance** in der Grundrechtsinterpretation des Grundgesetzes[13]. Initiator dieser Entwicklung war das Bundesverfassungsgericht, das insbesondere anhand der Herausforderungen der Abtreibungsproblematik das Institut der staatlichen Schutzpflichten reanimierte. Eine Schutzpflicht des Staates gegenüber dem ungeborenem Kind wird direkt aus Art. 2 Abs. 2 S. 1 GG unter gleichzeitiger Berufung auf die Teilhabe des Nasciturus an der Menschenwürde des Art. 1 Abs. 1 S. 2 GG abgeleitet[14]. Die Rechtsgrundlage sieht das BVerfG direkt in den Normen des Grundrechtskataloges in der Dimension der „objektiven Werteordnung, die als verfassungsrechtliche Grundentscheidung für alle Bereiche des Rechts gilt und Richtlinien und Impulse für Gesetzgebung, Verwaltung und Rechtsprechung gibt“[15]. Die in Art. 1 Abs. 1 S. 2 GG explizit normierte Verpflichtung des Staates, die Menschenwürde zu schützen, gilt dem Bundesverfassungsgericht als beispielhafte Verdeutlichung einer objektiv-rechtlichen Schutzpflicht[16]. Teilweise wird zur Begründung des neugeschaffenen Interpretationsinstituts auch pauschal auf den „objektiv-rechtlichen Gehalt“ der Grundrechte rekurriert[17].

Die durch das BVerfG entfaltete Auslegung der Grundrechte zugunsten eines status positivus trifft in der Rechtslehre auf breiten Konsens[18]. Auch wenn in-

---

[13] *Stern*, Das Staatsrecht der Bundesrepublik Deutschland Band III/1, S. 934, macht darauf aufmerksam, dass sich erst nach der Ära der prästabilisierten Harmonie zum Ausgang der 60er Jahre der – gleichwohl von Anfang an in den Grundrechten angelegte – Schutzauftrag des Staates aktualisieren konnte.

[14] Vgl. BVerfGE 39, 1 (41); 45, 376 (386).

[15] Vgl. BVerfGE 39, 1 (41), ähnlich BVerfGE 49, 89 (142). Grundlegend zur grundrechtlichen Werteordnung vgl. *Smend*, Verfassung und Verfassungsrecht, S. 163; *ders.*, Staatsrechtliche Abhandlungen, S. 264. Zur Kritik an der Wertlehre vergleiche insbesondere *Riedel*, Vom Grund des Grundgesetzes: Zu den Möglichkeiten normativer Begründung durch Menschenrechte, Grundrechte und Grundwerte, S. 111 (111 ff., 117 ff.); *Alexy*, Theorie der Grundrechte, insbes. S. 133 ff.; *Schmitt*, Die Tyrannei der Werte, S. 37 ff.; *Böckenförde*, Zur Kritik der Wertbegründung des Rechts, S. 67 ff..

[16] Vgl. BVerfGE 49, 89 (142).

[17] Vgl. BVerfGE 56, 54 (73).

[18] Vgl. statt vieler *Isensee*, Das Grundrecht als Abwehrrecht und als staatliche Schutzpflicht, S. 143 (188 ff. m.w.N.); *ders.*, Das Grundrecht auf Sicherheit: zu den Schutzpflichten des freiheitlichen Verfassungsstaates; *Dietlein*, Die Lehre von den grundrechtlichen Schutzpflichten; *Stern*, Das Staatsrecht der Bundesrepublik Deutschland Band III/1, S. 931 ff.; *Hermes*,

sofern die grundsätzliche Berechtigung dieser Grundrechtsdimension weitgehend außer Zweifel steht, ist die Reichweite der Schutzpflichtlehre bislang noch nicht abschließend festgelegt.

Die bisher in der verfassungsgerichtlichen Judikatur in Erscheinung getretenen typischen **Schutzpflichtfälle** sind:

- Der Schutz des ungeborenen Kindes vor Abtreibung[19],
- Sicherheitsvorkehrungen gegen terroristische Anschläge[20],
- Rechtfertigung der Strafvollstreckung[21],
- der Schutz der Bürger vor Immissionen[22],
- der Schutz vor sonstigen Risiken technischer Anlagen[23] und
- der Schutz vor den Gefahren durch AIDS[24].

Die oben herausgearbeiteten möglichen Verletzungen von Menschenwürde und genetischem Selbstbestimmungsrecht durch die Anwendung von Genanalysen fügen sich als Fallgruppe „Schutz vor den Gefahren genetischer Analysen“ in diese Reihe ein. Welcher Handlungsformen sich der Staat zur Begegnung dieser Herausforderung bedienen kann, muss und sollte, ist Gegenstand der folgenden Erörterung.

Grundrechtsschutz durch Privatrecht auf neuer Grundlage? Das BVerfG zu Schutzpflicht und mittelbarer Drittwirkung der Berufsfreiheit, NJW 1990, 1764 ff.; *Enders*, Neubegründung des öffentlich-rechtlichen Nachbarschaftsschutzes aus der grundrechtlichen Schutzpflicht?, AöR 1990, 610 (628 ff.); *Langer*, Staatshaftung für Waldschäden wegen Verletzung grundrechtlicher Schutzpflichten, NVwZ 1987, 195 ff.. Nachweise der vereinzelt gebliebenen Kritikansätze finden sich bei *Hermes*, Das Grundrecht auf Schutz von Leben und Gesundheit, S. 62 f..

19 Vgl. BVerfGE 39, 1 (41 ff.) - (§ 218 StGB).

20 Vgl. BVerfGE 46, 160 (164 f.) - (Schleyer); 49, 24 (53 ff.) - (Kontaktsperre); 57, 250 (284 f.) - (Zeugenschutz und Behördenauskunft).

21 Vgl. BVerfGE 64, 261 (275) - (Hafturlaub).

22 Vgl. BVerfGE 56, 54 (73 ff.) - (Fluglärm); 79, 174 (201 f.) - (Straßenverkehrslärm); BVerfG NJW 1983, 2931 (chemische Verseuchung und Schädigung von Luft und Wald).

23 Vgl. BVerfGE 49, 89 (124 ff., 140ff.) - (Kalkar I); 53, 30 (57 ff.) - (Mülheim-Kärlich); 77, 381 (402 ff.) - (Zwischenlager für Kernbrennelemente); 81, 310 (339) - (Kalkar II).

24 Vgl. BVerfG NJW 1987, 2287.

B. Schutzpflichten im grundrechtlichen Zielkonflikt

Jeder staatliche Schutzeingriff ist durch ein ambivalentes Verhältnis zu den Grundrechten charakterisiert, indem er zum Schutz des Grundrechts des Geschützten in der Regel eine Belastung für einen anderen Grundrechtsträger statuiert. Im entstehenden **Grundrechtsdreieck** kommt dem Geschützten gegebenenfalls ein grundrechtlicher status positivus gegenüber dem Staat zu, ein Recht auf Schutz, dem durch die Schutzmaßnahme Eingeschränkten aber jedenfalls ein status negativus, ein Recht auf Eingriffsabwehr[25]. Der Umstand, dass der Staat auf der einen Seite eine verfassungsrechtliche Aufgabe erfüllt, entbindet ihn auf der anderen Seite nicht von der Pflicht, allen verfassungsrechtlichen Anforderungen zu genügen[26].

Dieser Widerstreit zwischen den Betroffenen eines staatlichen Schutzeingriffes ist Ausdruck eines bereits im funktionellen Wesen, in der Mehrdimensionalität der Grundrechte angelegten Konfliktes. Auf der einen Seite steht die abwehrrechtliche Dimension, die auf der Basis eines freiheitsorientierten Staatsverständnisses die individuelle Entfaltung und insoweit den rechtlichen Betätigungsraum der Bürger von staatlichen Einmischungen freihält. Auf der anderen Seite verstärkt die objektiv-rechtliche Dimension der Grundrechte gerade diese Freiheitsräume, indem sie Beeinträchtigungen durch Private entgegentritt, die der Verwirklichung solcher Freiheiten im Wege stehen.

Während jedoch der abwehrrechtliche Gehalt der Grundrechte einen ganz konkret-spezifischen und genau bezeichneten Inhalt aufweist, nämlich das Unterlassen *des* – schon geschehenen oder beabsichtigten – in Frage stehenden Eingriffsaktes, ist die Schutzpflicht ihrem Inhalt nach unbestimmt und unspezifisch, indem lediglich *irgendein* staatliches Handeln gefordert wird. Dieses Handeln kann mittels einer indefiniten Vielzahl verschiedenster Alternativen geschehen. „Das Unspezifische und Unbestimmte, das dem staatlichen Unterlassen als gedanklicher Anknüpfungspunkt der Schutzpflicht eignet, teilt sich auch dem Inhalt der dieses Unterlassen korrigierenden Schutzpflicht mit und ist für die Schwierigkeiten der Inhaltsbestimmung verantwortlich.“[27]

---

[25] Vgl. *Isensee*, Das Grundrecht als Abwehrrecht und als staatliche Schutzpflicht, S. 143 (147); Dies gilt auch für Gesetze, die die Reichweite erlaubter Eingriffe regeln, vgl. dazu *Murswiek*, Entschädigung für immissionsbedingte Waldschäden, NVwZ 1986, S. 611 (612 ff.).

[26] Vgl. *Isensee*, Das Grundrecht als Abwehrrecht und als staatliche Schutzpflicht, S. 143 (234).

[27] *Wahl/Masing*, Schutz durch Eingriff, JZ, 553 (558).

I. Handlungspflicht des Gesetzgebers

Nur in eng begrenzten Ausnahmefällen verengt sich die Schutzverpflichtung auf das Gebotensein einer konkreten Schutzmaßnahme. Für die Legislative als primär durch die Schutzpflicht verpflichtete Gewalt[28], entfaltet sich der Gesetzgebungsauftrag zum Erlass der dem Schutzbedarf genügenden Regelungen in Form eines Mindeststandards ausreichender Schutznormen. Wenn eine veränderte Situation dies erfordert, sind die vorhandenen Regelungen den neuartigen Gefährdungen anzupassen[29], sofern noch keine ausreichende Gesetzeslage vorhanden ist, sind neue Schutzvorschriften zu erlassen. Welche Form diese Schutzgesetze haben sollen, „ist in erster Linie vom Gesetzgeber zu entscheiden"[30]. „Im äußersten Falle, wenn nämlich der von der Verfassung gebotene Schutz auf keine andere Weise zu erreichen ist, kann der Gesetzgeber verpflichtet sein [...], das Mittel des Strafrechts einzusetzen"[31].

Damit aber eine Pflicht zur Gesetzgebung tatsächlich angenommen werden kann, bedarf es weiterer Voraussetzungen als lediglich einer Gefährdung grundrechtlich geschützter Positionen zwischen Grundrechtsträgern. Es ist nicht die Aufgabe des Staates, das Zusammenleben der Bürger von jeglicher Gefahr freizuhalten. Eine Pflicht des Gesetzgebers kann sich nur aus einer Verletzung oder konkreten Gefährdung grundrechtlicher Positionen ergeben, deren Tragweite und Gewicht eine anhaltende Untätigkeit verbieten. Lediglich wenn

---

[28] Vgl. bereits BVerfGE 39, 1 (44 ff.); *Isensee*, Das Grundrecht als Abwehrrecht und als staatliche Schutzpflicht, S. 143 (190 f.); *Stern*, Das Staatsrecht der Bundesrepublik Deutschland Band III/1, S. 951. Diese Stellung folgt aus der Tatsache, dass bei der Entscheidung, welche der drei Staatsgewalten tätig werden soll, wegen des Gesetzesvorranges die Entscheidung über Handeln oder Nichthandeln letztlich allein beim Gesetzgeber liegt.

[29] Den Gesetzgeber trifft nach Auffassung des Bundesverfassungsgerichts eine stetig sich aktualisierende Pflicht zur Prüfung, ob die ursprünglich verfassungsmäßigen Gesetze angesichts neuer Entwicklungen noch aufrechterhalten werden können, vgl. BVerfGE 53, 30 (58); 56, 54 (78 f.).

[30] Vgl. BVerfGE 39, 1 (44). Zum Prognosespielraum des Gesetzgebers und dessen Grenzen bei Neuregulierung vgl. *Riedel*, Verfassungsrechtliche Aspekte der Verlängerung der ärztlichen Ausbildung: Fragwürdige Therapie auf unsichere Diagnose?, NJW 1989, 745 (748).

[31] Vgl. BVerfGE 39, 1 (46 f.). Vgl. zur Kritik an dieser „Verkehrung der Grundrechtsfunktion in ihr Gegenteil" das Sondervotum der Richterin *Rupp-v. Brünneck* und des Richters *Simon*, BVerfGE 39, 1 (71 ff.); auch *Rüfner*, Drittwirkung der Grundrechte.- Versuch einer Bilanz, S. 215 (217).

bei objektiver Betrachtung nur noch eine einzige Handlungsmöglichkeit in Betracht kommt, wenn sich also die Notwendigkeit der Schaffung von Schutznormen geradezu aufdrängt, besteht eine Pflicht zum gesetzgeberischen Tätigwerden aus der objektiv-rechtlichen Dimension der Grundrechte[32].

Zur Durchsetzung derart evident notwendiger Schutznormen soll nach im Schrifttum vertretener Auffassung dem Bürger sogar eine Anspruchsposition gegen den Staat erwachsen, so dass der legislativen Schutzpflicht ein subjektives Recht der Betroffenen auf gesetzgeberisches Eingreifen entspricht[33].

Eine solche Situation liegt in bezug auf die Gefährdungen von Menschenwürde und genetischem Selbstbestimmungsrecht angesichts der zukünftig zunehmenden Anwendungen genetischer Analysen gleichwohl nicht vor. Weder besteht bereits zum gegenwärtigen Zeitpunkt ein unerträglicher Zustand, in dem unausgesetzte Grundrechtsverletzungen der staatlichen Intervention bedürften, noch kann eine sichere Aussicht auf das Eintreten eines derartigen Zustandes in absehbarer Zeit prognostiziert werden. Insbesondere in Hinblick auf zukünftig mögliche Grundrechtsverletzungen soll im folgenden untersucht werden, ob nicht dem Staat mildere Mittel als die der restriktiven Regulierung zu Gebote stehen, um der staatlichen Schutzpflicht ausreichend Sorge zu tragen.

II. Regelungsbedarf und Regelungsalternativen

Auch soweit die grundrechtliche Schutzpflicht den Gesetzgeber nicht zum Tätigwerden verpflichtet, eröffnet sich ihm ein weites Spektrum an Varianten bezüglich der Form und des Inhalts einer Regulierung[34]. Neben dem Gesetzgebungsauftrag konstituiert die staatliche Schutzpflicht indes auch einen Vollzugsauftrag an die Exekutive und die Judikative, in Anwendung der Gesetze

---

[32] *Langer*, Staatshaftung für Waldschäden wegen Verletzung grundrechtlicher Schutzpflichten, NVwZ 1987, 195 (199 f.), bezeichnet dieses Erfordernis als „Evidenzkriterium“.

[33] Für die Ausstattung dieser Anspruchsposition als Grundrecht auf Schutz vgl. *Murswiek*, Die staatliche Verantwortung für die Risiken der Technik, S. 216 ff.; *Hermes*, Das Grundrecht auf Schutz von Leben und Gesundheit, S. 208 ff.; *Alexy*, Theorie der Grundrechte, S. 411 ff..

[34] Vgl. dazu en detail *Riedel*, Gentechnologie und Embryonenschutz als Verfassungs- und Regelungsproblem, EuGRZ 1986, 469 (477 f.); *Reuber*, Lebens- und Gesundheitsschutz und Gesetzesvorbehalt, S. 88 ff..

effektiven Schutz zu gewährleisten[35]. Während jedoch die Exekutive und Judikative nach den Prinzipien der Drittwirkung den Grundrechten[36] lediglich im Rahmen der bestehenden Gesetzeslage zur vollen Entfaltung verhelfen können[37], bestimmen sich die Möglichkeiten der Legislative allein nach den Maßstäben des Grundgesetzes selbst[38].

Angesichts dieses vielfältigen Instrumentariums zur Erfüllung der staatlichen Schutzpflicht erhebt sich die Frage nach einer Systematik bei der Wahl des einzusetzenden Mittels.

Eine grundsätzliche Erwägung soll bei der Klärung dieser Frage zum Tragen kommen. Sie betrifft noch einmal das Verhältnis der objektiv-rechtlichen Schutzfunktion der Grundrechte zu ihrer abwehrrechtlichen Ausrichtung. Wie oben bereits dargelegt und belegt[39], stellt die erste Dimension der Grundrechte[40] auch ihre primäre Funktion dar, die darin besteht, einen vorstaatlichen Freiheitsraum nicht nur der einzelnen Bürger, sondern zur Beförderung ihrer wirtschaftlichen Entfaltung auch zwischen den Bürgern – hier ist die Privatautonomie angesprochen –, gegen staatliche Eingriffe zu schützen. Diese primäre Dimension beherrscht auch Zweck und Reichweite der objektiv-rechtlichen zweiten Grundrechtsdimension[41], die nämlich dem Erhalt der Freiheitsräume insoweit dient, als sie auch im Verhältnis zwischen den Bürgern die Voraussetzungen der Freiheitsausübung absichert und damit letztlich zur Maximierung

---

[35] Diese Aktualisierung der staatlichen Schutzpflicht war Gegenstand der Erörterung zum Thema Drittwirkung, vgl. oben 2. Teil: C. I..

[36] Vgl. die Ausführungen oben 2. Teil: C. I. bis III..

[37] Vgl. allerdings zu den offensichtlichen judikativen Exzessen des VGH Kassel (Beschl. v. 6.11.1989, JZ 1990, 87) und des BVerwG (Urt. v. 23.5.1989, JZ 1989, 997), in denen allein aufgrund der grundrechtlichen Schutzpflicht und ohne gesetzliche Regelung Grundrechtseingriffe gerechtfertigt wurden, *Wahl/Masing*, Schutz durch Eingriff, JZ 1990, 553 ff..

[38] Das Bundesverfassungsgericht erkennt dem Gesetzgeber einen weiten Einschätzungs-, Wertungs- und Gestaltungsbereich zu, der auch Raum lässt, konkurrierende öffentliche und private Interessen zu berücksichtigen, vgl. BVerfGE 56, 54 (80 f.); 77, 170 (214 f.); 77, 381 (405). Die richterliche Kontrolle setzt erst dort ein, wo die staatlichen Organe gänzlich untätig geblieben sind oder wo offensichtlich ist, dass die getroffenen Maßnahmen völlig ungeeignet oder unzulänglich sind, vlg. BVerfGE 56, 54 (71, 80 ff.); 77, 170 (214 f.); 77, 381 (404 f.).

[39] Vgl. oben 2. Teil: C. I. bis III..

[40] Vgl. *Riedel*, Der internationale Menschenrechtsschutz, S. 11 (24 f.), *ders.*, Menschenrechte der dritten Dimension, EuGRZ 1989, 9 (11 f.).

[41] Vgl. *Riedel*, Menschenrechte der dritten Dimension, EuGRZ 1989, 9 (12).

der sozialen Interessen und sozialen Grundrechte beiträgt. Aus diesem Verhältnis kann das Erfordernis einer behutsamen und sparsamen Ausübung der objektiv-rechtlichen Schutzfunktion der Grundrechte abgeleitet werden, will man nicht sehenden Auges die grundgesetzlich gewollte private Autonomie in eine paternalistische Wohlfahrtsprotektion pervertieren[42]. Eingriffe zur Stabilisierung des grundrechtlich gesicherten Freiheitsraumes sind nur in dem Umfang angezeigt, in dem sie diesem Zweck tatsächlich dienen[43]. Daher muss der staatliche Handlungsspielraum im Bereich grundrechtlich relevanter Materien den ausgewogenen Anforderungen nicht nur eines Untermaßverbotes[44], sondern insbesondere auch eines **Übermaßverbotes** unterliegen. Letzteres aktualisiert sich angesichts des gleichwohl von der Verfassung prätendierten Beurteilungsprärogative des Gesetzgebers[45] als **legislatorisches Mindestmaßgebot**.

Gerade im Falle bloß präventiver Schutzmaßnahmen gegen in genauem Umfang noch nicht absehbare Gefahren ist es insofern mehr als nur ein Gebot der Vernunft, nicht übereilt die Gesetzgebung zu bemühen, es sei denn, die andernfalls zu gewärtigenden Schäden wären gravierend und irreparabel[46]. Die Nachteile vorgreifenden Schutzes durch einen großflächig angelegten Hieb mit der Gesetzeskeule treten am Beispiel des Embryonenschutzgesetzes oder der ersten Fassung des Gentechnikgesetzes deutlich zu Tage[47]: wenn ein bloßer

---

[42] Gerade angesichts der mit ihren Herausforderungen zwingend verknüpften Chancen neuer Technologien führt die bloße Vermeidung von Risiken und der fürsorgend-bewahrende Schutz vor denselben in eine Sackgasse, vgl. auch *Riedel*, Einleitung: Risikomanagement im öffentlichen Recht, S. 9, der die praktische Notwendigkeit betont, das Leben *mit* Risiken der bloßen Vermeidung *von* Risiken vorzuziehen.

[43] Dabei darf nicht aus den Augen verloren werden, dass die Grundrechte die Bürger untereinander nicht verpflichten können und sollen. Insoweit ist die Ausgangslage für die Schutzpflicht nicht die Verletzung von Grundrechten durch Private, sondern nur und ausschließlich das tatsächliche Bestehen einer Gefahr für die grundrechtlich gesicherte Freiheitsausübung durch Private.

[44] Das Untermaßverbot ist das gebotene Korrelat der Fälle, in denen die Schutzpflicht auf lediglich eine staatliche Maßnahme reduziert ist, in der Regel also der Gesetzgebungspflicht zum Erlass von Strafnormen.

[45] Siehe dazu oben unter I..

[46] Vgl. *Pieroth/Schlink*, Grundrechte, RN 92, S. 26, die in diesem Zusammenhang die Bedeutung einer Gefährdung der Schutzgüter des Art. 2 Abs. 2 S. 1 GG als Indikator für das Vorliegen einer besonderen Dringlichkeit des staatlichen Eingreifens hervorheben.

[47] Eine tiefgehende Analyse dieses Problemfeldes entfaltet *Riedel*, The Constitution and Scientific and Technical Progress, S. 61 ff., insbes. 65 ff.. Vgl. überdies *ders.*, Recht, Zwang, Ef-

Anfangsverdacht einer neuen Technologie gegenüber ausreicht, um ein „dichtes Regelungsnetz" darüber zu werfen, steht dahinter die Maxime „in dubio pro protectione et contra libertatem"[48]. Eine solcher Vorrang bloß vermuteter Schutzpflicht zu Lasten vorhandener Freiheitsausübung verkehrt ganz und gar die Rolle der staatlichen Schutzpflicht als Garant der grundrechtlichen Freiheitsrechte. Vor einer gesetzlichen Regelung sollte daher „die Skala der juristischen Handlungsmöglichkeiten sorgfältig analysiert werden"[49]. Das im Verhältnismäßigkeitsprinzip materialisierte Übermaßverbot beschränkt insoweit nicht nur die verschiedenen Varianten innerhalb eines legislativen oder exekutiven Aktes, sondern strahlt notwendig bereits auf die Wahl der zum Schutz berufenen Staatsgewalt aus. Exekutiv- und Justizakte besitzen im Unterschied zu den generalisierten Anordnungen von Gesetzen einen deutlich individuelleren Regelungsgehalt. Eine Einzelfallentscheidung kann den konkret einem Sachverhalt zugrunde liegenden Besonderheiten in hohem Maße gerecht werden; gleichzeitig entgeht man der Gefahr von über das jeweilige Schutzziel hinausgehenden freiheitsbegrenzenden Konsequenzen. In der vorliegenden Untersuchung steht gerade die Verletzung von Menschenwürde und Persönlichkeitsrecht in Frage. Diese beiden Grundrechte zeichnen sich dadurch aus, dass der Rechtsträger über ihren Verletzungstatbestand verfügen kann, indem er auf den grundrechtlichen Schutz nach freiem Belieben verzichtet[50]. In gleichem Maße muss es ihm auch anheim gestellt sein, ob er im Falle einer Verletzung diese klageweise geltend machen möchte oder nicht. Damit kann verhindert werden, dass dem objektiv Schutzbedürftigen der staatliche Schutz gegen seinen Willen oktroyiert wird. Ein schwerwiegendes Interesse überindividueller Natur, das gegen eine derartige individuelle Entscheidung über die gerichtliche Geltendmachung ins Feld geführt werden könnte, ist nicht zu erkennen.

---

fektivität – muss Recht justizförmig sein?, S. 151 (152 ff.); *ders.*, Gentechnik im Spannungsfeld von Recht und Ethik, Alma mater Philippina 1991, S. 12 (15 ff.); *ders.*, Access to Justice as a Fundamental Right in the German Legal Order, S. 77 (94 ff.). Vgl. insbesondere zur Kritik am Embryonenschutzgesetz die Ausführungen oben 3. Teil: C. I..

[48] Vgl. *Riedel*, Recht, Zwang, Effektivität – muss Recht justizförmig sein?, S. 151 (153 f.).

[49] *Riedel*, Gentechnologie und Embryonenschutz als Verfassungs- und Regelungsproblem, EuGRZ 1986, 469 (477). Mögliche Alternativen zu justizförmigen Gesetzen finden sich bei *Riedel*, Recht, Zwang, Effektivität – muss Recht justizförmig sein?, S. 151 (171).

[50] Vgl. dazu oben, 2. Teil, insbes. C. II..

Der aus diesen Überlegungen folgende Grundsatz besagt dann: Vor der Normsetzung sind die Mittel der vorhandenen Gesetze auszuschöpfen. Für die instanzielle Zuständigkeit staatlicher Gewalt zur Wahrnehmung der staatlichen Schutzpflicht gilt insoweit ein Primat der Normanwendung und Normkontrolle zur Lösung neuer Gefährdungen.

Sollte jedoch die Ausschöpfung der gegebenen Regelungslage durch die gerichtliche oder exekutive Instanz nicht in der Lage sein, ein vorhandenes Schutzbedürfnis hinreichend zu befriedigen, so ist über die denkbaren Implementierungsvarianten konventioneller Schutznormen durch den Gesetzgeber hinaus auch an **Regelungsalternativen** zu denken, die gerade nicht in der Schaffung von gerichtlich durchsetzbaren Gesetzen bestehen. Mit einem Blick über die Grenzen des deutschen Rechtsraumes hinaus zeigt **Riedel**, dass effizientes Recht keineswegs immer auch justizförmiges Recht sein muss[51]. Sowohl im Völkerrecht als auch in anderen nationalen Rechtssystemen – zu nennen wäre etwa das angelsächsische – lassen sich Anregungen finden, die den verfahrenen Zirkel von Misstrauen, Regulierung und Freiheitsentzug überwinden helfen. „Anstelle von Gesetzen sollte daher zukünftig zunächst an die Schaffung von *Rahmenvorschriften* (...), *Selbstbindungskodizes*, *Versuchsgesetzen* mit zeitlichen Begrenzungen, oder an *Modellgesetze* ohne Sanktionsandrohungen gedacht werden. Erwogen werden sollte auch eine weitere *Prozeduralisierung* von Entscheidungen, die verstärkte Beteiligung der Betroffenen, und die Einrichtung von Institutionen wie *Ombudsmännern*, *Kommissionen* und *Beiräten*, die *ex ante* und *ex post* wirken könnten, damit der Gang zu den Gerichten in Zukunft entbehrlicher wird.“[52] Für solche Regelungsalternativen spricht, dass auch das Primat der Normanwendung bzw. Normkontrolle bei der Erfüllung staatlicher Schutzpflichten nicht ohne rechtspolitische Bedenken vertreten werden kann. In letzter Konsequenz werden die Probleme der Überregulierung im Gesetzesstaat nur in Richtung auf eine übermäßige richterliche Rechtsetzungsbefugnis verschoben[53]. Auch hinsichtlich der grundgesetzlich vorgesehenen Gewaltenteilung und des daraus resultierenden Prinzips vom Gesetzesvorbehalt in der Form der Wesentlichkeitstheorie können sich dann Bedenken ergeben.

---

[51] Vgl. *Riedel*, Recht, Zwang, Effektivität – muss Recht justizförmig sein?, S. 151 ff..

[52] *Riedel*, Recht, Zwang, Effektivität – muss Recht justizförmig sein?, S. 151 (171).

[53] Vgl. zu dieser Problematik statt vieler *Schmidt-Aßmann*, Der Rechtsstaat, S. 987 (1040 f.); *Riedel*, Recht, Zwang, Effektivität – muss Recht justizförmig sein?, S. 151 (157), mit umfangreichen Nachweisen.

III. Die Menschenrechtskonvention zur Biomedizin

Eine weitere Möglichkeiten staatlichen Tätigwerdens entspringt aus einer supranationalen Perspektive. Am 19.11.1996 wurde vom Europarat in Straßburg die „Convention for the Protection of Human Rights and Dignity of the Human Being with Regard to the Application of Biology and Medicine: Convention on Human Rights and Biomedicine“[54] verabschiedet[55]. Diese europaweite Initiative zur völkerrechtlichen Harmonisierung von Mindeststandards biomedizinischer Rechtsfragen spiegelte jedoch bereits in ihrer langjährigen Entstehungsgeschichte die Problematik der Konsensbildung im Bereich der Bioethik wieder[56]. Auch in ihrer Endfassung stellt sich die Konvention als Anthologie von Formelkompromissen dar, die fundamentale Dissense durch

---

[54] Council of Europe, Convention for the for the Protection of Human Rights and Dignity of the Human Being with Regard to the Application of Biology and Medicine: Convention on Human Rights and Biomedicine, CoE, DIR/JUR (96) 14.

[55] Vgl. zur kritischen Analyse der Konvention *Riedel*, Global Responsibilities and Bioethics, Indiana Journal of Global Legal Studies 1997, 179 ff.; *Taupitz*, Menschenrechtsübereinkommen zur Biomedizin – Einheitlicher Mindestschutz, DÄBl. 1998, A-1078 f.; *ders.*, Die Menschenrechtskonvention zur Biomedizin – akzeptabel, notwendig oder unannehmbar für die Bundesrepublik Deutschland?, VersR 1998, 542 ff..

[56] Zu Entstehungsgeschichte und Konsensproblematik vgl. *Honnefelder*, Bioethik im Streit. Zum Problem der Konsensfindung in der biomedizinischen Ethik, S. 73 ff.; *Bockenheimer-Lucius*, Die "Bioethik-Konvention" – Entwicklung und gegenwärtiger Stand der Kontroverse, Ethik in der Medizin 1995, 146 ff.; *Sola Llera*, Zur Struktur der "Konvention zum Schutz der Menschenwürde und der Menschenrechte im Hinblick auf die Anwendung von Biologie und Medizin: Bioethik-Konvention" des Europarates, S. 189 ff.; *Quintana-Trias*, Internationale Bioethik: Die Rolle des Europarates, S. 197 ff.; *Kienle*, Bioethik und Pränataldiagnostik in Europa, ZRP 1996, 253 ff.;

sprachliche Offenheit oder Ambiguität zu übertünchen sucht[57]. Die Bundesrepublik Deutschland hat die Konvention bislang nicht unterzeichnet[58].

Gemäß Article 1. verpflichten sich die Signatarstaaten, dafür Sorge zu tragen, dass die Bestimmungen der Konvention in ihrem innerstaatlichen Recht zur Geltung gelangen[59]. Fragen der Genanalyse werden in Chapter III (Private Life and right to information) und IV (Human genome) berührt. Article 10 des dritten Kapitels statuiert:

> „1. Everyone has the right to respect for private life in relation to information about his or her health.
>
> 2. Everyone is entitled to know any information collected about his or her health. However, the wishes of individuals not to be so informed shall be observed. (...)“

Article 11. des vierten Kapitels besagt:

> „Any form of discrimination against a person on grounds of his or her genetic heritage is prohibited.“

Article 12. schließlich fordert konkret für die Anwendung von Genanalysen:

> „Tests which are predictive of genetic diseases or which serve either to identify the subject as a carrier of a gene responsible for a disease or to detect a genetic predisposition or susceptibility to a disease my be performed only for health purposes or for scientific research linked to health purposes, and subject to appropriate genetic counseling.“

---

[57] Zur Kritik vgl. *Riedel*, Global Responsibilities and Bioethics, Indiana Journal of Global Legal Studies 1997, 179 ff.. Zu kritischen Ansätzen aus anderen Perspektiven vgl. *Laufs*, Das Menschenrechtsübereinkommen zur Biomedizin und das deutsche Recht, NJW 1997, 776 f.; *Giesen*, Internationale Maßstäbe für die Zulässigkeit medizinischer Heil- und Forschungseingriffe. Das Vorhaben einer europäischen Bioethik-Konvention, MedR 1995, 353 ff.; *Rössler*, Zur Diskussion über die Bioethik-Konvention, Ethik in der Medizin 1996, 167 ff.. Die schärfste Kritik formuliert die sog. „Grafenecker Erklärung“, vgl. *Arbeitskreis zur Erforschung der „Euthanasie“-Geschichte*, Grafenecker Erklärung zur Bioethik.

[58] Bislang haben 28 Länder unterzeichnet, erst 6 haben bis zum April 2000 die Ratifikation vollzogen (Dänemark, Griechenland, San Marino, Slowakei, Slowenien, Spanien).

[59] Dazu sollen die Parteien geeigneten gerichtlichen Schutz zur Verfügung stellen (Article 23.) und bei Verletzung der Konventionsbestimmungen ein Entschädigungsverfahren einrichten (Article 24.).

Die in Article 10. zum Ausdruck kommenden Persönlichkeitsrechte decken sich mit den im 2. Teil dargelegten Ausprägungen des Rechts auf genetische Selbstbestimmung[60]. Article 12. hingegen begrenzt die zulässigen Anwendungen von Genanalysen auf den Bereich der gesundheitsbezogenen Untersuchung. Dem kommentierenden Explanatory Report zur Konvention ist in den Anmerkungen Nr. 83 ff. zu entnehmen, dass mit dieser Gesundheitsbezogenheit gemeint sein soll, dass nur solche Genanalysen zu gestatten sind, die zu Gunsten des Untersuchten durchgeführt werden. Analysen, die im Interesse Dritter erfolgen, sollen verboten sein. Konkret soll bei Stellenbewerbern vor Abschluss eines Arbeitsverhältnisses nach Anmerkung Nr. 85 jede genetische Untersuchung unzulässig sein, die nicht in Hinblick auf den Schutz der Gesundheit des Arbeitnehmers vor arbeitsplatzbezogenen Gefahren erfolgt. Analog dazu soll nach Anmerkung Nr. 86 kein Recht eines Versicherers bestehen, die Ergebnisse genetischer Tests zur Grundlage eines Versicherungsverhältnisses zu machen. Diese Beschränkungen stellen sich als Konkretisierung des in Article 11. statuierten generellen Diskriminierungsverbotes hinsichtlich des genetischen Erbes dar, das nach den Anmerkungen Nr. 74 ff. des Explanatory Report den Diskriminierungsverboten des Art. 14 EMRK gleichzustellen ist[61]. Mit den Regelungen des 4. Kapitels steht die Konvention für einen weiten Schutz vor möglichen Gefahren genetischer Anwendungen. Über die gegenwärtigen Grenzen de lege lata im Arbeits- und Versicherungsrecht hinaus wäre zur Umsetzung der Konvention in innerstaatliches Recht die Implementierung von Normen in diese Rechtsbereiche erforderlich, die Genanalysen im alleinigen Interesse von Arbeitgeber bzw. Versicherer unterbinden. Für eine derartige Einschränkung des gegenwärtigen Rechts besteht aber, wie bereits im 3. Teil diskutiert[62], keinerlei sachlicher Anlass. Insbesondere im Vergleich zu den verkehrsüblichen und im berechtigten Interesse von Arbeitgeber und Versicherer gebilligten konventionellen Untersuchungen hinsichtlich präklinischer Befunde erscheint das Verbot von Genanalysen willkürlich und nicht durch anerkennenswerte Differenzierungskriterien gerechtfertigt. Hinzu kommt die bereits erörterte Bedeutung der individuellen Grundrechtsverfügbarkeit als Ausdruck

---

[60] Vgl. dazu auch die Kommentierungen in Nr. 63. bis 70. des Explanatory Report to the Convention, CoE, DIR/JUR (97) 1.

[61] Art. 14 EMRK verbietet die Diskriminierung aufgrund Geschlechts, Rasse, Hautfarbe, Sprache, Religion, politischer oder sonstiger Anschauung, nationaler oder sozialer Herkunft, Zugehörigkeit zu einer nationalen Minderheit, Vermögens, Geburt oder des sonstigen Status.

[62] Vgl. zum Arbeitsrecht oben 3. Teil: A. I. und II.; zum Versicherungsrecht oben 3. Teil: B. I. und II..

freiheitsrechtlicher Autonomie[63]. Wenn auch die deutsche Beteiligung an der Sicherung europäischer Standards ein gewichtiges Argument für die Unterzeichnung der Konvention ist[64], so unterliegt ein solcher Schritt gleichwohl Bedenken in Hinblick auf das im vorigen Abschnitt dargelegte legislatorische Mindestmaßgebot.

IV. Handlungsbedarf

1. Die Anwendungsbereiche der Genanalyse im Einzelnen

In erster Linie ist die gegenwärtige Rechtslage auf ihre Tauglichkeit zum Schutz der gefährdeten Grundrechtsgüter bei der Anwendung genetischer Analysen zu untersuchen. Die Frage nach den Möglichkeiten legeferierender Problemlösung – auch vermittels der Menschenrechtskonvention zur Biomedizin – oder nach den zuvor dargestellten Regelungsalternativen stellt sich nur, soweit Rechtsverletzungen nicht vom vorhandenen Recht erfasst werden. Auch nach Überzeugung des Bundesverfassungsgerichts ist „Der verfassungsrechtlichen Forderung nach einem Tätigwerden des Gesetzgebers (...) schon dann genügt, wenn objektiv eine gesetzliche Regelung vorhanden ist, die nach den allgemeinen Grundsätzen der Gesetzesauslegung den in Frage stehenden Sachverhalt erfasst und den Anforderungen der Schutzpflicht inhaltlich genügt“[65].

Die Mitteilung von genetischen Kenntnissen an den rechtmäßig Analysierten gegen seinen Willen kann bereits ohne Bedenken mit Hilfe des deliktischen Schutzes der §§ 823 ff. BGB erfasst werden. Wie die Verletzung des Rechts

---

[63] Vgl. oben unter II. sowie unter 2. Teil: C. III..

[64] Diesen Punkt hebt *Fröhlich*, Forschung wider Willen?, S. 110 ff., insbes. S. 117, hervor. Vgl. auch *Taupitz*, Menschenrechtsübereinkommen zur Biomedizin – Einheitlicher Mindestschutz, DÄBl. 1998, A-1078 f.; *ders.*, Die Menschenrechtskonvention zur Biomedizin – akzeptabel, notwendig oder unannehmbar für die Bundesrepublik Deutschland?, VersR 1998, 542 ff..

[65] Vgl. BVerfGE 77, 381 (404). Eine grundsätzliche Subsidiarität gesetzgeberischer Risikominimierung gegenüber der Ausschöpfung der vorhandenen Regeln, wie sie vorliegend vertreten wird, lässt sich aus dieser Formulierung allerdings nicht entnehmen.

am eigenen Bild oder am gesprochenen Wort, lässt sich auch die Verletzung des Rechts auf genetische Selbstbestimmung in der Form des **Rechts auf Nichtwissen** zum Anlass für einen Anspruch auf Schadensersatz, Unterlassung oder Schmerzensgeld machen. Ein ausdrückliches einfachgesetzliches Schutzgesetz ist angesichts der grundrechtlichen Gewährleistung der Art. 2 Abs. 1 i.V.m. Art. 1 Abs. 1 GG dann nicht erforderlich. Dem potentiellen Einwand, eine derartige, rein nachträgliche Sanktionierung würde hinter der präventiven Effizienz einer echten – beispielsweise strafrechtlichen – Verbotsnorm zurückstehen, kann entgegnet werden, dass auch dem deliktische Rechtsgüterschutz in hohem Maße eine faktische Präventivwirkung anhaftet. Sei es aus Angst vor einer Verurteilung und damit verbundener Veröffentlichung des Fehlverhaltens[66], sei es aus dem Willen zur Rechtschaffenheit bei vorhandener Kenntnis der Grenzen des Erlaubten: die judikative Anwendung deliktischer Normen erweisen sich als in hohem Maße geeignet, Verletzungen im Privatrechtsverkehr zu unterbinden. Hinzu kommt, dass zum gegenwärtigen Zeitpunkt keinerlei Anhaltspunkte für eine konkrete Verletzungsgefahr des Einzelnen in Hinblick auf sein genetisches Selbstbestimmungsrecht vorliegen, die das staatliche Säbelrasseln eines Verbotserlasses rechtfertigen könnten.

Auch die weiteren Missbrauchsrisiken, die einem Grundrechtsträger im Umgang mit **Arbeitgebern** und **Versicherern** drohen können, lassen sich im Falle ihrer Verwirklichung unter die deliktischen Normen des Zivilrechts subsumieren. Dies sind die Fälle, in denen die durch Richterrecht beziehungsweise Gesetz festgelegte Reichweite der erlaubten Kenntnisnahme von der genetischen Disposition des Bewerbers oder Arbeitnehmers überschritten wird.

Die Rechtslage im Zusammenhang mit der Vornahme von genetischen **Präimplantationsdiagnosen** ist bereits umfassend einer Regulierung unterzogen worden. In diesem Zusammenhang ist vornehmlich an eine Deregulierung zu denken. Dabei könnten beispielhaft die Prinzipien zum Einsatz kommen, die zuvor unter dem Stichwort „Regelungsalternativen" erörtert wurden.

Bei der **medizinischen Gendiagnostik** im Rahmen sowohl pränataler Untersuchungen wie auch normaler Blutuntersuchungen zu Zwecken eines genetischen Screenings sind Grundrechtsverletzungen grundsätzlich nicht zu erwarten. Etwaige Exzesse können darüber hinaus mit den vorhandenen Mitteln des straf- und zivilrechtlichen Deliktsrechts erfasst werden.

---

[66] Kein Arbeitgeber und kein Versicherungsunternehmen kann es sich in finanzieller und reputativer Hinsicht leisten, wiederholt wegen Verletzungen des Persönlichkeitsrechts der Bewerber verurteilt zu werden.

Im Bereich der öffentlich-rechtlichen Vorschriften des **Sozialversicherungsrechts** sowie der straf- und zivilprozessualen **Forensik** bedarf es gleichfalls keiner Regelung, da die Träger öffentlicher Gewalt dort durch die direkte Grundrechtsgeltung gemäß Art. 1 Abs. 3 GG unmittelbar verpflichtet sind, ohne dass der Grundrechtsschutz gesetzlicher Mediatisierung bedürfte.

2. Fazit

Es besteht kein Bedarf an zusätzlicher gesetzgeberischer Gestaltung.

Literaturverzeichnis

Ach, Johann S. Embryonen, Marsmenschen und Löwen: Zur Ethik der Abtreibung, in: Herausforderung der Bioethik, Gaidt, Andreas/ Ach, Johann (Hrsg.), Stuttgart 1993, S. 71-136

Alexy, Robert Theorie der Grundrechte, 2. Auflage, Frankfurt 1994

Amelung, Knut Die Einwilligung in die Beeinträchtigung eines Grundrechtsgutes. Eine Untersuchung im Grenzbereich von Grundrechts- und Strafrechtsdogmatik, Berlin 1981

Amelung, Knut Anmerkung zum BVerfG-Beschluss vom 18.8.1981 (NStZ 1981, 446), NStZ 1982, S. 38-40

Andree, Richard Unfallverhütungsvorschriften, 6. Auflage, Bochum 1975

Appelhans, Heribert / Minol, Klaus Anlage von Genbibliotheken, in: Gentechnik, Hans Günter Gassen / Klaus Minol (Hrsg.), 4. Auflage, Stuttgart 1996, S. 192-208

Arbeitsgesetzbuchkommission Entwurf eines Arbeitsgesetzbuches, Allgemeines Arbeitsvertragsrecht, Bundesminister für Arbeit und Sozialordnung (Hrsg.), Bonn 1977

Arbeitskreis Deutsche Rechtseinheit im Arbeitsrecht Welche wesentlichen Inhalte sollte ein nach Art. 30 des Einigungsvertrages zu schaffendes Arbeitsvertragsgesetz haben? Gutachten D, Verhandlungen des 59. Deutschen Juristentages, München 1992

Arbeitskreis zur Erforschung der „Euthanasie"-Geschichte Grafenecker Erklärung zur Bioethik, Hamburg 1996

Aristoteles Metaphysik, Schriften zur ersten Philosophie, Franz F. Schwarz (Hrsg.), Stuttgart 1981

Bach, Peter / Moser, Hans Private Krankenversicherung, München 1984

Bachmann, Claude Pränatale Diagnostik, in: Genetische Testmöglichkeiten: ethische und rechtliche Fragen, Ruth Baumann-Hölzle (Hrsg.), Frankfurt 1990, S. 9-20

Badura, Peter Grundfreiheiten der Arbeit. Zur Frage einer Kodifikation „sozialer Grundrechte", in: Festschrift für Friedrich Berber zum 75. Geburtstag, Dieter Blumenwitz / Albrecht Randelzhofer (Hrsg.), München 1973, S. 11-45

Badura, Peter Generalprävention und Würde des Menschen, JZ 1964, S. 337-344

Badura, Peter, u.a. (Bearb.) Kommentar zum Bonner Grundgesetz (Bonner Kommentar), Hamburg Lbl. Stand 1989

Ballerstedt, Kurt Zur Haftung für culpa in contrahendo bei Geschäftsabschluß durch Stellvertreter, AcP 151 (1950/51), S. 501-531

Bangsow, Thorsten / König, Bernd Das "human genome project", in: Gentechnik, Hans Günter Gassen / Klaus Minol (Hrsg.), 4. Auflage, Stuttgart 1996, S. 372-388

Bangsow, Thorsten / Schäfer, Thomas Sequenzbestimmung von Nucleinsäuren und Proteinen, in: Gentechnik, Hans Günter Gassen / Klaus Minol (Hrsg.), 4. Auflage, Stuttgart 1996, S. 242-268

Bär, W. Genetische "Fingerabdrücke": Die Aussagekraft von DNA-Untersuchungen an biologischen Kriminalspuren, Kriminalistik 1989, S. 313-318

Barthelmess, Alfred Vererbungswissenschaft, Freiburg 1952

Benda, Ernst Erprobung der Menschenwürde am Beispiel der Humangenetik, in: Aus Politik und Zeitgeschichte (Beilage zu Das Parlament) B 3 / 1985, S. 18-36

Benda, Ernst Menschenwürde und Persönlichkeitsrecht, in: Ernst Benda/Werner Maihofer/Hans-Jochen Vogel, Handbuch des Verfassungsrechts der Bundesrepublik Deutschland, 2. Auflage, Berlin 1994, S. 161-190

Benda, Ernst Gefährdungen der Menschenwürde, Opladen 1975

Benda, Ernst Humangenetik und Recht – eine Zwischenbilanz, NJW 1985, S. 1730-1734

Benda, Ernst Menschenwürde und Humangenetik, in: Schöpfer Mensch? Gen-Technik, Verantwortung und unsere Zukunft, Stephan Wehowsky (Hrsg.), Gütersloh 1985, S. 69-93

Bertram, Sabine Der genetische Apparat, in: Gentechnik, Hans Günter Gassen / Klaus Minol (Hrsg.), 4. Auflage, Stuttgart 1996, S. 64-91

Birnbacher, Dieter Welche Ethik ist als Bioethik tauglich?, in: Herausforderung der Bioethik, Andreas Gaidt / Johann Ach (Hrsg.), Stuttgart 1993, S. 45-67

Blankenagel, Alexander Gentechnologie und Menschenwürde. Über die Strapazierung von juristischem Sachverstand und gesundem Menschenverstand anläßlich eines ernsten Themas, Kritische Justiz 1987, S. 379-393

Bleckmann, Albert Staatsrecht II – Die Grundrechte, 4. Auflage, Köln 1997

Bleckmann, Albert Probleme des Grundrechtsverzichts, JZ 1988, S. 57-62

Bleckmann, Albert Neue Aspekte der Drittwirkung der Grundrechte, DVBl 1988, S. 938-946

Böckenförde, Ernst-Wolfgang Grundrechtsgeltung gegenüber Trägern gesellschaftlicher Macht?, in: Freiheit in der sozialen Demokratie, Diether Posser (Hrsg.), Karlsruhe 1975, S. 77-89

Böckenförde, Ernst-Wolfgang Zur Kritik der Wertbegründung des Rechts, in: Recht, Staat, Freiheit: Studien zur Rechtsphilosophie, Staatstheorie und Verfassungsgeschichte, Ernst-Wolfgang Böckenförde (Hrsg.), Frankfurt 1991, S. 67-91

Böckenförde, Ernst-Wolfgang Grundrechte als Grundsatznormen: Zur gegenwärtigen Lage der Grundrechtsdogmatik, Der Staat 1990, S. 1-31

Böckenförde, Ernst-Wolfgang Grundrechtstheorie und Grundrechtsinterpretation, NJW 1974, S. 1529-1538

Bockenheimer-Lucius, Gisela Die "Bioethik-Konvention" – Entwicklung und gegenwärtiger Stand der Kontroverse, Ethik in der Medizin 1995, S. 146-153

Böcking, Alfred Abklärung plattenepithelialer Dysplasien mittels DNA-Bildzytometrie, DÄBl. 1998, S. B-542-546

Böhm, Ingolf / Luxburg, Harro Graf von / Epplen, Jörg DNA-Fingerprinting: ein gentechnologisches Verfahren erleichtert, beschleunigt und verbilligt die Vaterschaftsfeststellung durch Gutachten, Der Amtsvormund 1990, S. 1101-1108

Broekman, Jan M. Bioethics and Law, Rechtstheorie 1997, S. 1-20

Brückner, Bernhard Zum Entwurf der Bundesregierung für ein "Gesetz über Sicherheit und Gesundheitsschutz bei der Arbeit (Arbeitsschutzrahmengesetz)". Ein Schritt vor – zwei zurück im Arbeitsschutz, Der Personalrat 1994, S. 149-154

Buchner, Herbert Freiheit und Bindung des Arbeitgebers bei Einstellungsentscheidungen, NZA 1991, S. 577-593

Budde, Jürgen Weitergabe arbeitsmedizinischer Daten durch den Betriebsarzt, DB 1985, S. 1529-1533

Buddecke, Eckhart Grundriss der Biochemie, 9. Auflage, Berlin 1994

Bülow, Detlev von Fragen der Gentechnologie aus juristischer Sicht, in: Genforschung und Genmanipulation, Friedrich-Naumann-Stiftung (Hrsg.), München 1985, S. 111-116

Bundesärztekammer, Wissenschaftlicher Beirat Bekanntmachung, Richtlinien zur Diagnostik der genetischen Disposition für Krebserkrankungen, DÄBl. 1998, S. B-1120-1127

Bundesärztekammer, Wissenschaftlicher Beirat Bekanntmachung, Genetische Beratung und pränatale Diagnostik in der Bundesrepublik Deutschland, DÄBl. 1980, S. 187

Bundesärztekammer, Wissenschaftlicher Beirat Empfehlung Nr. 6 zur Pränatalen Diagnostik, DÄBl. 1987, S. A-572 ff.

Bundesärztekammer, Wissenschaftlicher Beirat Empfehlungen, Pränatale Diagnostik, DÄBl. 1987, S. B-434

Bundesminister für Forschung und Technologie (Hg.) Die Erforschung des menschlichen Genoms. Ethische und soziale Aspekte. Erster Bericht des vom Bundesminister für Forschung und Technologie auf Vorschlag wissenschaftlicher Institutionen, gesellschaftlich relevanter Gruppen und Bundesministerien einberufenen Arbeitskreises <Genforschung>, Frankfurt 1991

Canaris, Claus-Wilhelm Grundrechte und Privatrecht, AcP 184 (1984), S. 201-246

Canaris, Claus-Wilhelm Grundrechtswirkungen und Verhältnismäßigkeitsprinzip in der richterlichen Anwendung und Fortbildung des Privatrechts, JuS 1989, S. 161-172

Coester-Waltjen, Dagmar Befruchtungs- und Gentechnologie bei Menschen – rechtliche Probleme von morgen?, in: Genforschung und Genmanipulation, Friedrich-Naumann-Stiftung (Hrsg.), München 1985, S. 80-95

Connor, J. M. / Ferguson-Smith, M. A. Leitfaden der Humangenetik, Darmstadt 1988

Conze, Peter Fragerecht des öffentlichen Arbeitgebers und Offenbarungspflicht des Bewerbers bei der Vertragsanbahnung, ZTR 1991, S. 99-107

Cramer, Stephan Genom und Genanalyse. Rechtliche Implikationen einer "Prädiktiven Medizin", Frankfurt 1991

Daele, Wolfgang van den Mensch nach Maß? Ethische Probleme der Genmanipulation und Gentherapie, München 1985

Daele, Wolfgang van den Genetische Rationalisierung und Grundrechtsschutz. Verfassungsrechtliche Aspekte der Anwendung der Genetik auf den Menschen, in: Die Herstellung der Natur. Chancen und Risiken der Gentechnologie, Ulrich Steger (Hrsg.), Bonn 1985, S. 135-149

Däubler, Wolfgang Erhebung von Arbeitnehmerdaten, CR 1994, S. 101-110

Däubler, Wolfgang Gläserne Belegschaften, Köln 1987

Dawkins, Richard Der blinde Uhrmacher, München, 1990

Dawkins, Richard Das egoistische Gen, Reinbek 1996

Degener, Udo Das Fragerecht des Arbeitgebers gegenüber Bewerbern, Berlin 1975

Deichfuß, Hermann Recht des Kindes auf Kenntnis seiner blutsmäßigen (genetischen) Abstammung?, NJW 1988, S. 113-117

Deutsch, Erwin Haftung für unerlaubte bzw. fehlerhafte Genomanalyse, VersR 1991, S. 1205-1209

Deutsch, Erwin Neue Aufklärungsprobleme im Arztrecht, NJW 1982, S. 2585-2588

Deutsch, Erwin Die Genomanalyse: Neue Rechtsprobleme, ZRP 1986, S. 1-4

Deutsch, Erwin Die Genomanalyse im Arbeits- und Sozialrecht – Ein Beitrag zum genetischen Datenschutz, NZA 1989, S. 657-661

Diekgräf, Robert Genomanalyse im Arbeitsrecht, BB 1991, S. 1854-1860

Dieterich, Thomas / Hanau, Peter / Schaub, Günter (Hrsg.) Erfurter Kommentar zum Arbeitsrecht, München 1998

Dietlein, Johannes Die Lehre von den grundrechtlichen Schutzpflichten, Berlin 1992

Doemming, Klaus-Berto von / Füsslein, Rudolf Werner / Matz, Werner (Bearb.) Entstehungsgeschichte der Artikel des Grundgesetzes, JöR Band 1 (1951)

Donner, Hartwig / Simon, Jürgen Genomanalyse und Verfassung, DÖV 1990, S. 907-918

Drewermann, Eugen Tiefenpsychologie und Exegese, Band 1: Die Wahrheit der Formen, München 1993

Dürig, Günter Der Grundrechtssatz von der Menschenwürde. Entwurf eines praktikablen Wertsystems der Grundrechte aus Art. 1 Abs. I in Verbindung mit Art. 19 Abs. II des Grundgesetzes, AöR 81 (1956), S. 117-157

Dürig, Günter Grundrechte und Zivilrechtsprechung, in: Vom Bonner Grundgesetz zur gesamtdeutschen Verfas-

	sung, Festschrift zum 75. Geburtstag von Hans Nawiasky, Theodor Maunz (Hrsg.), München 1956, S. 157-190
Dworkin, Ronald	Bürgerrechte ernstgenommmen, Frankfurt 1984
Dworkin, Ronald	Die Grenzen des Lebens. Abtreibung, Euthanasie und persönliche Freiheit, Reinbek 1994
Dworkin, Ronald	Life's Dominion. An Argument about Abortion and Euthanasia, London 1993
Eckert, Volker	Morphologie und Funktion von Zellen, in: Gentechnik, Hans Günter Gassen / Klaus Minol (Hrsg.), 4. Auflage, Stuttgart 1996, S. 1-36
Eich, Rolf-Achim	AIDS und Arbeitsrecht, NZA 1987, Beilage Nr. 2, S. 10-20
Eiermann, Willi	Die Schweigepflicht des Betriebsarztes bei arbeitsmedizinischen Untersuchungen nach dem Arbeitssicherheitsgesetz, BB 1980, S. 214-215
Enders, Christoph	Das Recht auf Kenntnis der eigenen genetischen Abstammung, NJW 1989, S. 881-884
Enders, Christoph	Neubegründung des öffentlich-rechtlichen Nachbarschaftsschutzes aus der grundrechtlichen Schutzpflicht?, AöR 1990, S. 610-636
Enders, Christoph	Die Menschenwürde und ihr Schutz vor gentechnologischer Gefährdung, EuGRZ 86, S. 241-252
Eneccerus, Ludwig / Kipp, Theodor / Wolff, Martin	Lehrbuch des Bürgerlichen Rechts, Band I, Einleitung, Allgemeiner Teil, 34. Auflage, Marburg 1928
Enquete-Kommission des Deutschen Bundestages	Chancen und Risiken der Gentechnologie: Dokumentation des Berichts an den Deutschen Bundestages, Michael Catenhusen / Hanna Neumeister (Hrsg.), München 1987
Erichsen, Hans-Uwe	Staatsrecht und Verfassungsgerichtsbarkeit Band I, 3. Auflage 1982
Erichsen, Hans-Uwe	Allgemeine Handlungsfreiheit, in: Handbuch des Staatsrechts der Bundesrepublik Deutschland, Band VI Freiheitsrechte, Josef Isensee / Paul Kirchhof (Hrsg.), Heidelberg 1989, S. 1185-1220

Eser, Albin Humangenetik: Rechtliche und sozialpolitische Aspekte, in: Genetik und Moral; Beiträge zur Ethik des Ungeborenen, Johannes Reiter / Ursel Theile (Hrsg.), Mainz 1985, S. 130ff.

Eser, Albin Rechtsprobleme der Gen- und Fortpflanzungstechniken beim Menschen, in: Gentechnik im Widerstreit, Walter Klingmüller (Hrsg.), 3. Auflage, Stuttgart 1994, S. 123-142

Falkenberg, Rolf-Dieter Fragen des Arbeitgebers an den einzustellenden Arbeitnehmer – Zusammenhang zwischen Zulässigkeit der Frage und Pflicht zur wahrheitsgemäßen Beantwortung, BB 1970, S. 1013-1016

Fechner, Erich Menschenwürde und generative Forschung und Technik – eine rechtstheoretische und rechtspolitische Untersuchung, JZ 1986, S. 653-664

Fichte, Johann Gottlieb Die Bestimmung des Menschen, Ausgabe Felix Meiner, Neuauflage der 2. Auflage, Hamburg 1954

Fitting, Karl / Auffarth, Fritz / Kaiser, Heinrich / Haither, Friedrich Betriebsverfassungsgesetz, Handkommentar, 16. Auflage, München 1990

Flämig, Christian Die genetische Manipulation des Menschen: ein Beitrag zu den Grenzen der Forschungsfreiheit, in: Aus Politik und Zeitgeschichte (Beilage zu Das Parlament) B 3 / 1985, S. 3-17

Friemert, Constanze Nucleinsäuren und Proteine als molekulare Komponenten der Zelle, in: Gentechnik, Hans Günter Gassen / Klaus Minol (Hrsg.), 4. Auflage, Stuttgart 1996, S. 37-63

Frieß, Knut Der Verzicht auf Grundrechte, Würzburg 1968

Fritsche, Klaus Die rechtliche Stellung der Betriebsärzte im Unternehmen, Bayreuth 1984

Fröhlich, Uwe Forschung wider Willen? Rechtsprobleme biomedizinischer Forschung mit nichteinwilligungsfähigen Patienten, Berlin 1999

Frühwald, Wolfgang Wissenschaft – Ethik – Menschenwürde, in: Jahrbuch für Wissenschaft und Ethik Band I, L. Honnefelder / C.F. Gethmann (Hrsg.), Berlin 1996, S. 5-13

Gaidt, Andreas / Ach, Johann S. Bioethik als angewandte Ethik: Eine ganz kurze Einführung, in: Herausforderung der Bioethik, Andreas Gaidt / Johann Ach (Hrsg.), Stuttgart 1993, S. 9-15

Gamillscheg, Franz Arbeitsrecht, Band I: Individualarbeitsrecht, 7. Auflage, München 1987

Gamillscheg, Franz Der Abschluß des Arbeitsvertrages im neuen Arbeitsvertragsgesetz, in: Im Dienst an Recht und Staat, Festschrift für Werner Weber zum 70. Geburtstag, Hans Schneider (Hrsg.), Berlin 1974, S. 793-818

Gamillscheg, Franz Die Grundrechte im Arbeitsrecht, AcP 164 (1964), S. 385-445

Gassen, Hans Günter Die Suche nach dem richtigen Klon,

in: Gentechnik, Hans Günter Gassen / Klaus Minol (Hrsg.), 4. Auflage, Stuttgart 1996, S. 209-223

Geddert-Steinacher, Tatjana Menschenwürde als Verfassungsbegriff

Aspekte der Rechtsprechung des Bundesverfassungsgerichts zu Art. 1 Abs. 1 Grundgesetz, Berlin 1990

Geiger, Andreas Die Einwilligung in die Verarbeitung von persönlichen Daten als Ausübung des Rechts auf informationelle Selbstbestimmung, NVwZ 1989, S. 35-38

Geiger, Willi Die Grundrechte in der Privatrechtsordnung, Stuttgart 1960

Gern, Alfons Menschenwürde und die guten Sitten, NJW 1983, S. 1585-1590

Giesen, Dieter Genetische Abstammung und Recht, JZ 1989, S. 364-377

Giesen, Dieter Patient-Physician Communication and the Law's Requirements, in: Jahrbuch für Recht und Ethik, Band 4 (1996), B. Sharon Byrd / Joachim Hruschka / Jan C. Joerden (Hrsg.), Berlin 1996, S. 272-300

Giesen, Dieter / Viethen, H.P. Genomanalysen bei Arbeitnehmern – arbeitsmedizinische und arbeitsrechtliche Aspekte, ZBl. Arbeitsmedizin 39 (1989), S. 2-11

Giesen, Richard Internationale Maßstäbe für die Zulässigkeit medizinischer Heil- und Forschungseingriffe. Das Vorhaben einer europäischen Bioethik-Konvention, MedR 1995, S. 353-359

Göldner, Detlef Gesetzmäßigkeit und Vertragsfreiheit im Verwaltungsrecht, JZ 1976, S. 352-358

Gössel, Karl Heinz Gentechnische Untersuchungen als Gegenstand der Beweisführung im Strafverfahren, in: Die Genomanalyse im Strafverfahren, Jürgen Taschke / Felix Breidenstein (Hrsg.), Baden-Baden 1995, S. 112-137

Gottschalk, Werner Allgemeine Genetik, 4. Auflage, Stuttgart 1994

Grupp, Rudolf Die ethischen und rechtlichen Grenzen des medizinischen Fortschritts am Beispiel der Humangenetik, in: Jahrbuch für Wissenschaft und Ethik Band I, L. Honnefelder / C.F. Gethmann (Hrsg.), Berlin 1996, S. 155-160

Gruter, Margaret / Masters, Roger D. Balancing Altruism and Selfishness: Evolutionary Theory and the Foundation of Morality, in: Jahrbuch für Recht und Ethik, Band 4 (1996), B. Sharon Byrd / Joachim Hruschka / Jan C. Joerden (Hrsg.), Berlin 1996, S. 561-573

Günther, Elisabeth Lehrbuch der Genetik, 6. Auflage, Jena 1991

Gusy, Christoph Sittenwidrigkeit im Gewerberecht, DVBl 1982, S. 984-989

Haberkorn, Kurt Zur Offenbarungspflicht des Arbeitnehmers bei Einstellungen, RdA 1962, S. 416-418

Häberle, Peter Die Menschenwürde als Grundlage der staatlichen Gemeinschaft, in: Handbuch des Staatsrechts der

Bundesrepublik Deutschland, Bd. I Grundlagen von Staat und Verfassung, Josef Isensee / Paul Kirchhof (Hrsg.), Heidelberg 1987, S. 815-861

Hagemann, Rudolf Allgemeine Genetik, 3. Auflage, Jena 1991

Heilmann, Joachim Rechtsprobleme von Einstellungsuntersuchungen, AuA 1995, S. 157-159

Helling, Heinz Vorvertragliche Rechtsbeziehungen im Arbeitsrecht, Köln 1969

Helm, Horst Versicherungsschutz bei Epilepsie, VersR 1968, S. 25-29

Henke, Jürgen / Hoffmann, K. / Henke, Lotte Kurze Einführung in die gentechnologischen Voraussetzungen des DNA-Fingerprints in der forensischen Genetik, in: Die Genomanalyse im Strafverfahren, Jürgen Taschke / Felix Breidenstein (Hrsg.), Baden-Baden 1995, S. 13-31

Henke, Jürgen / Schmitter, Hermann DNA-Polymorphismen in forensischer Fragestellung, in: Die Genomanalyse im Strafverfahren, Jürgen Taschke / Felix Breidenstein (Hrsg.), Baden-Baden 1995, S. 32-40

Hermes, Georg Das Grundrecht auf Schutz von Leben und Gesundheit, Heidelberg 1987

Hermes, Georg Grundrechtsschutz durch Privatrecht auf neuer Grundlage? Das BVerfG zu Schutzpflicht und mittelbarer Drittwirkung der Berufsfreiheit, NJW 1990, S. 1764-1768

Herschel, Wilhelm Rechte und Pflichten vor Arbeitsaufnahme, RdA 1965, S. 191-195

Hesse, Konrad Grundzüge des Verfassungsrechts der Bundesrepublik Deutschland, 20. Auflage, Heidelberg 1999

Hildebrandt, Heinz Erklärungshaftung, Ein Beitrag zum System des bürgerlichen Rechts, Berlin 1931

Hillgruber, Christian Der Schutz des Menschen vor sich selbst, München 1992

Hillgruber, Christian Grundrechtsschutz im Vertragsrecht, AcP 191 (1991), S. 69-86

Hinrichs, Werner Zur Frage der Schweigepflicht des Betriebsarztes, BB 1976, S. 1273-1274

Hirsch, Günter / Eberbach, Wolfram Auf dem Weg zum künstlichen Leben: Retortenkinder – Leihmütter – programmierte Gene, Basel 1987

Hobbes, Thomas Leviathan, Cambridge Edition, edited by Richard Tuck, Cambridge 1996

Hoerster, Norbert Zur Bedeutung des Prinzips der Menschenwürde, JuS 1983, S. 93-96

Höfling, Wolfram Menschenwürde und die guten Sitten, NJW 1983, S. 1582-1585

Höfling, Wolfram Die Unantastbarkeit der Menschenwürde – Annäherungen an einen schwierigen Verfassungsrechtssatz, JuS 1995, S. 857-862

Hofmann, Hasso Biotechnik, Gentherapie, Genmanipulation – Wissenschaft im rechtsfreien Raum?, JZ 1986, S. 253-260

Hofmann, Paul Zur Offenbarungspflicht des Arbeitnehmers, ZfA 1975, S. 1-64

Holzapfel, Helmut Wechselseitigkeit von Informationspflichten bei Begründung von Arbeitsverhältnissen, Bayreuth 1986

Honnefelder, Ludger Bioethik im Streit. Zum Problem der Konsensfindung in der biomedizinischen Ethik, in: Jahrbuch für Wissenschaft und Ethik Band I, L. Honnefelder / C.F. Gethmann (Hrsg.), Berlin 1996, S. 73-86

Honnefelder, Ludger Die Krise der sittlichen Lebensform als Problem der philosophischen Ethik – eine Einführung, in: Sittliche Lebensform und praktische Vernunft, Ludger Honnefelder (Hrsg.), Paderborn 1992, S. 9-25

Honnefelder, Ludger Humangenetik in der Pränataldiagnostik. Die normative Funktion des Krankheits- und Behinderungsbegriffs: Ethische Aspekte, in: Jahrbuch für Wissenschaft und Ethik Band I, L. Honnefelder / C.F. Gethmann (Hrsg.), Berlin 1996, S.121-127

Honnefelder, Ludger Der Streit um die Person in der Ethik, Philosophisches Jahrbuch 100, 1993, S. 246-265

Hübner, Heinz Wissenszuwachs als ethisches Problem, in: Medizinische Genetik in der Bundesrepublik Deutschland. Eine Bestandsaufnahme mit politischen, ärztlichen und ethischen Konteptionen, Stellungnahmen von Patientengruppen, Traute M. Schröder-Kurth (Hrsg.), Frankfurt 1989, S. 151 ff.

Hueck, Alfred / Nipperdey, Hans Carl Lehrbuch des Arbeitsrechts Band I, 7. Auflage, Berlin 1963

Hume, David Eine Untersuchung über den menschlichen Verstand, Berlin 1997

Hummel, Konrad Welcher Nutzen für die biologische Verwandtschaftsbegutachtung ist von DNS-Analysen zu erwarten?, Der Amtsvormund 1989, S. 33-36

Hummel, Konrad Voraussetzung für die Verwendung einer DNS-Analyse mit Single- und Multi-Locus-Sonden in Fällen strittiger Blutsverwandtschaft, NJW 1990, S. 753-754

Hummel, Konrad / Mutschler, M. Zum Umfang der Beweisaufnahme bei gerichtlicher Vaterschaftsfeststellung, NJW 1991, S. 2929-2932

Hümmerich, Klaus Der Schutz der Beschäftigten vor Aufnahme ärztlicher Gutachten in Personalakten und Datenbanken, DB 1975, S. 1893-1895

Isensee, Josef Das Grundrecht auf Sicherheit: zu den Schutzpflichten des freiheitlichen Verfassungsstaates, Berlin 1983

Isensee, Josef Das Grundrecht als Abwehrrecht und als staatliche Schutzpflicht, in: Handbuch des Staatsrechts der Bundesrepublik Deutschland, Band V Allgemeine Grundrechtslehren, Josef Isensee / Paul Kirchhof (Hrsg.), Heidelberg 1992, S. 143-241

Jarass, Hans / Pieroth, Bodo Grundgesetz für die Bundesrepublik Deutschland, Kommentar, 4. Auflage, München 1997

Jellinek, Georg System der subjektiven öffentlichen Rechte, Tübingen 1905 (2. Nachdruck Darmstadt 1963)

Jellinek, Georg Allgemeine Staatslehre, 3. Auflage, Bad Homburg 1960

Jonas, Hans Das Prinzip Verantwortung. Versuch einer Ethik für die technologische Zivilisation, Frankfurt 1979

Jonas, Hans Technik, Medizin und Ethik. Praxis des Prinzips Verantwortung, Frankfurt 1985

Kahl, Günter Dictionary of Gene Technology, Weinheim 1995

Kant, Immanuel Metaphysik der Sitten, Kant-Werkausgabe Band 8, Wilhelm Weischedel (Hrsg.), 9. Auflage, Frankfurt 1991

Kant, Immanuel Grundlegung zur Metaphysik der Sitten, Kant-Werkausgabe Band 7, Wilhelm Weischedel (Hrsg.), 11. Auflage, Frankfurt 1991

Kaudewitz, Fritz Genetik, 2. Auflage, Stuttgart 1992

Keller, Rainer Die Genomanalyse im Strafverfahren, in: Die Genomanalyse im Strafverfahren, Jürgen Taschke / Felix Breidenstein (Hrsg.), Baden-Baden 1995, S. 160-181

Keller, Ulrich Die ärztliche Untersuchung des Arbeitnehmers im Rahmen des Arbeitsverhältnisses, NZA 1988, S. 561-568

Kempff, Gilbert Grundrechte im Arbeitsverhältnis: zum Grundrechtsverständnis des Bundesarbeitsgerichts, Köln 1988

Kielstein, Rita Clinical and Clinical-Ethical Aspects of Genetic Prediction. The Case: Hereditary Kidney Disorders, in: Jahrbuch für Recht und Ethik, Band 4 (1996), B. Sharon Byrd / Joachim Hruschka / Jan C. Joerden (Hrsg.), Berlin 1996, S. 81-91

Kienle, Thomas Bioethik und Pränataldiagnostik in Europa, ZRP 1996, S. 253-259

Kilian, Wolfgang Rechtliche Aspekte heutiger betriebsärztlicher informationssysteme, BB 1980, S. 893-895

Kimmich H. / Spyra, W. / Steinke, W. DNA-Amplifizierung in der Kriminaltechnik und der juristischen Diskussion, in: Die Genomanalyse im Strafverfahren, Jürgen Taschke / Felix Breidenstein (Hrsg.), Baden-Baden 1995, S. 87-103

Kimmich H. / Spyra, W. / Steinke, W. Das DNA-Profiling in der forensischen Anwendung und der juristischen Diskussion, in: Die Genomanalyse im Strafverfahren, Jürgen Taschke / Felix Breidenstein (Hrsg.), Baden-Baden 1995, S. 104-112

Kirchberg, Christian Zur Sittenwidrigkeit von Verwaltungsakten, NVwZ 1983, S. 141-143

Klees, Bernd Der gläserne Mensch im Betrieb: genetische Analyse bei Arbeitnehmern und ihre Folgen, Frankfurt 1988

Klees, Bernd Die genetische Durchleuchtung des Menschen. Genetic Screening, genetische Tests und Genomanalyse bei Arbeitnehmern, AiB 1986, S. 55-58

Kleinknecht, Theodor / Meyer-Gossner, Lutz Strafprozessordnung Kommentar, 44. Auflage, München 1999

Kliemt, Hartmut Pränataldiagnostik und genetisches Screening im freiheitlich-demokratischen Rechtsstaat, in: Jahrbuch für Recht und Ethik, Band 4 (1996) B. Sharon Byrd / Joachim Hruschka / Jan C. Joerden (Hrsg.), Berlin 1996, S. 99-111

Kliesch, Georg / Nöthlichs, Matthias / Wagner, Rolff Arbeitssicherheitsgesetz, Kommentar, Berlin 1978

Klingmüller, Walter Gentechnik bei Bakterien: Pharmazeutische Entwicklungen und Freisetzungsproblematik, in: Gentechnik im Widerstreit, Klingmüller, Walter (Hrsg.), 3. Auflage, Stuttgart 1994, S. 25-41

Kloepfer, Michael Grundrechtstatbestand und Grundrechtsschranken in der Rechtsprechung des Bundesverfassungsgerichts – dargestellt am Beispiel der Menschenwürde –, in: Bundesverfassungsgericht und Grundgesetz, Festgabe aus Anlaß des 25-jährigen Bestehens des Bundesverfassungsgerichts, Band II,

Christian Starck (Hrsg.), Tübingen 1976, S. 405-420

Kloepfer, Michael Datenschutz als Grundrecht: Verfassungsprobleme der Einführung eines Grundrechts auf Datenschutz, Königstein 1980

Klumpe, Birgit DNA-Analyse im kodierenden Bereich, in: Die Genomanalyse im Strafverfahren, Jürgen Taschke / Felix Breidenstein (Hrsg.), Baden-Baden 1995, S. 48-53

Knippers, Rolf Molekulare Genetik, 7. Auflage, Stuttgart 1997

Knodel, Hans (Hrsg.) Linder Biologie, 18. Auflage, Stuttgart 1981

Koppernock, Martin Das Grundrecht auf bioethische Selbstbestimmung: zur Rekonstruktion des allgemeinen Persönlichkeitsrechts, Baden-Baden 1997

Krahnen, Dorothee Chorea Huntington. Das Recht auf Wissen versus Das Recht auf Nicht-Wissen, in: Medizinische Genetik in der Bundesrepublik Deutschland. Eine Bestandsaufnahme mit politischen, ärztlichen und ethischen Konteptionen, Stellungnahmen von Patientengruppen, Traute M. Schröder-Kurth (Hrsg.), Frankfurt 1989, S. 66 ff.

Krawietz, Werner Gewährt Art. 1 Abs. 1 GG dem Menschen ein Grundrecht auf Achtung und Schutz seiner Würde?, in: Gedächtnisschrift für Friedrich Klein, Dieter Wilke / Harald Weber (Hrsg.), München 1977, S. 245-287

Kreikebohm, Ralf (Hrsg.) Sozialgesetzbuch Gesetzliche Rentenversicherung – SGB VI – Kommentar, München 1997

Kretschmer, Hans-Jürgen / Maydell, Bernd von / Schellhorn, Walter Gemeinschaftskommentar zum Sozialgesetzbuch – Allgemeiner Teil, (GK-SGB I), 3. Auflage, Neuwied 1996

Langer, Stefan Staatshaftung für Waldschäden wegen Verletzung grundrechtlicher Schutzpflichten, NVwZ 1987, S. 195-200

Larenz, Karl Bemerkungen zur Haftung für Culpa in Contrahendo, in: Beiträge zum Zivil- und Wirtschaftsrecht,

	Festschrift für Kurt Ballerstedt zum 70. Geburtstag, 24.12.1975, Werner Flume / Peter Raisch / Ernst Steindorf (Hrsg.), Berlin 1975, S. 397-419
Larenz, Karl	Lehrbuch des Schuldrechts, Erster Band – Allgemeiner Teil, 13. Auflage, München 1982
Laufs, Adolf	Das Menschenrechtsübereinkommen zur Biomedizin und das deutsche Recht, NJW 1997, S. 776-777
Laufs, Adolf	Medizin und Recht im Zeichen des Fortschritts. Aufgaben und Antworten aus Sicht des Juristen, Heidelberg 1978
Laufs, Adolf	Arztrecht, 5. Auflage, München 1993
Lauter, Hans	Die Bedeutung der Einwilligung für die Legitimation ärztlichen Handelns, Ethik in der Medizin 1996, S. 68-78
Leipold, Dieter	Einstellungsfragebögen und das Recht auf Arbeit, AuR 1971, S. 161-167
Leisner, Walter	Grundrechte und Privatrecht, München 1960
Leist, Anton	Herausforderungen der Bioethik, in: Herausforderung der Bioethik, Andreas Gaidt / Johann Ach (Hrsg.), Stuttgart 1993, S. 19-44
Lenz, Widukind	Medizinische Genetik, 6. Auflage, Stuttgart 1983
Lepke, Achim	Kündigung bei Krankheit, 8. Auflage, Stuttgart 1991
Lerche, Peter	Grundrechtsschranken, in: Handbuch des Staatsrechts der Bundesrepublik Deutschland, Band V Allgemeine Grundrechtslehren, Josef Isensee / Paul Kirchhof (Hrsg.), Heidelberg 1992, S. 775-804
Lerche, Peter	Verfassungsrechtliche Aspekte der Gentechnologie, in: Rechtsfragen der Gentechnologie, Rudolf Lukes / Rupert Scholz (Hrsg.), Köln 1986, S. 88-111
Lewin, Benjamin	Gene. Lehrbuch der molekularen Genetik, 2. Auflage, Weinheim 1991
Link, Christoph	Staatszwecke im Verfassungsstaat nach 40 Jahren Grundgesetz, VVDStRL 48 (1990), S. 7-55

Lorz, Ralph Alexander Modernes Grund- und Menschenrechtsverständnis und die Philosophie der Freiheit Kants. Eine staatstheoretische Untersuchung an Maßstäben des Grundgesetzes für die Bundesrepublik Deutschland, Stuttgart 1993

Losch, Bernhard Lebensschutz am Lebensbeginn: Verfassungsrechtliche Probleme des Embryonenschutzes, NJW 1992, S. 2926-2932

Löw, Konrad Ist die Würde des Menschen im Grundgesetz eine Anspruchsgrundlage?, DÖV 1958, S. 516-520

Löw, Reinhard Genmanipulation. Die geklonte Natur, Rastatt 1986

Luhmann, Niklas Grundrechte als Institution, Berlin 1965

Luthmann, Michaela Rechtliche, insbesondere verfassungsrechtliche Aspekte der Genomanalyse an Arbeitnehmern während bestehender Arbeitsverhältnisse, Hamburg 1994

Maihofer, Werner Rechtsstaat und menschliche Würde, Frankfurt 1968

Mangoldt, Herman von / Klein, Friedrich / Starck, Christian (Hrsg.) Das Bonner Grundgesetz, Kommentar, Band 1, Präambel, Art. 1 bis 19, 4. Auflage, München 1999

Maunz, Theodor / Dürig, Günter Grundgesetz. Kommentar, München Lbl. Stand 1999

Maunz, Theodor / Zippelius, Reinhold Deutsches Staatsrecht, 30. Auflage, München 1998

Maydell, Bernd von Der allgemeine Teil des Sozialgesetzbuches, NJW 1976, S. 161-165

Menzel, Hans-Joachim Genomanalyse im Arbeitsverhältnis und Datenschutz, NJW 1989, S. 2041-2043

Minol, Klaus Gentherapie, in: Gentechnik, Hans Günter Gassen / Klaus Minol (Hrsg.), 4. Auflage, Stuttgart 1996, S. 341-371

Minol, Klaus Gendiagnose, in: Gentechnik, Hans Günter Gassen / Klaus Minol (Hrsg.), 4. Auflage, Stuttgart 1996, S. 320-340

Minol, Klaus Die Polymerase-Kettenreaktion (PCR), in: Gentechnik, Hans Günter Gassen / Klaus Minol (Hrsg.), 4. Auflage, Stuttgart 1996, S. 292-319

Moritz, Heinz Peter Fragerecht des Arbeitgebers sowie Auskunfts- und/oder Offenbarungspflicht oder "Recht zur Lüge" des Arbeitnehmers bei der Anbahnung von Arbeitsverhältnissen, NZA 1987, S. 329-336

Motzer, Stefan Schutzpflichtverletzung und Leistungsunmöglichkeit, JZ 1983, S. 884-889

Mrozynski, Peter Sozialgesetzbuch Allgemeiner Teil (SGB I) Kommentar, 2. Auflage, München 1995

Müller, Hansjakob Genetische Test: praktische Aspekte, in: Genomanalyse und Persönlichkeitsschutz, Institut Suisse de Droit Comparé (Hrsg.), S. 9-28, Zürich 1994

Münch, Fritz Die Menschenwürde als Grundforderung unserer Verfassung, Bonn 1952

Münch, Ingo von Grundgesetz, Kommentar, Band 1, 3. Auflage, München 1985

Münch, Ingo von Grundrechtsschutz gegen sich selbst?, in: Hamburg, Deutschland, Europa: Beiträge zum deutschen und europäischen Verfassungs-, Verwaltungs- und Wirtschaftsrecht, Festschrift für Hans Peter Ipsen zum 70. Geburtstag, Rolf Stödter / Werner Thieme (Hrsg.), Tübingen 1977, S. 113-128

Münchener Kommentar Münchener Kommentar zum Bürgerlichen Gesetzbuch, Band 4, Schuldrecht II, 2. Auflage, München 1991

Murswiek, Dietrich Entschädigung für immissionsbedingte Waldschäden, NVwZ 1986, S. 611-615

Murswiek, Dietrich Die staatliche Verantwortung für die Risiken der Technik, Berlin 1985

Mutius, Albert von Grundrechtsfähigkeit, Jura 1983, S. 30-38

Nawiasky, Hans Die Grundgedanken des Grundgesetzes für die Bundesrepublik Deutschland, Stuttgart 1950

Neumann, Ulfrid Die „Würde des Menschen" in der Diskussion um Gentechnologie und Befruchtungstechnologien, in:

	Gentechnologie und Befruchtungstechnologien, in: Menschen- und Bürgerrechte, ARSP Beiheft 33, Ulrich Klug / Martin Kriele (Hrsg.), Stuttgart 1988, 139-152
Neumann-Duesberg, Horst	Persönlichkeitsrecht, Vertragsfreiheit und gegenseitige Sozialpflichtigkeit als Beurteilungsmaßstab für das Recht des Arbeitgebers zur Schwangerschaftsbefragung einer Einstellungsbewerberin, JZ 1962, S. 204-207
Nikisch, Arthur	Arbeitsrecht, I. Band: Allgemeine Lehren und Arbeitsvertragsrecht, 3. Auflage, Tübingen 1961
Nikisch, Arthur	Arbeitsrecht, I. Band: Allgemeine Lehren und Arbeitsvertragsrecht, 2. Auflage, Tübingen 1955
Nipperdey, Hans Carl	Grundrechte und Privatrecht, Krefeld 1961
Nipperdey, Hans Carl	Die Würde des Menschen, in: Die Grundrechte: Handbuch der Theorie und Praxis der Grundrechte, Band II, Franz L. Neumann / Hans Carl Nipperdey / Ulrich Scheum (Hrsg.), Berlin 1954, S. 1-50
Notz, Andreas	Zulässigkeit und Grenzen ärztlicher Untersuchungen von Arbeitnehmern, Frankfurt 1991
Oeter, Stefan	„Drittwirkung" der Grundrechte und die Autonomie des Privatrechts: Ein Beitrag zu den funktionell-rechtlichen Dimensionen der Drittwirkungsdebatte, AöR 1994, S. 529-563
Oetker, Hartmut	Der Entwurf eines Arbeitsschutzrahmengesetzes, ZRP 1994, S. 219-225
Olshausen, Henning von	Menschenwürde im Grundgesetz: Wertabsolutismus oder Selbstbestimmung, NJW 1982, S. 2221-2224
Otto, Hansjörg	Personale Freiheit und soziale Bindung, München 1978
Pieroth, Bodo / Schlink, Bernhard	Grundrechte, Staatsrecht II, 15. Auflage, Heidelberg 1999
Pietzcker, Jost	Die Rechtsfigur des Grundrechtsverzichts, Der Staat 17 (1978), S. 527-551

Platon Sämtliche Werke. Berliner Ausgabe in drei Bänden, Erich Loewenthal (Hrsg.), 8. Auflage Heidelberg 1983

Pletke, Matthias Die Zulässigkeit von Genomanalysen an Arbeitnehmern im deutschen und US-amerikanischen Recht, Frankfurt 1995

Prasse, Helmut Ist der Arbeitnehmer verpflichtet, sich durch einen vom Arbeitgeber benannten Arzt untersuchen zu lassen?, RdA 1959, S. 55-58

Präve, Peter Genomanalyse und Lebensversicherung, ZfV 1991, S. 82-84

Präve, Peter Das Recht des Versicherungsnehmers auf geninformationelle Selbstbestimmung, VersR 1992, S. 279-284

Propping, Peter Humangenetik in der Pränataldiagnostik. Die normative Funktion des Krankheits- und Behinderungsbegriffs: Medizinisch-humangenetische Aspekte, in: Jahrbuch für Wissenschaft und Ethik Band I, L. Honnefelder / C.F. Gethmann (Hrsg.), Berlin 1996, S. 105-110

Pschyrembel Pschyrembel Klinisches Wörterbuch,

259. Auflage, Berlin 1999

Püttner, Günter / Brühl, Klaus Verfassungsrechtliche Probleme von Fortpflanzungsmedizin und Gentechnologie, JA 1987, S. 289-298

Püttner, Günter / Brühl, Klaus Fortpflanzungsmedizin, Gentechnologie und Verfassung – Zum Gesichtspunkt der Einwilligung Betroffener, JZ 1987, S. 529-536

Quintana-Trias, Octavi Internationale Bioethik: Die Rolle des Europarates, in: Jahrbuch für Wissenschaft und Ethik Band I, L. Honnefelder, C.F. Gethmann (Hrsg.), Berlin 1996, S. 197-200

Rademacher, Christine Zulässigkeit der Gen-Analyse?, NJW 1991, S. 735-737

Rademacher, Christine Verhinderung der genetischen inquisition, ZRP 1990, S. 380-384

Ramm, Thilo Grundrechte und Arbeitsrecht, JZ 1991, S. 1-16

Ranke-Graves, Robert von Griechische Mythologie. Quellen und Deutung, Reinbek, 1984

Rath, M. / Brinkmann, B. Strafverfahrensänderungsgesetz – DNA-Analyse ("Genetischer Fingerabdruck") und DNA-Identitätsfeststellungsgesetz aus fachwissenschaftlicher Sicht, NJW 1999, S. 2697-2702

Reichelt, Andreas Verfahren, Zulässigkeit und Auswirkungen der DNA-Technologie (genetischer Fingerabdruck) auf den Anwendungsbereich der Vaterschaftsvermutung im Rahmen des § 1600o II BGB, Bielefeld 1992

Reuber, Norbert Lebens- und Gesundheitsschutz und Gesetzesvorbehalt unter besonderer Berücksichtigung der Gentechnologie, Köln 1993

Riedel, Eibe Rechtliche Optimierungsgebote oder Rahmensetzungen für das Verwaltungshandeln?, in: Das parlamentarische Regierungssystem und der Bundesrat – Entwicklungsstand und Reformbedarf, VVDStRL 58, Rudolf Dolzer, Michael Sachs (Hrsg.), Berlin 1999, S. 180-220

Riedel, Eibe Der internationale Menschenrechtsschutz. Eine Einführung, in: Menschenrechte: Dokumente und Deklarationen, Bundeszentrale für politische Bildung (Hrsg.), 3. Auflage, Bonn 1999, S. 11-36

Riedel, Eibe Access to Justice as a Fundamental Right in the German Legal Order, in: German Reports on Public Law: Presented to the XV. International Congress on Comparative Law, Bristol 26 July to 1 August 1998, Eibe Riedel (Hrsg.), Baden-Baden 1998, S. 77-102

Riedel, Eibe Der gemeineuropäische Bestand von Verfassungsprinzipien zur Begründung von Hoheitsgewalt – Legitimität und Souveränität –, in: Gemeinsames Verfassungsrecht in der Europäischen Union, Peter-Christian Müller-Graf / Eibe Riedel (Hrsg.), Baden-Baden 1998, S. 77-97

Riedel, Eibe Einleitung, in: Risikomanagement im öffentlichen Recht: Landesberichte und Generalbericht der Ta-

Recht: Landesberichte und Generalbericht der Tagung für Rechtsvergleichung 1996 in Jena, Eibe Riedel (Hrsg.), Baden-Baden 1997, S. 9-12

Riedel, Eibe Global Responsibilities and Bioethics: Reflections on the Council of Europe's Bioethics Convention, Indiana Journal of Global Legal Studies 1997, S. 179-190

Riedel, Eibe Paradigmenwechsel im internationalen Umweltrecht, in: Recht und Recht, Festschrift für Gerd Roellecke zum 70. Geburtstag, Rolf Stober (Hrsg.), Berlin 1997, S. 245-279

Riedel, Eibe International Environmental Law – A Law to Serve the Public Interest? – An Analysis of the Scope of the Binding Effect of Basic Principles (Public Interest Norms), in: New Trends in International Lawmaking – International "Legislation" in the Public Interest. Proceedings of an International Symposium of the Kiel Walther-Schücking-Institute of International Law, Jost Delbrück (Hrsg.), Berlin 1997, S. 61-139

Riedel, Eibe Grundlagen und Hauptprobleme des internationalen Umweltrechts, in: Ökologie und Marktwirtschaft: Probleme, Ursachen und Lösungen, Wiesbaden 1996, S. 146-163

Riedel, Eibe Recht, Zwang, Effektivität – muss Recht justizförmig sein?, in: Der Universalitätsanspruch des demokratischen Rechtsstaates: die Verschiedenheit der Kulturen und die Allgemeinheit des Rechtes, ARSP-Beiheft 65, Hans-Martin Pawlowski / Gerd Roellecke (Hrsg.), Stuttgart 1996, S. 151-171

Riedel, Eibe Vom Grund des Grundgesetzes: Zu den Möglichkeiten normativer Begründung durch Menschenrechte, Grundrechte und Grundwerte, in: Würde und Recht des Menschen. Festschrift für Johannes Schwartländer zum 70. Geburtstag, Heiner Bielefeldt / Winfried Brugger / Klaus Dicke (Hrsg.), Würzburg 1992, S. 111-126

Riedel, Eibe The Constitution and Scientific and Technical Progress, in: New Challenges to the German Basic Law: The German Contribution to the Third World Congress of the International Association of Constitutional Law, Christian Starck (Hrsg.), Baden-Baden 1991, S. 61-85

Riedel, Eibe Gentechnik im Spannungsfeld von Recht und Ethik, in: Alma mater Philippina, Marburg 1991, S. 12-17

Riedel, Eibe Methoden der Verfassungsinterpretation im Wandel, in: Kritik und Vertrauen, Festschrift für Peter Schneider zum 70. Geburtstag, Erhard Denninger / Manfred Hinz, Peter C. Mayer-Tasch / Gerd Roellecke (Hrsg.), Frankfurt 1990, S. 382-408.

Riedel, Eibe Menschenrechte der dritten Dimension, EuGRZ 1989, S. 9-21

Riedel, Eibe Theorie der Menschenrechtsstandards: Funktion, Wirkungsweise und Begründung wirtschaftlicher und sozialer Menschenrechte mit exemplarischer Darstellung der Rechte auf Eigentum und Arbeit in verschiedenen Rechtsordnungen, Berlin 1986

Riedel, Eibe Gentechnologie und Embryonenschutz als Verfassungs- und Regelungsproblem, EuGRZ 1986, S. 469-478

Riedel, Eibe Die Meinungsfreiheit als Menschenrecht und ihre Verbürgung durch die Europäische Menschenrechtskonvention, in: Meinungsfreiheit – Grundgedanken und Geschichte in Europa und USA, Johannes Schwartländer / Dietmar Willoweit (Hrsg.), Kehl 1986, S. 275-299

Riedel, Eibe „Arbeitspflichten" vor Verwaltungsgerichten, Verwaltungs-Archiv 75 (1984), S. 237-255

Riedel, Eibe New Bearings in German Data Protection, HRLJ 1984, S. 67-116

Riedel, Eibe Die Eigentumsgarantie als Problem des Verfassungsrechts und der allgemeinen Staatslehre am Beispiel Großbritanniens, in: Das Recht des Menschen auf Eigentum, Johannes Schwartländer / Dietmar Willoweit (Hrsg.), Kehl 1982, S. 129-150

Riedel, Eibe / Ewert, Daniel Verfassungsrechtliche Aspekte der Verlängerung der ärztlichen Ausbildung: Fragwürdige Therapie auf unsichere Diagnose?, NJW 1989, S. 745-751

Ritter, Horst Die humangenetische Abstammungsbegutachtung, FamRZ 1991, S. 646-649

Ritter, Stefan Genomanalyse und Strafverfolgung. Untersuchung zur kriminalistischen, kriminologischen, strafrechtlichen und strafprozessualen Problematik der DNA-Analytik, Frankfurt 1997

Rittner, Christian / Schacker, Ulrike / Schneider, Peter M. Zum gegenwärtigen Stand des DNA-Gutachtens (sog. genetischer Fingerabdruck) in der Bundesrepublik Deutschland, MedR 1989, S. 12-15

Robbers, Gerhard Sicherheit als Menschenrecht: Aspekte der Geschichte, Begründung und Wirkung einer Grundrechtsfunktion, Baden-Baden 1987

Robbers, Gerhard Der Grundrechtsverzicht. Zum Grundsatz „volenti non fit iniuria" im Verfassungsrecht, JuS 1985, S. 925-931

Rohlf, Dietwalt Der grundrechtliche Schutz der Privatsphäre: zugleich ein Beitrag zur Dogmatik des Art. 2 Abs. 1 GG, Berlin 1980

Ropers, Hans-Hilger Die Erforschung des menschlichen Genoms: Ein Zwischenbericht, DÄBl. 1998, S. B-547-553

Rose, Matthias H. P. Genomanalysen an Arbeitnehmern vor der Einstellung. Die Grenze ihrer zulässigen Durchführung aus arbeits- und grundrechtlicher Sicht, Frankfurt 1989

Rose, Matthias H. P. Genomanalysen an Arbeitnehmern vor der Einstellung. Die Grenze ihrer zulässigen Durchführung aus arbeits- und grundrechtlicher Sicht, Frankfurt 1989

Rössler, Dietrich Zur Diskussion über die Bioethik-Konvention, Ethik in der Medizin 1996, S. 167-172

Rössler, Dietrich Die Bedeutung der Einwilligung für die Legitimation ärztlichen Handelns – ethische Aspekte, Ethik in der Medizin 1996, S. 59-67

Rothstein, Mark A. Genetic Discrimination in Employment: Ethics, Policy and Comparative Law, in: Genomanalyse und Persönlichkeitsschutz, Institut Suisse de Droit Comparé (Hrsg.), Zürich 1994, S. 9-28

Rüfner, Wolfgang Grundrechtsträger, in: Handbuch des Staatsrechts der Bundesrepublik Deutschland, Band V Allgemeine Grundrechtslehren, Josef Isensee / Paul Kirchhof (Hrsg.), Heidelberg 1992, S. 485-524

Rüfner, Wolfgang Drittwirkung der Grundrechte.- Versuch einer Bilanz, in: Gedächtnisschrift für Wolfgang Martens, Peter Selmer / Ingo v. Münch (Hrsg.), Berlin 1987, S. 215-230

Rüfner, Wolfgang Grundrechtsadressaten, in: Handbuch des Staatsrechts der Bundesrepublik Deutschland, Band V Allgemeine Grundrechtslehren, Josef Isensee / Paul Kirchhof (Hrsg.), Heidelberg 1992, S. 525-562

Rupp, Hans Heinrich Ergänzung des Grundgesetzes um eine Vorschrift über den Umweltschutz?, DVBl 1985, S. 990-992

Schaub, Günter Arbeitsrechts-Handbuch: systematische Darstellung und Nachschlagewerk für die Praxis, 8. Auflage, München 1996

Schenke, Wolf-Rüdiger Die Bekämpfung von Aids als verfassungsrechtliches und polizeirechtliches Problem, in: Die Rechtsprobleme von AIDS, Bernd Schünemann / Gerd Pfeiffer (Hrsg.), Baden-Baden 1988, S. 103-152

Schierbaum, Bruno / Kiper, Manuel Arbeitsmedizindaten, Genomanalyse und Datenschutz, AiB 1992, S. 623-633

Schira, Hans Peter Die Bewertung der Genomanalyse im Arbeits- und Versicherungsbereich aus strafrechtlicher Sicht, Regensburg 1997

Schlink, Bernhard Das Recht der informationellen Selbstbestimmung, Der Staat 25 (1986), S. 233-250

Schlink, Bernhard Datenschutz und Amtshilfe, NVwZ 1986, S. 249-256

Schlink, Bernhard Freiheit durch Eingriffsabwehr – Rekonstruktion der klassischen Grundrechtsfunktion, EuGRZ 1984, S. 457-468

Schlotter / Kropp / Bosse / Vogt / Bosse / Wassmann Cytometric Results of DNA Imaging and Established Prognostic Factors in Primary Breast Cancer, in: Breast Cancer, International Recommendations for an Objective Diagnosis, Ulrich Bonk (Hrsg.), München 1999, S. 132-146

Schmid, Karlheinz Ausgewählte Probleme zur ärztlichen Einstellungsuntersuchung, BB 1969, S. 631-634

Schmidt, Angelika Rechtliche Aspekte der Genomanalyse: Insbesondere die Zulässigkeit genanalytischer Testverfahren in der pränatalen Diagnostik sowie in der Präimplantationsdiagnostik, Frankfurt 1991

Schmidt-Aßmann, Eberhard Der Rechtsstaat, in: Handbuch des Staatsrechts der Bundesrepublik Deutschland, Band I Grundlagen von Staat und Verfassung, Josef Isensee / Paul Kirchhof (Hrsg.), Heidelberg 1987, S. 987-1043

Schmidt-Bleibtreu, Bruno / Klein, Franz Kommentar zum Grundgesetz, 9. Auflage, Neuwied 1999

Schmidt-Jortzig, Edzard Meinungs- und Informationsfreiheit, in: Handbuch des Staatsrechts der Bundesrepublik Deutschland, Band VI Freiheitsrechte, Josef Isensee / Paul Kirchhof (Hrsg.), Heidelberg 1989, S. 635-666

Schmitt Glaeser, Walter Schutz der Privatsphäre, in: Handbuch des Staatsrechts der Bundesrepublik Deutschland, Band VI Freiheitsrechte, Josef Isensee / Paul Kirchhof (Hrsg.), Heidelberg 1989, S. 41-107

Schmitt, Carl Die Tyrannei der Werte, in: Säkularisation und Utopie: Ebracher Studien, Ernst Forsthoff zum 65. Geburtstag, Stuttgart 1967, S. 37-62

Schmitt, Carl Verfassungslehre, München 1928

Schmitter, Hermann / Herrmann, Sigrid / Pflug, Werner	Untersuchung von Blut- und Sekretspuren mit Hilfe der DNA-Analyse, in: Die Genomanalyse im Strafverfahren, Jürgen Taschke / Felix Breidenstein (Hrsg.), Baden-Baden 1995, S. 41-47
Scholz, Rupert / Pitschas, Rainer	Informationelle Selbstbestimmung und staatliche Informationsverantwortung, Berlin 1984
Schroeder-Kurth, Traute M.	Kann ich wirklich selbst entscheiden? Pränatale Diagnostik zwischen Angebot und Verantwortung, in: Schöpfer Mensch? Gen-Technik, Verantwortung und unsere Zukunft, Stephan Wehowsky (Hrsg.), Gütersloh 1985, S. 122-139
Schulte, Hans	Das Dogma Baufreiheit, DVBl 1979, S. 133-142
Schultze, Gerd-Wilhelm	Die Offenbarungspflicht des Arbeitnehmers, München 1974
Schulz-Weidner, Wolfgang	Der versicherungsrechtliche Rahmen für eine Verwertung von Genomanalysen. Die Bedeutung präklinischer und genetischer medizinischer Befunde im Rahmen rechtlicher Kausalitäts-, Risiko- und Eigenverschuldungsbewertungen, Baden-Baden 1993
Schwabe, Jürgen	Grundkurs Staatsrecht, 4. Auflage, Berlin 1991
Schwabe, Jürgen	Der „Lüdgendetektor" vor dem Bundesverfassungsgericht, NJW 1982, S. 367-368
Schwabe, Jürgen	Anmerkung zum Beschluß des ersten Senats des BVerfG v. 11.10.1978 (1 BvR 84/74 – veröffentlicht in DVBl 1978, 994), DVBl 1979, S. 667-668
Schwabe, Jürgen	Probleme der Grundrechtsdogmatik, Darmstadt 1977
Schwabe, Jürgen	Die sogenannte Drittwirkung der Grundrechte – Zur Einwirkung der Grundrechte auf den Privatrechtsverkehr, München 1971
Seggern, Burkhard von	Genom-Analyse an Arbeitnehmern, AiB 1988, S. 56-61
Senge, Lothar	Strafverfahrensänderungsgesetz – DNA-Analyse, NJW 1997, S. 2409-2412
Siep, Ludwig	Ethische Probleme der Gentechnologie, in: Herausforderung der Bioethik, Andreas Gaidt / Johann

forderung der Bioethik, Andreas Gaidt / Johann Ach (Hrsg.), Stuttgart 1993, S. 137-156

Simitis, Spiros Die informationelle Selbstbestimmung - Grundbedingung einer verfassungskonformen informationsordnung, NJW 1984, S. 398-405

Simitis, Spiros Allgemeine Aspekte des Schutzes genetischer Daten, in: Genomanalyse und Persönlichkeitsschutz, Institut Suisse de Droit Comparé (Hrsg.), Zürich 1994, S. 107-127

Simon, Jürgen Genomanalyse – Anwendungsmöglichkeiten und rechtlicher Regelungsbedarf, MDR 1991, S. 5-14

Singer, Peter Praktische Ethik, 2. Auflage, Stuttgart 1994

Sippel, Albrecht E. Gene Therapy – A New Medical Technique and Points to Consider, in: Jahrbuch für Recht und Ethik, Band 4 (1996). B. Sharon Byrd / Joachim Hruschka / Jan C. Joerden (Hrsg.), Berlin 1996, S. 35-47

Smend, Rudolf Verfassung und Verfassungsrecht, München 1928

Smend, Rudolf Staatsrechtliche Abhandlungen und andere Aufsätze, 3. überarb. Auflage, Berlin 1994

Smith, Adam An Inquiry into the Nature and Causes of the Wealth of Nations, (1776), deutsch: Der Wohlstand der Nationen: Eine Unterusuchung seiner Natur und seiner Ursachen, 5. Auflage München 1974

Sola Llera, Carlos de Zur Struktur der "Konvention zum Schutz der Menschenwürde und der Menschenrechte im Hinblick auf die Anwendung von Biologie und Medizin: Bioethik-Konvention" des Europarates, in: Jahrbuch für Wissenschaft und Ethik Band I, L. Honnefelder / C.F. Gethmann (Hrsg.), Berlin 1996, S. 189-196

Söllner, Alfred Grundriß des Arbeitsrechts, 12. Auflage, München 1998

Spinnarke, Jürgen Sicherheitstechnik, Arbeitsmedizin und Arbeitsplatzgestaltung, München 1981

Spinnarke, Jürgen / Schork, Gerhard Arbeitssicherheitsrecht, Kommentar zum Arbeitssicherheitsgesetz mit allen wichtigen sicherheits-

Schork, Gerhard technischen und arbeitsmedizinischen Bestimmungen, Loseblattsammlung, Heidelberg Stand: Juni 1987

Starck, Christian Staatliche Organisation und staatliche Finanzierung als Hilfen zu Grundrechtsverwirklichungen, in: Bundesverfassungsgericht und Grundgesetz, Festgabe aus Anlaß des 25-jährigen Bestehens des Bundesverfassungsgerichts, Band II, Christian Starck (Hrsg.), Tübingen 1976, S. 480-526

Starck, Christian Frieden als Staatsziel, in: Einigkeit und Recht und Freiheit, Festschrift für Karl Carstens zum 70. Geburtstag am 14.12.84, Band 2 Staatsrecht, Bodo Börner / Hermann Jahrreiß / Klaus Stern (Hrsg.), Köln 1984, S. 867-887

Starck, Christian Menschenwürde als Verfassungsgarantie im modernen Staat, JZ 1981, S. 457-464

Staudinger, J. von Kommentar zum Bürgerlichen Gesetzbuch mit Einführungsgesetz und Nebengesetzen, Berlin 1999

Steinberg, Wilhelm Die Haftung für Culpa in Contrahendo, Bonn 1930

Steinke, Wolfgang Genetischer Fingerabdruck und § 81a StPO, in: Die Genomanalyse im Strafverfahren, Jürgen Taschke / Felix Breidenstein (Hrsg.), Baden-Baden 1995, S. 83-87

Steinmüller, Wilhelm Genetisches Selbstbestimmungsrecht, Eine Skizze zur sozialen Bewältigung der Genomanalyse, DuD 1993, S. 6-10

Stern, Klaus Das Staatsrecht der Bundesrepublik Deutschland Band III/2, Allgemeine Lehren der Grundrechte, München 1994

Stern, Klaus Das Staatsrecht der Bundesrepublik Deutschland Band III/1, Allgemeine Lehren der Grundrechte, München 1988

Stern, Klaus Menschenwürde als Wurzel der Menschen- und Grundrechte, in: Recht und Staat im sozialen Wandel, Festschrift für Hans Ulrich Scupin, Norbert

	Achterberg / Werner Krawietz / Dieter Wyduckel (Hrsg.), Berlin 1983, S. 627-642
Stern, Klaus	Idee der Menschenrechte und Positivität der Grundrechte, in: Handbuch des Staatsrechts der Bundesrepublik Deutschland, Band V Allgemeine Grundrechtslehren, Josef Isensee / Paul Kirchhof (Hrsg.), Heidelberg 1992, S. 3-44
Sternberg-Lieben, Detlev	„Genetischer Fingerabdruck" und § 81a StPO, in: Die Genomanalyse im Strafverfahren, Jürgen Taschke / Felix Breidenstein (Hrsg.), Baden-Baden 1995, S. 69-83
Stoll, Hans	Tatbestände und Funktionen der Haftung für culpa in contrahendo, in: Festschrift für Ernst von Caemmerer zum 70. Geburtstag, Ficker / König / Kreuzer / Leser / v. Bieberstein / Schlechtriem (Hrsg.), Tübingen 1978, S. 435-474
Strickberger, Monroe W.	Genetik, München 1988
Struck, Gerhard	Die „Würde des Menschen" als Argument und Tabu in der Debatte zur Fertilisations- und Gentechnologie, in: Menschen- und Bürgerrechte, ARSP Beiheft 33, Ulrich Klug / Martin Kriele (Hrsg.), Stuttgart 1988, S. 110-118
Sturm, Gerd	Probleme des Verzichts auf Grundrechte, in: Menschenwürde und freiheitliche Rechtsordnung, Festschrift für Willi Geiger zum 65. Geburtstag, Gerhard Leibholz / Hans Joachim Faller / Paul Mikat / Hans Reis (Hrsg.), Tübingen 1974, S. 173-198
Stürner, Rolf	Der Anspruch auf Erfüllung von Treue- und Sorgfaltspflichten, JZ 1976, S. 384-392
Suzuki, D.T. / Griffiths, A.J. F. / Miller, J. H. / Lewontin, R.C. / Gelbart, W.M.	Genetic Analysis, 5. Auflage 1993
Taupitz, Jochen	Das Recht auf Nichtwissen, in: Festschrift für Günther Wiese zum 70. Geburtstag, Hanau / Lorenz / Matthes (Hrsg.), Neuwied 1998, S. 583-602

Taupitz, Jochen	Menschenrechtsübereinkommen zur Biomedizin – Einheitlicher Mindestschutz, DÄBl. 1998, S. A-1078-1079
Taupitz, Jochen	Die Menschenrechtskonvention zur Biomedizin – akzeptabel, notwendig oder unannehmbar für die Bundesrepublik Deutschland?, VersR 1998, S. 542-546
Taupitz, Jochen	Privatrechtliche Rechtspositionen um die Genomanalyse: Eigentum, Persönlichkeit, Leistung, JZ 1992, S. 1089-1099
Taupitz, Jochen	Von der entrechtenden Bevormundung zur helfenden Betreuung: Das neue Betreuungsgesetz, JuS 1992, S. 9-13
Taupitz, Jochen	Rechtliche Bindungen des Arztes: Erscheinungsweisen, Funktionen, Sanktionen, NJW 1986, S. 2851-2861
Taupitz, Jochen / Fröhlich, Uwe	Medizinische Forschung mit nichteinwilligungsfähigen Personen: Stellungnahme der Zentralen Ethikkommission, VersR 1997, S. 911-918
Teubner, Gunther	Recht als autopoietisches System, Frankfurt, 1989
Theile, Ursel	Checkliste Genetische Beratung, Stuttgart 1992
Thomas von Aquin	De Regimine Principum. Über die Herrschaft der Fürsten. Ein Compendium der Politik des hl. Thomas von Aquin, Hrsg.: U. Portmann, Luzern 1897
Thomas von Aquin	Die deutsche Thomas-Ausgabe. Vollständige, ungekürzte deutsch-lateinische Ausgabe der Summa Theologica. Hrsg.: Katholischer Akademieverband, Heidelberg 1934-85
Tinnefeld, Marie-Theres / Böhm, Ingolf	Genomanalyse und Persönlichkeitsrecht, - Chancen und Gefährdungen, DuD 1992, S. 62-65
Traut, Walther	Chromosomen. Klassische und molekulare Cytogenetik, Berlin 1991
Turner, George	Grenzen der Forschungsfreiheit, ZRP 1986, S. 172-175
Vesting, Jan-W.	Somatische Gentherapie – Regelung und Regulierungsbedarf in Deutschland, ZRP 1997, S. 21-26

Vitzthum, Wolfgang Graf Gentechnologie und Menschenwürdeargument, in: Menschen- und Bürgerrechte, ARSP Beiheft 33, Ulrich Klug / Martin Kriele (Hrsg.), Stuttgart 1988, 119-138

Vitzthum, Wolfgang Graf Gentechnologie und Menschenwürdeargument, MedR 1985, S. 249-257

Vitzthum, Wolfgang Graf Gentechnik und Grundgesetz, Eine Zwischenbilanz, in: Das akzeptierte Grundgesetz, Festschrift für Günter Dürig zum 70. Geburtstag, Hartmut Maurer (Hrsg.), München 1990, S. 185-206

Vitzthum, Wolfgang Graf Die Menschenwürde als Verfassungsbegriff, JZ 1985, S. 201-209

Vitzthum, Wolfgang Graf Gentechnologie und Menschenwürdeargument, ZRP 1987, S. 33-40

Vogel, F. / Motulsky, A. G. Human Genetics. Problems and Approaches, 2. Auflage, Berlin 1986

Vogel, Sebastian Lexikon Gentechnik, Hamburg 1992

Vogelsang, Klaus Grundrecht auf informationelle Selbstbestimmung?, Baden-Baden 1987

Vogt, Thomas Das DNA-Fingerprinting-Verfahren – Wahrheitserforschung um jeden Preis?, in: Die Genomanalyse im Strafverfahren, Jürgen Taschke / Felix Breidenstein (Hrsg.), Baden-Baden 1995, S. 213-217

Volk, Elisabeth Gesetz zur Änderung der Strafprozessordnung (DNA-Identitätsfeststellungsgesetz) – Anspruch und Wirklichkeit, NStZ 1999, S. 165-170

Vollmer, Gerhard Evolutionäre Erkenntnistheorie, 6. Auflage, Stuttgart 1994

Vollmer, Silke Genomanalyse und Gentherapie: die verfassungsrechtliche Zulässigkeit der Verwendung und Erforschung gentherapeutischer Verfahren am noch nicht erzeugten und ungeborenen menschlichen Leben, Konstanz 1989

Vorländer, Karl Geschichte der Philosophie, Band 1 Altertum, Reinbek 1990

Vosberg, Hans-Peter Verändert Gentechnik die Medizin?, in: Gentechnik im Widerstreit, Walter Klingmüller (Hrsg.), 3. Auflage, Stuttgart 1994, S. 103-121

Wahl, Rainer / Masing, Johannes Schutz durch Eingriff, JZ 1990, S. 553-563

Wank, Rolf Der Entwurf eines Arbeitsschutzrahmengesetzes im Spannungsfeld von Verfassungs- und Gemeinschaftsrecht, in: Entwicklungen im Arbeitsrecht und Arbeitsschutzrecht, Festschrift für Otfried Wlotzke zum 70. Geburtstag, Rolf Wank (Hrsg.), München 1996, S. 617-641

Wassermann, Rudolf Kommentar zum Grundgesetz der Bundesrepublik Deutschland (Reihe Alternativkommentare), Band 1, Art. 1-37, 2. Auflage, Neuwied 1989 (zitiert: Alternativkommentar-Bearbeiter)

Watson, J.D. / Crick, F.H.C. A structure of desoxyriose nucleic acid, Nature 171 (1953), S. 737-738

Watson, J.D. / Crick, F.H.C. Genetic implications of the structure of desoxyribonucleic acid, Nature 171 (1953), S. 962-967

Watson, James D. The double helix: a personal account of the discovery of the structure of DNA, New York 1968

Watson, James D. / Hopkins, Nancy H. / Roberts, Jeffrey W. / Steitz, Joan A. / Weiner, Alan M. Molecular Biology of the Gene, Volume I, General Principles, 4. Edition, Menlo Park, CA 1987

Watson, James D. / Hopkins, Nancy H. / Roberts, Jeffrey W. / Steitz, Joan A. / Weiner, Alan M Molecular Biology of the Gene, Volume II, Specialized Aspects, 4. Edition, Menlo Park, CA 1987

Weiss, Ute Betreuungsrecht zwischen Hilfe und Zwang, ZRP 1991, S. 227-229

Wellbrock, Rita Genomanalysen und das informationelle Selbstbestimmungsrecht, in: Die Genomanalyse im Strafverfahren, Jürgen Taschke / Felix Breidenstein (Hrsg.), Baden-Baden 1995, S. 217-231

Wertenbruch, Wilhelm (Hrsg.) Bochumer Kommentar zum Sozialgesetzbuch Allgemeiner Teil, Berlin 1979

Wesel, Uwe Geschichte des Rechts. Von den Frühformen bis zum Vertrag von Maastricht, München 1997

Wiedemann, Herbert Zur culpa in contrahendo beim Abschluß des Arbeitsvertrages, in: Festschrift für Wilhelm Herschel zum 85. Geburtstag, , Peter Hanau / Gerhard Müller / Herbert Wiedemann / Otfried Wlotzke in Verbindung mit dem Deutschen Arbeitsgerichtsverband e.V. (Hrsg.), München 1982, S. 463-481

Wiese, Günther Genetische Analysen an Arbeitnehmern, DuD 1993, S. 274-280

Wiese, Günther Der Persönlichkeitsschutz des Arbeitnehmers gegenüber dem Arbeitgeber, ZfA 1971, S. 273-317

Wiese, Günther Genetische Analysen und Rechtsordnung unter besonderer Berücksichtigung des Arbeitsrechts, Neuwied 1994

Wiese, Günther Genetische Analysen und Arbeitsschutz. Zum Entwurf eines Gesetzes über Sicherheit und Gesundheitsschutz bei der Arbeit (Arbeitsschutzrahmengesetz), BB 1994, S. 1209-1213

Wiese, Günther Genetische Analyse bei Arbeitnehmern, RdA 1986, S. 120-130

Wiese, Günther Zur gesetzlichen Regelung der Genomanalyse an Arbeitnehmern, RdA 1988, S. 217-222

Wiese, Günther Genetische Analysen und Rechtsordnung unter besonderer Berücksichtigung des Arbeitsrechts, Neuwied 1994

Wiese, Günther Gibt es ein Recht auf Nichtwissen? Dargestellt am Beispiel genetischer Veranlagung von Arbeitnehmern, in: Festschrift für Hubert Niederländer zum siebzigsten Geburtstag am 10. Februar 1991, Erik Jayme (Hrsg.), Heidelberg 1991, S. 475-488

Wiesing, Urban Widersprüchliche Regelungen. Die unterschiedlichen Auffassungen zum Lebensrecht des Embryos lassen sich nicht miteinander vereinbaren, DÄBl. 1999, S. A-3163-3166

Winnacker, Ernst-Ludwig Gene und Klone. Eine Einführung in die Gentechnologie, 3. Auflage, Weinheim 1990

Zacher, Hans F. Elternrecht, in: Handbuch des Staatsrechts der Bundesrepublik Deutschland, Band VI Freiheitsrechte, Josef Isensee / Paul Kirchhof (Hrsg.), Heidelberg 1989, S. 265-328

Zeller, Sven Die Einstellungsuntersuchung, BB 1987, S. 2439-2444

Zimmerli, Walther Ch. Dürfen wir, was wir können? Zum Verhältnis von Recht und Moral in der Gen-Technologie, in: Schöpfer Mensch? Gen-Technik, Verantwortung und unsere Zukunft, Stephan Wehowsky (Hrsg.), Gütersloh 1985, S. 42-68

Zippelius, Reinhold Allgemeine Staatslehre, 13. Auflage, München 1999

Zippelius, Reinhold Geschichte der Staatsideen, 6. Auflage München 1989

Zöllner, Wolfgang Arbeitsrecht: ein Studienbuch, 5. Auflage, München 1998

Zöllner, Wolfgang Daten- und Informationsschutz im Arbeitsverhältnis, 2. Auflage, Köln 1983

Zöllner, Wolfgang Die vorvertragliche und die nachwirkende Treue- und Fürsorgepflicht im Arbeitsverhältnis, in: Treue- und Fürsorgepflicht im Arbeitsrecht, Theodor Tomandl (Hrsg.), Wien 1975, S. 91-106

Studien zum Internationalen, Europäischen und Öffentlichen Recht

Herausgegeben von Eibe Riedel

Band 1 Christian Jutzi: Das Brandwaffenprotokoll. Regelungen und Verbindlichkeit. 1997.

Band 2 Jutta Schumann: Faktische Gleichberechtigung. Die Grundgesetzerweiterung des Art. 3 II S. 2. 1997.

Band 3 Christian Keim: Der institutionelle Rahmen im Wettbewerbsrecht der Europäischen Union und mögliche Reformmodelle. Eine Darstellung des europäischen institutionellen Gefüges und eine Entwicklung eines neuen Modells durch Vergleich mit dem institutionellen Rahmen in den USA, Deutschland, Großbritannien und Frankreich. 1998.

Band 4 Andreas Torka: Nichtnavigatorische Wassernutzungen. Mechanismen der Internationalen Zusammenarbeit. Von der Konfrontation über die Kooperation zu koadministrativen Formen der Zusammenarbeit. 1999.

Band 5 Markus Reimann: Die nicht-navigatorische Nutzung internationaler Süßwasserressourcen im Umweltvölkerrecht. 1999.

Band 6 Felix William Stoecker: NGOs und die UNO. Die Einbindung von Nichtregierungsorganisationen (NGOs) in die Strukturen der Vereinten Nationen. 2000.

Band 7 Torsten Weigt: Die ökologische Aktion zur Vermeidung und Bekämpfung transnationaler Umweltkatastrophen. Ein Beitrag zu Möglichkeiten und Problemen der Durchsetzung umweltschützender Verpflichtungen im Völkerrecht. 2000.

Band 8 Markus Tjaden: Genanalyse als Verfassungsproblem. Zulässigkeit genanalytischer Anwendungen im Lichte von Menschenwürde und genetischem Selbstbestimmungsrecht. 2001.

Kolibri 360 GmbH
Ferdinand-Jühlke-Straße 7
99095 Erfurt, Deutschland
produktsicherheit@kolibri360.de

Druck:
CPI Druckdienstleistungen GmbH
im Auftrag der
Kolibri 360 GmbH
Ferdinand-Jühlke-Str. 7
99095 Erfurt